E. Hübner

Grundriss zu Vorlesungen über die römische Litteraturgeschichte

E. Hübner

Grundriss zu Vorlesungen über die römische Litteraturgeschichte

ISBN/EAN: 9783743650466

Hergestellt in Europa, USA, Kanada, Australien, Japan

Cover: Foto ©ninafisch / pixelio.de

Weitere Bücher finden Sie auf **www.hansebooks.com**

GRUNDRISS

ZU

VORLESUNGEN

ÜBER DIE

RÖMISCHE LITTERATURGESCHICHTE

VON

E. HÜBNER

VIERTE VERMEHRTE AUFLAGE

BERLIN
WEIDMANNSCHE BUCHHANDLUNG
1878

Vorwort.

Dieser Grundriss, ursprünglich nur für des Verfassers Zuhörer bestimmt (in dieser Gestalt erschien er zuerst im März 1869), hat, wie die in schneller Folge erschienenen Auflagen beweisen (die zweite vom September 1869, die dritte vom August 1872), dem von Vielen gefühlten Bedürfniss nach kurz gefassten thatsächlichen Angaben entsprochen. Die vorliegende vierte, gegen die dritte fast um das doppelte vermehrte Bearbeitung enthält nicht blofs die Nachweisungen der in den letzten sechs Jahren erschienenen Ausgaben lateinischer Schriftsteller und Schriften zur römischen Litteratur, sondern sie bringt auch zum ersten Mal durchweg Angaben über die handschriftliche Ueberlieferung und die älteren Ausgaben und Bearbeitungen. Denn bei dem fühlbaren Mangel einer übersichtlichen Vereinigung der auf allen Gebieten des philologischen Wissens sich stets weiter ausdehnenden Arbeiten wird es, besonders für angehende Gelehrte, immer schwieriger und zeitraubender, diese so nothwendigen Kenntnisse sich zu verschaffen. Die Kritik über Aufzunehmendes und Auszuschliessendes ist absichtlich so schonend wie möglich geübt worden, weil auch an sich Unbedeutendes nützen kann; oft sind Verweisungen auf Besprechungen und Uebersichten nur der leichteren Orientierung wegen hinzugefügt worden.

Auf die in Werken dieser Art nun einmal unvermeid-
lichen Nachträge und Berichtigungen (S. 325 ff.) sei hier noch
besonders hingewiesen. Sie sind so übersichtlich eingerichtet
(auch im Register mit berücksichtigt), dass die Nothwendigkeit, an zwei Stellen des Buches nachsehen zu müssen, hof-
fentlich nicht allzu lästig fallen wird.

Auch diese neue Auflage verdankt, wie die früheren,
einer Anzahl befreundeter Männer mannigfache Förderung.
Vor allem hat M. Hertz in Breslau ihr mit zuvorkommen-
der Bereitwilligkeit die fruchtbringendste Sorgfalt gewidmet.
Ihm und den übrigen Allen werden mit dem Verfasser die
Benutzer des Buches dafür dankbar sein.

Die englische Uebersetzung des eigentlich unübersetz-
baren Buches (nach der dritten Auflage), deren Werth für
englische Leser — besonders in den Nachweisungen aller englischen Uebersetzungen — nicht verkannt werden soll, ist
ohne Vorwissen des Verlegers und des Verfassers veranstaltet
worden. Für die vorliegende Ausgabe sind die gesetzlich
möglichen Schritte zum Schutze des litterarischen Eigenthums
gethan worden.

Berlin, Juni 1878.

E. H.

Einleitung.

§ 1. Begriff und Methode.

1. Zusammengehörigkeit des griechischen und römischen Alterthums.

2. Stellung der Litteraturgeschichte innerhalb der übrigen Disciplinen der classischen Philologie.

§ 2. Voraussetzungen.

1. Nationalität und Sprache.
2. Volkscharakter.

§ 3. Umfang und Eintheilung.

§ 4. Quellen.

1. Anfänge litterarischer Aufzeichnungen.

L. Aelius Stilo Praeconinus. Ser. Clodius.

I. A. C. van Heusde *disquisitio de L. Aelio Stilone Ciceronis in rhetoricis magistro u. s. w. Inserta sunt Aelii Stilonis et Servii Claudii fragmenta* Utrecht 1839 S. Die Fragmente wiederholt von E. Egger *Latini sermonis vetustioris reliquiae selectae* (Paris 1843 S.) S. 3 ff. Vgl. unten § 45, 1.

2. M. Terentius Varro, seine Zeitgenossen und Nachfolger. Vgl. unten §. 46, 5.

L. Cornelius Sisenna.

F. Ritschl *de veteribus Plauti interpretibus* (1839) Purerga S. 238 355 ff. Vgl. unten § 41, 9.

3. Ciceros litterarhistorische Schriften.

Vgl. unten § 47, 3.

4. C. Suetonius Tranquillus *de viris illustribus* (vgl. unten § 97).

F. Ritschl *Suetonius de viris illustribus* (1843) Parerga
S. 609 ff. C. F. Hermann *disputatio de scriptoribus illustribus, quorum tempora Hieronymus ad Eusebii Chronica adnotavit*
Marburg 1848 4. Th. Mommsen über den Chronographen
vom J. 354 Abh. der sächs. Ges. der Wissensch. 2, 1857 S.
547 ff. bes. S. 673 ff. *C. Suetoni Tranquilli quae supersunt
omnia rec.* Car. Lud. Roth (Leipz. 1858 8.) S. 257 ff. *C. Suetoni Tranquilli praeter Caesarum libros reliquiae ed.* Aug. Reifferscheid, *inest vita Terentii a Frid. Ritschelio emendata
atque enarrata* (Leipz. 1860 8.) S. 3 ff. und S. 363 ff.

Eusebi chronicorum libri duo edidit Alfred Schöne Vol.
I *Eusebi chronicorum liber prior, Armenium versionem Latine
factam ad libros mss. rec.* II. Petermann, *Graeca fragmenta
collegit et recognovit, appendices chronographicas sex adiecit* A.
Schöne 1875 (dazu A. von Gutschmid Centralbl. 1876 S.
. 885) II *Eusebi chronicorum canonum quae supersunt, Arme-
niam versionem Latine factam e libris mss. rec.* H. Petermann, *Hieronymi versionem e libris mss. rec.* A. Schöne,
Syriam epitomen Latine factam e libro Londinensi rec. E. Roe-
diger Berl. 1866 fol. Dazu A. von Gutschmid Jahrbücher
für classische Philologie 1867 S. 677 ff. *Ders. de temporum
notis quibus Eusebius utitur in chronicis canonibus* Kiel 1868 4.

§ 5. Bearbeitungen.

1. Anfänge litterarhistorischer Studien.

Laurentius Mehus *vita Ambrosii Traversarii* vor der Aus-
gabe von des genannten *Epistolae* Bd. I Florenz 1759 fol.
G. Tiraboschi *storia della letteratura Italiana* 14 Bde. Mo-
dena 1771—1795 4. u. öfter wiederholt. A. H. L. Heeren
Geschichte des Studiums der classischen Litteratur seit dem
Wiederaufleben der Wissenschaften bis zum Schluss des 15.
Jahrhunderts 2 Bde. Göttingen 1797 und 1801 8. (wiederholt
in Heerens historischen Schriften Bd. 4 und 5 Göttingen 1822
8.). J. Bernays Joseph Justus Scaliger Berl. 1855 8. G.
Voigt die Wiederbelebung des classischen Alterthums oder
das erste Jahrhundert des Humanismus Berl. 1859 8. J.
Schück zur Charakteristik der italiänischen Humanisten Bres-
lau 1857 8. Ders. Aldus Manutius und seine Zeitgenossen

in Italien und Deutschland Berl. 1861 8.   G. Bernhardy Grundriss 5. Aufl. S. 96—161.   E. Hübner Grundriss zur Geschichte und Encyklopädie der classischen Philologie (Berl. 1876 8.) S. 44 ff.

2. Ioh. Alb. Fabricius *bibliotheca Latina*, zuerst Hamburg 1697 4. in einem Band, dann noch bei des Vf. Lebzeiten († 1736) oft gedruckt, 1721 zum 5. Mal in 3 Bänden; 1728 in Venedig in 2 Bänden 4., 1754 in Padua durch Mansi; am besten *nunc melius delecta rectius digesta et aucta diligentia I. A. Ernesti* Leipz. 1773 1774 in 3 Bänden 8.   Dazu die *bibliotheca Latina mediae et infimae Latinitatis* 6 Bde. Hamburg 1734—1746 8., zuletzt nach Mansi in 6 Bdn. Florenz 1858 8.

Christ. Falster *quaestiones Romanae s. idea historiae litterarum Romanarum* Leipz. und Flensburg 1718 8.   Ioh. Nic. Funccius *de origine et pueritia, de adolescentia, de virili aetate, de imminente senectute, de vegeta senectute, de inerti ac decrepita senectute linguae Latinae* Giefsen, Marburg und Lemgo 1720 bis 1750, zusammen 6 Bde. 4.   F. A. Wolf Geschichte der römischen Litteratur, ein Leitfaden für akademische Vorlesungen Halle 1787 8. und dess. Vorlesungen über die Geschichte der römischen Litteratur herausgegeben von Gürtler Leipz. 1832 8.

3. Joh. Christ. Fel. Bähr Geschichte der römischen Literatur 2 Bde. zuerst 1828 1832, 3. Ausg. Carlsruhe 1844 1845, 4. Ausg. Bd. 1, 1868 enth. den allgem. Theil und die Poesie, Bd. 2, 1869 und 1870 die Prosa in 2 Abth.   Dazu 3 Supplementbände enth. die christlichen Dichter und Geschichtschreiber, die Theologie und die römische Litteratur des karolingischen Zeitalters Carlsruhe 1836 (2. verb. und verm. Aufl. 1872) 1837 1840 8.

4. Reinh. Klotz Handbuch der lateinischen Litteraturgeschichte Bd. 1. Leipz. 1846 8.   Mehr ist nicht erschienen.

5. Gottfr. Bernhardy Grundriss der römischen Litteratur, zuerst Halle 1830, 2. Bearbeitung 1850, 3. 1856, 4. 1865, 5. 1872 8.

Dess. Grundriss der griechischen Litteratur mit einem
vergleichenden Ueberblick der römischen (welcher fehlt, da
das Werk überhaupt unvollendet ist), zuerst Halle 1836 1845
in 2 Theilen, Theil 1: innere Geschichte der griechischen
Litteratur, 2. Bearbeitung 1852, 3. 1861, 4. 1876. Theil 2:
äufsere Geschichte der griechischen Litteratur, und zwar Geschichte der griechischen Poesie Abtheilung 1 (Epos, Elegie,
Iamben, Melik) 2. Bearbeitung 1856, 3. 1867 (2. Abdr. 1877).
Abtheilung 2 (Drama, Alexandriner, Byzantiner) 2. Bearbeitung 1859, 3. 1872 8. Theil 3: die Geschichte der Prosa fehlt.

6. A. Pauly's Real-Encyklopädie der classischen Alterthumswissenschaft in alphabetischer Ordnung 6 Bde. in 8 Theilen Stuttgart 1839 (Bd. I 2. Aufl. in 2 Abth. 1864—66)—1852 8.

7. E. Horrmann Leitfaden zur Gesch. der röm. Litt.
(Umarbeitung aus Schaaff's Encyclop. der class. Alterthumskunde) Magdeburg 1851 8.

8. Ed. Munk Gesch. der röm. Lit. für Gymnasien, höhere
Bildungsanstalten und zum Selbstunterricht 3 Bde. Berl. 1858
—1861, 2. Aufl. 2 Bde. bearb. von O. Seyffert Berl. 1875
—1877 8.

9. Th. Mommsen römische Geschichte (seit 1854). Die
litterarhistorischen Abschnitte: Bd. 1 (6. Aufl. 1873) S. 203 ff.
476 ff. 856 ff. Bd. 2 (6. Aufl. 1874) S. 428 ff. Bd. 3 (6. Aufl.
1875) S. 570 ff.

10. W. S. Teuffel Geschichte der römischen Literatur
Leipz. 1870, 2. Aufl. 1872, 3. Aufl. 1875 8.

11. Chronologische Hülfsbücher.

H. F. Clinton *fasti Hellenici* (Bd. 3) *from the CXXIV Ol.
to the death of Augustus* Oxford 1830 4. und *fasti Romani* 2 Bde.
Oxford 1845 4. E. W. Fischer römische Zeittafeln von Roms
Gründung bis auf Augustus Tod Altona 1846 4.

12. Bibliographieen siehe im Grundriss zur Geschichte
und Encyklopädie S. 49.

Erster Theil.

Die erste Periode der römischen Litteratur
(die latinische Litteratur).

Von den Anfängen bis auf die Gesetzgebung der Decemvirn.

Allgemeines.

§ 6. Die römische Nationalität und Sprache im Vergleich zu den übrigen Völkern Italiens.

Vgl. den Grundriss zu Vorlesungen über die lateinische Grammatik (Berl. 1876 8.) § 4 die Ueberlieferung der lat. Sprache (S. 4), § 5 die Stellung des Latein innerhalb des indoeuropäischen Sprachstamms (S. 5), § 6 die Stellung des Latein innerhalb der übrigen italischen Sprachen (S. 8).

E. Egger *Latini sermonis vetustioris reliquiae selectae* Paris 1843 (428 S.) 8. J. Wordsworth *fragments and specimens of early Latin with introductions and notes* Oxford 1874 (679 S.) 8.

1. Aelteste Poesie in Latium.

§ 7. Der Begriff von *carmen* und der saturnische Vers.

G. Hermann *elementa doctrinae metricae* (Leipz. 1816 8.) S. 606 ff. H. Düntzer und L. Lersch *de versu quem vocant Saturnio* Bonn 1838 8. W. Th. Streuber *de inscriptionibus quae ad numerum Saturnium referuntur* Zürich 1845 8. H. Düntzer Zeitschr. für Gymnas. 11, 1857 S. 1 ff. Ders. zur Lehre vom saturnischen Vers Philol. 26, 1869 S. 230 ff., 30, 1870 S. 445 ff. W. Corssen *origines poesis Romanae* (Berl. 1846 8.) S. 192 ff. und ders. über Aussprache u. s. w. (vgl. § 6) 2² S. 961 ff. R. Westphal über die Form der ältesten römischen Poesie Tübingen 1852 8. Ders. griechische Metrik 2. Aufl. 1868 (Th. II der Metrik der Griechen von A. Rossbach und R. Westphal) S. 36 ff. F. Ritschl *titulus Mummianus* Bonner Lectionscatalog von 1852 4.; *inscriptio columnae rostratae Duellianae* Bonn 1852 4. S. 20 ff., dazu ders. Rhein. Mus. 9, 1859 S. 3 ff. und *poesis Saturniae spicilegium I* Bonn 1854 4.

O. Ribbeck Jahrb. 1858 S. 199 ff.   F. Bücheler Jahrb. 1863
S. 328 ff.   J. A. Pfau *de numero Saturnio commentatio* Quedlinburg 1864 8.   A. Spengel die Gesetze des saturnischen
Versmafses Philol. 23, 1866 S. 80 ff.   K. Bartsch der saturnische Vers und die altdeutsche Langzeile, Beitrag zur vergleichenden Metrik Leipz. 1867 8. (darin eine Sammlung der
Denkmäler in saturnischen Versen S. 50 f.).   Th. Korsch *de
versu Saturnio* Moskau 1868 8.   Th. Fritzsche Philol. 34,
1876 S. 186.   Vgl. auch unten § 36.

§ 8. *Carmina sacra.*

1. Das Lied der Salier.

Tob. Gutberleth *de Saliis Martis sacerdotibus* Franeker
1704 8. und in Polenus *thesaur. antiq.* Band 5 S. 793 ff.   Egger
Lat. serm. vet. rel. S. 73 ff.   Corssen *orig. poes. Rom.* S. 52 ff.
Th. Bergk *commentatio de carminum Saliarium reliquiis* Marburg 1847 4.   Wordsworth S. 564.

2. Das Lied der Arvalen.

G. Marini *gli atti e monumenti de' fratelli Arvali* 2 Bände.
Rom 1795 4. Taf. 41ᵃ.   F. Ritschl *priscae Latinitatis monumenta epigraphica* Taf. 36.   C. I. L. 1, 28. *Acta fratrum Arvalium quae supersunt restituit et illustravit Guil. Henzen, accedunt fragmenta fastorum in luco Arvalium effossa* (Berl. 1874 8.)
S. 26. 33.

R. H. Klausen *de carmine fratrum Arvalium liber* Bonn
1836 8.   Egger *Lat. serm. vet. rel.* S. 68 ff.   Corssen *orig.
poes. Rom.* S. 86 ff.   Th. Bergk Zeitschr. für Alterthumsw.
14, 1856 S. 129 ff.   Wordsworth S. 157 ff.

3. Weiheformeln und Verwünschungsformeln. *Indigita-
menta.* Weissagungen. Die Lieder des Marcius (bei Livius 25,
12 mit der Anmerkung von M. Hertz).

J. A. Ambrosch über die Religionsbücher der Römer
Zeitschr. für Philos. und kath. Theologie 3 (1841) 2 S. 221 ff.
und 4 S. 26 ff. und besonders Bonn 1843 8.   Guicherit *de
carminibus fratrum Marciorum et de carminibus triumphalibus
militum Romanorum* Leiden 1846 8.   O. Ribbeck Jahrb. 1858
S. 204.   Wordsworth S. 284. 288.

Die *Sortes*.

Th. Mommsen C. I. L. 1 S. 267 f. N. 1438—1454.

F. Ritschl Rhein. Mus. 14, 1859 S. 389 ff.　H. Düntzer
Philol. 20, 1863 S. 368 ff.

§ 9. *Carmina publica.*

1. Das *carmen rogationis* (bei Livius 3, 64, 10) und die
Sprüche der Fetialen (bei Livius 1, 32).

O. Ribbeck Jahrb. 1858 S. 208.　Wordsworth S. 276 ff.

2. Die Weihinschriften der Triumphatoren.

Th. Mommsen C. I. L. 1 S. 149 f.

Der *thorax linteus* des Veienterkönigs Lars Tolumnius (bei
Livius 4, 20, 5—22).

§ 10. *Carmina privata.*

1. Tischlieder.

Blagoweschtschensky *de carminibus convivalibus eorumque in vetustissima Romanorum historia condenda momento*
St. Petersburg 1854 8. (vgl. M. Hertz Jahrb. 1870 S. 304).

2. *Neniae. Elogia.*

G. Curtius über die Etymologie des Wortes *elogium*
Berichte der sächs. Ges. der Wissensch. phil. histor. Kl. 1864
S. 1 ff.　A. Fleckeisen krit. Miscellen (Leipz. 1864 8.) S. 55 ff.
und Jahrb. 93, 1866 S. 3 ff.　H. Düntzer Kuhns Zeitschr.
16, 1867 S. 273 ff.　J. Wehr *de Romanorum nenia comm.* im
Προπεμπτικόν für E. Curtius (Göttingen 1868 8.) S. 11 ff.

Die *elogia Scipionum.*

Th. Mommsen C. I. L. 1, 28 bis 34.　Wordsworth
S. 159.

§ 11. *Carmina ludicra.*

1. *Versus Fescennini.*

C. A. C. Klenze philologische Abhandlungen herausgeg.
von K. Lachmann (zur Geschichte der altital. Volksstämme
bes. nach den Ueberresten ihrer Sprachen S. 55 ff. Berl. 1839 8.)
S. 93.　Corssen *orig. poes. Rom.* S. 124 ff.　A. Th. Broman
de versibus fescenninis Upsala 1852 4.　A. Rossbach die römische Ehe (Leipz. 1853 8.) S. 340 ff.

2. Spottlieder der Soldaten beim Triumph.

G. H. Bernstein *versus ludicri in Romanorum Caesares priores olim compositi* Halle 1810 8.

2. Aelteste Prosa in Latium.

§ 12. Alter der schriftlichen Aufzeichnungen.

Th. Mommsen unterital. Dial. S. 1 ff., röm. Gesch. 1[6] S. 203. W. Corssen Aussprache 1[2] S. 1 ff. A. Kirchhoff Studien zur Geschichte des griechischen Alphabets (2. Aufl. Berl. 1867 S.) S. 103 ff. B. Modestow der Gebrauch der Schrift unter den römischen Königen Berl. 1871 8. A. Fabretti palaeographische Studien, aus dem Italienischen übersetzt Leipz. 1877 (165 S.) 8.

§ 13. Staatsverträge und andere öffentliche Urkunden.

1. Die Stiftungsurkunde des aventinischen Dianatempels. Vgl. die Inschriften Orell. 2489. 2490 Henzen 6121.

2. Der Bundesvertrag des zweiten Tarquinius mit Gabii.

3. Die Bundesverträge mit Karthago.

Th. Mommsen römische Chronologie[2] S. 322 ff. J. Aschbach Sitzungsber. der Wiener Akademie philol. hist. Kl. 1859 S. 422 ff. A. Schäfer Rhein. Mus. 15, 1860 S. 396 f. 488 und 16, 1861 S. 288 ff. E. Müller und A. Schäfer Verhandl. der Frankfurter Philologenversammlung 1861 S. 79 ff. H. Nissen Jahrb. 1867 S. 321 ff. und im Marburger Lectionskatalog von 1870 4.

4. Der Bundesvertrag des Sp. Cassius Vecellinus mit den Latinern.

Th. Mommsen Hermes 5, 1870 S. 228 ff.

5. Die *lex de clavo pangendo* bei Livius 7, 3.

Th. Mommsen römische Chronologie S. 172 ff.

6. Die *lex Icilia de Aventino publicando*.

7. Der Bundesvertrag mit Ardea.

Th. Mommsen römische Chronologie S. 93 ff.

§ 14. Chronologische und historische Aufzeichnungen.

1. Der Kalender.

Th. Mommsen die römische Chronologie bis auf Cäsar

2. durchgesehene Auflage Berl. 1859 8.   Ders. C. I. L. 1 S. 293—412 und *Ephemeris epigraphica corporis inscr. Lat. supplementum* 1 (Berl. 1872 8.) S. 33 ff. Phil. Ed. H u s c h k e das alte römische Jahr und seine Tage, eine chronol.- rechtsgesch. Untersuchung Breslau 1869 8.   G. F. U n g e r der röm. Jahresnagel Philol. 32, 1876 S. 531 ff.   D e r s. röm.-griech. Synchronismen vor Pyrrhos Sitzungsber. der Münchener Akad. philos. philol. histor. Kl. 1876 S. 531 ff.   W. C h r i s t römische Kalenderstudien Sitzungsber. der Münchener Akad. philos.-philol.-hist. Cl. 1876 S. 176 ff.   W o r d s w o r t h S. 266.

2. Die Liste der eponymen Magistrate (die *fasti*).

W. H e n z e n C. I. L. 1 S. 415—479 und Th. M o m m s e n ebendas. S. 483—552.

3. Die *annales maximi*.

E. H ü b n e r Jahrb. 1859 S. 401 ff. *Historicorum Romanorum relliquiae dispos. rec. praefatus est* Herm. P e t e r *Vol. prius* Leipz. 1870 8. (dazu W. T e u f f e l und Th. P l ü s s Jahrb. 1871 S. 275 ff.).   K. W. N i t z s c h die römische Annalistik von ihren ersten Anfängen bis auf Valerius Antias, krit. Untersuchungen zur Geschichte der ältern Republik Berl. 1873 8. E. L ü b b e r t *de gentium Romanarum commentariis domesticis* Gießen 1873 4.   O. H i r s c h f e l d das Elogium des M'. Valerius Maximus Philol. 34, 1876 S. 85.

§ 15. Rechtliche und politische Aufzeichnungen.

1. Die *libri pontificii* und *augurales*.

E. L ü b b e r t *quaestiones pontificales* (Berl. 1859 8.) S. 79 ff. P. P r e i b i s c h *quaestiones de libris pontificiis* Breslau 1874 8.

Th. B e r g k Philol. 14, 1859 S. 389.   D e r s. Beiträge zur lateinischen Grammatik 1 (Halle 1869 8.) S. 27.   G a l e t s c h k i Programm von Ratibor 1875 4.   F. A. B r a u s e *librorum de disciplina augurali ante Augusti mortem scriptorum reliquiae I* Leipz. 1875 8.

2. Die *commentarii magistratuum*.

3. Die *leges regiae* und das *ius Papirianum*.

C. G. B r u n s *fontes iuris Romani antiqui, ed. III aucta emendata* (Tübingen 1875 8.) S. 1 ff. H. E. D i r k s e n Versuche zur Kritik und Auslegung der Quellen des römischen Rechts

(Berl. 1823 8.) S. 234 ff. Mor. Voigt über die *leges regiae* I Bestand und Inhalt der *l. r.* Abhandl. der sächs. Ges. der Wiss. philol. hist. Cl. 7, 1876 S. 555—641. Wordsworth S. 253.

§ 16. Die Sprichwörter.

Des. Erasmi *adagiorum chiliades* Venedig 1505 und Basel 1520 fol. (danach oft epitomiert). G. Th. Serz Handbuch der griech. und lat. Sprichwörter Nürnberg 1792 8. W. Binder *novus thesaurus adagiorum Latinorum* (zuerst 1861), 2. Ausg. Stuttgart 1866 8., ders. *medulla proverbiorum Latinorum* u. s. w. Stuttgart 1856 16. K. Zell über die Sprüchwörter der alten Römer Ferienschriften 2. Samml. (Freiburg 1829 8.) S. 1 ff. M. Hertz die Sprichwortsammlung des Sinnius Capito Philol. 1, 1846 S. 616. K. Hartung über die Sprichwörter bes. der lat. Sprache Sprottau 1871 4.

Zweiter Theil.

Die zweite Periode der römischen Litteratur
(die italische Litteratur).

Die Periode des Kampfes und der Blüthe.

Allgemeines.

§ 17. Die Gesetzgebung der zwölf Tafeln.

Legis duodecim tabularum reliquiae, edidit constituit pro- legomena addidit Rud. Schöll Leipz. 1868 8. Wordsworth S. 254 ff.

§ 18. Der zunehmende Einfluss der griechischen Litteratur.

1. Die öffentlichen Spiele.

L. Friedländer in Marquardts Handbuch der römischen Alterthümer Bd. 4 (Leipz. 1856 8.) S. 471 ff. E. Hübner *iscri-*

zioni esistenti sui sedili di teatri ed anfiteatri antichi in den *annali*
des röm. Institute 1856 S. 52 ff. und 1859 S. 122 ff.   Th. Mommsen C. I. L. 1 S. 370 und in den *commentarii diurni* daselbst.

Anfänge der dramatischen Poësie.

Edélestand du Méril *histoire de la comédie (période primi-
tive, comédie des peuples sauvages, théatre asiatique, origine de
la comédie grecque)* Paris 1864 8.   J. L. Klein Geschichte des
Dramas, II griechisch-römisches Drama 2 Bde. Leipz. 1865 8.
O. Ribbeck die römische Tragödie im Zeitalter der Republik
Leipz. 1875 8.   A. Fleckeisen zu Ciceros Sestiana [§ 117 ff.
über *caterva*] Jahrb. 1875 S. 547 ff.   P. de Boltenstern *de
rebus scaenicis Romanis quaestiones selectae* Stralsund (Greifswald) 1875 8. (dazu A. Lorenz Bursians Jahresber. II 1874
—1875 2 S. 606).

Patin études sur la poësie latine 2 Bde.` [zuerst 1868—69]
2. Ausg. Paris 1875 8.   W. Y. Sellar *the Roman poets of the
republic* Edinburgh 1863 8.

2. Der Schulunterricht.

G. Bernhardy Grundriss 5. Aufl. S. 35—95.

1. Die Poesie.

§ 19. Andronicus Livius (470 bis 550 d. St.).   284—204
v. Chr.

1. Odyssee.

G. Hermann *elem. doct. metr.* (1816) S. 617 ff.   H. Düntzer
L. Livii Andronici fragmenta collecta et illustrata Berl. 1835 8.
E. Klussmann *L. A. dramatum reliquiae pars prior* Rudol-
stadt 1849 4. *L. A. Odyssiae reliquiae ex rec.* O. Günthcri
Stettin 1864 4.   Wordsworth S. 289 ff.

2. *Carmen triumphale.*

3. Tragödien. Der Chor der römischen Tragödie.

4. Komödien.

F. G. Welcker die griechischen Tragödien mit Rücksicht
auf den epischen Cyclus geordnet (3 Bde. Bonn 1841 8.) Bd. 3
S. 1332 ff.

Salmasius zu den *scr. hist. Aug.* 2 (Leiden 1671 8.) S. 828.
A. G. Lange *vindiciae tragoediae Romanae* (Leipz. 1822 4.) S.

22 (und in den vermischten Schriften Leipz. 1832 8. S. 15 ff.)
O. Ribbeck *scaenicae Romanorum poesis fragmenta vol. I tra-
gicorum Latinorum reliquiae* (Leipz. 1852, *ed. II* 1871 8.) S. 1 ff.
*vol. II comicorum Latinorum praeter Plautum et Terentium re-
liquiae* (Leipz. 1855 *ed. II* 1873 8.) S. 1 ff. C. J. Grysar Abhandl. der Wiener Akad. der Wissensch. philol. hist. Cl. 15,
1855 S. 365 ff. O. Jahn Berichte der sächs. Ges. d. Wissensch.
phil. hist. Cl. 1856 S. 294 ff. Ders. Hermes 2, 1867 S. 225 ff.
L. Müller Jahrb. 1866 S. 566 ff.

5. Sprache der älteren Dichter überhaupt.

F. W. Holtze *syntaxis priscorum scriptorum Latinorum
usque ad Terentium* 2 Bde. Leipz. 1860 1861 8.

264—191
v. Chr.
§ 20. Cn. Naevius (um 490 bis um 560 d. St.).

E. Klussmann *Cn. Naevii poetae Romani vitam descri-
psit, carminum reliquias collegit, poesis rationem exposuit* Jena
1843 8. M. I. Berchem *de Gn. N. poetae vita et scriptis*
Münster 1861 8. O. Jahn Hermes 2, 1867 S. 243 ff.

Tragödien. — *Praetextae.* — Comödien. — *Bellum Punicum.*
Ribbeck *trag.*[2] S. 6 f. und *com.*[2] S. 5 f. J. Vahlen *Cn.
Naevi de bello Punico reliquiae* (Gratulationsschrift an F. Ritschl)
Leipz. 1854 4. Wordsworth S. 292.

254—184
v. Chr.
§ 21. T. Maccius Plautus (um 500 bis 570 d. St.).

1. Namen und Lebensumstände.

G. E. Lessing Abhandlung von dem Leben und den Wer-
ken des Plautus (1750) sämmtl. Werke herausg. von Lach-
mann Bd. 3 S. 1 ff. (Maltzahn Bd. 3 S. 15 ff.). F. Ritschl *de
Plauti poetae nominibus* und *de aetate Plauti* (1841) Parerga zu
Plautus und Terenz, erster Band (mehr erschien nicht, Leipz.
1845 8.) S. 3 ff. und 45 ff. C. E. Geppert Jahns Archiv Bd. 9
S. 262 ff. Ders. Plautinische Studien I II Berl. 1870 1871 8.
W. Teuffel (1853) Studien und Charakteristiken (Leipz. 1571 8.)
S. 255 ff. M. Hertz T. Maccius Plautus oder M. Accius Plautus?
Berl. 1554 8. Ders. *de Plauti poetae nominibus epimetrum*
Breslau 1864 4. Dazu L. Müller und F. Bücheler Jahrb.
1868 S. 212 ff. J. Brix ausgew. Kom. Bd. 1, 1864 S. 3 ff.

2. Werke.

F. Ritschl die *fabulae Varronianae* des Plautus (1843
1844) Parerga S. 71 ff. Ders. die plautinischen Didaskalien
(1641) Parerga S. 249 ff.

a. Handschriften (der Ambrosianus *saec. V* in Mailand, die
beiden Palatini der Vetus *s. X* in Rom und der Decurtatus *s.
XII* in Heidelberg, der Ursinianus *s. XII* in Rom).

F. Ritschl über die Kritik des Plautus, eine bibliogra-
phische Untersuchung (1836) *opusc. philol.* Bd. 2, 1868 S. 1 ff.
Ders. über den Mailänder Palimpsest des Plautus, Zuschrift
an G. Hermann (1837) ebendas. S. 166 ff. und über die jüngsten
plautinischen Studien (1846) ebendas. S. 202 ff. W. Studemund der plautinische Trinummus im Codex Ambrosianus
Rhein. Mus. Bd. 21, 1866 S. 574 ff. A. Spengel T. Maccius
Plautus. Kritik, Prosodie, Metrik Göttingen 1865 S. (dazu W.
Studemund Jahrb. 1866 S. 49 ff.)

b. Ausgaben.

Die älteren Ausgaben von D. Lambinus (zuerst Paris
1576 fol.), F. Taubmann (zuerst Wittenberg 1612 4.) und J.
Ph. Parcus (Neustadt 1619 4.). *M. Acci Plauti comoediae,
accedit commentarius ex variorum notis et observationibus, ex recensione* Ioh. Fred. Gronovii. *Editio novissima* 2 Bde. Amsterdam 1684 8. (die Vulgata, sämmtliche 20 Comödien und
einige Fragmente enthaltend).

T. M. P. comoediae ex recensione et cum apparatu critico
F. Ritschelii Bd. 1. Bonn 1848 (Prolegomena, Trinummus,
Miles gloriosus, Bacchides) 2. Bonn 1850 (Stichus, Pseudulus,
Menaechmi, Mostellaria). 3. Heft 1. 2 Elberfeld (Leipz.) 1853
1854 (Persa, Mercator) S. (es fehlen also noch Amphitruo,
Asinaria, Aulularia, Captivi, Curculio, Casina, Cistellaria, Epi-
dicus, Poenulus, Rudens, Truculentus), (dazu Th. Bergk
Zeitschr. für die Alterthumsw. 1848 S. 1129, 1852 S. 331).
*Ed. II (Tom. I fasc. I Trinummus iterum rec. instrumento cri-
tico auxit F. R.)* Leipz. 1871 8. (Fortsetzung von Götz Löwe
F. Schöll in Aussicht).

T. M. P. comoediae, ex recognitione Alfredi Fleckeiseni
2 Bde. Leipz. 1850 1851 8. (Bd. 1: Amphitruo, Captivi, Miles

gloriosus, Rudens, Trinummus; Bd. 2: Asinaria, Bacchides,
Curculio, Pseudulus, Stichus). Ausgewählte Komödien des
T. M. P. für den Schulgebrauch erklärt von Julius Brix Bd. 1
Leipz. 1864 (Trinummus, 2. Aufl. 1870) 2, 1865 (Captivi, 3. Aufl.
1876) 3, 1866 (Menaechmi) 8. Ausgewählte Komödien des
T. M. P. erklärt von Aug. O. Fr. Lorenz mit ausführlicher
Einleitung, 2. Bd. (der 1. fehlt noch) *Mostellaria* Berl. 1866
3. Bd. *Miles gloriosus* 1868 4. Bd. *Pseudolus* 1876 8. (angez.
von W. Wagner Centralbl. 1877 S. 216). *T. M. P. Truculentus cum apparatu critico* Guil. Studemund *et epistula eiusdem de codicis Ambrosiani reliquiis edidit illustravit* Andr. Spengel Göttingen 1868 8. (dazu E. Böckel *exercitationum Plautinarum specimen* Carlsruhe 1872 8.) *T. M. P. Aulularia with
notes by* W. Wagner Cambridge 1867, *ed. II* 1877 8., *Trinummus* von dems. *ed. II* Cambr. 1875 8. W. Studemund com-
mentatio de Vidularia Plautina Greifswald 1870 4; *emendationes
Plautinae* Greifswald 1871 4. *T. M. P. comoediae rec. et enarravit* I. L. Ussing Vol. I *Amphitr. et Asin. cum prolegomenis
et commentariis continens* Kopenhagen 1875 8. (vgl. Jenaer L. Z.
1876 S. 286 Centralbl. 1876 S. 1167, G. Götz Jahrb. 1876
S. 351). *T. M. P. comoediae rec.* A. Spengel (*vol. III p. V
Trinummus*) Berl. 1875 8. (dazu G. Götz Jahrb. 1875 S. 566,
G. Löwe Jahrb. 1875 S. 525 ff.) A. Lorenz Bursians Jahresbericht II III 1874—75 2 S. 641).

c. Kritik und Erklärung.

L. Mercklin *symbolae exegeticae ad Curculionem Plau-
tinam* Dorpat 1851 4. H. Sauppe Göttinger Lectionskatalog
(zum Pseudolus) 1858 4. M. Haupt Berliner Lectionskatalog
von 1858 4. Ders. Hermes 5, 1870 S. 175 f. (*opusc.* 2 S.
135, 3 S. 374 399 und sonst.) W. Wagner *de P. Aulularia*
Bonn 1863 8. Rich. Müller *de Plauti Epidico* Bonn 1865 8.
H. Usener zur Krit. des Plautus (die Rec. des Calliopius)
Jahrb. 1865 S. 263 ff. J. Brix *de P. Truculento* Liegnitz 1868
4. A. Kiessling zum *Pseudol.* Rhein. Mus. 23, 1868 S. 411 ff.
und plautinische Analecten 24, 1869 S. 115 ff. Ders. Jahrb.
1868 S. 609 ff. O. Seyffert Philol. 27, 1869 S. 434 ff.
A. Lorenz Philol. 28, 1869 S. 183, 357, 561 ff., 30, 1870

S. 430 ff., 32, 1872 S. 270 ff. 406 ff. 35 , 1875 S. 153 ff. und
Gymnasialprogramm Berl. 1872 4. Ders. Bursians Jahresbericht I 1873 S. 341, II III 1874—75 2 S. 606 ff., IV 1876
2 S. 1 ff. H. A. Koch, L. Müller und A. Fleckeisen zum
mil. glor. Jahrb. 1870 S. 61 ff. 66 ff. 69 ff.   Zum *Trucul.* A.
Fleckeisen Jahrb. 1871 S. 809 ff., 1872 S. 71 ff. und sonst.
F. Bücheler ebendas. 1872 S. 568 ff.   S. Bugge Philol.
30, 1870 S. 636 ff. 31, 1871 S. 217 ff.   Ders. *opusc. philol.*
ad Madvigium Kopenhagen 1876 8.) S. 65.   K. Dziatzko
die *diverbia* der lat. Komödie Rhein. Mus. 26, 1871 S. 97 ff.
F. Schöll *acta soc. phil. Lips.* 2, 1872 S. 457, 5, 1875 S. 318.
Ders. *divinationes in P. Truculentum* Leipz. 1876 8.   G. Löwe
ebendas. 4 (1875) S. 343, 5 (1875) S. 306.   G. Götz ebendas.
4 (1875) S. 351.   Ders. Dittographieen im Plautustext nebst
methodischen Folgerungen ebendas. 6 (1876) S..233 ff. 349,
Rhein. Mus. 31, 1876 S. 637 f.   C. M. Francken *annotata ad*
P. Rudentem Mnemos. n. s. 3, 1875 S. 34.   M. Niemeyer
de P. fabularum recensione duplici Berl. 1877 (58 S.) 8.

d. Stoffe und Vorbilder.

W. H. Grauert über das Contaminieren der lat. Komiker
histor. philol. Analecten (Münster 1833 8.) S. 116 ff.   W. A.
Becker *de comicis Romanorum fabulis maxime Plautinis quae-*
stiones (Leipz. 1837 8.) S. 82 ff.   Th. Ladewig über den Kanon
des Volcatius Sedigitus Neustrelitz 1842 4.   Ders. Philol. 1,
1846 S. 276 ff. F. Ritschl Parerga S. 271 ff.   Ein Anonymus
(1851) Ritschl's Opuscula 2 S. 732 ff.   G. Schmitz *de*
actuum in Plautinis fabulis discriptione Bonn 1852 8. W. Teuffel Rhein. Mus. 8, 1853 S. 25 ff. und Jahrb. 1867 S. 32 ff.
J. L. Klein Geschichte des Dramas Bd. 2 (Leipz. 1865 8.) S.
268 ff.   W. Hahn *scaenicae quaestiones Plautinae* Greifswald
1867 8.   Th. Hasper *de Poenuli Plautinae duplici exitu* (auch
Jahrb. Supplementband 5) Leipz. 1868 8.   L. Reinhardt *de*
retractatis fabulis Plautinis in Studemunds Studien auf dem
Gebiet des archaistischen Lateins 1, 1873 S. 79 ff.   Ders. die
Ueberarbeitung des P. Epidicus Jahrb. 1875 S. 194.   G. Land-
wehr *miscellanea philologa* (Göttingen 1876 8.) S. 9.   C. M.
Francken *de Poenuli Plautinae compositione* Mnemos. n. s.

IV 1876 S. 146 ff. A. Spengel die Akteintheilung der Komödien des P. München 1877 (57 S.) 8. A. Fritz die *Menaechmi*
des P. u. s. w. Mitterburg in Pisino 1874 8.

Fr. Schmidt über die Zahl der Schauspieler bei Plautus
und Terenz (Münchner Preisschrift) Erlangen 1870 8. Th.
Mommsen Schauspielerinschriften Hermes 5, 1870 S. 303 ff.

e. Prosodie und Metrik.

F. Ritschl Prolegomena zur Trinummus (1848) und in
zahlreichen Beiträgen, die jetzt im 2. Bd. der Opuscula gesammelt vorliegen. Dazu dess. neue plautinische Excurse I Leipz.
1869 8. und Rhein. Mus. 24, 1869 S. 482 ff. 27, 1872 S. 333 ff.;
Canticum und Diverbium bei Plautus Rhein. Mus. 26, 1871 S.
599 ff. 27, 1872 S. 186 ff.; 31, 1876 S. 530 ff.; *acta soc. philol.
Lips.* 6 (1876) S. 365 (dazu F. Bücheler Jahrb. 1871 S. 273 ff.
K. Dziatzko ebendas. S. 819 ff.). J. B. Loman *spec. critic.
in Plautum et Ter.* Amsterdam 1845 8. Th. Bergk Beiträge
zur Kritik des P. Zeitschr. f. Alt. 1855 S. 289 ff. Ders. in
den Hallischen Lectionskatalogen von 1858 und 1866 4. Ders.
Beiträge zur lat. Grammatik I Halle 1870 8. Ders. Philol. 31,
1871 S. 229 ff. Ders. Jahrb. 1872 S. 121 ff. M. Crain plautinische Studien Stralsund 1858 4. Ders. Bemerkungen zur
lat. Lautlehre mit bes. Berücksichtigung plautinischer Prosodik
I Ueber die Bildung der lat. Ortsadverbien auf *im* Berl. 1864 4.
A. Spengel *de vv. creticorum usu Plautino* Berl. 1861 8. W.
Studemund *de canticis Plautis* Berl. 1864 8., die Cantica
der Casina Zeitschr. für Gymnas. 18, 1864 S. 526 ff., zur
Litteratur des Plautus Jahrb. 1865 S. 55 ff. Osc. Seyffert
de Bacchiacorum vv. usu Plautino Berl. 1864 8. Ders. Philol.
29, 1869 S. 385 ff., 30, 1870 S. 433 f. Ders. *studia Plautina*
Berl. 1874 4. (dazu A. Lorenz philol. Anz. 7, 1875 S. 212).
A. Fleckeisen Jahrb. 1867 S. 630 f. W. Christ die Gesetze der plautinischen Prosodie Rhein. Mus. 23, 1868 S. 559 ff.
Ders. Philol. 18, 1862 S. 180 ff. * C. F. W. Müller plautinische Prosodie Berl. 1869 8., Nachträge zur P. P. Berl. 1871
8. O. Brugman *quemadmodum in iambico senario Romani
veteres verborum accentus cum numeris consociarint* Bonn 1874 8.
(dazu A. Lorenz Bursians Jahresber. II 1874—75 2 S. 655).

A. Luchs quaestiones metricae in Studemunds Studien auf
dem Gebiet des archaischen Lateins 1, 1873 S. 3 ff.   P. Mohr
de iambico apud P. septenario Leipz. 1873 8.   O. Sachfse *de
pedibus trisyllabis qui in senario substituuntur trochaeo et iambo*
Grünberg 1876 4.   H. Köhler *de verborum accentus cum numerorum rationibus in trochaicis septenariis Plautinis consocia-
tione* Halle 1877 (84 S.) 8.

c. Sprache.

Wortindex von Parcus (1619), I. Operarius (*ed. in usum
Delph.* 2 Bde. Paris 1679 4.), C. H. Weise in s. Ausg. Bd. 2
Quedlinburg 1838 (1818) 8.   Kampmann *de ab in de et ex
praepositionum usu Plautino* 3 Programme Breslau 1842 1845
1850 4.   F. Schultz *de obsoletis coniugationum Plautinarum
formis* Conitz 1864 4.   G. Schmilinsky *de proprietate sermonis Plautini usu linguarum Romanicarum illustrata* Halle
1865 8.   H. Bocksch *de casuum quam dicunt attractione apud
Plautum et Terentium* Breslau 1865 8.   W. Studemund plautinische und unplautinische Wortformen Hermes 1, 1866 S.
281 ff.   A. Fleckeisen Jahrb. 1867 S. 630 f.   E. Lübbert
grammatische Studien (der Conjunctiv Perfecti und das Futu-
rum exactum im ältern Latein, ein Beitrag zur Geschichte der
lat. Sprache) Heft 1 Breslau 1867 8.   A. Görke *symbola ad
vocabula Graeca in l. Lat. recepta* Königsberg 1868 8.   E.
Ballas *grammatica Plautina, specimen I. de particulis copula-
tivis* Greifswald 1868 8.   C. Fuhrmann die Vergleichungs-
sätze bei Plautus Jahrb. 1868 S. 811 ff., 1870 S. 687 f., *de particularum comparativarum usu Plautino part.* I Greifswald 1870
8., der Indicativ der indirecten Fragesätze bei Pl. Jahrb. 1872
S. 809 ff.   Fr. Hirth *de interiectionum usu Plautino Terentia-
noque spec. I* Rostock 1869 8.   H. A. Koch archaische Formen
bei P. Rhein. Mus. 25, 1870 S. 617 ff.   Ders. Jahrb. 1871
S. 826 ff., Deminutiva bei P. (1871) Rhein. Mus. 32, 1877 S. 97.
A. Luchs Hermes 6, 1871 S. 261 ff.   Ders. zur Lehre von
der Genetivbildung der lat. Pronomina Studemunds Studien 2
(dazu A. Lorenz Bursians Jahresber. II 1874—75 2 S. 620).
R. Jonas *de verbis frequentativis et intensivis apud comoediae
Latinae scriptores* I Jena 1871 8.   J. N. Madvig *advers. crit.* 2

(1873) S. 4 (dazu F. Ritschl Rhein. Mus. 31, 1876 S. 539 ff.).
E. Becker *de syntaxi interrogationum obliquarum apud priscos
scriptores Latinos* Studemunds Studien 1, 1873 S. 115 ff.   E.
Walder der Infinitiv bei P. Berl. 1874 8.   B. Graupner *de
metaphoris Plautinis et Terentianis* Breslau 1874 8. (dazu A.
Lorenz philol. Anz. 7, 1876 S. 586).   G. Votsch *de infinitivi usu Pl.* Halle 1874 8. (dazu A. Lorenz philol. Anz. 7,
1876 S. 572 ff.).   Fritz Schmidt im Hermes 8, 1874 S. 478 ff.,
und *de pronominum demonstrativorum formis Plautinis* Berl.
1875 8. (dazu W. Studemund Jahrb. 1876 S. 57 ff.   A. Lorenz Bursians Jahresber. II III 1874—75 2 S. 609).   P. Richter *de usu particularum exclamativarum apud priscos scriptores
Latinos* Strafsburg 1874 8. (dazu A. Lorenz Bursians Jahresbericht IV 1876 S. 25).   H. Kowaleck *de medio Latino quale
apud Plautum inveniatur* Deutsch-Crone 1875 4.   C. Besta *de
verborum compositione Plautina* Breslau 1876 8.   C. Rothe
*quaestiones grammaticae ad usum P. potissimum et Terenti spec-
tantes* Berl. 1876 8.   E. König *de nominibus propriis quae
sunt apud P. et Terentium* Patschkau 1876 4.   J. Rothheimer
de enuntiatis conditionalibus Plautinis Göttingen 1876 8.   R.
Klotz zur Alliteration und Symmetrie bei T. M. P., insbes.
im 1. Act des *mil. glor.* Leipz. (Zittau) 1876 4.   A. Inowra-
clawer *de metaphorae apud P. usu* Rostock 1876 8.   A. Mah-
ler *de pronominum personalium apud P. collocatione* Cöslin
(Greifswald) 1876 8.

f. Alte Commentatoren. Prologe.

F. Ritschl *de veteribus Plauti interpretibus* Parerga S.
180 ff. und 357 ff.   Ders. *prolegomena* p. XL ff.   K. Dziatzko
de prologis Plautinis et Terentianis quaestiones selectae Bonn
1863 8.   Ders. über die plautinischen Prologe Luzern 1866 8.
W. Wagner Jahrb. 1865 S. 279 ff.   P. Langen *de Menaech-
morum fabulae Plautinae prologo* Münster 1873 4.

239—169
v. Chr.   § 22. Q. Ennius (515 bis 585 d. St.).

1. Leben.

F. Ritter der Dichter Q. Ennius in Sardinien, auf dem
Aventinus zu Rom, in Aetolien, sein römisches Bürgerrecht und

sein Verhältniss zur römischen Aristokratie Zeitschr. für die
Alterthumswissenschaft 7, 1810 S. 370 ff. O. Jahn Hermes 2,
1867 S. 242 ff.

2. *Annales.* Tragödien (und Komödien). *Saturae. Eue-
   merus.*

Ennianae poesis reliquiae recensuit Ioannes Vahlen Leipz.
1854 8.   Ders. Rhein. Mus. 14, 1859 S. 552 ff. und 16, 1861
S. 591 ff. (gegen A. Göbel), Zeitschrift für die österreichischen
Gymnasien 10, 1859 S. 268 ff. 500, Hermes 12, 1877 S. 253,
399 f., Berliner Lectionskatalog von 1877 4. Ribbeck *trag.*[2]
S. 15 ff., *com.*[2] S. 4.

L. Müller *de re metrica poetarum Latinorum praeter Plautum et Terentium libri septem* (Leipz. 1861 8.) S. 65 ff. Ders.
Jahrb. 1867 S. 504 ff., Rhein. Mus. 25, 1870 S. 625. Th.
Mommsen Rhein. Mus. 16, 1861 S. 449 und 17, 1862 S.
143 vgl. S. 313. H. Hagen Jahrb. 1865 S. 503. M. Haupt
Hermes 1, 1866 S. 401, *emend. Fronton.* (Berl. 1867 4.) S. 5
(*opusc.* 2 S. 349, 3 S. 355).   H. Usener Rhein. Mus. 28,
1873 S. 408 ff.

H. Planck *E. Medea commentario perpetuo illustrata
cum fragmentis cet.* Göttingen 1807 4. Th. Bergk *quaestiones
Ennianae* Marburg 1844 4., *spec. novum* Halle 1860 4., Jahrb.
1861 S. 316. 495. 617 ff., *de E. reliquiis* Halle 1863 4., Philol.
33, 1874 S. 282 ff. A. Petermann über die Satire des E.
Th. I und II Hirschberg 1851 1852 4. B. ten Brink *Varronis locus de urbe Roma, acc. Q. E. apologus Aesopicus et reliquiae Euhemeri versibus quadratis* Utrecht 1855 8. O. Ribbeck Rhein. Mus. 10, 1856 S. 265 ff. G. Ungermann
*E. poeta versu hexametro in litteras Latinas inducto quatenus
meritus sit* Coblenz 1866 4. O. Jahn Hermes 3, 1868 S. 191.
G. Röper *de E. Scipione* Danzig 1868 4. E. Wezel *de C.
Silii Italici cum fontibus tum exemplis* (Leipz. 1873 8.) S. 17
(dazu H. Blass Jahrb. 1874 S. 506). H. Hagen E. und
Livius Jahrb. 1874 S. 271 ff. R. Unger *scheda Enniana*
Halle 1875 4.

220—132
v. Chr.

§ 23. M. Pacuvius (um 534 bis 622 d. St.).

Ribbeck *trag.*[2] S. 75 ff. O. Jahn Ber. der sächs. Ges. der W. philol.-histor. Cl. 1856 S. 301, Hermes 2, 1867 S. 229 ff. W. Teuffel Caecilius Statius, Pacuvius, Attius und Afranius (Tübingen 1858 4.) S. 7 ff.

219—166.
v. Chr.

§ 24. Statius Caecilius (um 535 bis 588 d. St.).

C. Caecilii Statii deperditarum fabularum fragmenta ed. L. Spengel München 1829 4. Ribbeck *com.*[2] S. 35 ff. Teuffel Caecilius Statius u. s. w. S. 1 ff. J. Becker im Philol. 4, 1849 S. 78 ff.

185—159
v. Chr.

§ 25. P. Terentius (569! bis 595 d. St.).

1. Leben.

Fritsch *Suetonii vita T. emendata et illustrata* Bonn 1852 8. Suetons *vita T.* bearb. von F. Ritschl in Reifferscheids Sueton (1860) S. 26 ff. und 479 ff. Th. Bergk im Philol. 16, 1860 S. 627 ff. A. Fleckeisen krit. Miscellen (Leipz. 1864 8.) S. 58 ff. H. Sauppe Göttinger Nachrichten von 1870 S. 111 ff. J. Vahlen Monatsber. der Berl. Akademie 1876 S. 789 ff.

* * zur Charakteristik des Terentius (1851) in Ritschls *opusc.* 2 S. 752. W. Teuffel (1853) Studien und Charakteristiken (1871) S. 280 ff. J. L. Klein Geschichte des Dramas 2 (1865) S. 567 ff. W. Wagner Jahresbericht über Terenz in Bursians Jahresber. I 1873 S. 443, II III 1874/5 I S. 798.

2. Die sechs Komödien. Didaskalien.

Ritschl Parerga S. 263 ff. C. E. Geppert über die terentianischen Didaskalien Jahrb. Supplementband 18, 1852 S. 550 ff. J. A. Becker *de Romanorum censura scenica; accedunt variae de didascaliis Terentianis quaestiones* Mainz 1854 4. W. Wilmanns *de didascaliis Terentianis* Berl. 1864 8. A. Kohl *didascaliae Terentianae explicatae* Halle 1865 8. K. Dziatzko § 21, 2 f; ders. über die terentianischen Didaskalien Rhein. Mus. 20, 1865 S. 570 ff. und 21, 1866 S. 64 ff.

a. Handschriften (der Bembinus *s. V.* in Rom, die Recension des Calliopius im Parisinus 1859 u. a. Hss. *s.* X, nach Donat corrigiert im Victorianus s. *IX* in Florenz).

F. Ritschl *de emendatione fabularum Terentianarum* Bres-
lau 1838 4. (für den 3. Bd. der Opuscula bestimmt). Ders.
Rhein. Mus. 8,. 1853 S. 289 ff. C. E. Geppert zur Geschichte
der terentianischen Kritik Jahrb. Suppl. 18, 1852 S. 28 ff. J.
Brix *de Terentii libris a R. Bentleio adhibitis* Brieg 1852 4.
Ders. *de Terentii fabulis post R. Bentleium emendandis* Liegnitz
1857 4. W. Schmitz Jahrb. 1858 S. 652. J. Wollenberg
Zeitschr. f. Gymn. 1860 S. 711. 688. F. Umpfenbach Philol.
32, 1873 S. 442 ff., ders. *analecta Terentiana* Mainz 1874 4.
R. Ellis *Academy* 1872 S. 458 ff. W. Förster Lyoner Te-
renzhandschrift Zeitschr. für die öst. Gymn. 1875 S. 188.

    b. Recension des Calliopius.

    O. Jahn über die Subscriptionen in den Hss. röm. Classi-
ker Ber. der sächs. Ges. der Wissensch. philol.-histor. Cl.
1851 S. 327 ff. bes. 362 ff.

    c. Ausgaben.

    P. T. A. comoediae ex recensione et cum notis Ric. Bent-
leii. *Phaedri fabularum Aesopiarum l. V, Publii Syri et
aliorum veterum sententiae rec. et notas addidit R. B.* Cambridge 1726 4. (Amsterdam 1727 4., Leipz. 1791 8., zuletzt wiederholt von E. Vollbehr, Kiel 1846 8.). Dazu G. Hermann
de Rich. Bentleio eiusque editione T. (1819) in den Opuscula 2
S. 263 ff. *P. T. comoediae recensuit* Alfr. Fleckeisen Leipz.
1857 8. Mit engl. Anmerkungen von W. Wagner Cambridge
1869 8., Hautontimorumenos erkl. von dems. Berl. (Leipz.)
1872 8. *P. T. comoediae ed. et apparatu critico instruxit* Franc.
Umpfenbach Berl. 1870 8. Ausgewählte Komödien des P.
T. A. erkl. von K. Dziatzko I (Phormio) Leipz. 1874 8. Die
Komödien des T. erkl. von A. Spengel I (Andria) Berl. 1875
8. Andria mit krit. und exeg. Anm. von R. Klotz Leipz.
1865 8., erkl. von K. Meissner Bernburg 1876 8. (dazu O.
Brugman Jahrb. 1876 S. 15 ff., K. Dziatzko Jenaer L. Z.
1876 S. 599, R. Meister Zeitschr. für Gymn. 1876 S. 59,
Centralblatt 1876 S. 1167; philol. Anz. 8, 1876 S. 93). Phor-
mio erkl. von C. G. Elberling Kopenhagen 1861 8.

    d. Sprache und Metrik.

    Wortindex in der Ausg. *in usum Delphini* Paris 1675 4.
und in Bentley's Ausgabe.

K. F. Hermann *T. Andria quam fideliter ad Menandrum expressa sit* Marburg 1838 4., ders. *de T. Adelphis* Marburg 1838 4. W. Ihne *quaestiones Terentianae* Bonn 1843 8. J. Könighoff *de ratione quam T. in fabulis Graecis Latine convertendis secutus sit p. I* Köln 1843 8. Rotter *ad T. Adelphos excursus de sono versuum* Breslau 1846 4. M. Speck *observ. crit. in T. Adelphos* Breslau 1847 8. A. L. R. Liebig *de hiatu in versibus Terentianis* Breslau 1848 8., *de genitivi usu Terentiano* Oels 1853 4. Ders. die hypothetischen Sätze bei T. Görlitz 1863 4. F. V. Fritzsche *quaestiones Terentianae* Rostock 1849 4., *lectiones Terentianae* Rostock 1860 4. J. Krauss *quaestiones Terentianae criticae* Bonn 1850 8. Ders. über die iamb. Trimeter bei T. Rhein. Mus. 8, 1853 S. 529 ff. A. Klette *exercitationes Terentianae* Bonn 1855 8., ders. in der *symbola philol. Bonn.* (1867) S. 843 ff. W. Fielitz Jahrb. 1858 S. 675. Th. Ladewig Beitr. zur Kritik des T. Neustrelitz 1858 4. Heinrichs *de ablativi apud T. usu et ratione I II* Elbing 1858—60 4. E. Brunér *quaestiones Terentianae* Helsingfors 1868 8., ders. in den *acta soc. Fennicae* 9, 1871 S. 1 ff. B. Born *de diverbii apud T. versibus* Magdeburg 1868 4. D. Gröhe Rhein. Mus. 22, 1867 S. 640 ff. M. Haupt Hermes 5, 1870 S. 176 ff. (*opusc.* 3 S. 520). C. Conradt *de versuum Terentianorum structura* Berl. 1870 8. Ders. über einige Eigenthümlichkeiten des Versschlusses bei T. Hermes 10, 1875 S. 101 ff. Ders. die metrische Composition der Komödien des T. Berl. 1876 8. (dazu K. Dziatzko Jenaer L. Z. 1876 S. 59). H. A. Koch Jahrb. 1871 S. 826 ff. Th. Bergk Jahrb. 1872 S. 121 ff. A. Steubing *analecta critica quae ad testimonia veterum Terentiana spectant* Marburg 1872 8. E. Rummler *quaestiones Terentianae* Halle 1873 8. A. Spengel über die Composition der Andria Sitzungsber. der Münchener Acad. philos.-philol.-hist. Kl. 1873 S. 599. J. N. Madvig *advers. crit.* 2 (1873) S. 12 ff. A. Rönspiess *de coniugationis Lat. formis apud T. earumque origine* Culm (Jena) 1873 4. F. Schmidt Hermes 8, 1874 S. 478. C. Schlüter *de accusativi et dativi usu Terentiano* Münster 1874 8. L. H. Fischer *de T. priorum comicorum Latinorum imprimis Plauti sectatore quaestio-*

nes selectae Halle 1874 8.   H. Bosse *quaestiones Terentianae* Leipz. 1875 8.   W. Kocks *interpolationes Terentianae* Cöln 1875 4.   P. Thomas *la syntaxe du futur passé dans T. rev. de l'instruction publ. belge* 19, 1876 S. 74 ff.   K. Dziatzko der doppelte Ausgang der terenzischen Andria Jahrb. 1876 S. 235, ders. die Andria des Menander Rhein. Mus. 1876 S. 234, zur Kritik und Exegese der griech. und lat. Komiker ebendas. S. 370 ff. C. Steffen *de actorum in fabulis Terentianis numero et distributione* Acta soc. philol. Lips. 2, 1872 S. 107 ff. (dazu Jenaer L. Z. 1874 S. 28,   W. Wagner Bursians Jahresber. I 1573 S. 445).   Chr. Hoffer *de personarum usu in P. T. comoediis* Halle 1877 (43 S.) 8.

e. Prologe und Periochae.

A. L. R. Liebig *de prologis Terentianis et Plautinis* Görlitz 1859 8. K. Dziatzko oben § 21, 2 f.   W. Wagner *liber misc.* Bonn. (1864) S. 72 und Jahrb. 1865 S. 279 ff.   O. Amdohr *prologi Hecyrae Terentianae grammatica critica historica ratione pertractantur* Frankfurt a. O. 1873 (33 S.) 8.   H. Päckelmann *de ordine P. T. fabularum potissimum prologis adhibitis* Halle 1875 8. (dazu W. Wagner Bursians Jahresber. II III 1875—76 1 S. 804).

f. Alte Commentatoren. Scholien.

Ritschl Parerga S. 361 ff.   L. Schopen *de Terentio et Donato eius interprete* Bonn 1821 4.   Ders. *specimen emendationis in Aelii Donati commentarios Terentianos ad novam totius operis editionem indicandam propositum* Bonn 1826 4.   Ders. unedierte Scholien zum Terenz Bonn 1832 4.   Ders. über die Pariser Hss. des Eugraphius Bonn 1552 4.   A. Richter *Donati commentarii quem usum habeant ad illustrandam singularium T. vocum corruptelam* Bonn 1853 8. · Zu Euanthius K. Dziatzko Rhein. Mus. 25, 1870 S. 436.   F. Umpfenbach die Scholien des Codex Bembinus zum T. Hermes 2, 1867 S. 337 ff.   W. Studemund über die *editio princeps* der Terenzscholien des Bembinus Jahrb. 1868 S. 546 ff.   W. Hahn zur Entstehungsgeschichte der Scholien des Donat zu T. I Halberstadt 1870, II Stralsund 1872 4.   *Euanthius et Donati commentum de co-*

moedia und *Donati in commenta Terentiana praefationes ex rec.*
A. Reifferscheid Breslau 1874 und 1875 4.

§ 26. L. Attius (um 584 bis um 660 d. St.).

1. Leben.

C. Stahlberg *commentationis de L. Attii vita et scriptis
particula* Halle 1844 8. G. Boissier *le poète A.* u. s. w. Nîmes
(Paris) 1857 8. W. Teuffel Caecilius Statius u. s. w. S. 14 ff.
D. Detlefsen Rhein. Mus. 18, 1863 S. 266 ff., ders. *symbola
philol. Bonn.* (1867) S. 712.

2. Tragödien. *Praetextae.*

O. Ribbeck *trag.*[2] S. 136 ff. und 281 ff. Ders. Philoc-
teta des A. Kiel 1872 4. Wordsworth S. 318 ff. H. Grote-
meyer *de L. A. tragoediis* Münster 1851 8. O. Jahn Hermes 2, 1867 S. 234.

3. Andere Schriften.

Fragmente in L. Müllers Lucilius S. 301 ff.

J. N. Madvig *de L. Attii didascalicis* (1831) in den Opuscula 1 S. 87 ff G. Hermann *de L. Attii libris didascalicon*
Leipz. 1842 4. (*opusc.* 8 S. 390 ff.) K. Lachmann Berliner
Lectionskatalog von 1849 4. (kl. Schr. 2 S. 67 ff.) F. Ritschl
de vocalibus geminatis deque L. Attio grammatico in den *monum.
epigr. tria* Bonn 1852 S. 22 ff.

§ 27. Die fabulae togatae.

J. H. Neukirch *de fabula togata Romanorum, accedunt
fabularum togatarum reliquiae* Leipz. 1833 8.

1. Titinius.

Ritschl Parerga S. 194 ff. Ribbeck *com.*[2] S. 133 ff.

2. T. Quinctius Atta (starb um 676 d. St.).

Ribbeck *com.*[2] S. 160 ff.

3. L. Afranius (um 600 d. St.).

Teuffel Caecilius Statius u. s. w. S. 37 ff. Ribbeck
com.[2] S. 167 ff. K. Nipperdey Rhein. Mus. 18, 1863 S. 319.
Miguel *cuestion filologica, un fragmento de A.* Madrid 1664

,60 S.) S. und *nueca disertacion acerca de un fragmento de A.*
Madrid 1864 (113 S.) S.

§ 28. Die Atellanen.

C. E. Schober über die A. Leipz. 1825 S. und *de Atella-nis exodiis* Breslau 1830 S. C. A. C. Klenze philol. Abhand-lungen (Berl. 1839 8.) S. 91. E. Munk *de fabulis Atellanis* Leipz. 1840 S. (darin die Fragmente). Th. Keller *de lingua et exodiis Atellanarum* Bonn 1850 8. O. Jahn Hermes 2, 1867 S. 225.

L. Pomponius (blüht um 660 d. St.). Novius.   94 v.Chr.
Ribbeck *com.*[2] S. 225 ff. 254 ff.

§ 29. Der Mimus.

O. Jahn Prolegomena zu seiner Ausgabe des Persius (Leipz. 1843 8). S. LXXXIV ff. C. J. Grysar der römische Mimus Sitzungsber. der Wiener Akademie philol.-histor. Kl. Bd. 12, 1854 S. 237 ff. M. Hertz über den römischen Mimus Jahrb. 1866 S. 581 ff., 1867 S. 317.

1. D. Laberius (649 bis 711 d. St.).   105—43
                                                            v. Chr.
Ribbeck *com.*[2] S. 279 ff. Wordsworth S. 326.

2. Syrus.

Siehe § 25 2c Bentley's Terentius. Ribbeck *com.*[2] S. 79 ff. Wordsworth S. 327.

E. Wölfflin der Mimograph Publilius Syrus Philol. 22, 1865 S. 437 ff. und *P. S. sententiae ad fidem codd. optim. rec.* Ed. Wölfflin, *accedit inc. auct. liber qui vulgo dicitur de mo-ribus* Leipz. 1869 8. A. Nauck *mélanges gréco-romains* (1869) Bd. III 2 S. 187 ff. (St. Petersburg 1872 S.). Wilh. Meyer eine Sammlung von Sentenzen des P. S. Sitzungsber. der Mün-chener Akad. philos.-philol.-histor. Kl. 1872 S. 538 ff. Ders. die Sammlungen der Spruchverse des P. S. (darin XVI neuge-fundene Verse) Leipz. 1877 (65 S.) 8. *Publilii Syri sententiae rec.* A. Spengel Berl. 1874 8. (dazu W. Wagner Bursians Jahresber. I 1873 S. 439, O. Ribbeck Jenaer L. Z. 1874 S. 446).

§ 30. Die übrige dramatische Litteratur des siebenten Jahrhunderts d. St.

Die römische Schaubühne.

L. Friedländer in Marquardt's Handb. 4 S. 523 ff. B. Arnold das altrömische Theatergebäude, eine Studie Würzburg 1873 (24 S.) 4.

1. Die Tragödie. C. Iulius Caesar Strabo. C. Titius.

Ribbeck *trag.*[2] S. 227. F. Bücheler *coniectanea Latina* (Greifswald 1868 4.) S. 1 ff.

Atilius. Santra. Q. Tullius Cicero (vgl. unten § 47).

Ribbeck *com.*[2] S. 27, *trag.*[2] S. 228 ff.

2. Die Komödie. Trabea. Atilius. Aquilius. Licinius Imbrex. Iuventius. Luscius. Valerius. Turpilius.

Ribbeck *com.*[2] S. 31 ff. 82 ff. Wordsworth S. 316. Ritschl Parerga S. 208. P. Grautoff *Turpilianarum comoediarum reliquiae* Bonn 1853 8.

180—103 v. Chr.   **§ 31. C. Lucilius** (um 574 bis 651 d. St.).

1. Die *satura* (vgl. § 22, 2).

Is. Casaubonus *de satyrica Graecorum poesi et Romanorum satira libri duo* Paris 1605 4. (Halle 1774 8.). C. L. Roth *de satirae natura commentatio* Nürnberg 1843 4. Ders. *de satirae Romanae indole eiusdemque ortu et occasu* Heilbronn 1844 4. Ders. zur Theorie und inneren Geschichte der römischen Satire Stuttgart 1848 8. A. Petermann *de satirae Romanae auctore eiusque inventore* Hirschberg 1846 4. Ders. über den Ursprung und Begriff der römischen Satire Glogau 1856 4. E. Szelinski *de nominibus personarum . . . apud poetas satiricos Romanos* Königsberg 1862 4. J. Schultz *de prosodia satiricorum Romanorum capita duo* Königsberg 1864 8. V. Hölzer *de Pauli glossa quae est sub verbo satura* (Festprogramm des Gymnasiums) Erfurt 1870 4. J. P. J. Schnitzler *de satirae Romanae novae natura et forma* Rostock 1870 8.

2. C. Lucilius.

C. Lucilii . . . . satyrarum quae supersunt reliquiae, Franciscus Jani f. Dousa *collegit disposuit et notas addidit* Leiden

1597 4. und Amsterdam 1661 4. (wiederholt Padua 1735 8. und
auch sonst öfter abgedruckt). *C. L. saturarum reliquiae, edidit,
auxit, emendavit* F. Dor. Gerlach Zürich 1846 8.   *C. Lucilii
saturarum,* C. Lachmannus *emendavit* (1852) [*ed.* I. Vahlen]
Berl. (VII 139 S.) 1876 8. (dazu O. Ribbeck Jenaer L. Z. 1876
S. 56.   H. Buchholtz Rhein. Mus. 33, 1817 S. 114, E. Chatelain *revue crit.* 1677 S. 146 ff.).   *C. L. saturarum reliquiae
emend. et adnot. Lucianus Müller, accedunt Acci (praeter scae-
nica) et Suei carminum reliquiae* Leipz. 1872 8. (dazu W. Studemund philol. Anz. 5, 1873 S. 254 ff., B. Gött. gel. Anz.
1873 S. 1405 ff., L. Quicherat *rev. archeol.* 32, 1876 S. 117).
L. Müller Leben und Werke des G. L., eine litterarhistorische
Skizze Leipz. 1876 8. (dazu W. Wagner Bursians Jahresber.
II III 1874—75 2 S. 590). Wordsworth S. 320.

    L. Varges *specimen quaestionum Lucilianarum* Rhein. Mus.
3, 1835 S. 15 ff. Ders. *C. Lucilii satirarum quae ex libro tertio
supersunt fragmenta* Stettin 1836 4.   L. F. Schmidt *C. L.
satirarum quae de libro IX supersunt disposita et illustrata* Berl.
1840 4.   C. F. Hermann *de satirae romanae auctore ex sen-
tentia Horatii* Marburg 1841 4.   Ders. Göttinger gel. Anz.
1843 S. 380.   I. A. C. von Heusde *studia critica in C. L.*
Utrecht 1842 8.   Ders. *epistola ad C. F. Hermannum de C. L.*
Utrecht 1844 8.   (Replik auf die Kritik K. F. Hermanns).
A. Petermann *dissertatio de C. L. vita et carminibus* Breslau
1842 S.   Ders. Jahrb. 1843 S. 146, Zeitschr. für die Alterthumsw. 4, 1846 S. 537, Hirschberger Programme von 1846 (oben
1) und 1851 4.   K. Lachmann Lectionskataloge der Berl. Universität von 1849 und 1851 4. (kleinere Schriften zur class. Philologie herausgeg. von J. Vahlen Berl. 1876 8. S. 62). C. Els-
perger *comm. de satira L.* Ansbach 1851 4.   F. Ritschl *mon.
epigr. tria* (1852) S. 30 f.   K. Nipperdey Jenaer Lectionskatalog von 1858 4.   L. Müller *de re metrica poet. Lat.* S.
70 ff., Rhein. Mus. 26, 1871 S. 677.   R. Bouterwek das
erste Buch des L. Rhein. Mus. 21, 1866 S. 339 ff.   Ders. *quaestiones Lucilianae* Elberfeld 1867 8., *de L. satirico* Merseburg
1871 4. und Philol. 33, 1873 S. 344.   I. Iltgen *Luciliana*
Bonn 1866 8. A. Fürth *quaestiones Lucilianae* Bonn 1865 8.
C. M. Francken *coniectanea critica ad C. L. decadem I II III*

Amsterdam (aus den Abh. der niederl. Academie) 1869—71 4.
D e r s. *Luciliana et Luciana* Mnemosyne *n. s.* 1, 1873 S. 237.
M. H a u p t (über das Geburtsjahr, mitgetheilt von A. S c h ä f e r)
Jahrb. 1873 S. 72.   G. L ö w e *comment. philol. sem. Lips.*
(Leipz. 1874 8.) S. 237, d e r s. *prodromus corp. gloss. Lat.*
(Leipz. 1876 8.) S. 293 ff.   O. R i b b e c k *Luciliana* Rhein. Mus.
29, 1874 S. 118.   E. B ä h r e n s ebendas. S. 359, Jahrb. 1877
S. 142.

§ 32. T. Lucretius Carus ﹐655 bis 699 d. St.).

99—55
v. Chr.

1. Leben.

Th. B e r g k Marburger Lectionskatalog von 1846/47 4.
H. P u r m a n n *quaestionum Lucretianarum specimen* Breslau
1846 4.   D e r s. neue Beiträge zur Kritik des Lucretius Naum-
burg 1849 4., Philol. 3, 1848 S. 66 ff. und 7, 1852 S. 733 ff.
D e s s. *quaestiones Lucretianae* Lauban 1858 und 1860 und
Cottbus 1867 4.   Ueber die *gens Memmia* Th. M o m m s e n
Gesch. des röm. Münzwesens (Berl. 1860 8.) S. 597, H. S a u p p e
Philol. 22, 1865 S. 182.   H. U s e n e r Rhein. Mus. 23, 1868
S. 678.   F. P o l l e Philol. 25, 1867 S. 499, 26, 1867 S. 51.
J. J e s s e n Festgrufs (unten *d*) S. 52.   Bemerkungen von L a c h-
m a n n und M u n r o in ihren Ausgaben.

2. *De rerum natura libri sex.*

Herausgeber.

Th. B e r g k Philol. 11, 1856 S. 384 und im Hallischen
Lectionskatalog von 1865 4.   H. U s e n e r Rhein. Mus. 22, 1867
S. 444.

a. Handschriften (der *Oblongus* und der *Quadratus* beide *s.*
IX in Leiden, gleich alte Fragmente in Kopenhagen und Wien,
der *Victorianus s. XII* in München und die übrigen aus einer
Hs. *s. IX* stammenden Italici) und Textkritik.

J. N. M a d v i g *disputatio de aliquot lacunis codicum Lucretii*
(1832) Opuscula 1 S. 301.   H e u r i c h s e n *de fragmente Gottor-*
piensi L. Odense 1846 8.   J. S i e b e l i s *quaestiones Lucretianae*
Leipzig 1844 8.   J. B e r n a y s *de emendatione L.* Rhein. Mus.
5, 1847 S. 533 ff.   H. L o t z e *quaestiones Lucretianae* Philol.
7, 1852 S. 696 ff.   W. C h r i s t *quaestiones Lucretianae* München

1855 4. L. Grasberger *de L. C. carmine* München 1856 8.
E. Goebel *quaestiones Lucretianae criticae* Salzburg 1857 4.
Ders. Rhein. Mus. 12, 1857 S. 447 ff., Zeitschr. für die öst.
Gymn. 1857 S. 421 ff. K. Winckelmann Beiträge zur Kritik
des L. Salzwedel 1857 4. Th. Bergk Jahrb. 1861 S. 317 ff.
505 ff., Hallischer Lectionskatalog von 1865 4. H. Sauppe
commentatio de T. L. C. cod. Victoriano Göttingen 1864 4. R.
Bouterwek *Lucretianae quaestiones grammaticae* Halle 1861
8. und *de L. codice Victoriano* Rossleben (Halle) 1865 4. F.
Bockemüller *Lucretiana* Stade 1868 4. (dazu F. Polle Philol.
25, 1867 S. 259 ff. und H. Purmann Jahrb. 1867 S. 644 ff.).
H. A. J. Munro *journal of philology* 1 (Cambridge 1868) S. 113
(mit N. P. Howard) 2, 1872 S. 120 ff. 3, 1873 S. 115 ff.
4, 1874 S. 120. Bruno Bemerkungen zu einigen Stellen des
L. Harburg 1872 4. H. Stürenburg *de carminis L. l. I. Acta
soc. philol. Lips.* 2, 1872 S. 367 ff. H. Dittel Beiträge zu L.
Innspruck 1875 8. O. Ribbeck Rhein. Mus. 1875 S. 633.
A. Lefèvre *fragments de Lucrèce, livres 5 et 6* Versailles 1875
8. P. Langen Philol. 34, 1876 S. 28.

b. Ausgaben.

T. L. C. de rerum natura libri sex, Carolus Lachmannus
recensuit et emendavit Der zweite Band: Caroli Lachmanni
in T. L. C. de rerum natura libros commentarius Berl. 1850 8.
(wieder abgedruckt 1853—1855 1866 1871). *T. L. C. de rerum
natura libri sex recognovit* Iacobus Bernaysius Leipz. 1852 8.
(und öfter wiederholt). *T. L. C. de rerum natura libri sex*
(zuerst Text 1860 und 1861 8.) *with notes and a translation by*
H. A. I. Munro M. A. (zuerst London 1864 S.), *second edition
revised throughout and enlarged* 2 Bde. Cambridge 1866 8. (Bd. 2
enthält die Uebersetzung), 3. Ausg. 2 Bde. ebendas. 1873 8.
(dazu A. Brieger in Bursians Jahresb. 1 1873 S. 1100 und
im philol. Anz. 7, 1875/6 S. 172, Munro *Academy* 1875 II
S. 307). *T. L. C. de r. n. l. VI* redigirt und erklärt von F.
Bockemüller, Bd. 1. 2 (I–III) Stade 1873—1874 (vgl. W.
von Hörschelmann Jen. L. Z. 1874 S. 733).

Commentare von F. Susemihl und A. Brieger Philol.
14, 1859 S. 550 ff. 23, 1866 S. 455 ff. 623 ff., 24, 1867 S. 422 ff

25, 1866 S. 67 ff. 27, 1868 S. 28 ff. 29, 1869 S. 417 ff. 32, 1873
S. 478 ff., 33, 1874 S. 431 ff. F. Susemihl philol. Anz. 5,
1873 S. 544. W. von Hörschelmann *observationes criticae
in L. librum alterum Acta soc. philol.* Lips. 5, 1875 S. 1 ff.
(A. Brieger Jahrb. 1875 S. 609 ff.) F. Neumann *de interpolationibus Lucretianis* Halle 1875 8.

c. Sprache und Metrik.

Wortindex in Lambinus und H. C. A. Eichstädt's
Ausg. (Bd. 1 Leipz. 1801 8.)

F. W. Altenburg *adnotationes ad T. L. C. aliquot locos*
Schleusingen 1845 4. Ders. *de usu antiquae locutionis in L.
de r. n. carmine obviae* Gotha 1857 4. C. Proll *de formis antiquis Lucretianis* Breslau 1859 8. R. Schubert *de Lucretiana verborum formatione* Halle 1865 8. F. Polle *de artis
vocabulis quibusdam Lucretianis* Dresden 1866 8., ders. Jahrb.
1866 S. 756 ff., 1867 S. 34. F. W. Holtze *syntaxis Lucretianae lineamenta* Leipz. 1868 8. C. G. L. Städler *de sermone Lucretiano* Jena 1869 8. G. Kühn *quaestiones Lucretianae grammaticae et metricae* Breslau 1869 8. E. Büchel
de re metrica L. Höxter a. W. (Bielefeld) 1874 4. A. Krause
de quom coniunctionis usu ac forma capp. III Berl. 1676 8.

d. Philosophie.

A. J. Reisacker *quaestiones Lucretianae* Bonn 1847 8.
Ders. *Epicuri de animarum natura doctrina a Lucretio discipulo
tractata* Cöln 1855 4. Ders. der Todesgedanke bei den Griechen, eine historische Entwickelung mit besonderer Rücksicht
auf Epicur und den römischen Dichter Lucretius Trier 1862 4.
E. Hallier *L. carmina e fragmentis Empedoclis adumbrata*
Jena 1857 8. J. W. Braun *L. de atomis doctrina* Münster
1857 8. P. Montée *L. considéré comme moraliste* P. 1861 8.
M. Ferraz *de stoica disciplina apud poetas Romanos* Paris 1862
8. F. Hildebrandt *T. L. de primordiis doctrina* Magdeburg
1864 4. G. F. Schömann *schediasma de Epicuri theologia*
Greifswald 1864 4. (*opusc.* 4 S. 336 ff.). Th. Bindseil *nonnulla ad L. de rerum natura carminum lib. I II qui sunt de
atomis* Halle 1865 8. Ders. *quaestiones Lucretianae* Anclam
1867 4. F. Siemering *quaestionum Lucretianarum partic. I*

et II Königsberg 1867 8.   I. Jessen *quaestiones Lucretianae*
Göttingen 1868 8.   Ders. Festgruſs an die Kieler Philologenversammlung 1869 S. 52 ff.; L. im Mittelalter Philol. 30, 1870
S. 286 f., über L. und sein Verhältniss zu Catull und Späteren
Kiel 1872 4.   H. Hempel die Ethik des L. Salzwedel 1872 4.
F. Höfer zur Lehre von den Sinneswahrnehmungen im IV B.
des Lucr. Seehausen 1872 4.   C. Martha *le poème de L.,*
morale, religion, science Paris 1869 8.   J. Veitch *L. and the*
atomic theory Edinburgh 1875 8.   A. Bästlein *quid L. de-*
buerit Empedocli Agrigentino Schleusingen 1874 4.

Im Allgemeinen.

F. Polle die Lucrezlitteratur seit Lachmann und Bernays
Philol. 25, 1867 S. 484 ff. 26, 1867 S. 290 ff. 523 ff.   A. Brieger Bursians Jahresber. I 1873 S. 1097 ff.

§ 33. C. Valerius Catullus (667 bis um 700 d. St.).

1. Leben.

L. Schwabe *quaestionum Catullianarum l. I* (Bd. 1, 1 seiner
Ausgabe) Giessen 1862 8.   O. Ribbeck C. V. C., eine litterarhistorische Skizze Kiel 1863 8.   W. Vorlaender *de C. ad*
Lesbiam carminibus Bonn 1864 8.   B. Richter *de V. C. vita*
et carminibus partic. I Freiberg 1865 4.   H. H. Heskamp *de*
C. vita et ordine quo carmina amatoria sunt scripta Münster
1869 8.   J. Mähly Jahrb. 1871 S. 341.   A. Riese Jahrb.
1872 S. 747.,   K. P. Schulze Zeitschr. für das Gymnasialw.
1874 S. 699 ff.   Couat *étude sur C.* Paris 1875 8. (dazu R.
Ellis *Academy* 1875 S. 134).   Gius. Stocchi *vita e carmi di*
V. C., indagini storico-critiche Florenz 1875 8.   J. Davies *C.*
Tibullus and Propertius Lond. 1876 8.

2. Werke.

a. Handschriften (der verlorene Archetypus des Ratherius von
Verona um 965, Abschriften der *Sangermanensis* von 1375 und
der *Oxoniensis;* Abschriften einer Anthologie des 9. Jahrh. in
Paris und Wien; zahlreiche jüngere interpolierte Abschriften in
Paris Berlin [*Santenianus* und *Datanus*] Hamburg und sonst).

M. Haupt *quaestiones Catullianae* Leipz. 1837 8 (*opusc.* 1
S. 1).   Ders. *observationes criticae* Leipz. 1841 8. (*opusc.* 1 S.

73) und Ber. der sächs. Ges. der Wiss. philol.-histor. Kl. 1849
S. 256 (*opusc*. 1 S. 276); endlich Lectionskataloge der Berl.
Universität von 1855 und 1856 (*opusc.* 2 S. 67, 112) und Her-
mes 1, 1866 S. 44, 7, 1873 S. 180 (*opusc.* 3 S. 338, 578, 641).
L. Schwabe Verhandlungen der Meissner Philologenversamm-
lung (Leipz. 1864 4.) S. 111, Dorpater Lectionskataloge von
1861 und 1865 4. (dazu A. Riese Jahrb. 1866 S. 257 ff.),
Philol. 24, 1866 S. 351 und Jahrb. 1870 S. 350. W. Fröhner
Philol. 14, 1858 S. 568 ff. A. Rossbach Breslauer Lections-
katalog von 1859 4. Th. Bergk Rhein. Mus. 15, 1860 S. 570.
A. Palmer und R. Ellis Hermathena 3 (Dublin 1875 8.)
S. 124 (Scaligers Cuiacianus). R. Peiper Q. V. C. Beiträge
zur Kritik seiner Gedichte Breslau 1875 8. R. Ellis *Academy*
1876 S. 194 ff.

  b. Ausgaben.

  Q. V. C. Veronensis liber ex recensione Caroli Lachmanni
Berl. 1829 (ed. II 1861, ed. III 1874) 8. *Catullus Tibullus Propertius recensuit* M. Haupt Leipz. 1853 (ed. II 1861, ed. III
1868) 8. *C. liber carminum recognitus et emendatus a* Theodoro
Heyse (mit deutscher Nachbildung) Berl. 1855 8. *C. V. C.
carmina recognovit* A. Rossbach Leipz. 1854 (ed. II 1860) 8.
G. V. C. liber, Ludovicus Schwabius *recognovit et enarravit*
(Bd. 2, 1 seiner Ausgabe) Giessen 1866 8. (nur Bd. 1, 1 und
Bd. 2, 1 bisher erschienen). *C. Veronensis liber, recognovit
apparatum criticum prolegomena appendices addidit* R. Ellis
(ein kleiner Textabdruck London 1866 16.) Oxford 1867 8.
Ders. *a commentary on C.* Lond. 1876 (460 S.) 8. und *Academy*
1877 I S. 559. *Q. V. C. Veronensis carmina*, *edidit* Carolus
Uschner Berl. 1867 8. R. Westphal C.'s Gedichte in
ihrem geschichtlichen Zusammenhang übersetzt und erläutert
Breslau 1867 2. Ausg. 1870 8. *C. Tibulli Propertii carmina,
accedunt Laevii Calvi Cinnae aliorum reliquiae et Priapea, rec.
et praef. est* Luc. Müller Leipz. 1870 8. (und Leipz. 1874 12).
C. Veronensis liber rec. et interpretatus est Aem. Baehrens I
Leipz. 1876 8. dazu M. Bonnet *rev. critique* 1877 S. 57).

  c. Vorbilder. Anordnung. Herausgabe. Textkritik. Sprache.
Nachahmung im Alterthum.

Wortindex in den Ausg. *ad usum Delphini* Paris 1685 4.
und von C. J. Sillig Göttingen 1823 8.

F. Brüggemann *de C. elegia Callimachea* Soest (Bonn)
1830 4. (dazu die Bearbeiter des Kallimachos Valckenaer,
Näke, Meineke, O. Schneider *Callimachea* 2, 1873 S.
144 ff.). H. Paldamus römische Erotik Greifswald 1833 8.
O. F. Gruppe die römische Elegie 2 Bde. Leipz. 1839 8. P.
Bosscha *tentamen in poemate Callimacheo Catulliano* Dord-
recht 1841 8. J. v. G. Fröhlich verschiedene Beiträge in
den Abhandlungen der Münchener Akademie Bd. III 3, 1843
S. 691 ff. Bd. V 3, 1849 S. 235 ff. Bd. VI 2, 1651 S. 257 ff.
C. Pleitner die Gedichte des C. an und über Cäsar und
Mamurra kritisch behandelt Speyer 1849 4. Ders. des C.
Hochzeitsgesänge kritisch behandelt Dillingen 1856 8. Ders.
Studien zu C. Dillingen 1876 8. W. Th. Jungclausen zur
Chronologie der Gedichte des Q. V. C. Itzehoe Meldorf 1857 4.
F. Ritschl (zum Epithalamium) Bonner Lectionskatalog von
1857 4. R. Klotz *emendationes Catullianae* Leipz. 1859 4.
Ders. *de Catulli carmine quarto eiusque parodia Vergiliana*
Leipz. 1868 4. W. Fröhner Rhein. Mus. 13, 1858 S. 147 ff.
H. A. J. Munro *journ. of classical and sacred philology* 4 (Cambridge 1859) S. 289, *journal of philology* 2, 1872 S. 1; 4, 1874
S. 231. Zehme *de C. carmine LXIII* Lauban 1859 4. J. Pohl
lectionum Catullianarum specimen I II Euskirchen (Münster)
1860 und Sigmaringen 1866 4. Fr. Haase *miscellanea philol.
lib. III cap. V* Breslau 1861 4. P. Böhme *quaestiones Catullianae* Bonn 1862 8. E. Fritze *C. epithalamium Pelei et The-
tidis rec. et ill.* Halberstadt 1863 4. E. Brunér *de ordine et
temporibus V. C.* Acta soc. Fennicae 7 (Helsingfors 1863) S. 599.
A. Weise zur Kritik des C. Naumburg 1863 4. Ders. Bemerkungen zu C. Zeitz 1869 4. Th. Bergk Hallischer Lectionskatalog von 1863 4. O. Franke *de artificiosa carminum Catul-
lianorum compositione, adiectum est II. Useneri de C. carmine
LXVIII epimetrum* Greifswald (Berl.) 1866 8. Th. Mommsen
Hermes 1, 1866 S. 68 und 2, 1867 S. 128. Otto Jahn Hermes
2, 1867 S. 240 f. H. A. Koch *symbola philol.* Bonn. (1867)
S. 315. F. Bücheler Greifswalder Lectionskatalog von 1868 4.
G. F. Rettig *Catulliana* Berner Lectionskataloge von 1868, 1870

und 1871 4. F. Heussner *observationes grammaticae in C. Veronensis librum* Berl. 1870 8. L. Müller Rhein. Mus. 25, 1870 S. 166 ff. und 27, 1872 S. 183. C. P. Schulze *de Catullo Graecorum imitatore* Jena 1871 8. Ders. Zeitschr. für das Gymnasialw. 1876 S. 466 ff. C. Hupe *de genere dicendi C. P. I* Münster 1871 8. F. Teufel *de C. Tibulli Propertii vocibus singularibus* Freiburg 1872 8. A. Reeck *de C. carminum re grammatica et metrica* Breslau 1872 8. J. André *de C. carmine LXIV* Gotha 1873 8. W. G. Pluygers Mnemos. *n. s.* 1, 1873 S. 59. P. Weidenbach *de C. Callimachi imitatore* Leipz. 1873 8. J. N. Madvig *advers. crit.* 2 (1873) S. 28 ff. R. Unger Philol. 33, 1873 S. 418. F. C. Hultgren *observationes metricae in poëtas elegiacos Graecos et Latinos I II* Leipz. 1871 1872 4. Ders. Jahrb. 1873 S. 745. R. Richter Jahresbericht über Catull Tibull Properz Bursians Jahresber. I 1873 S. 1447 ff. E. Baehrens *analecta Catulliana* Jena 1874 8. (dazu L. Schwabe Jenaer L. Z. 1875, S. 513 ff.) H. Magnus die Einheit von C.'s Gedicht 68 Jahrb. 1875 S. 849 ff., ders. Jahrb. 1876 S. 402 ff. R. Fisch *de C. in vocabulis collocandis arte* Berl. 1875 8. G. Overholthaus *syntaxis Catullianae capita duo* Papenburg (Göttingen) 1875 8. A. Riese Centralbl. 1876 S. 1661. J. Süss Catulliana I Erlangen 1876 8. (dazu C. Bursian Centralbl. 1876 S. 1132). A. Kiessling *analecta Catulliana* Greifswald 1877 (20 S.) 4.

§ 34. Die übrigen Dichter des siebenten Jahrhunderts d. St.

1. Epiker.

a. Hostius. A. Furius von Antium. Tanusius Geminus (Volusius?). M. und Q. Cicero. Ninnius(?) Crassus. Sallustius.

A. Weichert *poëtarum Latinorum Hostii, Laevii, C. Licinii Calvi, C. Helvii Cinnae, Valgii Rufi, Domitii Marsi aliorum vitae et carminum reliquiae* Leipz. 1830 8., bes. S. 351 ff. M. Haupt *quaestiones Catullianae* (1837) S. 98 ff. (*opusc.* 1. S. 71 ff. Th. Bergk Jahrb. 1861 S. 322. J. Becker A. Furius Antias Zeitschr. für die Alt.-Wiss. 6, 1848 S. 597 ff. R. Unger *de Tanusio annalium scriptore* Neu-Brandenburg 1855 4. A.

S c h ö n e die Empedoclea des Sallustius Jahrb. 1866 S. 751 ff.
Ueber Q. Cicero s. § 47.

   b. P. Terentius Varro Atacinus (672 bis um 718 d. St.).   82—36
v. Chr.
F. W ü l l n e r *de P. T. A. vita et scriptis* Münster 1829 4.
Th. B e r g k Rhein. Mus. 1, 1842 S. 372 ff. R. U n g e r *epistola
de Varrone Atacino* Friedland 1861 4. A. R i e s e *Varronis
Satir. Menipp.* S. 261 (vgl. § 46, 2).

   c. C. Helvius Cinna.
W e i c h e r t S. 147 ff. M. H a u p t *quaest. Catull.* S. 99
(*opusc.* 1 S. 72). L. M ü l l e r Ausg. des Catull. S. 87 ff. *praef.*
S. XXXVIII ff.

   2. Lyriker.

   a. Pompilius. Valerius Aedituus. Porcius Licinus. Q. Luta-
tius Catulus. Sueius (?).
H. U s e n e r Rhein. Mus. 19, 1864 S. 150 f. und 20, 1865
S. 147 f. L. M ü l l e r Rhein. Mus. 24, 1869 S. 553 ff. D e s s.
Lucilius (1872) S. 311. O. R i b b e c k Rhein. Mus. 27, 1872
S. 181 ff. J. V a h l e n über die Verse des Porcius in Suetonius'
vita Terentii Monatsber. der Berl. Akademie 1876 S. 789 ff.
W o r d s w o r t h S. 325.

   b. Q. Valerius aus Sora. Volcacius Sedigitus.
Th. L a d e w i g über den Canon des Vulcatius Sedigitus
Neustrelitz 1842 4. H. I b e r *de Volcatii Sedigiti canone* Mün-
ster 1865 S. W o r d s w o r t h S. 328.

   c. Valerius Cato (nicht der Verfasser der *dirae*).
*Valerii Catonis carmina recensuit et praemissa commenta-
tione animadversionibus illustravit* C. P u t s c h i u s Jena 1828
8. *Carmina Valerii Catonis cum animadversionibus* Aug. F e r d.
N a e k i i u. s. w. *cura* L u d. S c h o p e n i Bonn 1847 8. und
N ä k e s Opuscula I S. 303 ff. C. F. H e r m a n n die pseudo-
virgilischen *dirae* und ihre neuesten Bearbeitungen (1831 1849)
in den gesammelten Abhandlungen S. 112 ff. M. S c h m i d t
Philol. 8, 1853 S. 190 ff. *Valerii Catonis quae feruntur carmina. Recensuit notisque instruxit* F. G. G ö b b e l. *Praemissus
est libellus de dirarum compositione strophica* (1861) *emendatus*
Warendorf 1865 8. D e r s. Zeitschr. für Gymn. 1866 S. 584 ff.,
1868 S. 750 ff. O. R i b b e c k *dirarum carmen enarratum et re-*

cognitum Kieler Lectionskatalog von 1867 4.   D e s s. *Appendix Vergiliana* (1868) S. 50 ff. 165 ff.

d. Laevius.

F. W ü l l n e r *de Laevio poeta* Münster 1829 4.   W e i - c h e r t S. 19 ff.   M. H a u p t *observationes criticae* S. 43 ('opusc. 1 S. 115 ff.).   J. B e c k e r Philol. 6, 1851 S. 362 ff.   L. M ü l - ler *de re metrica poet. Lat.* S. 75 ff., Rhein. Mus. 24, 1869 S. 634 und Catull S. 76 ff.   F. B ü c h e l e r Jahrb. 1875 S. 305 f.

e. Cn. Matius.

J. Ch. W e r n s d o r f *poetae Latini minores* 4 (1785) S. 568 ff. W e i c h e r t S. 415 ff.   E. von L e u t s c h Zeitschrift für die Alt.- Wiss. 1, 1834 S. 164 ff.   C. M. A u b e r t *de M. mimiamborum auctore* Christiania 1844 4.   L. M ü l l e r s Catull S. 91 f.

f. M. Furius Bibaculus.

W e i c h e r t S. 334 ff.   L. v o n J a n Ehrenrettung des M. Furius Bibaculus Verhandlungen der Erlanger Philologenver- sammlung (Erlangen 1852 4.) S. 60 ff.   Vgl. Philol. 9, 1854 S. 443.   K. N i p p e r d e y Jenaer Lectionskatalog von 1858 4. A. W i s s o w a über die den Dichter Furius betreffende Stelle in Horaz Sat. 2, 5 Breslau 1867 4.   L. M ü l l e r s Catull S. 89 f.

g. C. Licinius (Macer) Calvus. Anser. Cornificius. Ticida. C. Memmius. Q. Hortensius (Ortalus). Q. Mucius Scaevola.

W e i c h e r t S. 89 ff. 162 ff.   L a c h m a n n s Catull S. 81 (der Ausg. von 1829).   R. U n g e r über Valgius Rufus (1848) S. 47 ff.   D e r s. *quaestio de Ansere poeta* Friedland 1858 4. L. M ü l l e r s Catull S. 83 ff. 92 ff.   M. H a u p t über den Dich- ten Q. Mucius Scaevola (1846) *opusc.* 1 S. 211 ff.   G. M a t - thies *de G. Licinii Calvi in P. Vatinium accusationibus com- ment. philol. sem. Lips.* (Leipz. 1874 8.) S. 97.

3. Priapea.

Anthologiae epigraphicae a Fr. B ü c h e l e r o *confectae spec. I* Greifswald 1870 4., *spec. II* Rhein. Mus. 27, 1872 S. 127 ff. In den Anthologieen von B u r m a n n und M e y e r (§ 78).   *Liber Priapeorum* in B ü c h e l e r s Petron kl. Ausg. (§ 57).   Dazu d e s s *vindiciae libri Priapeorum* Rhein. Mus. 18, 1863 S. 381 ff. L. M ü l l e r's Catull S. 95 ff. *praef.* S. XLI ff.

2. Die Prosa.

§ 35. Die Gattungen der römischen Prosa.

§ 36. Ap. Claudius Caecus (Censor 442 d. St.).   312 v. Chr.

B. G. Niebuhr römische Geschichte 3 (1832) S. 344 ff.
und Vorlesungen über die römische Geschichte (von M. Isler)
1 S. 514 ff. N. Saal *de Appio Claudio Caeco commentatio historica* Köln 1841 4. Th. Mommsen die patricischen Claudier
(1861) in den römischen Forschungen 1 (2. Aufl. Berl. 1864 8.)
S. 285 ff. W. Siebert über Appius Claudius Caecus mit
besonderer Berücksichtigung seiner Censur und der des Fabius
und Decius Cassel 1863 4. H. Jordan Hermes 6, 1871 S.
197. 201 ff.

Die Juristen P. Sempronius Sophus (Consul 450 d. St.)   301 v. Chr.
und Ti. Coruncanius (Consul 474 d. St.).   290 v. Chr.

*Iurisprudentiae anteiustinianae quae supersunt, in usum
maxime academicum composuit recensuit adnotavit* Ph. Ed.
Huschke Leipz. 1861, 2. Ausg. 1867, 3. 1874 8. Dazu F.
Fabricius *indices* Leipz. 1868 8. E. Schrader Coruncanius
der erste öffentl. Rechtslehrer Hugo's civilist. Magazin 5, 1825
S. 187 ff.

§ 37. Die ältesten Geschichtschreiber.

1. Allgemeines.

Fragmenta historicorum collecta ab Antonio Augustino,
emendata a Fulvio Ursino *cet.* Antwerpen 1575 8. Antonii Riccoboni Rhodigini *de historia liber cum fragmentis
historicorum veterum Latinorum* Venedig 1568 (Basel 1579) 8.
Fragmenta historicorum veterum Latinorum ab Ausonio Popma
collecta, emendata et scholiis illustrata Amsterdam 1620 8. und
öfter abgedruckt. *Vitae et fragmenta veterum historicorum Romanorum collegit* A. Krause Berl. 1833 8. *Fragmenta
historicorum Graecorum collegit, disposuit, notis et prolegomenis
illustravit, indicibus instruxit* Carolus Müllerus Vol. 3,
Paris 1849 8. *Historicorum veterum Romanorum reliquiae collegit et disposuit* Car. Lud. Roth (im Sallust von Gerlach
Basel 1852 gr. 8. S. 249 ff. H. Peters Sammlung oben § 14, 3.

Gerardi Ioannis Vossii *de historicis Latinis libri tres,
editio altera priori* (1627) *emendatior et duplo auctior* Leiden
1651 4 und öfter wiederholt. *Supplementa et observationes* dazu
von J. A. Fabricius Hamburg 1709 8., Chr. Chr. Sand
Amsterdam 1678 12. M. Hanke *de Romanarum rerum scriptoribus* 2 Bde. Leipz. 1669 1675 4. B. G. Niebuhr über
den Unterschied zwischen Annalen und Historien (1827) kleine
historische und philologische Schriften 2 S. 229 ff. H. van
den Bergh *de antiquissimis annalium scriptoribus Romanis*
Greifswald 1859 8. M. Hertz *de historicorum Romanorum
reliquiis quaestionum capita V* Breslau 1871 4. K. W. Nitzsch
die röm. Annalistik (oben § 14, 3) S. 267 ff.

214
v. Chr. 2. Q. Fabius Pictor (um 540 d. St.).

H. K. Whitte *de Q. Fabio Pictore ceterisque Fabiis histo-
ricis* Kopenhagen 1832 8. E. Baumgart *de Q. F. P. p. I.*
Breslau 1842 8. W. Harless *de Fabiis et Aufidiis rerum
Romanarum scriptoribus* Bonn 1853 8. K. W. Nitzsch Q. Fabius Pictor über die ersten Jahre des hannibalischen Krie-
ges in der allgemeinen Monatsschrift (Braunschweig 1854 S.)
S. 67 ff. G. N. du Rieu *disputatio de gente Fabia, accedunt
Fabiorum Pictorum et Serviliani fragmenta* Leiden 1856 8. L.
Kieserling *de rerum Romanarum scriptoribus quibus T. Li-
vius usus est* Berl. 1858 8. M. Haupt Hermes 1, 1866 S. 37
(*opusc.* 3 S. 331). H. Nissen die Schlacht am Trasimenus
Rhein. Mus. 22, 1867 S. 565 ff. Th. Plüss Jahrb. 1869 S.
239 ff. C. Müller *fragm. hist.* 3 S. 80. Peter S. 5 ff. 109 f.
Wordsworth S. 444.

3. L. Cincius Alimentus.

H. Liebaldt *de L. Cincio Alimento* Halle 1833 8. M.
Hertz *de Luciis Cinciis* Berl. 1842 8 (mit den Fragmenten).
Th. Mommsen der Historiker L. Cincius Alimentus römische
Chronologie (1859) S. 315 ff. Th. Plüss *de Cinciis rerum Ro-
manarum scriptoribus* Bonn 1865 8. Vgl. dens. Neues Schweiz.
Mus. 6, 1866 S. 36 ff. C. Müller *fragm. hist.* 3 S. 94.
Peter S. 40 ff.

155
v. Chr. 4. C. Acilius (um 599 d. St.).

C. Müller *fragm. hist.* 3 S. 97. Peter S. 44 ff.

5. A. Postumius Albinus (Consul 603 d. St.'.
C. Müller *fragm. hist.* 3 S. 173.   Peter S. 49 ff.

§ 38.   M. Porcius Cato 520 bis 605 d. St.).

M. Catonis praeter librum de re rustica quae extant, Henr.
Jordan *recensuit et prolegomena scripsit* Leipz. 1860 8.   Ders.
quaestionum Catonianarum capita II Berl. 1856 8.   Wordsworth S. 329.

J. G. Schneider *de M. Porcii Catonis vita studiis scriptis* in den *scriptores rei rusticae* Bd. 1 Leipz. 1794 8.   G. C.
Brillenburg *de C. censorio* Leiden 1826 8.   W. E. Weber
de C. vita et moribus Bremen 1831 4.   J. H. van Bolhuis
diatribe in M. P. Catonis scripta et fragmenta Utrecht 1826 ·8.
A. Lion *Catoniana sive.... C. censorii quae supersunt operum
fragmenta* Göttingen 1826 8.   H. Dohrn über Cato den älteren
und dess. Lebensverhältnisse Itzehoe 1645 4.   Th. Renvall *de
M. Porcio Catone censorio* Helsingfors 1845 8.   M. P. Lindo
diatribe in C. vitam et mores Arnheim 1851 8.   O. Ribbeck
M. Porcius Cato Censorius als Schriftsteller Neues Schweiz.
Mus. 1, 1861 S. 7 ff.   F. D. Gerlach M. P. C. der Censor
Stuttgart 1869 8.   L. Dietze *de sermone Catoniano* Anclam
1871 4.   G. Kurth *Caton l'ancien, étude biographique* Lüttich
1672 8.

1. *Originum libri VII.*

A. Wagener *M. P. C. originum fragmenta emend. dispos.
illustr.* Bonn 1849 8.   A. Bormann *M. P. C. originum l. VII,
reliquias disposuit et de instituto operis disputavit* Brandenburg
1858 4.   Roth *fragm. hist.* S. 266 ff.   Jordan S. 3 ff.   Peter
S. 51 ff.

2. **Reden.**

E. Schober *de M. Porcio Catone Censorio oratore* Neisse
1825 8.   Jordan S. 33 ff.   Ders. Jahrb. 1859 S. 424 ff.   W.
Fröhner Philol. 15, 1860 S. 349 ff.   L. Müller Rhein. Mus.
23, 1868 S. 540 f. 24, 1869 S. 331 f.

3. *De re rustica.*

Scriptores rei rusticae veteres Latini curante Joh. Matth.
Gesnero Leipz. 1735, *ed. II* (von Joh. Aug. Ernesti)

Leipz. 1773. 1774 2 Bde. 4. *Scriptores rei rusticae veteres ex libris scriptis . . . . . correxit* u. s. w. Joh. Gottlob Schneider Leipz. 1794—1797 4 Bde. S. *Les agronomes latins avec la traduction française par* Nisard Paris 1844 8.

R. Klotz über die ursprüngliche Gestalt von Catos Schrift *de r. r.* Jahrb. Suppl. 10, 1844 S. 5 ff. K. W. Nitzsch über Catos Buch vom Landbau Zeitschr. für die Alt. - Wiss. 3, 1845 S. 493 ff. A. F. Rudorff Berliner Lectionskataloge von 1846 und 1847 4. H. Keil *observationes criticae in Catonis et Varronis de r. r. libros* Halle 1849 8. Ders. Monatsber. der Berl. Akad. 1852 S. 160 f. H. Usener Rhein. Mus. 19, 1864 S. 141 ff. Th. Bergk Philol. 21, 1864 S. 585 ff.

4. Kleine Schriften. *Praecepta ad filium. Carmen de moribus.* Briefe. Apophthegmen.

O. Jahn über römische Encyklopädieen Ber. der sächs. Ges. der Wiss. philol. - histor. Cl. 1850 S. 263 ff. 281. H. Köchly und W. Rüstow griechische Kriegsschriftsteller II (Leipz. 1855 8. S. 61 ff. Jordan *proleg.* S. XCIX ff. E. Kärcher der alte Cato dennoch ein Dichter Philol. 8, 1853 S. 727 ff. 9, 1654 S. 184 ff. 412 ff. A. Böckh über Catos *Carmen de moribus* Monatsber. der Berl. Akademie 1854 S. 264 ff. (*opusc.* 6 S. 296). A. Fleckeisen *Catonianae poesis reliquiae* (ed. *I* und *II* Leipz. 1854 8. F. Ritschl *poes. Saturniae spicil.* (1854) S. 5 ff. J. Vahlen Zeitschr. für die österr. Gymnasien 10, 1859 S. 469 ff. H. Jordan über die Apophthegmen und Sentenzen des Cato Rhein. Mus. 14, 1859 S. 261 ff. R. Klotz Jahrb. 1862 S. 316. M. Haupt Hermes 4, 1869 S. 158 f. (*opusc.* 3 S. 468). O. Ribbeck Rhein. Mus. 25, 1870 S. 427. A. Riese Rhein. Mus. 27, 1872 S. 488.

Cato philosophus (Sammlung des 3. Jahrhunderts.).

Catonis philosophi liber post J. Scaligerum vulgo dictus Dionysii Catonis disticha de moribus ad filium rec. F. Hauthal Berl. 1869 8. F. Zarncke der deutsche C. u. s. w. Leipz. 1852 8. Ders. Ber. der sächs. Ges. der Wiss. philol.-histor. Kl. 1870 S. 181 ff. R. Peiper Beitr. zur lat. Catoliteratur in Höpfner und Zachers Zeitschr. für deutsche Philol. 5, 1873 S. 165 ff.

§ 39. Die Rechtsgelehrten.

P. Aelius Paetus Consul 553 d. St. (201 v. Chr.) und Sex. Aelius Paetus (Catus) Consul 556 d. St. (199). P. Cornelius Scipio Nasica Consul 561 d. St. (193). L. Acilius. Ser. Fabius Pictor. Q. Fabius Labeo Consul 571 (183). M. Porcius Cato (Licinianus).

M'. Manilius Consul 605 (149). M. Iunius Brutus. P. Mucius Scaevola Consul 621 (133). Q. Mucius Scaevola Consul 659 (95) u. a.

Pomponius *de origine iuris* in den Digesten I 2, 2 (*Digesta Iustiniani Augusti recognovit* Th. Mommsen Vol. I Berl. 1868 4.). A. Rudorff röm. Rechtsgeschichte Bd. I (Leipz. 1857 8.) S. 156 ff. Huschke *iurisp. anteiust.* (oben § 36) S. 1.

M. Iunius Gracchanus.

L. Mercklin *de Iunio Gracchano Part. I II* Dorpat 1840 1841 4. M. Hertz *de Cinciis* S. 88 ff.

J. Becker Zeitschr. für d. Alterthumsw. 12, 1854 S. 123 ff.

§ 40. Die Redner.

1. Allgemeines.

Oratorum Romanorum fragmenta collegit H. Meyer Zürich 1832 (*ed. Parisina auctior et emendatior curis* Fr. Dübneri Paris 1837 8.) und 1842 8.

J. Marquardt Handbuch der röm. Alterthümer 5, 1 S. 58. 362. Cadenbach *de Romanorum laudationibus funebribus* Essen 1832 4. H. Graff *de Romanorum laudationibus* Dorpat 1862 8. E. Hübner Hermes 1, 1866 S. 440 ff.

A. Westermann Geschichte der römischen Beredtsamkeit Leipz. 1835 8. F. Ellendt *brevis eloquentiae Romanae ante Caesares historia* in seiner Ausg. von Ciceros Brutus (Königsberg 1844 8.) S. 1 ff. F. Blass die griechische Beredtsamkeit in dem Zeitraum von Alexander bis auf Augustus (Berl. 1865 8.) S. 104 ff. J. E. Demarteau *l'éloquence républicaine de Rome* u. s. w. (mit Vorrede von E. Egger) Mons 1870 8. J. F. A. Berger und V. Cucheval *histoire de] l'éloquence*

Latine depuis l'origine de Rome jusqu'à Cicéron 2 Bde. Paris 1873 8.

2. Q. Fabius Maximus Dictator 537 d. St. (217 v. Chr.). Q. Caecilius Metellus Consul 548 (206). M. Cornelius Cethegus Consul 550 (204). P. Licinius Crassus Consul 549 (205). P. Cornelius Scipio Africanus Consul 549 (205) und 560 (194) und sein Sohn. Ti. Sempronius Gracchus Consul 577 (177) und 591 (163) (seine Gattin Cornelia). L. Papirius aus Fregellae. L. Aemilius Paulus Consul 572 (182) und 586 (168). C. Sulpicius Gallus Consul 558 (166). C. Titius.

P. Cornelius Scipio Aemilianus Consul 607 (147) und 620 (134). Q. Fabius Maximus Aemilianus Consul 609 (145). C. Laelius der jüngere. Ser. Sulpicius Galba Consul 610 (144). M. Aemilius Lepidus Porcina Consul 617 (137). L. Furius Philus Consul 618 (136). Ti. und C. Sempronius Gracchus Trib. pleb. 621 (133) und 631 (123). C. Papirius Carbo Consul 614 (140) u. A.

M. Antonius Consul 655 (99). L. Licinius Crassus Consul 659 (95). L. Marcius Philippus Consul 663 (91). C. Iulius Caesar Strabo (oben § 30, 1). C. Scribonius Curio Consul 678 (76). P. Sulpicius Rufus Trib. pleb. 666 (88). C. Aurelius Cotta Consul 679 (75). Q. Hortensius (vgl. § 34, 2g und § 41, 10).

Haym *de C. Titio* Lauban 1832 4. J. Becker Gymnasialblätter I 1 (1844) S. 48 ff. H. Hanna *de C. Laelio Sapiente* Leyden 1832 5. Th. Mommsen die Scipionenprocesse Hermes 1, 1866 S. 161 ff.

L. Mercklin *de Corneliae Gracchorum matris vita moribus epistolis* Dorpat 1844 4. K. Nipperdey *spicil. in Cornelio Nepote* I (1850) S. 164 ff. A. C. G. Lundenius *de Ti. Sempronio Graccho* Helsingfors 1850 8. Th. Lau die Gracchen und ihre Zeit Hamburg 1854 8. J. Sörgel *de Ti. et C. Gracchis* I II III Erlangen 1860—66 4. Ders. Bl. für das bayer. Gymnasialschulw. 3, 1866 S. 101. 144 ff., Cornelia die Mutter der Gracchen u. s. w. Erlangen 1869 8. Th. Bergk Philol. 16, 1860 S. 626 f. M. Hertz Jahrb. 1862 S. 54. F. Bücheler *coniectanea Latina* 1868 (oben §30, 1) S. 4. P. Böhme

Beitr. zur Gesch. der Gracchen I Putbus 1868 4.   H. Jordan
Hermes 6, 1871 S. 494 ff.

J. A. Söderholm *de M. Antonio et L. Crasso oratoribus*
Helsingfors 1853 4.   M. Renieris περί Βλοσσίου και Διοφάνους,
ἐρεὐναι και εἰκασίαι Leipz. 1873 8. (dazu M. Heinze Bursians
Jahresber. I 1873 S. 192).   M. Oette *de L. Licinio Crasso*
Leipz. 1873 8.

§ 41. Die Geschichtschreiber des sechsten und siebenten Jahrhunderts d. St.

Im Allgemeinen II. Nissen kritische Untersuchungen
über die Quellen der 4. und 5. Decade des Livius (Berl. 1863 S.)
S. 87 ff.   K. W. Nitzsch röm. Annalistik (1873) oben § 14, 3.
Peter S. 95 ff.

1. M. Fulvius Nobilior Consul 565 (189 v. Chr.) und sein
Sohn Quintus Consul 601 (153).

2. Cassius Hemina.

J. E. Schmitter *C. H. annalium fragmenta emendata*
Düsseldorf 1861 4.

3. L. Calpurnius Piso Frugi Consul 621 (133).

H. Liebaldt *de L. C. P. annalium scriptore* Naumburg
1836 4.   O. Jahn Ber. der sächs. Ges. der Wiss. phil.-hist.
Cl. 1, 1848 S. 429 ff.   M. Hertz philolog.-klinischer Streifzug
(Berl. 1849 8.) S. 45 ff.   C. Aldenhoven Hermes 5, 1870
S. 151 ff.

4. C. Sempronius Tuditanus Consul 625 (129).

5. C. Fannius Consul 632 (122).
Th. Mommsen C. I. L. 1, 560.

6. Vennonius. L. Scribonius Libo Trib. pleb. 605 (149).
L. Coelius Antipater. Cn. Gellius. Q. Claudius Quadrigarius.
Cn. Aufidius. P. Sempronius Asellio. Q. Aelius Tubero. Tre-
bius Niger. Turranius Gracilis.

K. Nipperdey Philol. 6, 1851 S. 133 ff.   O. Meltzer
de L. Coelio Antipatre belli Punic. II scriptore Leipz. 1867 8.
E. Wölfflin Antiochus von Syrakus und Coelius Antipater
Winterthur 1872 8., und in s. Ausg. von Livius B. XXI (Leipz.

1873 8.' S. VIII f.   H. Peter *M. Cl. Quadrigarii annalium reliquiae* Frankfurt a. O. 1868 4. 'dazu Th. Plüss Jahrb. 1871 S. 66 f.'.   Giesebrecht *de Q. Claudio Quadrigario* Prenzlau 1831 4.   W. Harless *de Fabiis et Aufidiis* (Bonn 1853 8.) S. 46 ff.   Th. Mommsen Rhein. Mus. 16, 1861 S. 450. Ders. Hermes 1, 1566 S. 166.   W. Stelkens der römische Geschichtschreiber Sempronius Asellio Crefeld 1867 4.   W. Eggert *Sempronius Asellio* u. s. w. Rostock 1869 8.   M. Hertz zu Semp. Asellio Jahrb. 1870 S. 303 f.   O. Meltzer Gnaeus Gellius Jahrb. 1872 S. 429 f.

7. Die Verfasser von Memoiren und Autobiographieen Q. Lutatius Catulus, M. Aemilius Scaurus, P. Rutilius Rufus, L. Cornelius Sulla der Dictator, L. Licinius Lucullus.

L. Wiese *de ritarum scriptoribus Romanis* Berl. 1840 4. W. H. D. Suringar *de Romanis autobiographis* u. s. w. Leiden 1846 4.   Löwe *P. Rutilii Rufi vita narrata* Züllichau 1853 4. H. O. Simon *vita Q. Lutatii Q. f. Catuli* Festschrift des grauen Klosters zu Berlin (Berl. 1874 8.) S. 81 ff.   Th. Lau C. Cornelius Sulla, eine Biographie Hamburg 1855 8.   Ph. E. Huschke Zeitschr. für Civilrecht 14, 1856 S. 1 ff.   A. Riese Rhein. Mus. 16, 1863 S. 448 ff.   A. Reifferscheid Rhein. Mus. 15, 1860 S. 609.   H. Jordan Hermes 6, 1871 S. 69 ff.

8. Valerius Antias und C. Licinius Macer.

H. Liebaldt *de Valerio Antiate annalium scriptore* Naumburg 1840 4.   Ders. *de C. Licinio Macro* ebendas. 1848 4. Th. Mommsen Hermes 1, 1866 S. 205 f.   O. Hirschfeld Philol. 34, 1875 S. 87 ff.

9. L. Cornelius Sisenna. L. Manlius.

C. L. Roth *L. Cornelii Sisennae historici Romani vita* Basel 1834 4.   Th. Mommsen Rhein. Mus. 16, 1861 S. 284 ff.   A. Riese über das Geschichtswerk des L. Cornelius Sisenna Festschrift des histor.-philos. Vereins zu Heidelberg zur Begrüßung der 24. Philol.-Vers. (Leipz. 1865 4.) S. 53 ff.   O. Jahn Hermes 2, 1867 S. 233 f.   Die Fragmente der *Milesiae* des Sisenna in F. Büchelers Petron *ed. min. II* (1871) S. 229 ff.

10. T. Pomponius Atticus. Q. Hortensius. L. Lucceius.

L. C. Luzac *de Q. Hortensio Ciceronis aemulo* Leiden

1810 8. Linsén *de H. oratore Ciceronis aemulo* Abo 1822 4.
W. Drumann 3 (1837) S. 81 ff. J. G. Hullemann *diatribe
in T. Pomponium Atticum* Utrecht 1838 8. F. Schneider *de
T. Pomponii Attici annali* Zeitschr. für die Alt.-Wiss. 6, 1839
S. 5 ff. E. Fialon *in T. Pomponium Atticum* Paris 1861 8.

100—44
v. Chr.

§ 42. C. Iulius Caesar (654 bis 710 d. St.).

1. Leben.

W. Drumann Geschichte Roms in seinem Uebergang von
der republikanischen zur monarchischen Verfassung u. s. w.
Bd. 3 (Königsberg 1837 8.) S. 129—762.

2. Werke.

Gedichte. Reden. *De analogia l. II. Anticatones II. Apo-
phthegmata. Epistulae.*

K. Nipperdey (1847) S. 747 ff., dazu F. W. Otto Zeitschr.
f. d. Alterthumswiss. 8, 1850 S. 307 ff., M. Hertz Philol. 5,
1850 S. 754 ff. K. Göttling *de Ciceronis laudatione Catonis
et de C. Anticatonibus* Jena 1865 4. F. Schlitte *de C. I. C.
grammatico* Halle 1865 8. Th. Mommsen röm. Chronol.
2. Aufl. (Berl. 1859 8.) S. 78.

Commentarii de bello Gallico und *de bello civili.* Fortsetzung des A. Hirtius (b. G. l. VIII* und *b. Alexandrinum).
B. Africanum* und *b. Hispaniense.*

Handschriften (die nur die 8 B. *de b. G.* enthaltenden Parisinus und Vaticanus, Bongarsianus und Moysiacensis *s. IX,*
die auch die übrigen Schriften enthaltenden interpolierten, der
Thuaneus, Leidensis, Ursinianus, Vindobonensis u. a. *s. XI).
Nipperdey (1847) S. 37 ff. H. J. Heller's Uebersichten
über die Litteratur unten. D. Detlefsen Philol. 17, 1861
S. 649 ff.

Ausgaben.

Ausg. *cum notis variorum* von J. G. Graevius 2 Bde.
Leiden 1713 8. und F. Oudendorp Leiden 1737 4., 2 Bde.
Stuttgart 1822 8. *Bell. Gall.* von C. E. Ch. Schneider 2 Bde.
Halle 1840—55 8. (unvollendet).

C. I. C. commentarii cum supplementis A. Hirtii et aliorum,

Caesaris Hirtiique fragmenta Carolus Nipperdeius *recensuit,*
optim. codd. auctt. adnotavit, quaestt. critt. praemisit Leipz.
1847 8. *C. I. C. commentarii, annotatione critica instruxit*
F. Dübner 2 Bde. Paris 1867 gr. 8. Texte von E. Hoffmann
2 Bde. Wien 1856–57 8., A. Frigell I II 1 III 1 Upsala
1861 8.) und B. Dinter (2 Bde. Leipz. 1864 1870 1876 8.).
Schulausgaben mit Anm. von F. Kraner (*B. Gall.* 9. Aufl.
von W. Dittenberger und *b. civ.* 6. Aufl. von Fr. Hofmann Berl. 1875 8.) und A. Doberenz (6. Aufl. Leipz. 1874,
b. civ. 4. Aufl. 1876 8.).

H. Köchly und W. Rüstow Einleitung zu C.'s Commentarien über den gallischen Krieg Gotha 1857 8. A. v.
Göler C.'s gall. Krieg Stuttg. 1858, Carlsruhe 1859, Heidelberg 1860; Bürgerkrieg Carlsruhe 1854 1855 Heidelberg 1861 8.
(*Napoléon III*) *histoire de Jules César vol. II guerre des Gaules*
(dazu Atlas in 32 Blättern Wien) Paris 1866 8. W. Rüstow
Geschichte des Kaiser Napoleon commentirt (nebst erklären-
den Karten) Stuttgart 1867 8. Ders. Heerwesen und Krieg-
führung C. I. C.'s Nordhausen 1868 8. Fr. Hofmann *de*
origine belli civilis Caesariani Berl. 1857 8. Th. Mommsen
die Rechtsfrage zwischen C. und dem Senat Abh der Breslauer
hist. phil. Ges. 1 1857 S. 1 ff. Möhring *quaestiones Caesa-*
rianae Kreuznach 1858 4. K. Thomann der französische
Atlas zu C.'s gallischem Kriege I II III Zürich 1869 1871 1874 4.
H. Glöde über die historische Glaubwürdigkeit C.'s in den
Commentarien vom Bürgerkrieg Kiel 1871 8. Wutke *quae-*
stiones Caesarianae Neisse 1872 4. Vogel *de Romanorum in*
Gallia transalpina gestis ante C. I. C. Friedland 1873 4. Menge
de auctoribus commentariorum de bello civili qui C. nomine fe-
runtur Weimar 1873 4. (dazu A. Eussner Bl. für das bayer.
Gymnasialschulw. 10, 1873 S. 205 ff. und H. Hartz philol. Anz.
5, 1873 S. 202 ff.). Strenge der tendenziöse Charakter der
cäsarischen Memoiren vom Bürgerkrieg I II Berl. (Lüneburg)
1873—75 4. *Rouby Le siège de Marseille (Extrait du specta-*
teur militaire) Paris 1874. H. Steinberg Gergovia u. s. w.
Philol. 33, 1874 S. 449 ff. H. Willmann *adnotationes quae-*
dam ad C. I. C. relationem pugnae Pharsalicae Halberstadt

1875 8.   G. Mezger über die Abfassungszeit von C.'s Commentarien über den gallischen Krieg Landau 1675 4.

Uebersicht der Litteratur (nebst Kritik und Exegese): H.
J. Heller Philol. 12, 1857 S. 107 ff., 13, 1858 S. 358. 572 ff.
17, 1861 S. 270 ff. 492 ff. 19, 1862 S. 466 ff. 21, 1863 S. 747 ff.
22, 1864 S. 99 ff. 285 ff. 23, 1865 S. 737 ff. 26, 1867 S. 652 ff.
31, 1871 S. 314 ff. 511 ff. Mehrere Beiträge dess. in früheren
Jahrgängen des Philol A. Hug zur neueren Litteratur des
Caesar Jahrb. 1862 S. 203 ff. Ders. (und K. Thomann)
Jahrb. 1865 S. 689 ff. Bursians Jahresber. I 1873 S. 1150 ff.
Mehrere Beiträge desselben in frühern Jahrgängen des Philol.
und Rhein. Mus. W. Brambach Jahrb. 1868 S. 249 ff. Rich.
Müller Jahresber. des philol. Vereins zu Berl. Zeitschr. für
das Gymnasialw. 1875 S. 231 ff.

Sprache und Kritik.

Wortindex in der Ausg. *in usum Delph.* Paris 1678 4.
F. H. Th. Fischer die Rectionslehre bei C. Halle 1553 1854
4. C. W. Glück die bei C. vorkommenden celtischen Namen
München 1857 8. C. Kossak *de abl. q. d. absol. usu apud C.*
Gumbinnen 1858 4. Reinhardt die Tempora und Modi bei
Caesar Heilbronn 1858 4. A. Hug die *consecutio temporum*
des *Praesens historicum* zunächst bei C. Jahrb. 1860 S. 877 ff.
H. Hartz *adnotationes ad C.* Züllichau 1864 4., ders. Bei-
trag über den Sprachgebrauch des C. Frankfurt a. O. 1875 4.
W. Dittenberger Hermes 3, 1868 S. 375 ff. Ph. A. Procksch
Gebrauch der Nebensätze bei C. I Bautzen 1870 8. Ders. die
consecutio temporum bei C. Leipz. (Eisenberg) 1874 8. (dazu Philol.
Anz. 7, 1875/6 S. 43). L. Vielhaber Beitr. zur Kritik von C.
b. c. Wien 1864 4. Ders. Zeitschr. für die österr. Gymn. 1867
S. 244 ff. S. 614 ff., 1868 S. 819 ff. J. N. Madvig *advers.
crit.* 2 (1873) S. 246 ff. C. H. Ritter Erklärung ein. Stellen
in C.'s Denkwürdigkeiten Marburg und Leipz. 1873 8. M.
Müller krit. und exeget. Beitr. zu Caesar Aschaffenburg 1875
8. (philol. Anz. 7, 1875 S. 97). B. Dinter *quaestiones Caesarianae* Grimma 1876 4. Ders. kritische Bemerkungen zu
I. C. Philol. 34 (1876) S. 711. C. Lorenz über Anaphora und
Chiasmus in Caesars B. G. Creuzburg 1875 4. F. Fröhlich das

bellum Africanum sprachlich und historisch behandelt Brugg
1872 8.   C. Fleischer *observationes criticae de bello Hispa-
niensi* Meissen 1876 4.

67—34
v. Chr.

§ 43. C. Sallustius Crispus (667 bis 720 d. St.).

1. Leben.

J. H. L. Meierotto *de praecipuis rerum Romanarum auctoribus et quidem de S. moribus* Berl. 1792 fol.   J. W. Löbell
zur Beurtheilung des C. S. C. Breslau 1818 8.   Fr. D. Gerlach
über den Geschichtschreiber C. S. C. Basel 1831 4.   Th. Vogel
de C. S. C. vita moribus et scriptis Mainz 1857 4.   Th. Mommsen Hermes 1, 1866 S. 171.

2. Werke.

a. Handschriften (zwei Parisini *s. X* mit Lücke im *Jug.* 103 f.,
   vollständig aber interpoliert der Monacensis *s. XI* u. A.
   s. XII. Palimpsestfragmente der Reden in Berlin und
   Rom. Reden und Briefe nur im Vaticanus 3664 *s. X*).

K. L. Roth Andeutungen über Handschriftenfamilien Sal-
lusts Rhein. Mus. 9, 1854 S. 129 ff.   R. Dietsch in seiner Aus-
gabe (1859). H. Jordan Bemerkungen zur Kritik des Sallustius
Hermes 1, 1866 S. 228 ff., 2, 1867 S. 81 ff., 3, 1868 S. 459 ff.
Ders. die Ueberlieferung der Reden und Briefe aus Sallusts
Historien Rhein. Mus. 18, 1863 S. 584 ff. und Hermes 5, 1870
S. 396 ff.   E. Wölfflin Philol. 17, 1861 S. 154 ff. 519 ff.
E. Brentano *de C. S. C. codicibus recensendis* Frankfurt 1864 8.
H. Alan *in S. Catilinam et Iugurtham curae secundae* Dublin
1865 8.   J. C. Wirz *de fide ... cod. Sall. Parisini* n. 1576
Aarau 1867 4.   A. Eussner Philol. 25, 1867 S. 343 f., Fest-
gruss (Würzburg 1868) S. 158 ff. 184 ff. und Zeitschr. für das
Gymnasialschulw. 1868 S. 801 ff.   Ders. *exercitationes Sal-
lustianae* Würzburg 1868 8.   W. Wiel Bemerkungen zu Sallust
Köln 1871 8.   A. Weinhold *quaestiones Sallustianae maxime
ad librum Vaticanum 3864 spectantes acta soc. philol.* Lips. I
1872 S. 183 ff.   F. Dieck *de S. codd. Parisino et Vaticano* Jena
(Halle) 1872 8.   L. Sissa *due manoscritti de C. S. P. della bib. di
Fermo* Fermo 1872 8.   O. Clason eine Sallusthandschrift aus

der Rostocker Universitätsbibliothek Leipz. 1874 8. (aus dem 7.
Suppl.-Bd. der Jahrb. S. 249 ff.). K. Nipperdey Rhein.
Mus. 29, 1874 S. 204 ff. H. Pratje *quaestiones Sallustianae
ad L. Septimium et Sulpicium Severum G. S. C. imitatores spectantes* Göttingen 1874 8. G. Böse *de fide et auctoritate cod.
Sallust. Vat. 3864* Göttingen 1875 8. (dazu H. Wirz philol.
Anz. 4, 1872 S. 349 ff., 5, 1873 S. 361 ff. 480 ff., 6, 1874 S.
565 ff., 7, 1875 S. 46. 98. 150 ff.). Chr. E. Krämer *emendationes Sallustianae* Hadamar 1875 4. A. Rüdiger *de orationibus quae in rerum scriptoribus Graecis et Latinis reperiuntur,
inprimis S. et Herodoti ratione habita* Schleiz 1875 4. R.
Schöll Hermes 11, 1876 S. 330 ff. O. Anhalt *quae ratio in
libris recensendis Sallustianis recte adhiberi videatur* Jena 1877
(38 S.) 8.

b. Ausgaben.

E rec. et cum notis G. Cortii Leipz. 1724 4. (und 1825 ff.
8.), von S. Havercamp 2 Bde. Haag 1742 4. (und Leipz.
1528 8.), von F. D. Gerlach 3 Bde. Basel 1823—31 4. (und
1832 8.), ders. *G. S. C. Catilina Iugurtha historiarum reliquiae,
incertorum auctorum epistolae ad Caesarem invectivae, decla-
matio in Catilinam* Bd. 1 Basel 1852 gr. 8., mit krit. Apparat
Basel 1856 8. *G. S. C. Catilina Iugurtha orationes et epistolae
excerptae ex historiis*, berichtigter Text, einleitende Abhandlungen, ausgewählte Lesarten von Fr. D. Gerlach Stuttgart
1870 8. *C. S. C. quae supersunt, ad fidem codd. mss. recens.*
u. s. w. Fr. Kritzius 3 Bde. Leipz. 1828 1834 1853 8. Dess.
kleinere Ausg. Leipz. 1856 8. *C. S. C. opera* mit Anmerk. von
E. W. Fabri (zuerst 1831-32) 2. Ausg. Nürnberg 1845 8. Mit
deutschen Anmerk. von Rud. Jacobs (zuerst 1852) 6. Aufl.
Berl. 1874 8., A. Eussner Leipz. 1874 8. Ders. Jahrb.
1871 S. 401 ff., Rhein. Mus. 27, 1872 S. 493f. *G. S. C. quae
supersunt recensuit* R. Dietsch 2 Bde. Leipz. 1859 (Text 1843,
4. Ausg. 1874, *Cat.* mit deutschen Anmerkungen 4. Ausg. 1864)
8. Text von G. Linker Wien 1855 8. *C. S. C. Catilina Ju-
gurtha historiarum reliquiae potiores, accedunt epistulae ad Caesarem de re publica* Henr. Jordanus *recognovit* Berl. 1866,
ed. II, accedunt incerti rhetoris invectivae Tullii et Sallustii

personis tributae Berl. 1876 8. (dazu H. Wirz Zeitschr. für das Gymnasialw. 1877 S. 269 ff.)

c. Sprache.

Wortindex in der *ed. in usum Delphini* Paris 1675 4., und bei Dietsch.

F. Gründel *quaestiones Sallustianae* Königsberg 1561 S. F. Bussmann *de temporum et modorum usu apud S.* Greifswald 1862 S. Ders. *observationes Sallustianae* Hamm 1871 4. N. Ostling *de elocutione Sallustiana* Upsala 1562 8. Badstübner *de S. dicendi genere* Berl. 1863 4. A. Lehmann *de verborum compositorum. quae apud S. Caesarem Tacitum leguntur cum dativo structura* Breslau 1863 S. A. Laws *de dicendi genere Sallustiano* Rössel 1864 4. W. Lilie *observationes grammaticae in S.* Jauer 1870 S. P. Schultze *de archaismis Sallustianis* Halle 1571 S. (dazu E. Wölfflin Centralbl. 1872 S. 392). S. Dolega *de S. imitatore Thucydidis Demosthenis aliorumque scriptorum Graecorum* Breslau 1571 S. F. Balázs *de disponendis enunciationum et periodorum partibus apud S.* Hermannstadt 1872 4. J. N. Madvig *adversaria crit.* 2 (1873) S. 291 ff. G. Bruennert *de S. imitatore Catonis Sisennae aliorumque veterum historicorum Romanorum* Jena 1873 8. Vorm Walde *de S. genere dicendi comment.* Düsseldorf 1873 4. A. Anschütz *selecta capita de syntaxi Sallustiana* Halle 1573 S. (dazu H. Wirz philol. Anz. 7, 1573 S. 146 f.) E. Wölfflin Philol. 34, 1875 S. 146 f. L. Hellwig zur Syntax des S. I Regensburg 1577 4.

d. Kritik und historischer Werth.

Dreis über Sallust als Geschichtschreiber Itzehoe 1845 4. J. Kvičala Zeitschr. für die österr. Gymn. 1863 S. 579 ff. Th. Wiedemann über Sallusts Catilina 27, 3–28, 3 Philol. 22, 1865 S. 495 ff. vgl. 21, 1864 S. 473 ff. Th. Mommsen zu Sallustius Hermes 1, 1866 S. 427 ff. H. Wirz Catilinas und Ciceros Bewerbung um das Consulat für das J. 63 u. s. w. Zürich 1866 8. W. S. Teuffel über Sallustius und Tacitus Tübingen 1868 4. (vgl. A. Eussner Jahrb. 1868 S. 645 ff.). W. Ihne Verh. der Würzburger Philologenvers. (Leipz. 1869 4.) S. 105 ff. H. Dübi *de Catilinae Sallustiani fontibus ac fide*

Bern 1872 8., ders. Jahrb. 1876 S. 851 ff.   E. Wölfflin Jahresbericht üb. Cornelius Nepos und Sallust Bursians Jahresber.
I 1874–75 S. 1659 f.   Meusel Jahresber. des philol. Ver. zu
Berl. Zeitschr. für Gymn. 1875 S. 45 ff., 1877 S. 195 ff.   A.
von Berger wie verhält sich des S. Werk *de c. Cat.* zu den
catilin. Reden des Cicero Cilli 1675 S.   L. Conzen Beitr. zur
Erklärung des S. Darmstadt 1876 4.   Const. John die Entstehungsgeschichte der catilinarischen Verschwörung, ein Beitrag zur Kritik des S. Jahrb. Supplementbd. 8 (1876) S. 703 ff.
Ders. Rhein. Mus. 1876 S. 401 ff.   H. F. Pelham *chronology
of the Jugurthine war, journal of philology* 7 (1877) S. 53 ff.

e. Die beiden Briefe *ad Caesarem senem de r. p.*, die *invectiva
S. in Ciceronem* und die *responsio Ciceronis in S.*

G. Herzog *observationum in nonnullos vet. script. locos
p. VIII: agitur . . . . de Pseudo-Sallustii persona* Gera 1836 4.
H. Jordan *de suasoriis ad Caesarem senem de r. p. inscriptis
commentatio* Berl. 1868 8. und in seiner 2. Textausgabe von
1876 8., ders. die Invectiven des S. und Cicero Hermes 11,
1876 S. 305 ff.   W. S. Teuffel über S. und Tacitus (Tübingen
1868 4.) S. 13 f.   C. Spandau eine Salluststudie Baireuth
1869 4. (dazu A. Eussner philol. Anz. 2, 1870 S. 450 ff..
L. Hellwig *de genuina S. ad Caesarem epistula cum incerti
alicuius suasoria iuncta dissertatio* Merseburg (Leipz.) 1873 8.
(dazu A. Eussner philol. Anz. 6, 1874 S. 289 ff.) O. Hartung
de S. epistolis ad C. senem Halle 1874 8. (dazu A. Eussner
Jenaer L. Z. 1875 S. 780).

§ 44. Cornelius Nepos (um 660 bis 730 d. St.).   94–24
v. Chr.

Gedichte. *Chronica*, drei Bücher. *Exempla.* Leben des
Cato und Cicero. Geographisches Werk. *De viris illustribus
l. XVI* (erhalten *de excellentibus ducibus exterarum gentium* und
aus *de Latinis historicis* das Leben des Cato und Atticus und
die Briefe der Cornelia?).

Handschriften (der Archetypus ist verloren, Abschriften von
s. XII beginnend, die des Gifanius, Daniel, der Leidensis, der
Parcensis in Löwen u. A.).

Ausgaben von Chr. Cellarius Leipz. 1711 8. und oft
wiederholt, A. van Staveren Leiden 1734 und 1773 4. und
2 Bde. Stuttgart 1820 8., J. M. Heusinger Eisenach 1747 8.,
J. H. Bremi Zürich 1796 (und oft wiederholt bis 1827) 8.,
J. C. F. Wetzel Liegnitz 1801 8., C. H. Tzschucke Göttingen 1804 8., F. N. Titze Prag 1813 8.

*Aemilius Probus de exc. duc. ext. gent. et Cornelii Nepotis
quae supersunt .... edidit ....* C. L. Roth, *praemissa sunt* G.
F. Rinckii *prolegomena ad Aemilium Probum* Basel 1841 gr. 8.
C. N. quae supersunt apparatu critico adiecto edidit C. Halm
Leipz. 1871 8.

Cornelius Nepos erkl. v. K. Nipperdey (mit ausführl.
Einleitung) Leipz. 1849 8., kl. Ausg. 6. Aufl. Berl. 1873 8.,
Textausgabe mit Apparat 1867 8.   Dess. *spicilegium criticum
in Cornelio Nepote I* Leipz. 1850, *II Pars I—VI* Jena 1568—
1871 4. (*opusc.* 1 S. 1 ff.).

C. N. für Schüler von J. Siebelis (zuerst 1851), 9. Aufl.
bes. von M. Jancovius Leipz. 1877 8.   C. N. erkl. von
H. Ebeling nach J. Chr. Dähne Leipz. 1827 8. Berl. 1871 8.
C. N. liber u. s. w. *scholarum in usum ed.* C. Chr. C. Völker Leipz. 1872 8.   *Nepos plenior* von F. Vogel mit H.
Perthes lat. Wortkunde 3. Cursus Berl. 1873 8.   *C. N. qui
exstat liber* u. s. w. *recogn.* E. Ortmann Leipz. 1874 8.

J. Freudenberg *quaestiones historicae in C. N. vitas
excell. imp. I II* Cöln 1533 Bonn 1542 4. Ders. Jahrb. 1875
S. 491 ff.   K. Lachmann Rhein. Mus. 2, 1843 S. 144 kl.
Schr. 2 S. 165.   A. Fleckeisen Philol. 4, 1849 S. 345.
Th. Bergk Phil. 12, 1857 S. 550 f.   Nowack *vindiciae Cor-
nelianae* Rössel 1871 4.   H. Alan *in C. N.* Dublin 1872 8.
J. Arnoldt Jahrb. 1872 S. 561 ff., 1874 S. 277 ff.   B. J. Rub-
ner Blätter für das bayer. Gymnasialschulw. 11, 1875 S. 243 ff.
P. Natorp *quos auctores in ultimis belli Peloponnesiaci annis
describendis secuti sint Diodorus Plutarchus Cornelius Iustinus*
Strafsburg 1876 8.   W. Wölfflin Jahresber. siehe § 43.
Gemss Jahresber. des philol. Vereins Zeitschr. für das Gym-
nasialw. 1875 S. 41, 1876 S. 184.

Wortindex in der *ed. in usum Delphini* Paris 1675 4. und
in der Stuttgarter von 1828.   A. Dornheim Beitr. zur Latini-

tät des C. N. Detmold 1861 4. B. Lupus der Sprachgebrauch des C. N. Berl. 1876 8.

Ueber Aemilius Probus Nipperdeys Einleitung 1849 S. XXXVI f. L. Grasberger Eos 1, 1864 S. 225 ff. R. Winkler Zeitschr. für das Gymnasialw. 19, 1665 S. 433 ff. W. Fischer Philol. 26, 1867 S. 345. A. Eussner Bl. für das bayr. Gymnasialschulw. 1871 S. 355 ff. Thyen *de auctore citarum C. N. quae feruntur* Osnabrück 1874 4.

§ 45. Die gelehrte Litteratur des siebenten Jahrhunderts d. St.

1. L. Aelius Stilo Praeconinus. Vgl. § 4, 1.

2. L. Plotius Gallus. Saevius Nicanor, Aurelius Opilius. M. Antonius Gnipho, M. Pompilius Andronicus. Q. Cosconius. Cornelius Epicadus, Ser. Clodius, Staberius Eros, der Grammatiker Ennius (?), Orbilius Pupillus, Curtius Nicia.

F. Osann (zu Opil.) Zeitschr. für die Alterthumsw. 7, 1849 S. 193 ff. A. G. Lange (zu Orbil.) verm. Schriften (Leipz. 1832 8.) S. 182 ff. F. Ritschl Parerga (1845) S. 238 ff. M. Hertz *Sinnius Capito* (Berl. 1845 8.) S. 9 f., Jahrb. 1862 S. 52 f., 1873 S. 340. Th. Arnold griech. Studien des Horaz I (1855) S. 3 ff. Th. Schmidt *de grammaticorum equitum doctissimo* Halberstadt 1856 4. und Philol. 11, 1856 S. 54 ff. L. Urlichs Rhein. Mus. 11, 1857 S. 602 ff. H. Usener Rhein. Mus. 23, 1868 S. 682 ff.

3. Die beiden Saserna, Cn. Tremellius Scrofa. Mamilius Sura u. a.

Th. Mommsen Rhein. Mus. 16, 1861 S. 282 ff.

4. [Q. Cornificius?] der Vf. der *rhetorica ad C. Herennium.*

Cornifici Rhetoricorum ad C. Herennium l. IV rec. ... C. L. Kayser Leipz. 1854 8. Dazu die Ausgaben von Cicero's rhetorischen Schriften § 47 II 11.

A. Kammrath *de librorum rhetoricorum ad C. H. auctore* Holzminden 1858 8. K. Halm und L. Spengel Rhein. Mus. 15. 1860 S. 536 ff. und 16, 1861 S. 391 ff. J. Simon die Handschriften der *Rhetorica ad Herennium* I II Schweinfurt 1863 und 1864 4. G. Sorof Jahrb. 1864 S. 663 ff. F. Blass

griech. Beredsamkeit (1865) S. 121 ff.   C. Hansel Jahrb.
1866 S. 851 ff.   B. I. Rubner Bl. für das bayer. Gymnasialschulw. 8, 1872 S. 372 ff.   R. Kröhnert *de rhetor. ad H.*
Königsberg 1873 8.   O. Sievers Rhein. Mus. 28, 1873 S.
568 ff.   Just. a Destinon *de codd. Cornificianorum ratione com-*
mentatio I Kiel 1874 8.   H. Jordan Hermes 8, 1874 S. 75 ff.
H. A. Bochmann *de Cornificii auctoris ad Herennium qui vo-*
catur rerum Romanarum scientia Leipz. 1875 8.   E. Wölfflin
Philol. 34, 1875 S. 142.

M. Haupt über eine im Mittelalter verfasste Bearbeitung
eines Abschnitts der *Rhetorica ad Herennium* Ber. der sächs.
Ges. der Wiss. 2, 1849 S. 53 ff.

95—15
v. Chr.   5. P. Nigidius Figulus (um 656 bis 709), L. Tarutius, Ap.
Claudius Pulcher, A. Caecina (vgl. § 47 II ii 12), Tarquitius
Priscus u. a.

M. Hertz *de P. N. F. studiis atque operibus* Berl. 1845 8.
A. Breysig *de N. F. fragmentis apud scholiastam Germanici*
servatis Berl. 1854 8.   F. Bücheler Rhein. Mus. 13, 1858
S. 177 ff.   J. Klein *quaestiones Nigidianae* Bonn 1861 8.   *Jo.*
Laur. Lydi l. de ostentis ed. C. Wachsmuth (Leipz. 1863 8.)
praef. S. XXIV ff.   J. Frey *quaestiones Nigidianae* Rössel
1867 4.   Th. Mommsen röm. Chronol. (1859) zu Tarutius
S. 146 ff.   M. Haupt Berl. Lectionskatal. von 1859 4. zu Tarquitius *(opusc.* 2 S. 152 ff.).   A. H. G. Zimmermann *de A.*
Caecina scriptore Berl. 1854 8.   G. Schmeisser *de Etrusca*
disciplina Breslau 1872 8.) S. 23 ff.

6. A. Ofilius, C. Trebatius Testa, A. Cascellius, L. Valerius.
Fr. D. Sanio rechtshistorische Abhandlungen und Studien
I 1 (Königsberg 1845 8.) S. 68 ff. und zur Geschichte der röm.
Rechtswissenschaft (Königsberg 1858 8.) S. 54 ff., ders. kl.
hinterlassene Schr. 2 S. 435 ff.   O. Stange *de C. Trebatio*
Testa u. s. w. Berl. 1849 8.

95—46
v. Chr.
79—42
v. Chr.   7. M. Porcius Cato (von Utica, 659 bis 708), M. Junius
Brutus (um 675 bis 712).

Drumann 5 (1841) S. 153 ff. und 4 (1837) S. 18 ff.   H.
Wartmann Leben des Cato von Utica Zürich 1859 4.   H.
Köchly akad. Vorträge und Reden (Zürich 1859 8.) S. 47 ff.

§. 46. M. Terentius Varro von Reate

(638 bis 727 d. St.).

1. Leben und Werke im allgemeinen.

K. L. Roth über das Leben des M. T. V. ein biographischer Versuch Basel 1857 8. F. Ritschl die Schriftstellerei des M. T. V. Rhein. Mus. 6, 1848 S. 481 ff. vgl. 12, 1857 S. 147 ff. und in den Bonner Lectionskatalogen von 1849 1856 1858 4. Ch. Chappuis *sentences de M. T. V. et liste de ses ouvrages d'après différents manuscrits* Paris 1856 8. G. Boissier *étude sur la vie et les ouvrages de M. T. V.* Paris 1861 8. L. Mercklin die varronische Litteratur seit dem J. 1826 Philol. 13, 1858 S. 683 ff. A. Riese die varronische Litteratur seit dem J. 1858 Philol. 27, 1868 S. 257 ff.

2. Poetische Schriften.

M. T. V. saturarum Menippearum reliquiae ed. F. Oehler u. s. w. Quedlinburg und Leipz. 1844 8. J. Vahlen *in V. sat. Men. reliquias coniectanea* Leipz. 1858 8. *M. T. V. saturarum Menippearum reliquiae recensuit, prolegomena scripsit, appendicem adiecit* Alex. Riese Leipz. 1865 8. Ders. *symbola philol.* Bonn. (1867) S. 479 ff. F. Büchler Rhein. Mus. 14, 1859 S. 419 ff., dess. Petron *ed. min. II* (1871) S. 159 ff. J. Mähly *Varroniana* Basel 1865 4. M. Crain Zeitschr. für das Gymnasialw. 1866 S. 608 ff. L. Müller Rhein. Mus. 24, 1869 S. 312. 325. E. Bährens Rhein. Mus. 27, 1872 S. 490 ff. L. Friedländer Lectionskatalog von Königsberg 1873 4.

3. Reden. Philosophische und historische Schriften (*logistorici, annalis, de vita sua l. III, de Pompeio l. III, legationum l. III*).

Riese S. 247 ff. F. Ritschl Bonner Lectionskatalog von 1845 4. L. H. Krahner *V. Curio de cultu deorum* Friedland 1851 4. L. Mercklin die Doppeltitel der varronischen Menippeae und Logistorici Rhein. Mus. 12, 1857 S. 372 ff. Ch. Chappuis *fragments des ouvrages de V. intitulés logistorici hebdomades* u. s. w. Paris 1868 8.

4. Antiquarische Schriften. *Antiquitatum rerum humana-*

rum [25 B.] und *divinarum* [16 B.] *l. XLI* [und eine *Epitome* in 9 B.]. *De vita p. R. l. IV. De gente p. R. l. IV. De familiis Troianis. Aetia. Rerum urbanarum l. III. Tribuum liber.*

L. H. **Krahner** *commentatio de V. antiqq.* .... *l. XLI* Halle 1834 8. Ders. *de V. ex Martiani satura supplendo* Friedland 1846 4., Zeitschr. f. d. Alterthumsw. 10, 1852 S. 385 ff. C. H. J. **Francken** *fragmenta V. quae inveniuntur in libris S. Augustini de civitate dei* Leiden 1836 8. R. **Merkel** Prolegomena zu Ovids Fasten (Berl. 1841 8.) S. CVI ff. J. J. W. **Lagus** *Plutarchus Varronis studiosus* Helsingfors 1847 8. L. **Mercklin** *quaestiones Varronianae* Dorpat 1852 4. G. **Thilo** *de V. Plutarchi in quaestionibus Romanis auctore praecipuo* Bonn 1853 8. **Lüttgert** *theologumena Varroniana a S. Augustino in iudicium vocata I II* Sorau 1858. 1859 4. H. **Kettner** *V. de vita p. R. ... quae extant* Halle 1863 8. Ders. Varronische Studien Halle 1865 8., krit. Bemerkungen zu V. und lat. Glossaren Rossleben 1868 4. F. **Leo** *de Plutarchi quaestionum Romanarum auctoribus* Halle 1864 8. O. **Jahn** Hermes 2, 1867 S. 235 ff. O. F. **Gruppe** über die Bücher XIIII—XVIIII der *antiq. hum.* des Varro Hermes 10, 1875 S. 50 ff., zum sogen. Manilius ebendas. 11, 1876 S. 235 ff.

5. Litterarhistorische Schriften. *De bibliothecis l. III. De proprietate scriptorum l. III. De poetis, de poematis l. III. de lectionibus l. III. De originibus scaenicis l. III, de scaenicis actionibus l. III, de actibus scaenicis l. III, de personis, de descriptionibus. De comoediis Plautinis, quaestiones Plautinae.*

F. **Schöll** Varro und die röm. Didascalien Rhein. Mus. 31, 1876 S. 469 ff.

6. Grammatische Schriften. *De lingua Latina l. XXV* [Epitome in 9 Büchern]. *De sermone Latino l. V. De grammatica* [der *disciplinae l. I*]. *De antiquitate litterarum. De origine linguae Latinae l. III. De similitudine verborum l. III. De utilitate sermonis l. IV.*

De M. T. V. libris grammaticis scripsit reliquiasque subiecit Augustus **Wilmanns** Berl. 1864 8. H. **Usener** Jahrb. 1865 S. 247 f., ders. varronische Excerpte Rhein. Mus. 24, 1869 S. 94 ff.

M. T. V. de l. L. libri qui supersunt [*V* bis *X*] .... *rec.*
Leonhardus S p e n g e l Berl. 1826 8.   *M. T. V. de l. L. quae*
supersunt emendata et annotata a C. O. M ü l l e r o Leipz. 1833 8.;
wiederholt *iuxta recens. et cum argumentis C. O. Mülleri* von
A. E. E g g e r Paris 1837 16.

K. L a c h m a n n Rhein. Mus. 6, 1839 S. 106 ff., 2, 1843
S. 356 ff. (kl. Schr. 2 S. 163 ff.).   L. S p e n g e l über die Kritik
der varronischen Bücher *de l. L.* Abhandlungen der Münchener
Akad. 7, 1854 2 S. 429 ff., *de emendanda ratione librorum ...*
de l. L. München 1858 4. und Philol. 17, 1861 S. 258 ff.
C. E. L. O x é *de V. etymis quibusdam* Kreuznach 1859 4.
Ders. *l. de l. L. argumentum percensuit* Kreuznach 1871 4.
W. C h r i s t Philol. 16, 1860 S. 449 ff., 17, 1861 S. 59 ff.   Th.
B e r g k Lectionskatalog von Halle 1863 4.   C. F. W. M ü l l e r
Zeitschr. für das Gymnasialw. 1865 S. 421 ff. 792 ff. 867 ff.   L.
S t ü n k e l *de Varroniana verborum formatione* Strafsburg 1875 8.
A. M ü l l e r *de priscis verborum formis Varronianis* Halle 1877 8.

7. *Rerum rusticarum l. III*, vgl. § 38, 3. *Ephemeris ru-*
stica und *navalis.*

Th. B e r g k Rhein. Mus. 1, 1842 S. 367 ff.   A. F r é m y
quid in libris M. T. V. de r. r. ad litteras attineat Paris 1843 8.
A. S c h l e i c h e r *meletematon Varronianorum spec. I* Bonn 1846
8.   H. K e i l oben § 38, 3.   L. M e r c k l i n Philol. 13, 1858
S. 694 ff.

8. *De iure civili l. XV (de gradibus, epistolicae quaestiones.*

F. D. S a n i o Varroniana in den Schriften der röm. Juristen,
vornehmlich an dem Enchiridion des Pomponius nachzuweisen
versucht Leipz. 1867 8.

9. *Imaginum* (oder *hebdomades*) *l. XV. Disciplinarum*
l. IX.

F. R i t s c h l *quaestiones Varronianae* Bonn 1845 4., Rhein.
Mus. 13, 1858 S. 317 ff. und Bonner Lectionskataloge von
1856 f. 1858 4.   L. M e r c k l i n Philol. 2, 1847 S. 480 ff., 13,
1858 S. 739 ff., 15, 1860 S. 709 ff., Dorpater Lectionskataloge
von 1852, 1857 und 1859 4., Rhein. Mus. 13, 1859 S. 460 ff.
M. H e r t z archäol. Zeitung 1850 S. 142 f.   J. V a h l e n Jahrb.
1858 S. 737 ff.   L. U l r i c h s Rhein. Mus. 14, 1860 S. 607 ff.

10. *Libri singulares X. Sententiae.*

Riese S. 265 f.

V. Devit *sententias M. T. V. . . . . edidit et comment. illustravit* Padua 1843 8. R. Klotz Jahns Archiv 9, 1843 S. 582 ff.
H. Düntzer ebendas. 15, 1849 S. 193 ff., Jahrb. 1848 S. 135 ff.
L. Quichérat *pensées inédites de V. bibl. de l'école des chartes*
3, 1 (Paris 1849 8.) S. 3 ff. Ch. Chappuis oben 1.

106—43
v. Chr.

§ 47. M. Tullius Cicero (648 bis 711).

I. Leben und Werke im Allgemeinen.

W. Drumann Gesch. Roms u. s. w. Bd. 5 (1841) S. 216
—724, 6 (1844) S. 1—768. W. S. Teuffel zu C.'s Charakter
und Schriften (1850) in den Studien und Charakteristiken (1871)
S. 259 ff. C. F. A. Brückner Leben des C. Bd. I (mehr er-
schien nicht) Göttingen 1852 8. W. H. D. Suringar *M. T.
C. commentarii rerum suarum* u. s. w. Leiden 1854 8. Chr. C.
J. Bunsen Rhein. Mus. 11, 1857 S. 477 ff., Jahrb. 1858 S.
447 ff. F. Hofmann Philol. 13, 1855 S. 645, 15, 1860 S. 662 ff.
W. Funk über den Gehalt von C.'s Charakter und Schriften
Züllichau 1859 4. W. Forsyth *Life of M. T. C.* 2 Bde.
London 1864 8. G. Boissier *C. et ses amis* Paris 1865, *ed.
II* 1870 8. A. Deuerling *C.'s* Bedeutung für die röm. Lit-
teratur Augsburg 1866 8. W. Hartung *de C. proconsulatu
Ciliciensi* Würzburg 1868 8.

Gesammtausgaben:

M. T. C. opera omnia ex rec. I. C. Orellii, *editio altera
emendatior, curaverunt* I. C. Orellius, dann C. Halmius,
et I. G. Baiterus IV Bde. Zürich 1845—1864 gr. 8. Dazu
Bd. 5 (1. 2) *Ciceronis scholiastae* von Orelli und Baiter 1833,
Bd. 6 bis 8 *Onomasticon Tullianum* 1836—1838 und C. Halms
Beiträge zur Berichtigung und Ergänzung der ciceronischen
Fragmente (aus den Sitzungsber. der Münchener Akad.) Leipz.
1862 8. *M. T. C. scripta . . . recens.* R. Klotz (zuerst 1851
—56) *ed. II* 11 Bde. Leipz. 1863—1870 8. *M. T. C. opera
quae supersunt omnia ed.* I. G. Baiter *et* C. L. Kayser 11 Bde.
Leipz. 1860—69 8. Gir. Lagomarsini's kritischer Apparat

in Florenz (seine unvollendete Ausg. *ex rec. Graevii* Bd. 1—
17 Neapel 1777—88 S.); Gasp. Garatoni's Scheden in Ravenna.

II. Werke (poetische Schriften, Reden, rhetorische
Schriften, historische und politische Schriften, philosophische Schriften, Briefe).

1. Poetische Schriften (*Aratea, Homerica, Marius, de suo
consulatu l. III, de suis temporibus l. III, ad Caesarem, Limo* u. a.)

Orelli IV² S. 1012 ff. W. Y. Ottley *Archaeologia* 26
(London 1836 4.) S. 47 ff. (über den Codex der Aratea). T. Baden *de poetica facultate C.* (1789) in den *opusc.* (Kopenhagen
1793 S.) S. 421 ff. F. M. Frantzen *de C. poeta* Abo 1800 8.
V. Faguet *de poetica C. facultate* Poitiers 1857 8.

II. Reden (im Ganzen etwa 100, 57 erhalten, 20 in Fragmenten, von über 30 die Titel bekannt).

Handschriften (vier Palimpseste verschiedener Reden *s. IV
—V* (?) in Turin, Mailand und Rom und der der Verrinen im
Vatican *s. IV* (?), der Palatino - Vaticanus und der Vaticanus
(tabularii) der Philippiken, der Mediceus (des Petrarca) und der
Laurentianus Lagomarsinis, die Parisini 7774 *a s. IX* der Verrinen und 7794 *s. IX* der Reden *post reditum*, der Tegernseeensis
der Caeciniana und zwei andere Monacenses *s. XI*, verschiedene Bernenses, der Erfurtensis *s. XII* in Berlin, der Guelferbytanus der Ligariana u. a., der Erlangensis, der Bruxellensis (Gemblacensis) und zahlreiche jüngere Hs. zum Theil
aus einem von Poggio gefundenen Exemplar stammend, wie die
der Rede für den Murena u. a.)

M. T. C. sex orationum partes ineditae ed. A. Mai Mailand
1814 4., *ed. II* 1817 4. (auch *collectio auctorum classicorum* Bd. 2
Rom 1828 8. S. 274 ff.). *M. T. C. orationum pro M. Fonteio
et C. Rabirio fragmenta* ed. B. G. Niebuhr Rom 1820 S.
*M. T. C. orationum pro Scauro pro Tullio et in Clodium frag-
menta inedita* u. s. w. ed. A. Peyron Stuttgart 1824 4. *M. T. C.
orationum pro Tullio in Clodium pro Scaurō pro Flacco fragmenta inedita* coll. C. Beier Leipz. 1825 8. (mit Indices von
G. Hertel Leipz. 1831 8.). *M. T. C. orationes pro Tullio in*

Clodium pro Scauro pro Flacco ed. et explic. E. C. d'Engelbronner Rotterdam 1830 8.

E. Wunder *variae lectiones librorum aliquot M. T. C. ex
codice Erfurtensi enotatae* Leipz. 1827 8. K. Halm über die
Hss. des C. in der ehemaligen Heidelberger jetzt vaticanischen
Bibliothek Archiv für Philol. 15, 1849 S. 167 ff. Ders. über
die Hss. der verrinischen Reden insbes. den vaticanischen Palimpsest Münchener gel. Anzeigen 36, 1853 S. 233 ff., 38, 1854
S. 153 ff., 41, 1855 S. 49 ff. Ders. über die Hss. zu C.'s Rede
pro Murena Sitzungsber. der Münchener Akademie philos.-
philol.-hist. Kl. 1861 1 S. 437 ff. J. Klein über eine Hs.
des Nicolaus von Cues nebst ungedruckten Fragmenten ciceronischer Reden Berl. 1866 8. (dazu K. Halm Jahrb. 1866
S. 623 ff. 876 ff., H. Sauppe Göttinger gel. Anz. 1866 S.
1581 ff.). H. Wrampelmeyer *cod. Helmstadiensis n. 304
[nunc Wolffenbuttelanus n 205] primum ad complures quas con-
tinet C. orationes collatus I—III* Hannover 1872—76 4.

Texte bei Orelli Bd. II[2] von K. Halm und J. G. Baiter (zum Theil von C. A. Jordan), bei Baiter und Kayser
Bd. III—V. Die Fragmente bei Orelli IV[2] (1861) S. 929 ff.
1011. 1055 f., bei Baiter und Kayser Bd. XI S. 1 ff.

Texte von *orationes selectae: XIV* (nach Ernesti, Seyffert, Eckstein) von O. Heine *ed.* XX Halle 1870 8., *XII*
von J. N. Madvig Kopenhagen 1830 (und öfter; die *praef.*
wiederholt in den *opusc.* II S. 297 ff.) 8., *XV* von J. C. Orelli
Zürich 1836 8., *XIX* von R. Klotz Leipz. 1853 (und 1869) 8.,
XVIII von K. Halm 2 Thle. Berl. 1868 8., *XVIII* von A.
Eberhard und W. Hirschfelder Leipz. 1874 f. 8.

Ausgaben der Reden mit den Commentaren von F. Sylvius
(zur Miloniana Paris 1530, Basel 1532, u. A. Paris 1536 fol.,
von Fr. Hotoman 2 Bde. Paris 1554 fol. (und in dessen *opera*
3 Bde. Orléans 1599—1600 fol.), von P. Manutius 3 Bde.
Venedig 1546 8. (der Commentar 2 Bde. Venedig 1578–79 fol.
und Leipz. 1753 8.) und D. Lambinus 3 Bde. Venedig 1570
8. (beide öfter wiederholt), *cum notis variorum* von J. G. Graevius 3 Bde. in 6 Thln. Amsterdam 1695—1699 8. (in Garatoni's Ausg. Bd. 3—11), von J. A. Ernesti 3 Bde. Halle

1780 8., dazu dess. *narratio critica de editionibus orationum Ciceronianarum* in den *opusc. philol. ed. II* Leiden 1776 8. S. 155 ff.), R. Klotz 3 Bde. Leipz. 1835—39 8.

Zahlreiche Schulausgaben ausgewählter Reden, bes. von K. Halm 7 Bde. zuerst Leipz. 1850 ff., 9. Aufl. Berl. 1876 8., G. Tischer Berl. 1861 f. 8., H. A. Koch Leipz. 1868 f. 8., F. Richter Leipz. 1866 f. 8.

Uebersetzungen ins Deutsche von C. F. Wolff 5 Bde. Altona 1807 – 19 8., C. N. Osiander in der älteren Metzler'schen Sammlung, G. Wendt Stuttgart 1858 ff., E. Jenicke Leipz. (Engelmann) 1858 ff., J. Siebelis Stuttgart 1861 ff.

H. Merguet Lexicon zu den Reden des C. mit Angabe sämmtlicher Stellen Bd. I Jena 1873 – 75 4. (dazu W. Hirschfelder Zeitschr. für das Gymnasialw. 1873 S. 847 ff. 1874 S. 548.   F. Hoppe Jahrb. 1875 S. 540 ff.).

J. Bake *disputatur de temperanda admiratione eloquentiae Tullianae, scholica hypomnemata* 1 (Leiden 1837 8.) S. 1 ff. Drumann 6 (1844) S. 588 ff.   Cadenbach *de C. oratore* Essen 1847 4.   A. Haacke *de dispositione orationum C.* Burg 1873 4.   F. Belin *de M. T. C. orationum deperditarum fragmentis* Paris 1875 8.

Einzelne Reden.

1. *Pro P. Quinctio* 673/81.

Ausg. (mit der für den S. Roscius) von J. Facciolati Padua 1723 und 1731 8.   J. E. Philippi C. ein grofser Rabulist u. s. w. aus dessen Rede für den P. Q. klar erwiesen Halle 1735 8.   Drumann 3 (1837) S. 82 ff., 5 (1844) S. 232 ff. F. L. Keller *semestrium ad M. T. C. l. VI* Zürich 1842—50 8. dazu J. J. Bachofen Richters krit. Jahrb. für deutsche Rechtswissenschaft 11, 1842 S. 961 ff., Th. Mommsen Zeitschr. für die Alterthumsw. 3, 1845 S. 1086 ff., zur Quinctiana das. S. 1 ff). O. Zeyss Zeitschr. für die Alterthumsw. 4, 1846 S. 401 ff. S. J. E. Rau *disputatio iuridica ad C. or. pro Q.* Leiden 1825 8. O. E. Hartmann das röm. Contumacialverfahren Göttingen 1851 8.   J. Frei der Rechtsstreit zwischen P. Q. und S. Naevius u. s. w. Zürich 1852 4.   S. Benfey Philol. 10, 1855 S. 126 ff.   J. N. Madvig Jahrb. 1856 S. 117 ff.   R. Klotz *adnot. ad C. or. Quinctianam* Leipz. 1862 4. E. Wölfflin Philol. 34, 1875 S. 141 f.

2. *Pro S. Roscio [Amerino]* 674/80.

Ausg. von H. R. Matthäi Schleswig 1799 8., W. Büchner Leipz. 1835 8., J. C. Orelli Zürich 1837 4., E. Osenbrüggen Braunschweig 1844 8., W. G. Gossrau Quedlinburg 1853 8., S. Karsten Utrecht 1861 8., A. Fleckeisen Leipz. 1877 8.

A. Nikl *abundantiam iuvenilem in C. or. pro R. A. apparentem notavit* Kempten 1836 4. Drumann 5 (1841) S. 234 ff. A. Fleckeisen Jahrb. 1866 S. 548 ff., G. Krüger ebendas. 1868 f. S. 207, A. Eussner ebendas. 1873 S. 519 ff. M. Haupt Hermes 3, 1869 S. 208 (*opusc.* 3 S. 411). A. Eberhard *lectiones Tullianae I* (Bielefeld-Leipz. 1872 4.) S. 5 ff. E. Wölfflin Philol. 34, 1875 S. 142 ff.

3. *Pro M. Tullio* 683/71.

M. T. C. orationum pro Scauro, pro Tullio et in Clodium fragmenta inedita u. s. w. ed. A. Peyron Stuttgart 1824 4. Ausg. von E. J. Richter *cum ind. Latinitatis* Nürnberg 1834 12.

F. K. von Savigny über *C. pro T.* und die *actio vi bonorum raptorum* Zeitschrift für geschichtl. Rechtswissenschaft 5, 1823 S. 123 ff. (vermischte Schriften 3 S. 228 ff.). C. Beier *iurisprudentia in C. or. pro T. exponitur* Jahrb. 1, 1826 S. 214 ff. Ph. E. Huschke in J. G. Huschke's *analecta litteraria* (Leipz. 1826 8.) S. 76 ff. 183 ff. Drumann 5 (1841) S. 258 ff. F. L. Keller *semestria* 3 (1850) S. 541 ff.

4—10. *Orationum Verrinarum l. VII, [divinatio] in Q. Caecilium, actio I, actionis II l. V* 684/70.

Ausg. von C. G. Zumpt (Text 1830) *recens. et explicavit* Berl. 1831 8. *Act. II l. II* von F. Creuzer und G. H. Moser Göttingen 1847 8. *Divin.* und B. IV und V von K. Halm (zuerst 1852) 6. Aufl. Berl. 1874 8., von F. Richter Leipz. 1866—1870 8.

J. N. Madvig *epistola ad I. C. Orellium de orr. Verr. libris II extremis emendandis* (1828) *opusc. acad.* 1 S. 330 ff. P. C. Massé *disputatio. . . . . de C. or. in V.* u. s. w. Leiden 1824 8.

Brauueisen Bemerkungen über die verrin. Reden Haders-
leben 1840 4. Drumann 5 (1841) S. 263 ff. J. Kramarczik
die Kunsträubereien des V. u. s. w. Heiligenstadt 1849 4. G. W.
Pluygers *specimen emendationum in C. Verr. act. II l. II et III*
Leiden 1855 4., ders. *lectiones Tullianae* Leiden 1856 S. H.
Degenkolb die lex Hieronica und das Pfändungsrecht der
Steuerpächter, ein Beitrag zur Erklärung der Verrinen Berl.
1861 S. König *de C. in Verr. artis operum aestimatore* Jever
1863 4. W. Wilmanns Rhein. Mus. 19, 1864 S. 525 ff.
L. Schwabe Philol. 30, 1870 S. 311 ff. F. Richter Jahrb.
1871 S. 421 ff. H. Meusel *utri Verrinarum codici maior
fides habenda sit palimpsesto Vaticano an Regio Parisiensi* Jena
(Berl.) 1876 4.

11. *Pro M. Fonteio* 685/69.

M. T. C. orationum pro M. F. et C. Rabirio fragmenta ed.
B. G. Niebuhr Rom 1820 S. J. Klein über eine Hs. des
Nicolaus von Cues u. s. w. (Berl. 1866 S. S. 57 ff. A. R.
Schneider *quaestionum in C. pro M. F. orationem capita IV*
Grimma 1876 4.

12. *Pro A. Licinio Caecina* 685/69.

Ausg. von C. A. Jordan Leipz. 1847 S.

Ph. E. Huschke in J. G. Huschke's *analecta litteraria*
(Leipz. 1826 S.) S. 164 f. Drumann 5 (1841) S. 335 ff. F.
L. Keller *semestria* 2 (1848) S. 275 ff. O. Zeyss Zeitschr. für
die Alterthumsw. 6, 1848 S. 865 ff. A. H. G. Zimmermann
de A. Caecina scriptore Berl. 1852 S. H. Witte über das In-
terdictum *uti possidetis* Berl. 1863 S. O. Karlowa Beiträge
zur Geschichte des röm. Civilprocesses Bonn 1865 S.

13. *Pro Q. Roscio [comoedo]* 686/68 (nach Drumann 5
S. 346 ff.).

Ausg. von C. A. Schmidt Leipz. 1839 S., Uebersetzung
von E. Osenbrüggen Jahns Archiv 11, 1845 S. 554 f.

Unterholzner über die R. des C. für den Schauspieler
R. Savigny's Zeitschr. für gesch. Rechtswissenschaft 1, 1815
S. 248 ff. J. A. C. Rovers *de C. or. pro R. C.* Utrecht 1826 S.
N. München *or. C. pro R. C. iuridice exposita* Cöln 1829 S.
G. E. Heimbach *observationes iuris Rom.* (Leipz. 1834 S.) S.

18 ff. Ph. E. Huschke in Richters krit. Jahrb. 1840 S. 451 ff.
Drumann 5 (1841) S. 346 ff. A. Hanedoes *diss. de C. pro
R. C. oratione* Leiden 1844 8. G. F. Puchta über den der
Rede *pro R. C.* zu Grunde liegenden Rechtsstreit Rhein. Mus.
5, 1837 S. 316 ff. und civilist. Schriften (Leipz. 1851 8.) S. 272 ff.

14. *De imperio Cn. Pompei [pro lege Manilia]* 688/66.

Ausg. von C. Benecke Leipz. 1834 8., von K. Halm
Leipz. 1849 8., G. W. Gossrau Quedlinburg 1854 8., in den
Sammlungen von Halm und Richter.

A. Mühlich geschichtliche Einleitung nebst Plan zu C.'s
R. u. s. w. Bamberg 1826 4. C. W. Haun Versuch einer
Würdigung der Rede u. s. w. Merseburg 1827 4. Drumann
5 (1841) S. 356 ff. A. Nikl *levitatem et fallaciam argumenta-
tionis in C. or.* u. s. w. Kempten 1842 4. J. A. Reinhard
de aliquot locorum in C. pro l. M. fide historica Freiburg i. B.
1852 8. Bauermeister C.'s Rede *de i. Cn. P.* nach ihrem
rhetorischen Werth erläutert Luckau 1831 4. L. Vielhaber
Zeitschr. für die österreich. Gymn. 1867 S. 611 ff.

15. *pro A. Cluentio Habito* 688/66.

*M. T. C. or. pro A. C. H. ad fidem codd. Florentinorum et
Monacensis* u. s. w. *rec.* ... J. Classen Bonn 1831 S. Mit
engl. Noten von W. Ramsay Lond. 1859, 2. Ausg. Oxford
1869 S. C. J. van Assen *disputatio ... de C. or. pro C.*
Franeker 1809 8. Drumann 5 (1841) S. 360 ff. C. Niemeyer über den Process des A. C. H. Kiel 1872 4.

Consularische Reden 16—24. 691/63.

16—18. *De lege agraria contra P. Servilium Rullum tr.
pl. l. III.*

Ausg. von J. L. Ussing Kopenhagen 1850 S., A. W.
Zumpt Berl. 1861 8. Commentare von B. Lauredanus
(Venedig 1558 4.) und A. Turnebus Paris 1576 4. (und in
dessen *opera* Strafsburg 1600 Bd. 1 S. 13 ff.).

B. Thorlacius *de lege Rulli agraria* in dessen *prolus. et
opusc. acad.* (Kopenhagen 1806 8.) S. 259 ff. Drumann 3 (1837)
S. 152 ff. O. Zeyss die Umtriebe des P. S. R., eine Erläuterung der agrarischen Reden des C. Reval 1846 4. H. C. Geb-

hart *observationes criticae in C. orr. de lege agraria* Hof 1851 4.
H. Ebeling *cod. Lagomarsiniani IX quae sit auctoritas in or. Tull. de l. a. recensendis cum mantissa de cod. Paris.* 7774 Braunschweig 1863 8.

19. *Pro C. Rabirio [perduellionis reo].*

Drumann 3 (1837) S. 159 ff. 5 (1841) S. 436. J. Bake Mnemosyne 8, 1859 S. 167 ff. G. W. Pluygers ebendas. 9, 1860 S. 328 ff. C. G. Cobet ebendas. 10, 1861 S. 163.

20—23. *Invectivarum in L. Catilinam l. IV.* .

Ausg. von M. A. Muretus Paris 1581 8., C. Morgenstern Dorpat 1804 8., E. Anton Leipz. 1827 8., C. Benecke Leipz. 1828 8., J. Ph. Krebs (mit der R. *pro Sulla*) Giessen 1829 8., von E. A. I. Ahrens (die 4.) Coburg 1832 8., von G. Linker Wien 1857 8., in den Sammlungen von Halm und Richter.

F. A. Wolf's Leben von Körte 1 S. 331 ff. H. G. J. Cludius *de authentia II or. Catilinariae* Gumbinnen 1826 4. (und in Seebode's Archiv 2, 1827 S. 47 ff.). J. N. Madvig *praef.* zu den *or. sel.* (1830) *opusc.* 2 S. 337 ff. E. A. Ahrens über die vierte Catilinaria I in drei Programmen Coburg 1831 1837 4. C. F. Schnitzer *quaestiones Ciceronianae* Aarau und Heilbronn 1836—1838 4. H. Paldamus Zeitschrift für die Alterthumsw. 4, 1837 S. 500 f., 5, 1838 S. 112 ff. G. H. Kolster *dissert. qua or. Cat. IV non esse a C. abiudicandam demonstratur* Meldorf 1839 4. E. P. Hinrichs *de or. C. in senatu habitae consilio et auctoritate* u. s. w. Hamburg 1839 4. Drumann 5 (1841) S. 377 ff. bes. S. 470 ff. 512 ff. R. A. Morstadt Programme von Schaffhausen 1842 1844 4. E. Hagen *de C. Catilinariis* u. s. w. Königsb. 1851 4., ders. Catilina eine hist. Untersuchung Königsb. 1854 8. Adam über den redner. und staatsmänn. Werth der 1. cat. R. des C. Heilbronn 1855 4. S. H. Rinkes *disput. de or. I in Cat. a C. abiudicanda, accedunt duae Catilinariae ineditae* Leiden 1856 8. J. C. G. Boot *or. I in L. C. rec. et a C. male abiudicari demonstravit* u. s. w. Amsterdam 1857 8. und in *Verslagen en Mededeel.* der Amsterdamer Akademie *(Letterkunde)* 5, 1860 S. 93 ff. C. J. Kiehl *Catilina* Deventer 1857 8. P. Epkema

epist. crit. de or. I in Cat. a C. frustra abiudicata Amsterdam
1857 8. A. Dietsch Rhein. Mus. 12, 1857 S. 529 ff. J.
Bake *Verhandelingen* der Amsterdamer Akademie *(Letterkunde)*
2, 1 1863 S. 1 ff. C. Franke *I. Bakium or. I in Cat. a C.
male abiudicasse* Sagan 1863 4. Th. Mommsen Hermes 1,
1866 S. 431 ff. C. Hachtmann die chronol. Bestimmung
der beiden ersten catil. Reden C.'s Seehausen (Stendal) 1877 4.
Schliephacke über die griech. Quellen zur cat. Verschwörung Goslar 1877 4.

Vgl. dazu die Litteratur über Sallustius Catilina oben
S. 50.

24. *Pro L. Licinio Murena.*

Ausg. von A. W. Zumpt Berl. 1859 8., mit deutschen
Anmerkungen von G. Tischer Berl. 1861 8., K. Halm Berl.
1866 8. und öfter, H. A. Koch Leipz. 1866 8.

J. Luzac *observationes apologeticae pro Ictis ad Cic. or.
pro M. c.* 11—13 Leiden 1768 4. B. G. Niebuhr zur Erklärung und Berichtigung ciceronischer Stellen Rhein. Mus. 1.
1827 S. 223 ff. (kl. Schriften 2 S. 213 ff.). Drumann 4 (1838)
S. 185 ff., 5 (1841) S. 477. F. Winiewski Lectionskatalog
von Münster 1853 4. Matern *de ratione ea qua C. in or. pro
M. habita cum Stoicos tum M. Catonem tractarit* Lissa 1854 4.
J. G. Boot Mnemosyne 5, 1856 S. 347 ff. G. Sorof *de C.
pro M. oratione commentatio critica I* Potsdam 1861 4. A. W.
Zumpt Zeitschr. für das Gymnasialw. 1860 S. 881 ff. 1861
S. 337 ff., K. Halm ebendas. 1862 S. 337 ff. 853 ff. J. F. C.
Campe Jahrb. 1866 S. 179 ff. W. S. Teuffel ebendas. 1869
S. 856, 1870 S. 821 f., 1871 S. 264. 504. 723 f., 1872 S. 665.
C. M. Francken Mnemosyne 5, 1877 S. 295 ff.

25. *Pro P. Cornelio Sulla* 692/62.

Ausg. von C. H. Frotscher Leipz. 1831 8. und dazu *do-
ctissimorum interpretum commentaria* u. s. w. ebendas. 1832 8.,
von K. Halm mit *superiorum interpretum commentariis suisque
adnotationibus* Leipz. 1845 8., in den Sammlungen von K. Halm
und F. Richter.

G. E. J. Everts *specimen acad. in C. or. pro Sylla* Nym-
wegen 1835 8. Drumann 2 (1835) S. 513 ff. M. Seyffert

epistola critica ad C. Halmium de C. pro P. Sulla et pro P. Sestio orationibus ab ipso editis Brandenburg (Berl.) 1848 4. K. Halm Jahrb. 55, 1849 S. 30 ff.   Th. Hansing Jahrb. 1855 S. 723 ff.   J. F. C. Campe Beiträge zur Kritik des C. 1 Greiffenberg 1860 4.

26. *Pro A. Licinio Archia [poeta]* 692/62.

Ausg. von G. K. Schelle (mit der Miloniana und Ligariana) 3 Thle. Leipz. 1797—1803 8., H. C. F. Hülsemann (mit den Gedichten des A.) Lemgo 1800 8., C. C. G. Wiss Leipz. 1814 8., M. C. B. (C. W. Schröder) Leipz. 1818 8. (der sie dem C. abspricht), R. Stuerenburg Leipz. 1832 (deutsch ebendas. 1839) S., T. C. L. Trojel (mit der Ligariana und Deiotariana) Odense 1861 8., in den Sammlungen von K. Halm und F. Richter.

F. Platz Seebode's krit. Bibliothek 1820 S. 774 ff., 1821 S. 220. 783 ff., 1822 S. 155. 335. 656. 1089 ff.   G. van Walwyk *exerc. iur. philol. ad C. or. pro A.* Leiden 1776 4.   C. D. Ilgen *opuscula varia philologica* 2 (Erfurt 1797 8.) S. 3 ff.   J. Th. Netscher *disput. iur. litt. de C. or. pro A.* Leiden 1808 8. C. H. Frotscher kritische und erklärende Bemerkungen Schneeberg (Leipz.) 1821 8.   F. Jacobs in Ersch und Grubers Encyklopädie I 5 (1820) S. 137 ff.   Drumann 4 (1838) S. 199 ff.   J. C. W. Büchner Programme von Schwerin 1839 und 1841 4.   J. Lattmann *C. orationis pro A. poeta re vera esse auctorem demonstratur* Göttingen 1847 8.   I. A. Schneither Mnemosyne 5, 1856 S. 113 ff.   G. Autenrieth Bl. für das bayr. Gymnasialschulw. 1867 S. 322 ff.

27. *Pro L. Valerio Flacco* 695/59.

C. A. Poortmann *diss. litt. iurid. de C. or. pro F.* Leiden 1835 8.   Drumann 5 (1841) S. 619 ff.   W. G. Pluygers *lectiones Tullianae* (Leiden 1856 8.) S. 44 ff.   C. A. Jordan *annotationes criticae* Soest 1868 4.   W. Oetling *librorum mss. qui C. or. pro F. continent qualis sit condicio* Hameln 1872 4.

28—31. Die vier Reden *post reditum, I cum senatui gratias egit II cum populo gratias egit III de domo sua ad pontifices* 697/57, *IV de haruspicum responsis* 698/56. Deutsch mit Commentar von B. Weiske Leipz. 1800 8.

M. T. C. quae vulgo feruntur orationes IV recognovit, *animadversiones integras Ier. Marklandi et I. M. Gesneri suasque adiecit* F. A. **Wolf** Berl. 1801 8. *Post reditum in senatu* von J. A. **Savels** Cöln 1830 8. *C. or. post reditum in senatu rec.* u. s. w. *defendit* H. **Wagner** Leipz. [1858] 8.

Jer. **Markland** *remarks on the epistles of C. to Brutus* u. s. w. *with a dissertation upon four orations ascribed to C.* London 1745 8. (dagegen **Ross** und **Bowyer**). J. M. **Gesner** *C. restitutus comment. soc. Gotting.* 3, 1781 S. 223 ff. J. A. **Savels** *disput. de vindicandis M. T. C. V orationibus* Cöln 1828 4. **Ders.** *de C. or. pro domo sua ad pontifices* Essen 1833 4. Th. **Lucas** *quaestionum Tullianarum spec.* Hirschberg 1837 4. **Drumann** 2 (1835) S. 299 ff., 5 (1841) S. 659 f. G. **Lahmeyer** *orationis de haruspicum responso habitae originem Tullianum defendit* Göttingen 1850 8. J. P. **Pompe van Meerdervoort** *annotationes ad or. quae C. fertur de haruspicum responsis* Leiden 1850 8. A. **Dietzsch** Rhein. Mus. 12, 1857 S. 529 ff.

32. *Pro P. Sestio* 698/56.

Ausg. von O. M. **Müller** Cöslin 1827 und 1831 8., J. C. W. **Lotzbeck** (mit der Maniliana) Baireuth 1829 8., J. C. **Orelli** (mit der Caeliana) Zürich 1832 8., im Züricher Lectionskatalog von 1834 (Heidelberg 1835) 4., K. **Halm** mit *superiorum interpretum commentariis suisque adnotationibus* Leipz. 1845 8., in den Sammlungen von K. **Halm** und H. A. **Koch**.

Y. D. van **Dam** *specimen lit. in C. or. pro S.* Leiden 1824 8. J. N. **Madvig** *opusc.* 1 S. 411 ff. T. **Baden** Jahns Archiv 3, 1834 S. 197 ff. A. S. **Wesenberg** *observationes criticae in C. or. pro S.* Viborg 1837 8. **Drumann** 5 (1841) S. 604 ff. M. **Seyffert** s. S. 66 Nr. 25. K. F. **Hermann** *vindiciae lect. Bern. in C. or. pro S.* Göttingen 1852 4. H. **Keil** Rhein. Mus. 16, 1861 S. 315 ff., Eos 1, 1864 S. 15 ff. A. **Schröder** *de interpolationibus in duabus C. orationibus pro S. et pro Plancio habitis* Bonn 1865 8. H. **Probst** Jahrb. 1868 S. 351 ff. H. **Wrampelmeyer** *librorum mss. qui C. orationes pro S. et pro Caelio continent ratio qualis sit* Göttingen (Detmold) 1868 4. **Ders.** in dem Programm [oben zu II] über den *Cod. Wolfenbutt.* (Hannover 1874 4.) S. XXIX ff. W. **Paul** Zeitschr. für Gynasialw. 1874 S. 305 ff.

33. *In P. Vatinium [testem interrogatio]* 698/56.

Ausg. mit *superiorum interpretum commentariis suisque ad-notationibus* von K. Halm Leipz. 1846 8.

Drumann 5 (1841) S. 682 ff. G. Mathias *de C. Licinii Calvi in P. Vatinium accusationibus* in den *comment. philol. sem. Lips.* (Leipz. 1875 8.) S. 97 ff.

34. *Rro M. Caelio [Rufo]* 698/56.

Ausg. von I. C. Orelli (mit der Sestiana) Zürich 1832 8.

J. Klerk *de C. or. pro C.* Leiden 1825 8. J. N. Madvig *opusc.* 1 S. 375 ff. Drumann 2 (1835) S. 376 ff. H. Vollen-hoven *de emendandis aliquot locis or. C. pro C.* Leiden 1839 8. L. Schwabe *quaestionum Catullianarum l. I* (Catull I, Giessen 1862 8.) S. 53 ff. W. Oetling *librorum mss. qui C. orationem pro C. continent . . condicio* u. s. w. Göttingen 1868 4. C. Barwes *quaestionum Tullianarum spec. I ad Caelianam oratio-nem spectans* Göttingen 1868 8. K. L. Kayser Heidelberger Jahrb. 1870 S. 417 ff. H. Wrampelmeyer in den Programm-men [oben zu II] Hannover 1872 und 1874 4.

35. *De provinciis consularibus* 698/56.

Ausg. von J. C. Orelli Zürich 1833 4. und G. Tischer mit deutschen Anmerkungen Berl. 1861 8.

J. N. Madvig *opusc.* 2 S. 1 ff. Drumann 5 (1841) S. 706 ff. F. Hofmann *de origine belli civilis Caesariani* Berl. 1857 4. Th. Mommsen die Rechtsfrage zwischen Caesar und dem Senat Abhandl. der hist.-phil. Gesellschaft in Breslau I (Breslau 1857 8.) S. 1 ff.

36. *Pro L. Cornelio Balbo* 698/56.

Ausg. mit Commentar des F. Sylvius Paris 1531 4.

F. C. Rumpf *observationes in C. or. pro B.* Giessen 1814 4. P. J. Elout *ad C. or. pro B.* Leiden 1828 4. J. N. Madvig *opusc.* 2 S. 13 ff. Drumann 2 (1835) S. 594 ff. W. Büchner *annotationes criticae ad C. or. pro B.* Schwerin 1866 4. W. Paul *studia Ciceroniana* Berl. 1875 4.

37. *In L. Calpurnium Pisonem* 699/55.

Gir. Lagomarsini in Friedemann und Seebode *miscella-nea critica* 1, 1822 S. 329 ff. Drumann 6 (1844) S. 4 ff.

J. Klein über eine Hs. des Nicolaus von Cues [oben zu II, Berl. 1866 8.] S. 49 f. (elf neue Fragmente). K. Halm Jahrb. 1866 S. 623 ff. Göttinger gel. Anz. 1866 S. 1582 ff.

38. *Pro Cn. Plancio* 700/54.

Ausg. von F. Sylvius Paris 1531 4., Gir. Garatoni Bologna 1815 4., J. C. Orelli Leipz. 1825 8., E. Wunder Leipz. 1830 4., E. Köpke Leipz. 1856, 2. Aufl. 1873 8.

G. de Man *de C. or. pro P.* Utrecht 1809 4. Drumann 6 (1844) S. 45 ff. H. Keil *observationes criticae in C. orationem pro P.* Erlangen 1864 4. C. G. Cobet Mnemosyne 11, 1862 S. 199. 203. 313 ff.

39. *Pro C. Rabirio Postumo* 700/54.

Drumann 6 (1841) S. 71 ff. K. Halm über C.'s Rede *pro C. R. P.* eine kritische Abhandlung Abhandl. der Münchener Akademie philos.-philol.-histor. Kl. 7, 1855 S. 621 ff. B. ten Brink Philol. 11, 1855 S. 92 ff. Ph. E. Huschke die Multa und das Sacramentum u. s. w. (Leipz. 1874 8.) S. 512 ff.

40. *Pro T. Annio Milone* 702/52.

Ausg. von Fr. Sylvius Paris 1526 4., G. K. Schelle (mit der R. für den Archias) 3 Thle. Leipz. 1797–1803 8., Gir. Garatoni Bologna 1817 4., J. C. Orelli Leipz. 1826 8., W. Freund (mit Facsimile des Cod. Erfurtensis) Breslau 1828 4., E. Osenbrüggen Hamburg 1841, neu bearbeitet von H. Wirz ebendas. 1872 8., J. Wagener Paris 1860, 2. Ausg. von A. u. J. Wagener 1876 8., in den Sammlungen von K. Halm und F. Richter.

C. A. Schwarz *an C. ob Milonem defensum sit reprehendendus* Görlitz 1789 4. F. W. Hagen *exercitationes academicae in C. or. pro M.* Erlangen 1792 8. J. L. E. Püttmann *de moderatione inculpatae tutelae ad C. or. pro M.* in dessen *opusc. iuris criminalis* (Leipz. 1789 8.) S. 111 ff. A. Peyron *C. orat. fragmenta* [oben S. 59] 1824 S. 218 ff. J. B. F. Bierregaard *de supplementis Peyronianis orationis Milonianae XII* Kopenhagen 1830 8. A. F. G. Curth *de artificiosa forma orationis pro M.* Berl. 1833 8. C. W. Elberling *narratio de T. A. M.* Kopenhagen 1840 8. Drumann 2 (1835) S. 355 ff., 6 (1841) S. 94 ff. L. Spengel Zeitschr. für die Alterthumsw. 1, 1843 S. 432 ff.

T. C. L. Trojel Jahrb. 1856 S. 312 ff.   K. Wex Jahrb. 1861
S. 207 ff.   L. Lange *observationum ad C. orationem pro M.*
spec. I II Giessen 1864—65 4.

41. *Pro M. Marcello* 708/46.

M. T. C. quae vulgo fertur oratio pro M. M. recogn. ani-
madv. adiecit F. A. Wolf Berl. 1802 S.   Ausg. von J. D. G.
Seebode Braunschweig 1815 8., G. Keller (lat. und deutsch)
Ratibor 1860 4., F. Richter Leipz. 1870 8.

Ol. Worm *M. T. C. or. pro M.* νοθείας *suspicione liberare*
conatus est Kopenhagen 1803 8.   F. Kalau *ad Wolfianas or.*
pro M. castigationes Frankfurt 1804 4.   B. Weiske *commen-*
tarius perpetuus in M. T. C. or. pro M. M. cum appendice u. s. w.
Leipz. 1805 8.   G. L. Spalding *de or. Marcelliana* Wolfs
und Buttmanns *museum antiquitatis studiorum* 1, 1808 S. 1 ff.
A. L. G. Jacob *de or. quae inscribitur pro M. M. Ciceroni vel ab-*
iudicanda vel adiudicanda Berl. 1813 8.   Barbier-Vemars
in *Mercure Latin* 5 (Paris 1818 S.) S. 1365 ff. und in Seebode's
Archiv für Philol. 1, 1824 S. 475 ff.   L. Hug *lucubrationes*
de M. T. C. or. pro M. Freiburg 1817 4.   J. A. Savels *dis-*
putatio u. s. w. [oben zu 28—31] Cöln 1828 4.   F. Passow
Zeitschr. für die Alterthumsw. 2, 1835 S. 309 ff. (verm. Schriften Leipz. 1843 8. S. 258 ff.).   Drumann 6 (1841) S. 259 ff.
F. Hahne *or. pro M. M. defendit* u. s. w. Jena 1876 8.

42. *Pro Q. Ligario* 708/46.

Ausg. von G. K. Schelle (mit der Rede für den Archias
u. s. w.) 3 Thle. Leipz. 1797-1803 8., A. F. Soldan (*ad fidem*
cod. Guelferbytani) Hanau 1839 8., in den Sammlungen von
K. Halm und F. Richter.

B. Weiske in s. Ausg. der Marcelliana (Leipz. 1805 8.).
P. H. A. Zillesen *de or. pro L.* Leiden 1826 8.   Drumann
6 (1841) S. 272 ff.   K. E. Putsche Archiv für Philol. 19,
1853 S. 533 ff.

43. *Pro rege Deiotaro* 709/45.

Ausg. von K. H. Frotscher Leipz. 1835 8., A. F. Soldan (*ad fidem cod. Guelferbytani*) Hanau 1836 8., in den Sammlungen von K. Halm und F. Richter.

A. Muretus Noten in dessen *opusc.* 3 (Leipz. 1841 8.)

S. 858 ff. C. J. G. Mosche *de C. in scribenda or. pro D. consilio* u. s. w. Lübeck 1815 4. und in F. T. Friedemann und J. D. G. Seebode's *miscellanea critica* 1, 1822 S. 218 ff. Drumann 6 (1841) S. 299 f.

44—57. *In M. Antonium orationum [Philippicarum] l. XIV* 710/44—711/43.

Ausg. von G. Faernus Rom 1563 8., G. G. Wernsdorf 2 Bde. Leipz. 1821 f. und 1825 8. (mit Gir. Garatoni's Commentar; die zweite bes. Leipz. 1815 8.), J. C. Orelli Zürich 1827 8., K. H. Frotscher Leipz. 1833 8., die erste und zweite in den Sammlungen von K. Halm und H. A. Koch.

F. G. Jentzen über des C. vierte phil. Rede Lübeck 1820 8. A. Krause *C. quae fertur Phil. IV explicavit et C. derogavit* Berl. 1839 8. und über C.'s vierte phil. Rede Neustettin 1847 4. (Jahrb. Supplementb. 13, 1847 S. 297 ff.). C. A. Jordan Zeitschr. für die Alterthumsw. 7, 1840 S. 611 ff. Drumann 6 (1841) S. 341 ff. J. Mittermayr Beiträge zur Erklärung der ersten und zweiten phil. Rede Aschaffenburg I-III 1841. 1843. 1845 4. S. C. Schirlitz *de C. Philippica nona* Wetzlar 1844 4. F. W. Deycks *de C. Philippicarum orationum cod. Vaticano* Münster 1844 8. A. Schuster *vindiciae C. or. Philippicae quartae I II* Lüneburg 1851—52 4. J. C. G. Campe Philol. 10, 1855 S. 627 ff., Jahrb. 1865 S. 91 ff. R. Klussmann *Tulliana* Gera 1877 4.

Untergeschobene Reden.

Die *or. pridie quam in exilium iret* u. a. Orelli Bd. II² S. 1412, Baiter und Kayser Bd. XI S. 147 ff.

Siehe unter Sallustius oben §. 43, c. F. Straumer *de C. quae fertur oratione apud Cassium Dionem 44, 23 commentatio* Chemnitz 1872 4.

III. Rhetorische Schriften.

Ausgaben aller rhetorischen Schriften: die *princeps* Nürnberg 1471 fol., von P. Manutius 4 Thle. Venedig 1546 8., von D. Lambinus 4 Thle. Venedig 1569 8., von C. G. Schütz 3 Bde. Leipz. 1804—1808 8., J. C. F. Wetzel (die kleineren)

Liegnitz 1807. 1823 8., J. C. Orelli (die kleineren) mit Anmerkungen von C. Beier Zürich 1830 8.

Orelli Bd. I² (1845) IV (1862) S. 929 ff. 1055 ff., Baiter
und Kayser Bd. I II (1860).

G. J. Vossius *commentarii rhetorici* 4. Ausg. 2 Bde. Leiden 1643 (*opera* Amsterdam 1697 fol.) Bd. 3 S. 1 ff. J. T. C.
Ernesti *lexicon technologiae Graecorum et Latinorum rhetoricae*
2 Bde. Leipz. 1795—97 8. L. Spengel συναγωγὴ τεχνῶν sive
*artium scriptores ab initiis usque ad editos Aristotelis de rhetorica
libros* Stuttgart 1828 8.

M. Bontoux *Aristotelis et C. principia rhetorica inter se
comparata* Paris 1840 8. C. W. Piderit über den Kunstwerth
der rhetorischen Schriften C.'s Jahrb. 1861 S. 503 ff. R. Volkmann Hermagoras oder Elemente der Rhetorik Stettin (Leipz.)
1865 8. Ders. die Rhetorik der Griechen und Römer in syste-
matisch. Uebersicht dargestellt Berl. 1872 (Leipz. 1874) 8. F.
Blass die griech. Beredtsamkeit u. s. w. 1865 [oben zu II]
S. 77 ff. H. Jentsch *Aristotelis ex arte rhetorica quaeritur
quid habeat C.* Berl. 1866 (58 S.) 8. Ders. *de Aristotele C. in
rhet. auctore quaestiones [ex programmatis gymnasii Gubenensis
I II]* Guben 1875 (24 und 26 S.) 4. G. Gerber die Sprache
als Kunst 2 Bde. Bromberg 1871—74 8. A. Knackstedt
de C. rhetoricorum libris ex rhetoribus Latinis emendandis fasc. I
Göttingen 1873 (71 S.) 8. C. Hammer Bl. für das bayer.
Gymnasialschulw. 11, 1875 S. 285 ff.

    1. *[Rhetorica] de inventione l. II* um 670/84.

    Handschriften der Parisinus *s. IX* [diese und viele jüngere
Hss. auch die *rhetorica ad Herennium* enthaltend], der Leidensis Herbipolitanus Sangallensis *s. IX*, der Bambergensis
Erfurtensis [in Berlin] Turicensis Angelomontanus Trossianus
s. XII, und zahlreiche jüngere.

    Ausg. *cum notis variorum* von P. Burman Leiden 1761
8. (wieder herausgeg. von Gir. Garatoni Neapel 1777 8. und
F. Lindemann Leipz. 1828 und *ed. min.* 1829 8.)

    E. Platner *de iis partibus librorum C. rhetoricorum quae
ad ius spectant* Marburg 1829, *ed. II* 1831 8. C. W. Piderit
de Hermagora rhetore Hersfeld 1839 4. C. L. Kayser Ma-

rius Victorinus und *C. de inventione* Philol. 6, 1851 S. 706 ff.
Ders. Jahrb. 1859 S. 487 ff. A. Linsmayer *variae lectiones
ad C. l. I de inventione ex IV codd. exscriptae* u. s. w. Mün-
chen 1853 8. (in K. Halms *analecta Tulliana fasc. II*). F. A.
Eckstein *varietas lectionis cod. Leidensis ad C. de inventione
libros II* Halle 1854 4. F. Bader *de C. rhetoricorum libris*
Greifswald 1869 8. Th. Gomperz Philodemus περὶ ῥητορικῆς
Zeitschr. für die öst. Gymn. 1872 S. 24 ff.

2. *De oratore l. III* 699/55.

Handschriften der verlorne Laudensis *s. VIII* (?) und die
mutili, wie der Abrincensis *s. IX* und der Erlangensis *s. X*
und viele jüngere.

Die *princeps* Subiaco 1465. Ausg. von Z. Pearce Cambridge 1716 und 1732, London 1746 und öfter, zuletzt 1795 8.,
J. A. Ernesti Leipz. 1759 8., J. C. F. Wetzel Braunschweig
1794 8., G. C. Harless Leipz. 1816 8., O. M. Müller Züllichau 1819, Berl. 1837 8., R. J. F. Henrichsen Kopenhagen 1830 8., C. G. Kuniss Leipz. 1837 8., F. Ellendt
2 Bde. Königsberg 1840 8., C. W. Piderit mit deutschen
Anmerk. Leipz. 1859, 4. Ausg. 1873 8., J. Bake Amsterdam
1863 8., G. Sorof mit deutschen Anmerk. 3 Thle. Berl.
1875 8.

J. A. Ernesti *de ingenio et artificio librorum C. de or. opusc.
varii argum.* (1767) S. 247 ff. J. F. Schaarschmidt *de proposito librorum C. de or.* Schneeberg 1804 8. H. A. Schott
commentatio qua III de or. libri examinantur Leipz. 1806 4.
G. E. Gierig vom ästhet. Werthe der Bücher *de or.* Fulda
1807 8. Chr. Fr. Matthiä Prolegomenen zu C.'s Gesprächen
vom Redner Frankfurt a. M. 1812 4. Scholten *animadversiones in C. de or. libros* Utrecht 1828 8. E. L. Trompheller
Versuch einer Charakteristik der ciceronischen Bücher vom
Redner Coburg 1830 4. G. N. Busch *observationum ad C.
de or. libros III P. I* Rostock 1830 4. C. Rhode *de anacoluthis maxime grammaticis in C. de or. libris* Breslau 1833 8.
C. G. König *super C. de or. libris, opusc. Lat.* (ed. F. M.
Oertel Meissen 1834 8.) S. 359 ff. C. G. Kuniss *quaedam
de C. de or. libris* Dresden 1842 8. C. A. F. Brückner *dis-*

putatio qua C. in libris de or. scribendis quid ex Isocrate et Aristotele mutuatus sit ad explicandum epistolam ad fam. I 9, 23 examinatur Schweidnitz 1849 4. C. Steiner *de numero oratorio sententias ab Aristotele et C. prolatas in theoriae formam redigere conatus est* Posen 1850 4. C. Fränkel Nachträge und Berichtigungen zu F. Ellendts Commentar über *C. de or.* I-V Dorpat 1855-60 8. C. W. Piderit zur Kritik und Exegese von *C. de or.* I II Hanau 1857—58 4. J. Bake Mnemosyne 7, 1858 S. 97 ff. A. Schmidt aus der griech. Rhetorik I: zur Lehre vom oratorischen Numerus Mannheim 1858 4. H. A. Koch zu C.'s rhetorischen Schriften Rhein. Mus. 16, 1861 S. 482 ff. G. Sorof Philol. 21, 1864 S. 654 ff. Ders. *vindiciae Tullianae* Berl. 1866 4. F. Th. Adler *locos quosdam librorum I et II C. de or. vel emendavit vel illustravit* Halle 1869 4. F. Ritschl Rhein. Mus. 26, 1871 S. 494 f. W. Friedrich zu C.'s *orator* und den Büchern *de or.* Jahrb. 1875 S. 857 ff. P. Langen *de nonnullis locis qui sunt in C. de or. l. I* Münster 1876 4.

3. ***Brutus de claris oratoribus*** 708/46.

Handschriften (stammen sämmtlich aus dem verlorenen Laudensis *s. VIII*).

Ausg. von J. C. F. Wetzel Halle 1793, Braunschweig 1795 8. (wiederholt mit Wortindex von A. O. Linsdorf Kopenhagen 1804 8.), H. Meyer und G. Bernhardy Halle 1838 8., C. Peter Leipz. 1839 8., F. Ellendt (*praemittitur brevis eloquentiae Romanae usque ad Caesarum aetatem historia*) Königsberg 1825, *ed. II* Königsb. 1844 8., von K. G. Kuniss Leipz. 1843 8., erkl. von O. Jahn Leipz. 1849, Berl. 1856 und 1865, 4. Aufl. bearbeitet von A. Eberhard Berl. 1877 8., erkl. von C. W. Piderit Leipz. 1862, 1875 8.

E. L. Trompheller Bemerkungen über C.'s Brutus Coburg 1832 4. M. Seyffert Erklärung des Proömiums zum Brutus des M. T. C., Uebersetzungs- und Erklärungsprobe (Halle 1837 4.) S. 39 ff. J. Bake *scholica hypomnemata* 3 (Leiden 1844 8.) S. 311 ff., Mnemosyne 6, 1857 S. 421 ff., 9, 1860 S. 215 ff. E. Marggraff *observationes criticae in* O. Jahnii *editionem Bruti Ciceroniani* Berl. 1855 4. G. Schwister *quaestiones actio-*

logicae in C. Brutum Bonn 1857 8. [J. C. F. Campe] Beiträge zur Kritik des C. I (Greiffenberg 1860 4.) S. 1 ff. J. Mähly Rhein. Mus. 20, 1865 S. 637 ff. G. Hänel *ad C. Brutum 27, 106* Leipz. 1867 4. II. Jordan die Einleitung des ciceronischen B. Hermes 6, 1871 S. 196 ff. Franz Müller *B. de cl. or.* eine Selbstvertheidigung C.'s Colberg (Berl.) 1874 4.

4. *Orator ad M. Brutum* 708/46.

Handschriften (wie die des Brutus). C. Stegmann *de oratoris Tulliani mutilis qui dicuntur libris* Jena 1875 8.

Ausg. von II. Meyer Leipz. 1827 8., J. C. Orelli Zürich 1830 8., F. Göller Leipz. 1838 8., C. Peter und G. Weller Leipz. 1838 8., O. Jahn Leipz. 1851, Berl. 1859, 1869 8., C. W. Piderit Leipz. 1865, 1870 8.

G. Weller *symbolae criticae ad C. oratorem* Meiningen 1837 4. C. L. Paul *locos aliquot in C. de oratore dialogo interpretatus est* u. s. w. und *in C. oratore quae sit dispositionis in partes descriptio* Thorn 1840. 1844 4. J. Bake *de emendando C. oratore* Leiden 1856 4. C. W. Piderit Eos 1, 1864 S. 401 ff., 2, 1865 S. 168 ff., Jahrb. 1865 S. 372 ff. 765 ff. II. Sauppe *quaestiones Tullianae* Göttingen 1857 4. E. G. C. Vollbehr *ad C. oratorem symbolae criticae* Glückstadt 1864 4. II. Eckstein *observationes grammaticae ad C. orat. c. 45—48* Leipz. 1874 8. (dazu A. Schottmüller Jenaer L. Z. 1874 S. 332). H. Rubner krit. Beiträge zu C.'s Werk vom Redner Hof 1874 4.

5. *Partitiones oratoriae (s. de partitione oratoria dialogus)* 708/46 (?).

Handschriften (der Parisinus s. X und eine Anzahl jüngerer).
Ausgaben von F. G. Hauptmann Leipz. 1741 8., H. Saalfrank (mit den *Topica* und *de opt. gen.*) Regensburg 1823 8., C. W. Piderit Leipz. 1867 8.

E. Reusch *disquisitio de C. partitionibus oratoriis* u. s. w. Helmstädt 1723 4. Drumann 6 (1844) S. 293. C. W. Piderit zur Kritik von C.'s *partitiones or.* Hanau 1866 4., ders. Jahrb. 1867 S. 275 ff. II. Sauppe Göttinger gel. Anz. 1875 S. 1863 ff.

6. *Topica ad C. Trebatium* 710/44.

Handschriften (die beiden Leidener der philosophischen Schriften, der Einsidlensis und zwei Sangallenses *s.* X und XI und mehrere jüngere).

F. G. van Lynden *specimen iuridicum exhibens interpretationem iurisprudentiae Tullianae in T. expositae* Leiden 1805 8. W. A. Maciejewski *in M. T. C. topica observationes quaedam* (1820; *opusc.* Warschau 1824 8.) S. 63 ff. Chr. A. Brandis rhein. Mus. 3, 1829 S. 547 ff. J. J. Klein *de fontibus topicorum C.* Bonn 1844 8. F. Bücheler Philol. 21, 1864 S. 123 ff.

7. *De optumo genere oratorum (praefatio)* 710/44 (?).

Ausg. von O. Jahn (mit dem Orator) Leipz. 1851, Berl. 1859, 1869 8.

IV. Historische und politische Schriften.

Commentarius consulatus sui. Ἀνέκδοτα. *Admiranda* (?).

Orelli IV² (1862) S. 992. 994. Baiter und Kayser Bd. XI (1869) S. 76.

J. G. Linsén und S. G. Bergh *de C. historico* Abo 1826 4. F. Buchholz über C.'s Ansicht von der Geschichte Eunomia 1802 S. 390 ff. Drumann 6 (1844) S. 360 ff. 677 ff. P. Weizsäcker C.'s Hypomnema und Plutarch Jahrb. 1875 S. 417 ff.

Laudatio Caesaris 698/56, *Porciae* 703/51, *Catonis* 708/46. Orelli Bd. IV² (1862) S. 987 f. Baiter und Kayser Bd. XI (1869) S. 67 ff.

F. Schneider *de C. Catone minore* Zeitschr. für die Alterthumsw. 4, 1837 S. 140 ff. H. Wartmann Cato von Utika (Zürich 1858 8.) S. 145 ff. C. Göttling *de M. T. C. laudatione Catonis et de C. Iulii Caesaris Anticatonibus* Jena 1865 4. (*opusc. acad.* S. 153 ff.). Vgl. oben § 42, 2.

V. Philosophische Schriften.

Handschriften (der ganzen Sammlung von 20 philosophischen Schriften in 42 B. nicht erhalten, ein großer Theil, abgesehen von dem Palimpsest der Bücher *de r. p.*, in den beiden Vossiani *s.* XI und XII, dem Laurentianus [*S. Marci*] *s.* XI u. a.;

von den übrigen etwa zwanzig Hss. *s. IX—XI* und zahlreiche jüngere).

L. Vaucher *in C.'s libros philosophicos curae criticae* u. s. w. *I* Lausanne 1864 8. M. Haupt im Berliner Lectionskatalog von 1867 4. (*opusc.* 2 S. 358 ff.). J. Jeep *de locis nonnullis philosophicorum C. librorum emendandis* Wolfenbüttel 1868 4. J. Vahlen Zeitschr. für die öst. Gymn. 1873 S. 241 ff.

Die *principes* 2 Bde. Rom 1471 fol. und Venedig 1471 fol. Ausgg. von P. Manutius 2 Bde. Venedig 1523, 1546 und öfter 8., von J. Davis 6 Bde. Cambridge 1736 f. 8. (danach 4 Bde. Berl. 1745 und 1772 8.), J. A. Ernesti 3 Bde. Rotterdam 1804 12., R. G. Rath (*cum notis variorum*) Halle 1804—19 8., J. A. Görenz 3 Bde. Leipz. 1809-13 8. (unvollendet), J. Seibt 2 Bde. Prag 1825—27 8.

Orelli Bd. IV² (1861—64), Baiter und Kayser Bd. VI—VIII (1863—65) 8.

Cicero, historiam philosophiae antiquae ex omnibus illius scriptis collegit u. s. w. F. Gedike (zuerst 1782) 2. Ausg. Berl. 1801, 3. 1815 8. J. F. Herbart über die Philosophie des C. (1811) kleine philos. Schr. 1 (Leipz. 1812 8.) S. 11 ff., Werke Bd. 12 S. 167 ff. R. Kühner *C. in philosophiam eiusque partes merita* Hamburg 1825 8. Guiard *de C. philosophi in cives suos merita* Königsberg in der Neumark 1832 4. J. A. C. van Heusde *M. T. C. φιλοπλάτων, disquisitio de philosophiae C. fonte praecipuo* Utrecht 1836 8. H. Ritter und L. Preller *historiae philosophiae Graecae et Romanae* u. s. w. (zuerst Hamburg 1838, 5. Ausg. von G. Teichmüller Gotha 1875 8.) S. 427 ff. H. Ritter Geschichte der Philosophie Bd. 4 (Hamburg 1834) S. 103 ff. J. Bake *scholica hypomnemata* 2 (Leiden 1839 8.) S. 23 ff. M. M. von Baumhauer *disquisitio critica de Aristotelia vi in C. scriptis* Utrecht 1841 8. C. G. Zumpt über den Bestand der philosophischen Schulen in Athen und die Succession der Scholarchen (aus den Abhandl. der Berl. Akad. 1842 und 1843) Berl. 1843 4. Drumann 6 (1844) S. 650 ff. E. Zeller Philosophie der Griechen 3, 1² (Leipz. 1862 8.) S. 574 ff. Chr. A. Brandis Gesch. der griech.-röm. Philosophie Bd. III 2 (1866) S. 248 ff. F. Ueberweg Grundriss der Gesch. der Philosophie des Alterthums (zuerst 1863) 5. Aufl.

von M. Heinze (Berl. 1876 8.) S. 257 ff.   G. Barzellotti
delle dottrine filosofiche nei libri di C. Florenz 1867 8.

Ritter Bemerkungen zu C. Tuscul. 1 10, 22, ein Beitrag
zu den Untersuchungen über C.'s Bekanntschaft mit der aristo-
telischen Philosophie Zerbst 1846 4.   Legeay *M. T. C. philosophiae historicus* Leiden 1846 8.   F. Kleeman C.'s Lei-
stungen in der Philosophie und seine Verdienste um dieselbe
Pisek 1851 4.   C. Crome *quid Graecis C. in philosophia quid
sibi debuerit* Düsseldorf 1835 4.   Burmeister C. als Neu-
akademiker Oldenburg 1860 8.   W. Thomas *de Aristotelis*
ἐξωτερικοῖς λόγοις *deque Ciceronis Aristotelio more* Göttingen
1860 8.   F. Réthoré *de M. T. C. ratione philosophandi* Paris
1863 8.   C. M. Bernhardt *de C. Graecas philosophiae interprete* Berl. 1865 4.   F. Bücheler *academicorum philosophorum index Herculanensis* Greifswald 1868 4.   V. Clavel *de
C. Graecorum interprete* Paris 1869 8.   T. V. Levius *six
lectures introductory to the philosophical writings of C.* London
1871 8.   F. Gloël über C.'s Studium des Plato Magdeburg
1576 4.   Jahresberichte von C. A. Jordan (über alle Schriften)
Philol. 3, 1848 S. 278 ff., O. Heine (philos. Schriften) Philol.
15, 1860 S. 672 ff., 24, 1866 S. 474 ff.

Die einzelnen Schriften.

1. 2. Jugendschriften (?) *Oeconomica ex Xenophonte, Pro-
tagoras Platonis.*
Orelli IV² 974. 979.   Drumann 6 (1844) S. 352. 354.

3. *De re publica l. VI* 700/51 — 703/51.
Der vaticanische Palimpsest *s. V*(?).   Das *somnium Scipionis* bei Macrobius (siehe unten § 123).

J. N. du Rieu *schedae Vaticanae in quibus retractatur
palimpsestus Tullianus de r. p.* Leiden 1860 8.   A. Strelitz
de antiquo C. de r. p. librorum emendatore Breslau 1874 8.

M. T. C. de r. p. quae supersunt edente A. Maio Rom
1822 4. (Stuttgart 1822 8., Heidelberg 1823 12.), in den *auctores classici* 1 (Rom 1828 8.) S. 1 ff., *ed. II* Rom 1846 8.
Ausg. von C. F. Heinrich Bonn 1823 8., und *ed. maior (l. I)*
Bonn 1828 8.   C. G. Schütz Leipz. 1823 8., F. Steinacker
(*accedit epistola* G. Hermanni) Leipz. 1823 8., J. F. C.

Lehner Solisbaci 1824 8., Text (mit den Fragmenten der sechs
Reden) Halle 1824 8., von G. H. Moser und F. Creuzer
Frankfurt 1826 8., C. Zell Stuttgart 1827 8., C. F. Osann
Göttingen 1847 8., A. Fouillée Paris 1868 8. . Bernardi
de la république .. ouvrage de C. rétabli d'après les fragments
2 Bde. Paris 1807 8. *La république de C. traduite* u. s. w. *par
Villemain* 2 Bde. Paris 1823 (1858) 8.   K. S. Zachariae
staatswissenschaftliche Betrachtungen über C.'s Bücher vom
Staat Heidelberg 1823 8.   M. S. Gratama *de M. T. C. de r.
p. et de legibus libris dissertatio iuridica* Gröningen 1827 8.,
ders. *M. T. C. philosophiae de iure civitate et imperio principia*
ebendas. 1827 8.   J. van Persyn *de politica C. doctrina in l.
de r. p.* Amsterdam 1827 8.   J. P. Richarz *comment. phil.
crit. de politicorum C. librorum tempore natali* Würzburg 1829 4.
A. G. Gernhard *de C. somnio Scipionis* Weimar 1834 f. 4.
(*opusc. Lat.* S. 373 ff.).   Drumann 6 (1844) S. 83 ff.   M.
Haupt (1846) *opusc.* 1 S. 192 f.   C. Zell Ferienschriften
neue Folge 1 (Heidelberg 1857 8.) S. 251 ff.   R. Marchesi
studi sopra i libri della r. p. di M. T. C. Prato 1863 8.

Ausg. des *Somnium Scipionis* von J. D. Büchling Leipz.
1800 8., F. Dübner Paris 1857 8., C. Meissner Berl. (Leipz.
1869 8. und zusammen mit dem *Cato* und anderen Schriften
C.'s öfter.

M. Planudes griech. Uebersetzung des *somnium Scipionis*
C. Ph. Hess *spec. novae editionis s. S. e l. VI de r. p.* in
Graecum conversi a M. P. Helmstädt 1830 4. und in dessen
Ausg. von C.'s Cato (Halle 1833 8.) S. 70 ff.   F. Brügge-
mann *M. T. C. somnium Scipionis Graece expressum* u. s. w.
Conitz 1840 4.

4. *De legibus l. III* 702/52 — 708/46.

Handschriften die beiden Vossiani *s. XI* und *XII*, der
Heinsianus *XII*, der Laurentianus *S. Marci s. XI.*

Ausgaben von A. Turnebus (zuerst nur der Commentar
1538) Paris 1552 und 1557 4., J. Davis Cambridge 1727 und
1745 8. (von R. G. Rath Halle 1818 8.), J. A. Görenz Leipz.
1803 8., J. F. Wagner Göttingen 1804 8., G. H. Moser
und F. Creuzer Frankfurt 1824 8., J. Bake Leiden 1842 8.,

C. F. Feldhügel 2 Bde. Zeiz 1852 8., J. Vahlen Berl.
1871 8., in Huschkes *iurisprud. anteiust.*[3] (1874) S. 19 ff.

Th. Kelch *comment. de legibus nonnullis quae M. T. C.
l. II de legibus continentur p. I II* Elbing 1826 4. C. Peter
in seiner Ausg. des Brutus (1839) S. 264 ff. C. F. Feldhügel
über C.'s Bücher *de legibus* Zeiz 1841 4. A. W. F. Krause
emendationes in C. libros d. l. Neu-Stettin 1842 4. und im Archiv für Philol. 14, 1848 S. 165 ff. 462 ff., 15, 1849 S. 76 ff.
Drumann 6 (1844) S. 104 ff. K. Halm Jahrb. 1859 S. 759 ff.
J. Vahlen Zeitschr. für die öst. Gymn. 1860 S. 1 ff., 1861
S. 19 ff. A. Reifferscheid Rhein. Mus. 17, 1862 S. 269 ff.
A. Baumstark Philol. 19, 1863 S. 633 ff. Ph. E. Huschke
Rudorffs Zeitschr. für Rechtsgesch. 11, 1872 S. 107 ff.

Das Buch *de iure civili in artem redigendo.*

Orelli IV² S. 979 f. Baiter und Kayser XI S. 55.

H. E. Dirksen hinterlassene Schriften 1 (Leipz. 1871 8.)
S. 1 ff.

5. *Paradoxa Stoicorum VI (ad M. Brutum)* 708/46.

Handschriften (wie bei 2, dazu eine Wiener und Münchener
und mehrere jüngere).

D. Detlefsen Sitzungsber. der Wiener Akademie philol.
hist. Kl. 21, 1855 S. 110 ff.

Ausgaben (meist mit dem *Cato* und *Laelius,* wo man sehe)
von J. D. Büchling Berl. 1797 8., A. G. Gernhard (mit
dem Cato) Leipz. 1819 8., H. J. Borgers Leiden 1826 8.,
J. C. Orelli (mit den Tusculanen) Zürich 1829 8., G. H.
Moser (*cum notis variorum*) Göttingen 1846 8.
Griechisch von D. Petavius Paris 1653 4. und in Ch. F.
Hess Ausg. des Cato Halle 1833 8. *Graece versa et expli-
cata ab Jo. Moriseto medico . . . ed.* W. F. Wensch Halle 1840 8.

C. Morgenstern *prolegomena in P.* Dorpat 1819 fol. (in
Friedemann und Seebodes *miscell. crit.* 1, 1822 S. 386 ff.)
Drumann 6 (1844) S. 268 ff. O. Heine Philol. 10, 1855
S. 116 ff.

6. *Consolatio (s. de luctu minuendo)* 709/45.

Orelli IV² S. 989 ff. Baiter und Kayser XI S. 71 ff.

(*M. T. C. consolatio* u. s. w. Venedig und Cöln 1583 8. eine Fälschung). F. Schneider *de consolatione C.* Breslau 1835 8. Drumann 6 (1844) S. 319 ff. B. A. Schulz *de C. consolatione* Greifswald 1860 8. K. Halm Beitr. zu den ciceronischen Fragmenten (Leipz. 1862 8.) S. 32 ff.

7. *Hortensius (s. de philosophia)* 709/45.

Orelli IV² S. 980 ff. Baiter und Kayser XI S. 55 ff. Drumann 6 (1844) S. 322. F. Schneider *de C. fragmentis spec.* V Trzemesno 1844 4. (Archiv für Philol. 11, 1845 S. 536 ff.) Rhein. Mus. 1, 1846 S. 128 ff. J. Bernays die Dialoge des Aristoteles (Berl. 1863 8.) S. 116 ff. K. Schenkl Philol. 31, 1872 S. 563 f. H. Usener Rhein. Mus. 28, 1873 S. 391 f. 394 ff. J. Bywater *journal of philol.* 2, 1869 S. 60 ff. H. Diels *comment. soc. philol. Bonn.* (Bonn 1873 8.) S. 66 f. R. Hirzel Hermes 10, 1875 S. 81.

8. *De finibus bonorum et malorum l. V (ad M. Brutum)* 709/45.

Handschriften (der Palatino-Vaticanus *s. XI*, der jüngere Palatinus, der Erlangensis und der Glogaviensis *s. XV*, die verschollenen Handschriften Cratanders und Morels).

Ausgaben von J. Davis Cambridge 1728, 1741, Oxford 1809 8., *cura* J. Guilelmi *et* J. Gruteri (mit den Academicis) Berl. 1746 12., von J. A. Ernesti Halle 1758 und 1775 8., J. H. Bremi (Bd. 1) Zürich 1798 8., J. A. Görenz Leipz. 1813 8., H. L. J. Billerbeck Hannover 1827 8., J. C. Orelli (mit den Academicis) *cum notis variorum* Zürich 1827 8. F. W. Otto Leipz. 1831 (1839) 8.; *recensuit et enarravit* J. N. Madvigius Kopenhagen 1839, *ed. altera emendata* 1869 (dazu O. Heine Göttinger gel. Anz. 1871 S. 182 ff.), *ed. III emendata* 1876 8. (daneben ein Textabdruck). Ausg. von H. Alanus Dublin 1856 (London 1864) 8., D. Böckel (Bd. 1) Berl. 1872 8., H. Holstein Leipz. 1873 8.

J. D. van Lennep *disputatio de loco Ciceronis qui est de finibus bonorum et malorum* Amsterdam 1793 8. F. A. Göring *I Ciceroniani de finibus b. et m. libri brevis descriptio* u. s. w. Lübeck 1831 4. C. E. Ch. Schneider *cod. Glogaviensis in C. de fin. libris discrepans ab Ernestiana* .... *lectio* Breslau

1841 4.   G. F. Schömann *ad C. de f. l. V* (1841) *opusc.*
3 S. 391 ff.   G. F. Unger Philol. 20, 1863 S. 372 ff. 21,
1864 S. 481 ff.   P. P. Waldenström *annotationes ad C. de
f. libros* Upsala 1863 4.   L. Vaucher 1865 (s. oben S. 78 unter
den Handschriften).   D. Böckel krit. Beiträge zu *C. de finibus* Fraucnfeld 1863 4.   O. Heine Jahrb. 1866 S. 245 ff.
Iw. Müller *observationum in C. de f. libros p. I II* Erlangen
1869—70 4.

9. *Academica [priora l. II s. Lucullus; posteriora (ad M.
Varronem) l. I* (früher *Catulus*) und Fragmente von
l. I—IV] 709/45—710/14.

Handschriften (der Vindobonensis *s. X*, die beiden Vossiani *s. XI* und *XII* und einige jüngere der *priora;* von den
posteriora nur Hss. *s. XV*).

Ausgaben von J. Davis Cambridge 1725 und 1736 8.,
J. A. Ernesti Halle 1783 8.   J. C. F. Wetzel Braunschweig
1799 8., F. Hülsemann Magdeburg 1806 8., J. A. Görenz
Leipz. 1810 8., J. C. Orelli (mit den B. *de fin.*) *cum notis
variorum* Zürich 1827 8., J. S. Reid Cambridge 1874 8.

A. C. Ranitz *de libris C. academicis commentatio adiuncta
disputatione critica de cap. I lib. II C. academicorum spurio*
Leipz. 1809 4. und *commentatio de libris C. academicis contra
Goerenzii rationes ab auctore defensa* in den *acta soc. philol. Lips.*
2 (1812) S. 165 ff.   Chr. A. Brandis einige Bemerkungen
über C.'s Academica und Topica Rhein. Mus. 3, 1829 S. 542 ff.
A. B. Krische zu C.'s Academica Göttinger Studien 1845
S. 126 ff.   K. F. Hermann Beitr. zur Kritik von C.'s Lucullus
Philol. 7, 1852 S. 466 ff.   C. J. H. Engstrand *de libris C.
academicis* Upsala 1860 8.

10. *Timaeus [Platonis]* (ein Fragment von 14 Cap.) 709/45.

Handschriften (die beiden Vossiani *s. XI XII*, der Vindobonensis, Erlangensis und Gudianus II).

Orelli IV² S. 995 ff.   Baiter und Kayser VIII S. 131 ff.
K. F. Hermann *de interpretatione Timaci Platonis dialogi
a C. relicta disputatio* Göttingen 1842 4.   Drumann 6 (1844)
S. 353 f.

11. *Tusculanae disputationes (ad M. Brutum) l. V* 709/45— 710/44.

Handschriften (der Gudianus *s. IX*, der Parisinus Regius *s. X*, der Bruxellensis oder Gemblacensis *s. XII*).

Ausgaben *cum notis variorum* Paris 1539 4., *cum commentariis I. Camerarii* 2 Bde. Basel 1548 4., *cum explicationibus* Hier. Wolfii 2 Bde. Basel 1580 8., von J. Davis Cambridge 1709, 1723, 1730, Oxford (mit Bentley's Emendationen) 1805 8., J. A. Ernesti Halle 1759, 1775, 1825 8., F. A. Wolf Leipz. 1792, 1807, 1825 8., R. Kühner (zuerst Jena 1829) 5. Ausg. Hannover 1874 8., L. J. Billerbeck Hannover 1828 8., J. C. Orelli (mit den Paradoxa) *cum notis variorum* Zürich 1829 8., R. Klotz Leipz. 1835 (Nachträge und Berichtigungen dazu Leipz. 1843), 2. Ausg. 1855 8., G. H. Moser 3 Bde. Hannover 1836—37 8., P. H. Tregder Kopenhagen 1841 8., C. F. Süpfle Mannheim 1845 und 1849 8., G. Tischer (zuerst Leipz. 1850), 4.—6. Aufl. v. G. Sorof Berl. 1872 8., G. A. Koch 2 Thle. Hannover 1854—57 8., M. Seyffert Leipz. 1864 8. (dazu O. Heine Göttinger gel. Anz. 1865 S. 1201 ff.), O. Heine Leipz. 1864 (Centralbl. 1865 S. 564) und 1873 8., S. G. Cavallin Lund 1870 8., C. Meissner Leipz. 1872 8.

G. S. Francke über den 2. tusculan. Dialog Leipz. 1795 8., über den Gehalt und philos. Charakter des 3. und 4. tuscul. Dialogs u. s. w. Husum 1805 8. A. S. Wesenberg *adnotationum in C. Tusc. disp. spec. I* Viborg 1830, *emendationes C. Tusc. disp. p. I—III* Kopenhagen 1841—44 4. J. Bake *scholica hypomnemata* 4, 1852 S. 68 ff. O. Heine *de C. Tusculanis disputationibus* Halle 1854 8., ders. Philol. 12, 1857 S. 755 ff., *quaestionum Tullianarum spec.* Posen 1862 4., Jahrb. 1862 S. 491 ff., *de fontibus Tusculanarum disput.* Weimar 1863 4. Bogen *de locis aliquot e C. Tusc. disp. explicandis I II* Neuss 1856 und 1861 4. J. Schlenger *coniecturae in C. Tusculanas disputationes* Philol. 12, 1857 S. 280 ff. C. F. W. Müller *coniecturae Tullianae* Königsberg 1860 4., ders. Rhein. Mus. 20, 1865 S. 479. H. Muther Zeitschr. für das Gymnasialw. 1861 S. 494 ff., 1864 S. 701 ff., Jahrb. 1862 S. 491 ff., ders. über die Composition des 1. und 5. Buchs von

C.'s Tusculanen Coburg 1862 4.   G. Queck Jahrb. 1863 S.
418 ff.   J. Jeep *de locis quibusdam Tusculanarum disput. quae-
stiones criticae* Wolfenbüttel 1865 4.   G. Zietzschmann *de
Tusculanarum disputationum fontibus* Halle 1868 8.   J. P. Bins-
feld Rhein. Mus. 26, 1871 S. 302 ff.   J. Freudenberg krit.
Bemerkungen zu C.'s Tusculanen Jahrb. 1872 S. 214 ff.   C.
Hartfelder *de C. Epicureae doctrinae interprete* Carlsruhe
(Heidelberg) 1875 8.

12. *De deorum natura (ad M. Brutum) l. III* 709/15−710/11.

Handschriften (die beiden Vossiani *s. XI* und *XII*, der
Heinsianus *s. XII*, der unvollständige Palatinus *s. IX*, der Vindobonensis *s. X*, der Erlangensis und der Glogaviensis).

Ausgaben von J. Davis Cambridge 1718, 1723, 1733, 1741,
Oxford 1807 8., C. V. Kindervater Leipz. 1796 8., J. C. F.
Wetzel 2 Bde. Braunschweig 1799 8.,   F. A. Wiedeburg
Helmstadt 1811 8.   L. F. Heindorf Leipz. 1815 8.,   G. H.
Moser und F. Creuzer Leipz. 1818 8. 'ed. min. von G. H.
Moser Leipz. 1821 8.), C. G. Schütz Halle 1820 8., F. Ast
(nur B. I II) München 1829 8.,   H. Alanus London 1836 8.,
G. F. Schömann (zuerst 1850) 4. Aufl. Berl. 1876 8.

C. Nahmmacher *de naturali theologia M. T. C. I—VI*
Helmstadt 1756—58 4., und *theologia Ciceroniana* u. s. w. Fran-
kenhausen 1767 8.   B. P. van Wesele-Scholten *dissertatio
philos. crit. de philos. Ciceronianae loco qui est de divina natura*
Amsterdam 1783 8.   C. V. Kindervater Anmerkungen und
Abhandlungen philos. und philol. Inhalts über C.'s Bücher von
der Natur der Götter 2 Thle. Leipz. 1790−92 8.   G. S. Francke
Geist und Gehalt der ciceron. Bücher von der Natur der Götter
u. s. w. (Altona und Leipz. 1799 8.) Altona 1806 8.   O. M.
Müller *C. libris de n. d. non extremam manum accessisse* Bromberg 1839 4.   A. B. Krische Forschungen auf dem Gebiet
der alten Philosophie I: die theologischen Lehren der griech.
Denker, eine Prüfung der Darstellung C.'s Göttingen 1840 8.
G. F. Schömann in Greifswalder Lectionskatalogen seit 1841
opusc. 3 S. 274 ff., ders. Jahrb. 1875 S. 685 ff.   Drumann
6 (1844) S. 349 f.   F. Schultze *specimen variarum lectionum
e codd. Lagomarsinianis librorum C. de n. d. descriptarum* Lieg-

nitz 1847 4. Heidtmann *epist. crit. ad Schoemannum* Stettin
1856 4., ders. zur Kritik und Interpretation der Schrift C.'s
de n. d. Neustettin 1858 4. I. Becker *comm. crit. ad C. l. I
de n. d.* Büdingen 1865 4. R. Klotz *adnot. critic. ad M. T.
C. P. I p. I—IV* Leipz. 1867—68 4. B. Lengnick *ad emendandos explicandosque C. libros de n. d. quid ex Philodemi scri-
ptione* περὶ εὐσεβείας *redundet* Halle 1871 8. J. Vahlen Zeitschrift für die öst. Gymn. 1873 S. 241 ff. R. Hirzel Untersuchungen zu C.'s philosophischen Schriften I *de natura deorum*
Leipz. 1877 (244 S.) 8.

Zu Philodemos περὶ εὐσεβείας Chr. Petersen *Phaedri Epi-
curei vulgo Anonymi Herculanensis de natura deorum fragmentum instauratum et illustratum* Hamburg 1833 4. L. Spengel
aus den herculanischen Rollen, Philodemus π. ἐ. Abhandlungen
der Münchener Akademie philos.-philol.-histor. Kl. 10, 1863
S. 130 ff. H. Sauppe *commentatio de Philodemi libro qui fuit
de pietate* Göttingen 1864 4. und Philol. 21, 1864 S. 139 f.
A. Nauck über Philodemus π. ἐ. und Nachtrag dazu *mélanges
Gréco-Romains* 2 (St. Petersburg 1864 8.) S. 585 und 627 ff.
F. Bücheler Rhein. Mus. 20, 1865 S. 311 f., Jahrb. 1865
S. 513 ff. Th. Gomperz Zeitschr. für die öst. Gymn. 1864
S. 637 ff. 731 ff. 1865 S. 704 ff., ders. herculanische Studien
II Philodem über Frömmigkeit u. s. w. mit 28 Tafeln Leipz.
1866 8.

13. *De divinatione l. II* 710/44.

Handschriften (meist dieselben wie die der Bücher *de n. d.*).

Ausgaben von J. Davis Cambridge 1721 1730 1741 8.,
G. H. Moser (*cum notis variorum*) Frankfurt a. M. 1828 8.,
J. A. Ernesti Halle 1761, 1776 8., J. J. Hottinger Leipz.
1793 8., A. O. L. Giese Leipz. 1829 8., H. Alanus London 1839 8. Orelli IV² S. 481 von W. Christ.

Drumann 6 (1844) S. 352. Höfig C.'s Ansichten von
der Staatsreligion Krotoschin 1865 4. P. Böhmer Probe eines
Commentars zu *C. de divinatione* Oels 1870 4. O. Meltzer
Jahrb. 1872 S. 429 f. A. Polster *quaestiones criticae ad C.
de divinatione libros* Kattowitz 1874 4. Th. Schicke *de fontibus librorum qui sunt de divinatione* Jena 1875 8.

14. *De fato liber* (ein Fragment von 20 Cap.) 710/44.

Handschriften (dieselben wie von 10 und 11).

Ausgaben mit den Büchern *de divinatione* von Davis Moser Alan, von Sal. Gesner Wittenberg 1594 8., J. H. Bremi Leipz. 1795 8.

Eine Fälschung L. C. Ferrucci *nuovi frammenti del libro di C. de fato di recente scoperti in pergamene palimpseste* Modena 1853 4. (und in dessen *fabularum l. III Forocornelii* 1867 8.) F. W. Schneidewin Göttinger gel. Anz. 1853 S. 1917 ff. F. Ritschl Rhein. Mus. 9, 1854 S. 473 ff. 13, 1858 S. 163 ff. G. Linker Zeitschr. für die öst. Gymn. 1854 S. 81 ff. 423 ff. H. Alanus *in fragmenta libri C. de fato quae nuper Modenae edita sunt observationes* Dublin 1854 8. Ch. Babington *journ. of class. and sacred philol.* 2, 1855 S. 97 f.

15. *De auguriis liber* 710/44 !

Drumann 6 (1844) S. 352 f.   Orelli IV² S. 980, Baiter und Kayser XI S. 55.

16. *Cato maior de senectute (ad Atticum)* (vor den Büchern *de divinatione*) 710/44.

Handschriften (der Leidensis des P. Daniel *s. X*, der Parisinus Regius *s. X*, der Salisburgensis *s. XI* in München, das Berner Fragment *s. XI*, zwei Rhenaugienses *s. XII*, der Erfurtensis *s. XII* in Berlin, der Monacensis *s. XIII* und jüngere).

Ausgaben von J. G. Graevius (mit den B. *de off.* wie öfter) Amsterdam 1688 8., die übrigen meist mit dem *Laelius* und den *Paradoxa*, von J. C. F. Wetzel Liegnitz 1792 und 1808 Leipz. (1817) 8., J. D. Büchling Leipz. 1797 und 1825 8., J. A. Götz (mit dem *Somnium Scipionis*) Nürnberg 1801 8. A. G. Gernhard Leipz. 1819 8., P. A. Reijnders (mit *Laelius*) Gröningen 1825 8., J. Billerbeck Hannover 1829 8., F. W. Otto Leipz. 1830 8., R. Klotz Leipz. 1831 8., J. J. de Gelder Leiden (Berl.) 1832 8., J. B. Hutter München 1832 8., J. N. Madvig (mit *Laelius*) Kopenhagen 1835 8. (die *praefatio* wiederholt in den *opusc.* 2 S. 261 ff.), C. F. Süpfle (mit *Laelius*) Mannheim 1845 und 1849 8., G. Tischer Halle 1847 8., G. A. Koch (mit *Laelius*) Leipz. 1851 8., J. Sommerbrodt (zuerst 1851) S. Aufl. Berl. 1877 8., H. Alanus

Dublin 1852 (London 1864) 8. C. W. Nauck Berl. 1855 8.,
G. Lahmeyer (zuerst 1857) 4. Aufl. Leipz. 1877 8., C. Meissner (mit dem *Somnium Scip.*) Berl. (Leipz.) 1870 8.

Griech. von Th. Gaza u. a. herausgeg. von Ph. C. Hess
(mit *Somnium Scip.*, *Laelius* und *Paradoxa*) Halle 1833 8.

W. Richter *de laudandis et vituperandis in l. de senectute*
Guben 1805 8. P. J. van der Ton *C. C. m. explicatur et e
Graecis potissimum fontibus illustratur* Löwen 1821 4., und in
annales acad. Lovaniensis Bd. 3, 1822 S. 1 ff. H. J. Nassau
adnotationum nonnullarum in l. C. de senectute fasc. I Gröningen
1829 8. Drumann 6 (1844) S. 350 f. Siemers *de loco quodam e C. C. m. ubi de animorum immortalitate agitur* Münster
1848 4. G. F. V. Lund dänisches Programm von Nykiöbing
1851 8. O. F. Kleine *adnotationes ad C. C. m. et Laelium*
Wetzlar 1855 4. G. Lahmeyer Jahrb. 76, 1857 S. 133 ff.,
ders. Philol. 21, 1864 S. 284 ff., 23, 1866 S. 473 ff. Th.
Mommsen über eine Leydener Hs. von C.'s *C. m.* Monatsber.
der Berl. Akademie 1863 S. 10 ff. J. G. Baiter ein Rheinauer
Codex des *C. m.* Philol. 21, 1864 S. 535 ff. 675 ff. C. A. Rüdiger zur Handschriftenkunde des *C. de senectute* Zeitschr. für
das Gymnasialw. 1864 S. 798. J. Mähly zu C.'s *C. m.* neues
Schweiz. Mus. 1866 S. 243 ff. C. Meissner Jahrb. 1871 S. 57 ff.

17. *Laelius de amicitia (ad Atticum)* 710/44.

Handschriften (der Parisiensis Didotianus *s. IX*, der Gudianus *s. X*, der Monacensis *s. X*, der Salisburgensis *s. XI* und
der Benedictoburanus *s. XII* in München, der Erfurtensis *s. XII*
in Berl., ein Vindobonensis und andere jüngere).

Ausgaben von J. G. Lenz (*ex rec.* J. G. Graevii) Hild-
burghausen (Leipz.) 1778 8., J. C. F. Wetzel (mit dem *Cato*)
Liegnitz 1792 und 1808 (Leipz. 1817) 8., J. D. Büchling
Leipz. 1797 und R. Klotz Leipz. 1829 8. A. G. Gernhard
Leipz. 1825 8., C. Beier Leipz. 1828 12., J. B. Hutter
Augsburg 1833 8., R. Klotz Leipz. 1833 8., J. J. de Gel-
der Leiden 1834 8., J. N. Madvig (mit *Cato*) Kopenhagen
1835 8., M. Seyffert 2 Thle. Brandenburg 1844, 2. Aufl. von
C. F. W. Müller Leipz. 1876 8., G. A. Koch Hannover
1852 8., C. W. Nauck (zuerst 1852) 7. Aufl. Berl. 1875 8.,

H. Alanus Dublin 1853 8., G. Lahmeyer (zuerst 1861)
2. Aufl. 1872 8.

A. G. Gernhard *praemittuntur quaedam ad recognoscenda
ea quae C. in Laelio de amicitia disputaverit* (1823) *opusc.* S. 323 ff.
H. Hana *de C. Laelio Sapiente* Leiden 1832 8. J. Hille-
brandt *nexum sententiarum Laelii explicuit et adnot. perpetuam
adiecit fasc. I* Sagan 1844 8. E. Vogel *collatio trium codd.
mss. C. de amicitia Monacensium* u. s. w. Zweibrücken 1839 4.
C. E. Putsche über einige Stellen in C.'s Laelius Philol. 12,
1857 S. 293 ff. H. Muther Jahrb. 1860 S 625 ff., 1861 S.
335 ff. 747 ff. Th. Mommsen *de Laelii C. codice Didotiano*
Rhein. Mus. 18, 1863 S. 594 ff. G. Lahmeyer zur Texteskritik des Laelius Philol. 29, 1870 S. 554 ff. R. F. Braxator
*quid in conscribendo C. Laelio valuerint Aristotelis ethicon Ni-
comacheorum de amicitia libri* Halle 1871 8. H. S. Anton
Zeitschr. für das Gymnasialw. 1873 S. 185 ff. G. Heylbut
de Theophrasti libris περὶ φιλίας Bonn 1876 8.

18. *De gloria l. II* 710/44.

Orelli IV² S. 988 f. Baiter und Kayser XI S. 69 ff.

F. Schneider *meletemata in C. de gloria libros* Zeitschr.
für die Alterthumsw. 6, 1839 S. 219 ff. Drumann 6 (1844)
S. 355 f. C. Charaux *quid de gloria senserit M. T. C.* Paris
1866 8.

19. *De officiis (ad M. filium) l. III* 710/44.

Handschriften (der Ambrosianus, der Bambergensis, der
Wuerzeburgensis, zwei Bernenses sämmtlich *s. X*, der Palatinus *s. XII* in Rom, ein Bernensis *s. XIII* und jüngere).

Ausgaben, die *princeps* (mit den Paradoxa) von J. Fust
und P. Schoeffer Mainz 1465 und 1466 fol.; die Romana
von 1469 fol. und die Veneta von 1470 4., von P. Marsus
Venedig 1481 fol. und öfter, die Aldina von J. B. Egnatius
Venedig 1517, 1519, 1541, 1545 8., von Ph. Melanchthon
Hagenau 1525 8., von D. Erasmus Cöln 1530 8. und öfter),
von C. Langius Antwerpen 1563, 1567 8., von H. Wolfius
Basel 1563 4., 1569, 1584 fol., von J. G. Graevius (mit *Cato
Laelius Paradoxa Somnium Scip.*) *cum notis variorum* Amster-
dam 1688 und 1710 8. (2 Thle. Neapel 1771 8.), J. Faccio-

lati Padua 1720 und Venedig 1747 8., J. M. Weinrich (mit
Laelius und *Cato*) Coburg 1720 8., Joach. Meier (mit den-
selben Schriften wie Graevius Leipz. 1721 8., Z. Pearce
Lond. 1745, 1761, Cambridge 1777, Lond. 1778 8., Oxford 1811
12., J. M. und J. F. Heusinger (*ed.* C. Heusinger) Braunschweig 1782, 1784, 1620 8., wiederholt von C. G. Zumpt
Braunschweig 1838 8., *ed. min.* 1849 8., J. F. Degen Berl.
1800, 4. Ausg. von E. Bonnell Berl. 1848 8., A. G. Gernhard Leipz. 1811 8., C. Beier 2 Bde. Leipz. 1820 — 21 8.
(Indices von G. Hertel Leipz. 1831 8.), W. Olshausen
Schleswig 1823 8., R. Stuerenburg Leipz. 1834 und 1843
8., O. Bredberg Kopenhagen 1839 8., C. Wordsworth
Lond. 1841 8., H. Alanus Dublin 1841 8., F. Dübner und
E. Lefranc Paris 1843 8., C. F. Süpfle Mannheim 1844
8., G. F. W. Lund Kopenhagen 1849 8., J. G. Ek (*spec. I*)
Lund 1850 8., G. F. Unger Leipz. 1852 8., J. v. Gruber Leipz.
1856, 3. Aufl. 1874 8., O. Heine Leipz. 1857, 4. Aufl. 1873 8.

Ch. Garve Uebersetzung mit Anmerkungen (1783) 6. Aufl.
Breslau 1819 8. (dazu K. E. Bonnell Friedrich des Grofsen
Verhältniss zu Garve und dessen Uebersetzung der Schrift C.'s
von den Pflichten u. s. w. Berl. 1855 4.). E. G. Lilie *de
Stoicorum philosophia morali ad C. libros de off. comm. I* Altona
1800 8. G. B. Bardili Briefe über C.'s Bücher von den Pflichten in Hauffs Philologie 2. 3, 1803 S. 1 und 41 ff. R. G. Rath
*M. T. C. de off. l. III descriptionem ad faciliorem eorum intelli-
gentiam in brevi conspectu posuit* Halle 1803 4. F. Binkes *de
analysi et constitutione doctrinae in C. libris de off.* (aus den *Annales acad. Lugduno-Batavae*) Amsterdam 1819 4. J. R. Thorbecke *de principio philosophiae moralis et officiorum in C. operibus philosophicis* Leiden 1819 4. J. F. Sachse *quaestio de
librorum qui sunt de officiis indole atque proposito* Quedlinburg
1825 4. Drumann 6 (1844) S. 357 ff. C. J. Grysar *prolegomena ad C. libros de officiis* Cöln 1844 4. C. J. Benoit
historica de C. officiis commentatio Paris 1846 8. G. F. V.
Lund *de emendandis C. de officiis libris* Kopenhagen 1848 8.,
ders. *Tidsk. for Philologi* 8, 1868 S. 259 ff. J. Heller *ad
C. libros de officiis* Philol. 12, 1857 S. 302 ff. H. Sauppe
coniecturae Tullianae Göttingen 1857 4. Havestadt *de M.*

T. C. primis principiis philosophiac moralis Emmerich 1857 4.
C. J. Dahlbäck *de officiis C. commentatio* Upsala 1860 8.
H. Muther Jahrb. 1860 S. 624, Zeitschr. für das Gymnasialw.
1863 S. 597 ff., Philol. 21, 1864 S. 168. 685.   G. F. Unger
zur Textkritik von C.'s Schrift *de officiis* Philol. Supplementb.
3, 1864 S. 3 ff.   A. Desjardins *les devoirs, essai sur la morale
de C.* Paris 1865 8.   F. Cadet *examen du traité des devoirs
de C.* Reims 1865 8.   G. Maler *nonnulli loci ex C. libris de
officiis* Karlsruhe (Heidelb.) 1867 8.   C. Jeannet *unde hau-
riantur C. officia* Paris 1867 8.   F. Winter Materialien zur
Erklärung von *C. de officiis* Magdeburg 1872 4.   J. Richter
zu *C. de officiis* Jahrb. 1873 S. 379 f., ders. *C.'s de off. III
angebliche Planlosigkeit* Schrimm 1875 4.   Ch. Thurot *observations sur quelques passages du* de off. *revue de philol.* 1, 1877
S. 86 ff.

Ueber des Ambrosius Schrift *de officiis* s. § 120.

20. *De virtutibus* 710/44.

Orelli IV² S. 992 f.   Baiter und Kayser XI S. 76.
Drumann 6 (1844) S. 359.

VI. Briefe *[ad familiares] l. XVI* 691/88 – 711/43.   *Ad
Atticum l. XVI* 686/63 – 711/43.   *Ad Q. fratrem l. III*
694/60 – 700/54.   *M. Ciceronis ad M. Brutum et M.
Bruti ad M. Ciceronem epist. l. II.*

Verloren *ad Cornelium Nepotem l. II* (?), *ad M. Brutum l. IX,
ad A. Hirtium l. IX, ad Cn. Pompeium l. IV, ad Caesarem l. III,
ad Caesarem iuniorem l. III, ad M. filium l. II, ad C. Cassium
l. II* und einzelne Briefe an verschiedene andere, auch griechische.

Die falsche epist. *ad Octavianum.*

Handschriften von den Br. *ad fam.* der von Petrarca in
Vercelli aufgefundene [und abgeschriebene] Mediceus s. XI und
ein Turiner Palimpsest, ein Turonensis *s. XII,* zwei Harlciani
s. XI und *XII.*

Von den übrigen der in Verona ebenfalls von Petrarca 1345
gefundene Archetypus (eine unvollständige Abschrift desselben
von Petrarca in Florenz), der Turnesianus Lambins, die des
Cratander verloren, erhalten der Escurialensis und andere *s. XV;*

Fragmente einer Handschrift *s. XI* in Würzburg und München;
ein Palimpsestblatt in Turin; die Fälschungen des Simeo
Bosius).

C. E. Ch. Schneider *admonitio de cod. Med. epistolarum
C. ad fam. auctoritate* Breslau 1832 4.   J. C. Orelli *historia
critica epistolarum M. T. C.* vor Bd. III² seiner Ausg. 1845.
L. Spengel Münchener gel. Anz. 1846 S. 917. 926 ff.   M.
Haupt in den Berliner Lectionskatalogen von 1855 und 1856
4. (*opusc.* 2 S. 67 ff. 112 ff.).   D. Detlefsen Jahrb. Supplementbd. 3, 1857 S. 11 ff., Jahrb. 1863 S. 550 ff.   B. Nake
historia critica M. T. C. epistularum Bonn 1861 8.   F. Hofmann der krit. Apparat zu C.'s Briefen an Atticus Berl. 1863 S.
G. Boissier *recherches sur la manière dont furent recueillies
et publiées les lettres de C.* Paris 1863 8. (dazu H. Keil Centralbl. 1863 S. 666. D. Detlefsen Jahrb. 1864 S. 551 ff.).
K. Halm über die verloren gegangene Wirzburger Hs. von
C.'s Br. an Atticus Rhein. Mus. 18, 1863 S. 460 ff.   P. Krüger
Hermes 5, 1870 S. 146 ff.   Ch. Thurot C. epistolae ad fam.
notice sur un ms. du XIIe. siècle (in Tours), *bibliothèque des
hautes études fasc. 17 (collection philologique nouv. sér. nr. 9)*
Paris 1874 8.   F. Rühl (R. Ellis) *Academy* 1874 S. 562
(vgl. Baiters Vorrede zu Bd. 9, 1866 seiner Ausg. S. I).

Ausgaben der Br. *ad fam.* (die *princ.* Rom 1467, die
Veneta 1469) und *ad Att.* von P. Victorius Florenz 1571.
1588 8., sämmtl. Br. von P. Manutius mit Commentaren
Venedig 1547. 1557. 1574 fol., Frankfurt 1580 8. und öfter
(der Commentar desselb. herausgeg. von C. G. Richter
2 Bde. Leipz. 1779—80 8.), von J. G. Graevius *cum notis
variorum* 4 Bde. Amsterdam 1677, 1684, 1693 (dazu die Br.
ad Q. fr. Haag 1725 8.), Ch. G. Cellarius (*ad. fam.*) zuerst Leipz. 1698, 3. Ausg. von G. Corte Leipz. 1771 S.
J. A. Martini-Laguna (nur Bd. 1 der *ep. ad fam.* erschienen) Leipz. 1804 8. (dazu J. C. Orelli im Züricher Programm
von 1840 4.), C. G. Schütz 6 Bde. Halle 1806—12 8.,   G.
H. Lünemann 4 Bde. Göttingen 1820—22 8.,   F. Benti-
voglio 2 Bde. Mailand 1826—27 8., J. Billerbeck 4 Thle.
Hannover 1836 8.,   Orelli III 2 1845, Baiter und Kayser
IX X 1866-67. *M. Caelii Rufi et C. epist. mutuae* von W. H. D.

Suringar Leiden 1845 8. *C.epistolarum ad T. P. Att. l. XVI rec. u. s. w.* J. C. G. Boot 2 Bde. Amsterdam 1865—66 8. Sämmtl. Br. *rec.* A. S. Wesenberg 2 Bde. Leipz. 1872–73 8. Zahlreiche ältere Ausg. von *epist. selectae.* Mit deutschen Anm. von F. Hofmann Bd. 1 (zuerst 1860) 3. Ausg. Berl. 1874 8. (dazu G. Meutzner Jahrb. 1864 S. 153 ff.), und J. Frey (zuerst 1864) 3. Ausg. Leipz. 1873 8.

B. R. Abeken C. in seinen Briefen, ein Leitfaden durch dieselben u. s. w. Hannover 1825 8. (engl. von Ch. Merivale Lond. 1854 8.). A. S. Wesenberg *emendationes M. T. C. epistolarum* Kopenhagen 1840 8. Ders. *emendationes alterae s. annotationes criticae ad C. epistolarum editionem* Leipz. 1873 8. J. von Gruber *quaestio de temporibus atque serie epistolarum C.* Stralsund 1846 4. H. A. Koch *emendationes M. T. C. epistolarum* Putbus 1855 4., ders. Rhein. Mus. 12, 1857 S. 268 ff. F. Bücheler zur Kritik der ciceron. Briefe Rhein. Mus. 11, 1857 S. 509 ff. H. A. Kleijn *observationes criticae in C. epist. ad fam.* Leiden 1860 8. J. Krauss *M. T. C. epistolarum emendationes* Cöln 1866 4., und Leipz. 1869 8. R. Jacobs Jahrb. 1862 S. 732 ff. J. Müller zur Kritik und Erklärung der Br. des C. an P. Lentulus Innsbruck 1862 8. B. Nake der Briefwechsel zwischen C. und Caelius Jahrb. 1864 S. 60 ff., ders. *symbola philol. Bonn.* (Leipz. 1868 8.) S. 373 ff., ders. *de Planci et C. epistulis* Berl. 1866 4., ders. der Briefwechsel zw. C. und D. Brutus Jahrb. Supplementbd. 8, 1876 S. 647 ff. C. Bardt *quaestiones Tullianae* Berl. 1866 8. Ders. die Senatssitzungstage der späteren Republik Hermes 7, 1872 S. 14 ff. 9, 1874 S. 305 ff. M. Haupt Hermes 3, 1868 S. 205 ff. (*opusc.* 3 S. 410. 536 und sonst). O. Hirschfeld Hermes 5, 1870 S. 296 ff. J. Frey *adnotationes ad C. ep. I II* Rössel 1873–75 4.

Ueber die Br. an Brutus J. Tunstall *epistola ad C. Middleton* Cambridge 1741 8. Ders. *observations on the epistles between C. and Brutus representing evident marks of forgery in those epistles* Lond. 1744 8. C. Middleton *the epistles of C. to Brutus and of Brutus to C. with a dissertation in which the authority of the epistles is vindicated* Lond. 1743 8. J. Markland *remarks on the epistles of C. to Brutus and Brutus to C.* Lond. 1745 8. F. S. Huldrich *de fide et auctoritate episto-*

larum C. et Bruti Zürich.1797 4.   C. F. Hermann *vindiciae Latinitatis epistolarum C. ad M. Brutum et Bruti ad C.* Göttingen 1844 4. und *vindiciarum Brutinarum epimetrum* Göttingen 1845 4.   Ders. zur Rechtfertigung der Aechtheit des erhaltenen Briefwechsels zwischen C. und M. Brutus 1. 2. Abhandlungen der Göttinger Ges. der Wissensch. 2, 1845 S. 189 ff. 3, 1846 S. 143 ff. und Göttinger gel. Anz. 1844 S. 1934 ff. 1845 S. 961 ff. 1310 ff.   A. W. Zumpt *de C. et Bruti mutuis epistolis quae vulgo feruntur* Berl. 1845 4. und Jahrb. für wissenschaftl. Kritik 1845 2 S. 722 ff.   R. Hercher Philol. 9, 1854 S. 592.   K. Nipperdey Abhandlungen der sächs. Ges. der Wissensch. 5, 1865 S. 71.   F. Becher *de C. quae feruntur ad Brutum epistulis* Harburg (Jena) 1875 4.

652|102!
—711|13   **VII. Q. Tullius Cicero.**

Die Schrift *de petitione consulatus* (im Erfurtensis *s. XII* der ciceron. Schriften in Berlin und jüngeren Hss.), Annalen und Tragödien.

Ausg. von C. G. Schwarze Altorf 1719 8., B. F. Hummel Nürnberg 1791 8., J. Hoffa Leipz. 1837 8.   *Q. C. reliquiae recognovit* F. Buecheler Leipz. 1869 8.   A. Eussner *commentariolum petitionis examinatum atque emendatum* Würzburg 1872 4. (dazu H. Wirz philol. Anz. 5, 1873 S. 499 ff.).

W. Pütz *de Q. T. C. vita et scriptis* Düren 1833 4.   J. W. Tydemann *adnotationes in Q. T. C. de petitione consulatus ad M. fratrem epistolam I* Leiden 1838 8.   Drumann 6 (1844) S. 719 ff.   C. H. Blase *de Q. T. C. vita* Bedburg 1847 4. Büchelers Vorrede.

VIII. *Tiro Tullius*, M. *Ciceronis l.*, Herausgeber von Schriften Ciceros.

De vita M. Ciceronis l. IV (?), *de iocis M. Ciceronis l. III, Pandectes.* Ueber die tironischen Noten s. § 113, 6.

J. C. d'Engelbronner *de M. T. T. M. Tullii Ciceronis liberto* Amsterdam 1804 4.   A. Lion *Tironiana* Seebode's Archiv 1824 S. 246 ff.   Ders. *Tironiana et Maecenatiana sive M. T. T. et C. Cilnii Maecenatis operum fragmenta quae supersunt collegit* u.s.w. A. Lion ed. II Göttingen 1846 8.   P. Mitzschke

M. T. T. (aus Michaelis Zeitschr. für Stenographie und Orthographie) Berl. 1875 (16 S.) 8.

IX. Alte Commentatoren.

Q. Asconius Pedianus (aus einem verlorenen Sangallensis
s. IX; und der Pseudo-Asconius s. § 88). C. Marius Victorinus (s. §. 173). Rufinus. C. Iulius Victor. Boethius (s. § 126).
Favonius Eulogius. Die *scholia Bobiensia*. Der *scholiasta Gro-
novianus*.

M. T. C. scholiastae u. s. w. *ediderunt* I. C. Orelli et J. G.
Baiter (*C. opera* Bd. V) Zürich 1833 8. (dazu Bd. VIII 1838
S. 306 ff.). J. N. Madvigii *de Q. Asconii Pediani et aliorum
veterum interpretum in C. orationes commentariis disputatio cri-
tica* (mit *Appendix critica*) Kopenhagen 1828 (1829) S. W. H. D.
Suringar *historia crit. schol. Lat. I* (Leiden 1834 8.) S. 116 ff.
Rhetores Latini minores emendabat C. Halm (darin *Q. Fabii
Laurentii Victorini explanationum in rhetoricam M. T. C. l. II*
S. 155 ff. *C. Iulii Victoris ars rhetorica* S. 373 ff., *excerpta ex
Grillii commento in I C. librum de inventione* S. 596 ff.). Zu A. P.
S. H. Rinkes Mnemos. 10, 1861 S. 199. 11, 1862 S. 181 ff.
C. G. Cobet ebendas. 11, 1862 S. 204. 221. A. Kiessling
de Asconii codice Pistoriensi Greifswald 1873 4. *Q. Asconii Pe-
diani orationum C. quinque enarratio rec.* A. Kiessling et
R. Schöll Berl. 1875 8. *Zum schol. Gronov.* Th. Mommsen
Rhein. Mus. 16, 1861 S. 140 f. *Zu den schol. Bob.* H. Ziegler
Rhein. Mus. 27, 1872 S. 420 ff. und im Programm des Maxi-
miliangymnasiums München 1873 8.

X. Sprache.

Marii Nizolii *thesaurus Ciceronianus* (zuerst *ex prato Al-
buini, Brixiae* 1535) Basel 1559, Venedig 1570 fol., cur. J.
Facciolati Padua 1734 fol. (3 Bde. London 1820 8.). J. A.
Ernesti *clavis Ciceroniana* u. s. w. (zuerst 1739) *ed. VI* (von
A. H. Rein) Halle 1831 8. C. G. Schütz *lexicon Ciceronianum* 4 Bde. Leipz. 1807 8. *Onomasticon Tullianum curaverunt*
J. C. Orelli et I. G. Baiter Bd. VI—VIII ihrer Ausgabe
continens (*P. I*) *M. T. C. vitam historiam litterariam* (*P. II*) *indicem geographicum et historicum* (*P. III*) *indicem legum et for-*

mularum indicem Graecolatinum fastos consulares Zürich 1836
—1838 8.

Von den zahlreichen Einzelschriften:

J. Bake *scholica hypomnemata* 1 (Leiden 1837 8.) S. 1 ff.
J. Theobald *de annominationis et allitterationis apud C. usu*
Bonn 1853 8. R. Stürenburg Materialien zu einem Lexicon
Ciceronianum Hildburghausen 1854 4. E. J. W. Schuppe
de anacoluthis Ciceronianis Berl. 1860 8. II. Lieven die *consecutio temporum* bei C. Riga 1872 4. W. Kriebel der Periodenbau bei C. und Livius Prenzlau 1873 4. E. Frohwein
die Perfectbildungen auf *vi* bei C. u. s. w. Gera 1874 4. G. L.
F. Hoppe zu den Fragmenten und der Spr. C.'s Gumbinnen
1875 4. A. Motschmann *doctrinam de temporum consecutione apud C., quam nuper exposuit II. Lieven, exemplis ex
orationibus C. depromptis veram esse demonstratur* Jena 1875 8.

Zu verschiedenen Schriften kritische Beiträge von M.
Haupt *(opusc.)* und C. G. Cobet (Mnemosyne). H. Sauppe
coniecturae Tullianae Göttingen 1857 4. Dazu J. Vahlen
Rhein. Mus. 13, 1858 S. 296 ff. C. F. W. Müller *coniecturae
Tullianae* Königsberg 1860 8., ders. Jahrb. 1864 S. 127. 261.
605 ff., ders. kritische Bemerkungen zu lat. Prosaikern Landsberg a. W. 1865 4. M. Seyffert Zeitschr. für das Gymnasialw. 1861 S. 60 ff., 1867 S. 64. 166 ff.

Zweiter Theil.

Die dritte Periode der römischen Litteratur.

(Die Weltlitteratur.)

Allgemeines.

§ 48. Die veränderte Stellung der Litteratur.

1. Die Poesie.

§ 49. Q. Horatius Flaccus (669 bis 746 d. St.). 65—8 v. Chr.

1. Leben und Werke im allgemeinen.

Die suetonische *vita*. Dazu C. L. Roth Rhein. Mus. 13,
1858 S. 517. Reifferscheids Sueton S. 44. 389 f.

J. Masson *H. vita ordine chronologico sic delineata* u. s. w.
Leiden 1703 8. G. E. Lessing Rettungen des H. (1754)
Werke von Maltzahn 4 S. 9 ff. F. Jacobs *lectiones Venusinae* (1827-28) vermischte Schriften 5 (Leipz. 1834 8.) S. 3 ff.
C. Franke *fasti Horatiani, accedit epistola* C. Lachmanni
Berl. 1839 8. (kl. Schr. 2 S. 77 ff.). W. Teuffel *de H. amoribus* Archiv für Philol. 6, 1840 S. 325 ff. 7, 1841 S. 648 ff., ders.
Charakteristik des H. Leipz. 1842 8., ders. über H. Tübingen
1868 4. W. E. Weber Q. H. F. als Mensch und Dichter Jena
1844 8. G. C. F. Werner *quaestiones Horatianae* Göttingen
1847 8. F. Jacob H. und seine Freunde 2 Bde. Berl. 1852-53
8. A. Arnold das Leben des H. und sein philosophischer, sittlicher und dichterischer Charakter Halle 1860 8. S. Karsten
Q. H. F. ein Blick in sein Leben, seine Studien und Dichtungen
aus dem holländ. von M. Schwach Leipz. 1863 8. F. D. Gerlach Leben und Dichtung des H. Basel 1867 8. O. Jahn höfi-
sche Kunst und Poesie unter Augustus (1868) 'aus der Alterthumswissenschaft' (Bonn 1868 8.) S. 283 ff. Th. Vogel die
Lebensweisheit des H. Meissen 1868 8. J. Reisacker H. in

seinem Verhältniss zu Lucrez und in seiner culturgeschichtl.
Bedeutung Breslau 1873 4. A. Kirchhoff über die Stellung
des H. zur Philosophie Hildesheim 1873 4. H. Wiedel *de H.
poeta philosopho* Jena (Hildesheim) 1875 8. W. Christ *fastorum Horatianorum epicrisis* München 1877 8.

A. Noël des Vergers *étude biographique sur Horace* [aus
der *ed. ad modum Minellii* von Bond] Paris 1855 8. A. Riese
Jahrb. 1866 S. 474 ff. 869 ff.

2. *Satirarum [sermonum] l. II* (I 713/41–719/35; II 719/35
—727/27). *Epodon liber* (713/41—724/30). *Carminum libri
III* (724/30—731/23); das *carmen saeculare* (737/17); *carminum liber IV* (nach 737/17). *Epistularum l. I* [733/21—735/19];
epistula ad Pisones [ars poetica]; epistularum l. II (nach 740/14).

a. Handschriften (ungefähr 250; am reinsten der Parisinus
7900[a], Avenionensis und Argentoratensis *s. IX*, Monacensis
und Parisinus 7975 *s. XI*; Recension des Mavortius der Bernensis *s. IX*, ein Theil des Monacensis, der *Blandinius vetu-
stissimus*, der Gothanus *s. XV*; interpolirt drei Parisini 7971
7972 7974, der Leidensis, zwei Harleiani, der Einsiedlensis *s. X*]

Bentley's *praefatio*. C. Kirchner *novae quaestiones
Horatianae* Naumburg 1847 4. J. Mützell Zeitschr. für das
Gymnasialw. 1855 S. 850 ff. 946. F. Ritter ebendas. 1857
S. 359 ff. H. Düntzer ebendas. 1857 S. 927 ff., 1861 S. 876 ff.
M. Haupt Monatsber. der Berl. Akad. 1858 S. 49 ff. (*opusc.*
3 S. 42 ff.) Th. Bergk Philol. 14, 1858 S. 389. L. Müller
Jahrb. 1862 S. 726 ff. O. Keller Rhein. Mus. 18, 1863 S.
251 ff. und 19, 1864 S. 211 ff. 634 ff. K. Zangemeister
ebendas. S. 321 ff. A. Holder Hermes 12, 1877 S. 500 f.

b. Ausgaben und Commentare.

Aeltere (die *princeps* von 1473?), von C. Landinus Flo-
renz 1482 fol., J. Locher Strafsburg 1498 fol. und öfter, A.
Manutius mit A. Muretus Commentar Venedig 1555 fol.,
G. Fabricius Basel 1555 fol. (mit den Scholiasten), wieder-
holt 1580, D. Lambinus 2 Bde. Lyon 1561 4. und öfter, J.
Cruquius Antwerpen (zuerst einzeln seit 1566) 1578 4., L.
Torrentius Antwerpen 1608 4., D. Heinsius Leiden 1612
8. und öfter, französisch mit Anmerkungen von N. C. Sana-

don 2 Bde. Paris 1728 4., von André Dacier 10 Bde. Paris
1681—89 12. und öfter.

Q. H. F. ex rec. et cum notis atque emendationibus Richardi
Bentleji Cambridge 1711 4. (Amsterdam 1713 und 1728 4.
mit Is. Verburgs Index Leipz. 1764, 1826; Berl. 1869 in
2 Bdn. 8. mit Index von K. Zangemeister), von J. M. Gesner (nach W. Baxter 1725' Leipz. 1752 und 1772 8., C. Fea
2 Bde. Rom 1811 8.

Q. H. F. rec. et interpretatus est I. C. Orellius (zuerst
1837) 3. Ausg. von J. C. Baiter und H. Sauppe Zürich
1850, 2 Bde. gr. 8. (ed. II minor 1842 1844 1868 8.).

Neuere Ausgaben von P. Hofman-Peerlkamp carmina
ed. I Harlem 1834, ed. II Amsterdam 1862 8. ep. ad Pisones
Leiden 1845 8., satirae Amsterdam 1863 8., H. Düntzer
Kritik und Erklärung 5 Bde. Braunschweig 1840—45 8. (mit
Text) 1849 8. und Paderborn 1868 f. 8. F. Pauly Leipz.
1855 8., F. Ritter 2 Bde. Leipz. 1856—57 8. Q. H. F. mit
vorzugsweiser Rücksicht auf die unechten Stellen und Gedichte
herausgegeben von K. Lehrs Leipz. 1869, Nachtrag dazu
1871 8.

Schulausgaben von W. Dillenburger (zuerst 1844)
6. Ausg. Bonn 1875 8., C. F. Süpfle Heidelberg 1846 8.,
G. A. Koch Leipz. 1851 8., mit deutschen Anmerkungen von
C. W. Nauck und G. T. A. Krüger 2 Bde. (zuerst Leipz.
1851—53) 8. und 9. Aufl. (von G. Krüger) Leipz. 1874—77 8.,
H. Schütz Bd. 1 Berl. 1874 8. (dazu C. W. Nauck Jahrb.
1875 S. 761 ff.), cum novo commentario ad modum J. Bond
Paris 1855 16.

Texte von A. Meineke Berl. 1834 1844 1854 8., M. Haupt
Leipz. 1851 1866 1871 16., G. Linker Wien 1856 8., recogn.
et praefatus est L. Müller Leipz. 1869 8., und recogn. idem
Leipz. 1874 16.

II. opera illustrated from antique gems by C. W. King,
the text revised with an introduction by H. A. J. Munro Lond.
1869 8.

Q. H. F. opera recensuerunt O. Keller et A. Holder
Bd. I II Leipz. 1864—70 8. (2. Ausg. angekündigt).

7*

I. Besondere Ausgaben der Satiren: deutsch von C. M. Wieland 2 Thle. Leipz. 1786 8. und öfter, von L. F. Heindorf Breslau 1815, bearbeitet von E. F. Wüstemann Leipz. 1843, 3. Aufl. mit Berichtigungen und Zusätzen von L. Döderlein Leipz. 1859 8., von C. Kirchner (übersetzt Stralsund 1829 4.), Text Uebersetzung Apparat und Commentar zu B. I, Commentar zu B. II von W. S. Teuffel 2 Bde. Leipz. 1854–57 8., lateinisch und deutsch von L. Döderlein Leipz. 1860 8., S. und Episteln deutsch mit Einleitungen und Anmerkungen von E. Munk Berl. 1867 8. A. Th. H. Fritzsche des Q. H. F. Sermonen 2 Bde. Leipz. 1875—76 8.

a. Zu einzelnen Satiren: I 1 von F. A. Wolf Berl. 1813 4. (kl. Schriften 2 S. 992 ff.), K. Reisig's Vorlesungen zu I 1 herausgegeben von E. F. Eberhard Coburg 1840 4. Chr. Herbst *lectionum Venusinarum part. I II* Danzig 1848–58 4. H. Schwalbe zur Erklärung von II. Serm. I Od. III 3 Eisleben 1863 4. F. A. Eckstein *familiaris interpretatio sat. I* 1 Leipz. 1865 4. J. Apitz *coniectanea in H. satiras* u. s. w. Berl. 1856 5. K. Nipperdey in zwei Jenaer Lectionskatalogen von 1858 4. T. Mommsen Bemerkungen zum 1. B. der Satiren des H. Frankfurt a. M. 1871 4. F. Teichmüller Stertinius Wittstock 1872 4. Ders. Versuch einer Sichtung von II. Sat. II 3 Berl. 1873 8. (dazu E. Kammer Jahrb. 1875 S. 61 ff.). P. Willems *notes de critique et d'exégèse* u. s. w. Brüssel 1873 S.

b. J. J. Iltgen *de H. Lucilii aemulo* Montabaur 1872 4. M. A. Herwig *H. quatenus recte de L. iudicaverit* Halle 1873 8. K. Kolbenheyer *de H. satirarum ratione et natura* Bielitz 1873 4. Th. Fritzsche Menipp und Horaz u. s. w. Güstrow 1871 4. und Philol. 32, 1873 S. 744 ff., Beiträge zur Kritik des H. Güstrow 1877 4. E. Brand *intersitne aliquid inter Q. H. F. satiras et eiusdem epistulas et quid id sit quaeritur* Czernowitz 1875 8.

II. Oden: von Ch. W. Mitscherlich 2 Bde. Leipz. 1800 8., Ch. Vanderbourg 2 Bde. Paris 1812 8., F. Lübker Commentar zu B. I–III Schleswig 1841 S., Th. Obbarius Jena 1848, für den Schulgebrauch 1856 S., von N. W. Ljungberg Bd. 1 Carlstadt 1873 8., von F. A. Eckstein *(editio bibliophilorum)* Elberfeld und Leipz. 1876 S.

Im allgemeinen M. Haupt *opusc.* 3 S. 52 f.

a. Zu einzelnen Oden: I 1 G. Hermann (1842) *opusc.* 8 S. 395 ff. II. Schwalbe zu H. c. I 1 Eisleben 1865 8. J. F. C. Campe Jahrb. 1870 S. 125 ff. I 2 (und II 13) II. Runge zur Kritik und Erklärung einiger Oden des H. Osnabrück 1871 4. I 4, 12 A. Reifferscheid *analecta Horatiana* Breslau 1870 4. I 6 Ph. Buttmann (1806) Mythologus 1 S. 26 ff. J. Bernays Rhein. Mus. 11, 1857 S. 627 ff. I 12 Th. Plüss Jahrb. 1873 S. 111 ff. I 17, 21 M. Schmidt *verisimilium capita duo* Jena 1861 8. A. Ruhle *quaestiones Horatianae quum de carminum forma venusta generatim tum separatim de carm.* I 22 III 8 *condicione genuina institutae* Münster 1873 S. I 20 u. a. F. A. Eckstein *scholae Horatianae* Leipz. 1869 4. I 28 A. Meineke Philol. 5, 1850 S. 171 f., L. Döderlein Verhandlungen der Erlanger Philologenversammlung (Erlangen 1852 4.) S. 51 ff. (öffentl. Reden S. 394 ff.), C. W. Göttling (1854) gesammelte Abhandl. 2 S. 214 ff., J. Mähly Rhein. Mus. 10, 1856 S. 127 ff., F. Martin *de H. carminum l. II et I 28* u. s. w. Posen 1858 4., H. J. Heller Philol. 16, 1860 S. 731 ff. I 37 II. Probst die 37. Ode im 1. B. des H. Essen 1871 4. II 1 F. Ritschl Rhein. Mus. 11, 1857 S. 629 ff. (12 S. 457 f.). III 1—6 A. Göbel Jahrb. 1864 S. 640 ff. 734 ff. H. Warschauer *de H. l. III prioribus VI carminibus commentationis pars prior* Breslau 1877 4. III 3 C. L. Struve über Veranlassung und Absicht von H. Od. III 3 (1830) *opusc. sel.* 2 S. 369 ff., C. Kiesel *de H. carm. 'iustum et tenacem' commentatio* Düsseldorf 1845 4., F. Bamberger Philol. 2, 1847 S. 690 ff. (*opusc.* S. 200 ff.), R. Rauchenstein neues Schweiz. Mus. 1, 1861 S. 129 ff., H. Schwalbe zur Erklärung von H. Serm. I 1 Od. III 3 Eisleben 1863 4. III 11 F. Näke (1821) *opusc.* 1 S. 73 ff. III 12 K. Lachmann kl. Schr. 2 S. 84 ff. A. Łowiński Jahrb. 1875 S. 759. III 27 Th. Schäfer *de H. c. III 27 addito corollario* Bonn (Leipz.) 1868 8. IV 6 F. Bücheler Rhein. Mus. 14, 1859 S. 158 f. IV 7 F. Martin *observ. crit. in Aeschyl. Oresteam et commentatio critica de H. carm. IV 7* 15—19 Berl. 1837 4. IV 8 K. Lachmann kl. Schr. 2 S. 95 f. 96 ff. G. Hermann (1847) *opusc.* 8 S. 401 ff.

A. Kiessling *commentatio Horatiana de c. IV 8* Greifswald 1874 4. J. Häussner Freiberg i. B. 1876 4.

O. Peil *animadvers. crit. in Q. H. F. odarum* I II Halle 1864 8. H. Middendorf über einige Stellen in H.'s Oden u. s. w. I II Münster 1861 und 1874 8. A. Kiessling horatianische Kleinigkeiten Basel 1867 4., *de Horatianorum carminum inscriptionibus* Greifswald 1876 4. J. Bartsch zu H. Oden Jahrb. 1873 S. 245 ff., 1875 S. 701 ff.

Zum *carmen saeculare* J. W. Steiner *de H. c. s. commentatio* Coblenz 1841 4. C. F. Hermann *disput. de loco Apollinis in H. c. s.* Göttingen 1843 4. A. Kühn *de Q. H. carmine saeculari* Breslau 1877 8.

b. Vorbilder und Form.

G. F. Grotefend über die Originalität des H. in s. Oden Zeitschr. für die Alterthumsw. 2, 1844 S. 145 ff. K. Lachmann Zeitschr. für die Alterthumsw. 3, 1845 S. 481 ff. (kl. Schriften 2 S. 84 ff.). Th. Arnold *quaestionis de H. Graecorum imitatore particula* Halle 1845 8., ders. über die griech. Studien des H. I II Halle 1855–56 4. A. Meineke *H. graecissans* Zeitschr. für die Alterthumsw. 9, 1851 S. 233. A. Göbel H. und Euripides Zeitschr. für das Gymnasialw. 1, 1851 S. 298 ff. H. H. Garcke *Q. H. F. carm. l. I collatis scriptoribus Graecis illustratus* Halle 1860 (240 S.) 8. J. F. C. Campe H. und Anakreon Philol. 31, 1871 S. 667 ff. A. Kiessling über die Aufnahme der horazischen Oden im 1. Jahrhundert Verhandlungen der Kieler Philologenversammlung (Leipz. 1870 4.) S. 28 ff. A. Bischoff über horazische Lyrik I Schaffhausen 1872 8. C. Beck *de vera epodon indole* Troppau 1873 4. R. W. E. Thallwitz *de H. Graecorum imitatore specimen prius* Leipz. 1874 8. (dazu philol. Anz. 7 1875 S. 225 f). A. Weingärtner *de H. Lucretii imitatore* Halle 1874 8. F. Teichmüller die Aufgabe der ästhetischen Würdigung der horazischen Gedichte Wittstock 1874 4. R. Wöhler über den Einfluss des Lucrez auf die Dichter der augustischen Zeit I Greifswald 1876 4.

K. Lachmann in der *epist. ad Frankium* S. 235 ff. (kl. Schr. 2 S. 77 ff.). C. A. Cadenbach *de allitterationis apud*

H. usu Essen 1838 4.   M. Haupt *observat. crit.* [1841] S. 18
(*opusc.* 1 S. 91 f.).   E. L. Trompheller Beiträge zur Würdigung der horazischen Dichtweise I—V Coburg 1855 – 1874 4.
L. Döderlein öffentl. Reden (1860) S. 388 ff. 403 f.   C. Prien
der symmetrische Bau der Oden des H. Rhein. Mus. 13, 1858
S. 321 ff.   E. Ch. Kirchhoff das melische Compositionsgesetz
des H. Zeitschr. für das Gymnasialw. 12, 1858 S. 153 ff. 717 ff.,
1859 S. 193 ff., 1860 S. 81 ff.   F. Martin *de aliquot H. carminum ratione antistrophica et interpolationibus* Posen 1865 4.   M.
W. Drobisch Untersuchungen über die Formen des Hexameters des Vergil H. und Homer Berichte der sächs. Ges. der
Wissensch. philol. hist. Kl. 1866 S. 75 ff., 1868 S. 16. 138 ff.,
1871 S. 1 ff., 1872 S. 1 ff., über die Unterschiede der Grundanlage des lat. und griech. Hexameters ebendas. 1873 S. 7 ff.   W.
Christ über die Verskunst des H. im Lichte der alten Ueberlieferung Sitzungsberichte der Münchener Akademie 1868 1 S.
1 ff.   E. Weyhe Bemerkungen über Bau und Charakter der
horazischen Strophe Halberstadt 1870 4.   A. Hauser die Gedichte des H. metrisch erklärt und eingeleitet Lahr 1874 8.
Lorey die Schwierigkeiten der Anwendung des griechischen
Metrums auf die lat. Sprache Hameln 1874 4.

c. Kritik und Interpolationen.

Ph. Buttmann über das Geschichtliche und die Anspielungen im H. (1808) Mythologus 1 S. 297 ff., Horaz und Nicht-Horaz Mythologus 2 (1829) S. 364 ff.   K. Lachmann (1839 –
47) kl. Schriften 2 S. 77 ff.   O. Kreussler *de versibus nonnullis H.* in den *observ. crit.* von M. Haupts *soc. Lat.* [Leipz. 1839
S.] S. 1 ff.   F. Martin *de aliquot H. carminibus commentatio critica* Posen 1844 4.   A. Meineke Philol. 2, 1847 S. 161 f.   M.
Haupt Monatsber. der Berl. Akad. 1858 S. 53 ff. (*opusc.* 3 S.
47 ff.) und in verschiedenen Beiträgen seit 1841 (*opusc.* I II III).
S. Dyckhoff *de aliquot H. carminum locis suspectis* Münster
1857 8.   G. Linker zu H. *carmina* in dem mit H. Bonitz
und E. Hoffmann herausgegebenen *spicilegium criticum* [Wien
1858 8.] S. 1 ff., Verhandlungen der Breslauer Philologenversammlung (Breslau 1858 4.) S. 100 ff., der Frankfurter Philologenversammlung (Leipz. 1863 4.) S. 117 ff., der Hallischen

Philologenversammlung (Leipz. 1868 4.) S. 84 ff., der Innsbrucker Philologenversammlung (Leipz. 1875 4.) S. 81 ff., *quaestiones Horatianae* (Festschrift für Tübingen) Prag 1877 fol. X. W. Ljungberg Jahrb. 80, 1859 S. 440 ff.   O. F. Gruppe Minos über die Interpolationen in den röm. Dichtern u. s. w. Leipz. 1859 8., ders. Aeacus, über die Interpolationen in den röm. Dichtern mit bes. Rücksicht auf H. Berl. 1872 8.   L. Müller Jahrb. 1863 S. 171. 176 ff., 1874 S. 64 ff., Rhein. Mus. 25, 1870 S. 561 ff.   L. Gesell *de interpolationibus mythologicis apud H.* Bonn 1865 8.   Sussmann Heynemann *de interpolationibus in carminibus H. certa ratione diiudicandis* Bonn 1870 8.   F. W. Graser *de Peerlkampi in H. carminibus criticam factitandi ratione* Magdeburg 1868 4.   H. van Herwerden Mnemosyne 1, 1873 S. 424 ff.   F. A. Hoffmann *vindiciae Venusinae* Neisse 1873 4.   J. N. Madvig *advers. crit.* 2 (1873) S. 50 ff.   Th. Fritzsche *de interpolationibus Horatianis I* Güstrow (Berl.) 1873 4.   H. Scheele *Horatiana* Merseburg 1874 4.   A. Ciofi *ad Q. H. F. specimen observationum* u. s. w. Rom 1874 8. (dazu Centralbl. 1875 S. 207). W. Herbst Jahrb. 1871 S. 864, 1875 S. 119 ff., 1876 S. 240. J. Guggenberger *coniecturas aliquot a R. Bentleio in H. epodon librum propositas examin.* Leoben 1875 4.   W. Mewes Jahresber. des philol. Vereins z. Berlin Zeitschr. für das Gymnasialw. 1875 S. 214, 1876 S. 210 f.   P. Roder *Horatiana seu critica ratio qua Lehrsius in H. aliquot carminibus usus est illustratur et examinatur* Marburg 1875 8.   A. du Mesnil zu den Oden des H. Zeitschr. für das Gymnasialw. 1875 S. 705 ff., ders. kritische und exegetische Beiträge zu H. und Vergil Gnesen 1877 4.   C. May *de ratione et via artis criticae quam inde ab* Hofmano-Peerlkamp *recentiores editores in recensendis H. carminibus inierint* Meldorf (Hannover) 1876 4.   W. S. Teuffel die horazische Lyrik und deren Kritik, mit Excursen Tübingen 1876 4.   J. C. F. Campe Jahrb. 1877 S. 129 ff.

III. *Ars poetica.*   J. H. van Reenen *dissert. philol. crit. de H. epistola ad Pisones* Amsterdam 1806 4.   W. Th. Streuber *de Q. H. F. ad Pisones epistola* Basel 1839 8.   E.

J. Hilgers *de Q. H. F. epistola ad Pisones* Bonn 1841 8.
F. Jacob einige Andeutungen über das Verhältniss des Briefes
an die Pisonen zu den Satiren u. s. w. Lübeck 1841 4. J.
Eckert Beleuchtung der horazischen Epistel an die Pisonen
u. s. w. Landshut 1844 4. G. Bernhardy *de H. epistola ad
Pisones* Halle 1647 4. A. Arnold die Dichtkunst des H., ...
Urschrift, Uebersetzung, Erklärung (zuerst 1853) 2. Aufl. Halle
1860 8. A. Michaelis *de auctoribus quos H. in arte poetica
secutus esse videatur* Kiel 1857 4. B. Büchsenschütz
Philol. 12, 1857 S. 150 ff. F. Fritzsche *quatuor leges sce-
nicae Graecorum poeseos sub H. in a. p. latae* Leipz. 1858 8.
Rührmund Zeitschr. für das Gymnasialw. 1858 S. 250 ff.
A. Kiene die Composition der *a. p.* des H. Stade 1861 8.
L. Spengel Philol. 18, 1862 S. 94 ff., 33, 1874 S. 574 ff.
F. A. Beck Beitrag zur Würdigung der Epistel an die Pisonen
Giessen 1863 4., ders. Eos 1, 1864 S. 196 ff. Gidionsen
H.'s Epistel an die Pisonen Husum 1865 4. A. Riese Jahrb.
1866 S. 476 ff. J. Vahlen Zeitschr. für die österreich. Gymn.
1867 S. 1 ff., Hermes 12, 1876 S. 159 f. Th. Mommsen
ephem. epigr. 2, 1872 S. 145. Reger über die *a. p.* des H.
Passau 1873 4. A. Smits *Q. H. F. de a. p. liber, textum re-
cogn. in usum studiosae iuventutis* Utrecht (Venlo) 1875 8. V.
Valentin die Composition der H.'schen Epistel an die Pisonen
Frankfurt a. M. 1876 4.

IV. Episteln: Ausg. von F. E. Th. Schmid (ohne die
ars poet.) 2 Bde. Halberstadt 1828-30 8., S. Obbarius (nur
B. I) 2 Bde. Leipz. 1837-47 8. Des Q. H. F. Episteln und Buch
von der Dichtkunst mit Einleitung und krit. Bemerkungen von
O. Ribbeck Berl. 1869 8.

H. A. Schierenberg über die Lebensumstände und den
Charakter der Personen, an welche die Br. des H. gerichtet
sind u. s. w. Detmold 1846 4. K. Reichel H. und die ältere
röm. Poesie Pressburg 1852 4. H. Berning über den Geist
der horazischen Briefe Recklinghausen 1856 4. H. Keck *de
H. epist. libro I* u. s. w. Kiel 1857 4. H. Muther Beiträge
zur Erklärung und zur Emendation der horaz. Episteln Coburg
1864 4. W. H. Kolster über die Episteln des H. welche

ersichtlich Antwortschreiben sind Meldorf 1867 4. E. Meissner der Kampf des H. für eine bessere Geschmacksrichtung in
der Poesie Dresden 1867 8. F. Pahle zur Erklärung des 1.B.
der horazischen Episteln Jahrb. 1868 S. 185, 269 ff. L. C. M.
Aubert *adnotat. in I H. epist. l. Tidskrift for Philol.* 9, 1870
—71 S. 170 ff.

Zu einzelnen Episteln: I 2, I 1 und 7 L. Drewes Jahrb.
1875 S. 767 ff., 1876 S. 705 ff. I 5, 9 W. Christ Jahrb. 1876
S. 159 f. O. Lemcke *de H. ep. I 6 et 10* Jena 1874 8. I 7 R.
Hasper die 7. Ep. im 1. B. des H. Naumburg 1874 4. I 11
W. Teuffel Rhein. Mus. 27, 1872 S. 347 ff. I 11 und 14
J. C. F. Campe Philol. 29, 1870 S. 448 ff. I 12 J. Arnoldt
Jahrb. 1870 S. 619 ff. I 15 M. Schanz Verhandlungen der
Würzburger Philologenversamml. (Leipz. 1869 4.) S. 115 ff.
P. Geyer *de H. ep. I 16—18* Jena 1872 8. F. Clausen *de
H. l. I ep. 19* Jena 1868 8. I 20 O. Müller ein Begleit-
schreiben des H. zu seinen Sermonen Berl. 1876 4. I 20, 24
H. Düntzer Jahrb. 1876 S. 423 ff. II 1 J. Vahlen Zeitschr.
für die österreich. Gymn. 1871 S. 1 ff. 241 ff. 254 ff., 1873 S.
18 ff. II 2 A. Łowiński *schedae criticae in H. epist. II 2*
Deutschkrone 1876 4.

3. Zur Kritik und Erklärung im allgemeinen.

G. Dorn-Seiffen *onomasticum poeticum inprimis Virgilii
H. et Ovidii* Utrecht 1808 8. Ch. W. Mitscherlich *racema-
tionum Venusinarum fasc. I—IX* Göttingen 1828—34 4. H.
C. A. Eichstädt *paradoxa quaedam Horatiana I—XII* Jena
1832—43 4. und andere Programme zu einzelnen Gedichten.
L. Döderlein *lectiones Horatianae* (1828 — 36) Reden und
Aufsätze 1 (1843) S. 399 f., 2 (1847) S. 211 ff. und zwei Erlanger Programme von 1853 und 1855 4. W. Dillenburger
quaestiones Horatianae I Cöln 1839 4., *I II* Bonn 1841 8.,
Horatiana I II Aachen 1841 und Emmerich 1845 4. A. Weichert *lectiones Venusinae* Grimma 1843 4. C. Hammerstein
quaestiones Horatianae criticae Bonn 1846 8. J. G. F. Estré
Horatiana prosopographia Amsterdam 1846 8. J. W. Steiner
commentationes Horatianae I II Creuznach 1847 4. F. Schröter *quaestiones Horatianae I II* Saarbrücken 1847—56 4. J.

Horkel *analecta Horatiana* Berl. 1852 S.   J. Grautegein *de H. ratione theologica et philosophica* Münster 1857 S.   M. Ferraz *de stoica disciplina apud poetas Romanos* Paris 1862 S.   R. Unger *emendationes Horatianae* Halle 1572 S.   L. Müller *lectiones Horatianae, mélanges gréco-romains* 3 (St. Petersburg 1873 S.) S. 688 ff.   A. Th. H. Fritzsche Bursians Jahresber. I 1873 S. 464 ff., III 1874–75 1 S. 163 ff., IV 1976 1 S. 214 ff.

4. Sprache.

J. H. M. Ernesti *clavis Horatiana* 3 Bde. Berl. 1802—1504, Leipz. 1823 S.   Wortindex in der *ed. ad usum Delphini* Paris 1691 4., von Is. Verburg, Lemaire (Paris 1531 S.) und K. Zangemeister (s. Bentley's Ausgabe) sowie von Keller und Holder.

J. A. Voigt über den Gebrauch des Adjectivs bei H. Halle 1844 4.   F. W. Dahleke *de usu infinitivi Horatiano I* Breslau 1854 4.   F. J. Herster *de infinitivi natura et apud H. usu* Münster 1858 S.   A. Rothmaler *de H. verborum inventore* Berl. 1562 S.   C. Zangemeister *de H. verbis singularibus* Berl. 1862 S.   G. Ebeling *de casuum usu Horatiano* Wernigerode 1866 4., *de imperativi usu Horatiano* ebendas. 1570 4.   F. Peters zur Wortstellung in den Oden des H. Münster 1870 4.   H. O. Indebetou *de usu infinitivi Horatiani* Upsala 1575 S.   J. Witrzens Gebrauch der Praepositionen in der Stellung ἀπὸ κοινοῦ bei H. Waidhofen 1575 S. (Zeitschr. für die österr. Gymn. 1575 S. 792).

5. Alte Commentatoren (Porphyrio, Acro).

Scholia Horatiana quae feruntur Acronis et Porphyrionis post G. Fabricium (1555) *nunc primum emendatiora ed.* F. Pauly (zuerst 1858) *ed. II* 2 Bde. Prag 1561 S.   *Acronis et Porphyrionis commentarii in Q. H. F. ed.* F. Hauthal 2 Bde. Berl. 1564—66 S. (vorher eine *Pars I* Leipz. 1659 S.) *Pomponii Porphyrionis commentarii in Q. H. F. rec.* W. Meyer Leipz. 1574 S.   *Scholia Vindobonensia in H. artem poeticam ed.* J. Zechmeister Wien 1877 (XXII 56 S.) S.

W. H. D. Suringar *historia critica scholiastarum Latinorum* Bd. 3 Leiden 1535 S.   W. Teuffel Rhein. Mus. 3, 1844 S. 473 ff.   F. Pauly *quaestiones Horatianae criticae*

Bonn 1851 8. Ders. *quaestiones criticae de Acronis et Porphyrionis commentariis Horatianis* Prag 1858 8., Beiträge zur Kritik des Horazscholiasten Porphyrion Eger 1875 8., neue Beiträge u. s. w. nebst Nachträgen zu den Scholien Eger 1877 8. C. L. Roth Rhein. Mus. 13, 1858 S. 517 ff. G. Linker Zeitschr. für die österr. Gymn. 1855 S. 813 ff. W. Hirschfelder *quaestionum Horatianarum specimen* (über den Commentator Cruquii) Berl. 1862 4. H. Usener *de scholiis Horatianis commentatio* Bern 1863 4. Ders. Rhein. Mus. 23, 1868 S. 490 f. O. Keller Rhein. Mus. 19, 1864 S. 154 ff., Jahrb. 1865 S. 175 ff., *symbola philol. Bonn.* (Leipz. 1867 8.) S. 491 ff. E. Schweikert *de Porphyrione et Acrone scholiastis Horatianis* Münster 1865 8., *de Acrone qui fertur H. scholiasta* Coblenz 1871 4. F. Hauthal Zeitschr. für das Gymnasialw. 1866 S. 398 ff. M. Petschenig Zeitschr. für die öster. Gymn. 1868 S. 643 ff. 1871 S. 649 ff. 1874 S. 341 ff. 1876 S. 721 ff., zur Kritik der Horazscholiasten Klagenfurt 1872, zu den Scholiasten des H. Graz 1873 8. W. Meyer Beiträge zur Kritik des Horazscholiasten Porphyrion Münster 1870 4. J. Vahlen Hermes 12, 1876 S. 190 f. M. Hertz *analecta ad carminum Horatianorum historiam* Breslau 1876 4.

70—19
v. Chr.

§ 50. P. Vergilius Maro (684—735 d. St.).

I. Leben und Werke im allgemeinen.

Die antiken *vitae* des Probus Suetonius (Donatus) Servius Phocas. H. Keil *M. Valerii Probi comm.* (Halle 1848 8. S. 1 f. Reifferscheids Sueton S. 52 ff. 398 ff. O. Ribbeck Jahrb. 1863 S. 351 ff., ders. vor der kl. Textausgabe (1859) und in den Prolegomenis der großen Ausgabe (1866). E. Wölfflin Philol. 24, 1866 S. 153 ff. H. Hagen Jahrb. 4. Supplementbd. (1861—67) S. 734 ff. J. Henry Jahrb. 1867 S. 419 ff.

Zum Namen F. Schultz *orthographicarum quaestionum decas* (Paderborn 1855 8. S. 42 ff. E. Hübner Jahrb. 1855 S. 360 f. H. Hagen ebend. 1867 S. 608. Th. Creizenach ebendas. 1868 S. 294 ff. F. Ritschl *opusc.* 2 (1868) S. 779 ff. Th. Bergk Philol. 28, 1869 S. 441. J. Pohl Vorbemerkungen und Beiträge zu einer lat. Orthographie (Linz a. Rh. 1871 4. S. 14 ff.

II. Werke.

a. Handschriften (sieben in Capitalschrift, davon drei in
Rom der Vaticanus *s. III—IV* (?) mit Abbildungen, der Romanus *s. IV* ebenfalls mit Abbildungen, der Palatinus *s. IV—V*,
der Mediceus *s. V* mit Scholien, die Recension des Turcius
Rufius Apronianus Asterius cos. 494 enthaltend, und die Fragmente dreier in St. Gallen, Verona, Rom und Berlin; eine Anzahl von Handschriften *s. IX—XI*, drei Berner, der Gudianus,
drei Wiener, der Weissenauer; der Bodleianus u. a.; der Ambrosianus *s. XII* mit Abbildungen; zahlreiche jüngere; eine
Anzahl älterer noch unbenutzt).

Antiquissimi Virgiliani cod. fragmenta et picturae die zuerst
1677 auf 55 Tafeln in 4. erschienen) *ex bibl. Vaticana ad priscas
imaginum formas a* Petro Sancte Bartholi *incisae* Rom 1741
fol. mit dem Text von G. G. Bottari (die *picturae* auch Rom
1776 und 1782 4.). *P. V. M. codex antiquissimus a Rufio Turcio
Aproniano v. c. distinctus et emendatus qui nunc Florentiae in
bibl. Mediceo-Laurentiana adservatur bono publico typis descri-
ptus* (von P. F. Foggini) Florenz 1741 4.

K. W. Müller *analect. Bernens. p. III: de codd. V. quae
in Helvetiae bibliothecis asservantur* u. s. w. Bern 1841 4. J. G.
Ek *ad P. V. M. ex cod. membr. bibl. acad. Lund. nunc primum
collato lectionis varietatem adnotavit* u. s. w. P. I-IX Lund 1844
—47 4. J. Horkel *analecta Horatiana* Berl. 1852 S.) S. 10 ff.
G. Butler *cod. Virgilianus qui nuper ... Bodlejanae accessit
cum Wagneri textu collatus* Oxford 1854 8. O. Ribbeck Monatsber. der Berliner Akademie 1854 S. 36 ff. und Prolegomena
seiner Ausg. (Leipz. 1866 8.) S. 218 ff. C. D. Hassler *collatio
cod. Vergiliani Minoraugiensis cum imagine pictoris Sueviae antiquissimi* Ulm 1856 4. Varianten der Weissenauer Hs. zu V.'s
bukolischen Gedichten Feldkirch 1861 4. G. H. Pertz über
die Berliner und die vaticanischen Blätter der ältesten Hs. des
V. Abhandl. der Berliner Akademie 1863 S. 97 ff., Nachtrag
Monatsberichte 1864 S. 276 f. U. Köhler Monatsber. der
Berliner Akademie 1864 S. 278 ff. E. Hoffmann zur Kenntniss und Beurtheilung einiger Vergilhandschriften Zeitschr. für
die öster. Gymn. 1865 S. 129. 477 ff. Winnefeld ein Ueber-

rest eines Codex von V.'s Aeneis mit Scholien des Servius Eos
2, 1865 S. 533 ff.   A. Breysig *de Vergiliani cuiusdam codicis
reliquiis* Philol. 23, 1866 S. 659 ff.   H. Brandt *collatio cod.
Verg. Dessaviensis* u. s. w.   Dessau 1869 4.

> b. Ausgaben der sämmtlichen Werke.

Die *princeps* Rom (1469) fol., die *Aldina* Venedig 1501 S.
und öfter, von G. Fabricius Basel 1551 fol. und öfter,   J. L.
de la Cerda 3 Bde. Madrid 1608–17 fol. und öfter, F. Taubmann Wittenberg 1618 4., D. Heinsius Leiden 1636 12.,
N. Heinsius Amsterdam 1664 und 1676 12., P. Masvicius
2 Bde. Leuwarden 1717 und Venedig 1736 4. *cum notis variorum* und mit den Scholien von P. Burman 4 Bde. Amsterdam
1746 4., A. Ambergi (mit ital. Uebersetzung und vielen Kupfern) 3 Bde. Rom 1763—65 fol.,   die grofse Ausg. von C. G.
Heyne (zuerst 4 Bde. 1767–75) *ed. IV cur.* G. E. Ph. Wagner 4 Bde. Leipz. 1830—32 8., Bd. 5 *P. V. M. c. ad pristinam
orthographiam ... revocata accedit orthographia Vergiliana* u.s.w.
Leipz. 1841 S. (desselben kl. Ausg. 1845, 3. Aufl. Leipz.
1861 S.), J. H. Jaeck Weimar 1826 12., A. Forbiger (zuerst 1836—39) 4. Ausg. 3 Thle. Leipz. 1872–75 8., *ad modum
J. Bond* von F. Dübner Paris 1858 16.

P. V. M. opera rec. O. Ribbeck Bd. 1–3 Leipz. 1859-62.
prolegomena critica ad P. V. M. opera maiora 1866, Bd. 4 *appendix Vergiliana* 1869 S.

Mit deutschen Anmerk. von Th. Ladewig (zuerst 1850 f.)
8. Aufl. von C. Schaper 3 Thle. Berl. 1876—77 S., von K.
Kappes 3 Thle. Leipz. 1873—76 8. dazu W. Gebhardi
und F. Haug Zeitschr. für das Gymnasialw. 1875 S. 469 ff.,
mit französ. Anm. von E. Benoist zuerst 1867–72 (dazu Ph.
Wagner Jahrb. 1868 S. 145 ff.) 2. Ausg. 2 Bde. Paris 1876 S.

Texte von M. Haupt (zuerst 1858 2. Ausg. Leipz. 1874 S.
(mit den Catalectis), O. Ribbeck Leipz. 1859 und 1867 S..
Th. Ladewig (*cum delectu variae lectionis*) Berl. 1866 8.

Auswahl von F. Jacobs Blumenlese der röm. Dichter 2
(Jena 1626 S.) S. 367 ff.

> c. Einzelne Werke.

> 1. *Bucolica* (*eclogae* X) 713,41—715,39.

V.'s ländliche Gedichte [Bucolica und Georgica, lat. und]
übersetzt und erklärt von J. H. Voss Bd. 1. 2 (zuerst 1797)
herausgeg. von Abr. Voss Altona 1830, Bd. 3. 4 (zuerst 1789)
2. Ausg. Eutin und Hamburg 1800 S. V. Bucolica herausgeg.
und erklärt von E. Glaser Halle 1876 S.

Metrisch übers. mit Einleitung von F. W. Genthe (zuerst
1830) 2. Ausg. Leipz. 1855 16.

G. A. Gebauer *de poetarum Graecorum bucolicorum in-
primis Theocriti carminibus in eclogis a V. expressis part. I*
Leipz. 1856, Bd. I Leipz. 1861 (256 S.) 8. Ders. *quatenus
V. in epithetis imitatus sit Theocritum* Zwickau (Leipz.) 1863 4.
O. Ribbeck Jahrb. 1857 S. 65 ff. A. Th. H. Fritzsche zu
Theokrit und V. I Leipz. 1860 S. Ders. Bursians Jahresber.
I 1873 S. 308 ff. II III 1874—75 1 S. 254 ff. IV 1876 1 S. 129 ff.
C. Schaper über die Entstehungszeit der vergilischen Eclogen
Jahrb. 1864 S. 633 ff. 769 ff., ders. *de eclogis V. interpretan-
dis et emendandis* Posen 1872 4. R. Peiper Jahrb. 1865 S.
344 ff., 1867 S. 456 ff., 1868 S. 167 f. Klimpfinger die
bukolische Poesie, Theokritus und V. I II Suczawa 1867—68 S.
W. Kloucek Miscellen zu V. I II Leitmeritz 1870—73 4. J.
F. Westphal *de V. carminibus bucolicis* Rostock 1871 S. E.
Büttner über das Verhältniss von V.'s Eclogen zu Theokrits
Idyllen Insterburg 1873 4. H. van Herwerden Mnemosyne
1, 1873 S. 412 ff. A. Agresti *studii critici sulla Bucolica di
V.* Neapel 1874 S.

Zu einzelnen Eclogen.

I II G. Bippart Beiträge zur Erklärung und Kritik des
V. (Abhandl. der böhm. Ges. der Wiss. 6. Folge Bd. 2 Prag
1869 4.)

II—V F. D. Changuion *V. and Pollio, an essay on V.'s
eclogues II—V* Basel 1876 S.

IV P. W. Freymüller die messianische Weissagung in
V.'s Ecl. IV Metten 1852 4. G. F. Schoemann *de Roma-
norum anno saeculari ad V. ecl. IV* (1856) *opusc.* 1 S. 50 ff. L.
Giesebrecht in der Zeitschrift Damaris Bd. 2 (1861) S. 197 ff.
P. A. H. Wimmers *de V. ecloga quarta* Münster 1874 S. W.
Gebhardi V.'s 4. Ecl. Zeitschr. für das Gymnasialw. 1874

S. 561 ff. O. Hellinghaus *de V. ecl. IV* Münster (Paderborn, Leipz.) 1875 8. R. Hoffmann *de IV V. ecloga interpretanda* Rossleben (Halle) 1877 4.

VIII F. C. Göbbel *de V. ecl. VIII* u. s. w. Warendorf 1862 8. R. Peiper Jahrb. 1864 S. 456 ff. E. von Leutsch Philol. 22, 1865 S. 214 ff. J. Huemer zur Erklärung von V. Ecl. VIII 47—50 Zeitschr. für die österr. Gymn. 1877 S. 421 f.

X G. Gevers die zehnte Ecl. des V. eine Parodie Verden (Hannover) 1864 8. Ph. Wagner Jahrb. 1865 S. 773 ff.

2. *Georgicon l. IV* 717/37—724/30.

Ausg. (lat. und deutsch) von J. C. Manso Jena 1783 8., von G. Wakefield Cambridge 1789 8., J. H. Voss [mit den Bucolicis] (1789), E. Glaser Halle 1872 8. Uebersetzt und erklärt von F. W. Genthe Quedlinburg 1829 8.

E. L. Posselt *de V. Georgicis* Durlach (Carlsruhe) 1786 8. E. Tegner *diss. de digressionibus in V. Georgicis* Lund 1799 8. A. G. Rein *de studiis humanitatis pars XXII (de V. Georgicis)* Gera 1829 4. J. Schiestl *V. Georgica tantum abest ut sint poema omnibus numeris absolutum* u. s. w. Amberg 1830 4. A. Tittler über die Zeit der Veröffentlichung der Georgica V.'s Brieg 1857 4. O. Hanow *schedae criticae ad V. Georgica* Lissa (Berl.) 1863 4. Ders. Zeitschr. für das Gymnasialw. 1863 S. 78 f. Unterberger V.'s Georgica, ein litteraturgeschichtlicher Versuch Brixen 1863 8. Fleischmann Blätter für das bayr. Gymnasialschulw. 1869 S. 104 ff. 151 ff. H. Seemann *annotationes in V. Georgicon l. IV 1-314* Neisse 1870 4. K. Bossler Beitr. zur Erklärung von V.'s Georgica Darmstadt 1872 4. F. Bockemüller V.'s Georgica nach Plan und Motiven erklärt Stade 1874 8. C. Schaper *de Georgicis a V. emendatis* Berl. 1873 8. (dazu O. Ribbeck Jenaer L. Z. 1874 S. 315 f.). J. Knöpfler *de V. Georgicis* Salzburg 1874 8. F. Borgius *de temporibus quibus V. Georgica scripta et perfecta sint* Halle 1875 8.

3. *Aeneidos l. XII* 725/29—735/19.

Ausg. von B. F. Schmieder 2 Bde. Berl. 1799—1800 8.. P. Hofman-Peerlkamp 2 Bde. Leiden 1843 8., G. W. Gossrau (zuerst 1846) 2. Ausg. Quedlinburg 1875 8., *with*

a commentary by J. C o n i n g t o n *and* H. N e t t l e s h i p (zuerst
1858—71, vgl. H. A. J. M u n r o *journal of classical and sacred
philology* 4, 1859 S. 267 ff.) 3 Bde. London 1872—75 8.

a. Kritik und Erklärung.

C. G. H e y n e *de carmine epico Virgiliano* Bd. 2 seiner
Ausg. S. 1 ff.   I. D. W e i c k e r t *annotationes in Aen. l. II priores* Luckau 1834 4.   L. M a g n i e r *analyse critique de l'Énéide*
Paris 1844 8.   C. A. C a d e n b a c h *prolegomena ad ·V. Aen.*
Essen 1844 4.   J. F r e u d e n b e r g *vindiciarum Virgilianarum
spec.* Bonn 1845 4.   J. S i e b e l i s *in Aen. ab Hofmano-Peerl-
kamp editae l. I adnotationes* Hildburghausen 1845 4.   S. J. E.
R a u *de versibus spuriis in Aen. l. I* Leiden 1845 8. und Jahrb.
43, 1845 S. 3 ff.   J. S t a n k o *de Petri Victorii commentariis
originalibus ineditis in l. IV Aeneidos* München 1852 4.   Th.
L a d e w i g über einige Stellen des V. Neustrelitz 1853 4.   F.
B r e i e r *de V. epico poeta recte aestimando disputat. III* Lübeck
1855 4.   K. K a p p e s Beitr. zur Erklärung von V.'s Aeneide
(B. I) Freiburg 1859 8., (B. II) Constanz 1863, (B. III) Donaueschingen 1866, (B. IV) ebend. 1871 8.   Th. P l ü s s die Gott-
menschlichkeit und die Wiedergeburt des Octavianus Augustus
Jahrb. 1870 S 145 ff.; ders. zur Erklärung der Aeneis ebendas.
1875 S. 635 ff., 1877 S. 69 ff.   F. C o n r a d s *quaestiones Virgi-
lianae* Trier 1863 4.   J. M. v a n G e n t *annotationes criticae in
P. V. M. Aeneidem* Leiden 1864 8.   G. F r i e d r i c h Beitr. zur
Erklärung des 2. Gesangs der Aeneis Teschen 1868 4.   A. W e i d-
n e r Commentar zu V.'s Aeneis B. I und II Leipz. 1869 8. (dazu
C. S c h e n k l Zeitschr. für die österr. Gymn. 1870 S. 377 ff.   F.
W. M ü n s c h e r Zeitschr. für das Gymnasialw. 1872 S. 327 ff.)
P ö h l i g Beitr. zur Kritik und Erklärung von V.'s Aeneis B. I
Stendal 1871 4.   G. E. N i e m e y e r *de locis quibusdam Aeneidos
a Ribbeckio nuper contra libros immutatis* Leipz. 1872 8.   H.
F l a c h zur Chronologie von Aeneis B. III Jahrb. 1873 S. 853 ff.
J. N. M a d v i g *advers. crit.* 2 (1873) S. 29 ff.   A. S c h a l k h ä u s e r
Beiträge zur Erklärung des 6. Buchs der Aeneide V.'s Bayreuth
1873 4.   H. B r a n d t Zeitschr. für das Gymnasialw. 1874 S.
81 ff.,   d e r s. Jahrb. 1875 S. 635 ff., zur Kritik und Exegese

von V.'s Aeneis I—III Bernburg 1876 4.   C. W. Nauck Er-
klärung von V.'s Aeneis I Königsberg in der Neumark 1862
und 1869 4, und von Aen. II 1—100 ebendas. 1874 4., ders.
Zeitschr. für das Gymnasialw. 1874 S. 709 ff., 1875 S. 75 ff.
C. A. Bentfeld Beiträge zur Erklärung des V. ebendas. 1874
S. 808 ff., 1875 S. 206 ff. 652 ff.   G. Schröter Beitr. zur
Kritik und Erklärung von V.'s Aeneis Grofsstrelitz 1874 4.   H.
Nettleship *suggestions introductory to a study of the Aeneid*
Oxford 1875 8.   R. Wiechmann *de Aeneidos l. II composi-
tione* Potsdam 1876 4.   W. Y. Sellar *the Roman poets of the
Augustan age: Vergil* London 1877 8.   C. Schaper über die
in der 1. Hälfte der Aeneis durch die moderne Kritik gewonne-
nen Resultate Zeitschr. für das Gymnasialw. 1877 S. 65 ff.
Georgii über das 3. B. der Aeneide Festschr. der Gymnasien
und Seminarien Württembergs (Stuttgart 1877 4.) S. 63 ff.

E. Bährens Bursians Jahresber. I 1873 S. 211, II—III
1874/75 2 S. 216 ff., IV 1876 2 S. 149 ff.

b. Stoff der Aeneis.

Ch. V. de Bonstetten *voyage sur la scène des dix der-
niers livres de l'Énéide* u. s. w. Genf 1804 uud 1813 8., deutsch
von K. G. Schelle 2 Bde. Leipz. 1805 8.   C. N. Osiander
de carmine epico V. vere populari Stuttgart 1616 4.   A. Sche-
ben *de poetis Aeneae·fugam atque fata ante V. describentibus
dissertatio* Münstereifel 1626 4.   H. Töpfer *V. geographia in
Aen. opere exhibita p. I—IV* Arnstadt 1828-31 4.   L. Lersch
de morum in V. Aeneide habitu Bonn 1836 8., ders. das römische Haus in der Aeneis Zeitschr. für die Alterthumsw. 5,
1838 S. 71 72, die Idee und antiquarische Bedeutung der Aeneis
Museum des rheinisch-westphäl. Schulmännervereins 2, 1843
S. 18 ff., *antiquitates Vergilianae ad vitam populi Romani descriptae* Bonn 1843 8.   A. Göbel Jahrb. 1854 S. 658 ff.   R.
H. Klausen Aeneas und die Penaten u. s. w. 2 Bde. Hamburg und Gotha 1839—40 8.   Schwegler röm. Geschichte
1 (1853) S. 279 ff.   Kuschel über die Quellen von V.'s
Aeneis Breslau 1858 4.   Chr. Muff *antiquitates Romanae in V.
Aeneide illustratae P. I* Halle (Berl.) 1864 8.   A. Noël *V. et
l'Italie* Paris 1865 8.   J. Henry *notes of a twelve years voyage*

of discovery in the first six books of the Eneis Dresden 1853
(588 S.) 8. und Jahrb. 1856 S. 452 ff., *Adversaria Virgiliana*
Philol. 11, 1856 S. 480 ff., 597 ff., 12, 1857 S. 248 ff., 13, 1858
S. 629 ff., 17, 1861 S. 627 ff., ders. *Aeneidea* London und
Edinburgh 1873 8. A. Bougot *de morum indole in V. Aeneide*
u. s. w. Paris 1876 8.

c. Vorbilder.

F. Ursinus *V. collatione Graecorum scriptorum illustratus* Antwerpen 1568, Leuwarden 1747 8. A. G. Walch *de
eo quod nimium est in imitatione Homeri Virgiliana meletema
crit.* Schleusingen 1733 4. F. F. Drück *diss. philol. de vitiis
et virtutibus Homeri et V.* u. s. w. *seculi ipsorum indole aesti-
mandis* Stuttgart 1780 4. J. A. H. Tittmann *de V. Homerum imitante* Wittenberg 1787 4. F. Seybold Vergleichung
V.'s und Homers u. s. w. Pirmasens 1789 4. O. C. Lauter
de V. imitatore Homeri Heidelberg 1796 4. P. C. G. Andreae
locorum quorundam Homero-Virgilianorum spec. I II Jena 1804.
1814 8. H. Müller Homer und V. eine Parallele Erfurt 1807
8. F. W. Eichhoff *études grecques sur V. ou recueil de tous
les passages des poètes grecs imités dans les bucoliques géorgiques
et l'Énéide* u. s. w. Paris 1825 8. J. Eckert Parallele zwischen Homers Ilias und V.'s Aeneis München 1829 4. C. A.
Steinmetz *comment. de aliquot locis Odysseae et Aeneidos ad
Orci Maniumque descriptionem pertinentibus* Merseburg 1840 4.,
ders. *annotationes ad aliquot V. locos* Merseburg 1846 4. H.
Wedewer Homer V. Tasso u. s. w. Münster 1843 8., ders.
über die Episoden in der Aeneis Museum des rheinisch-west-
phälischen Schulmännervereins I 1841 S. 78 ff. C. A. Sainte-
Beuve *étude sur V.* u. s. w. Paris 1857 8. *P. V. M. auctores
et imitatores collegit* Woldemarus Ribbeck in O. Ribbecks Ausg.
Bd. 3 (1862) S. 363 ff. J. Bittner *quomodo V. loca inferna
animarumque conditionem descripserit* Kommotau 1869 8. P.
Richter *de V. imitatore poetarum Graecorum* Rostock (Halle)
1870 8. Delcasse *des idées philosophiques répandues dans les
poèmes de V.* Straßburg 1870 8. P. H. L. Krüger *V. Aeneis
quibus in rebus secuta sit exempla veterum poetarum Latinorum*
Jena 1874 8. C. A. Bentfeld über den Einfluss des Ennius

auf V. Salzburg 1875 8. (dazu Zeitschr. für die österr. Gymn.
1875 S. 163 ff.) A. Arndt Homer und V. eine Parallele u. s. w.
Leipz. 1875 8. M. Ardizzone *in che l'Eneide di V.* u. s. w.
riesca originale Palermo 1876 8.

d. Sprache und Metrik.

Wortindex von N. Erythraeus Venedig 1537 und oft
wiederholt (z. B. in Burmans Ausg. Bd. 4), von C. Ruaeus
in der *ed. ad usum Delphini* Paris 1675—82 4. und öfter (in
Heyne's Ausgabe Bd. 4). F. A. Ludewig *clavis Virgiliana*
u. s. w. 2 Bde. Berl. 1805 8. G. Dorn-Seiffen *onomasticum poet.* (1808) s. unter Horatius § 49, 3. Ph. Wagners
orthographia Vergiliana (Bd. 5 seiner Ausg. 1841) und O. Ribbeck's *index grammaticus* (*prolegomena* seiner Ausg. 1866 S.
381 ff.). G. A. Koch (ursprüngl. G. Ch. Crusius) vollständiges Wörterbuch zu den Gedichten des V. (zuerst 1855) 5. Aufl.
Hannover 1875 8.

P. J. Petersson *de syntaxi Virgiliana quaestiones* Upsala
1854 8. Eppelin über die Vergleichungen V.'s Lahr 1862 8.
L. Cholevius *epitheta ornantia quibus V. utitur cum iis comparata quibus posteriores epici Latini, maxime quidem Silius,
carmina sua distinxerunt I* Königsberg (Berl.) 1865 8. M.
Wilms *qua ratione V. in Aeneide aut locuturum aliquem aut
locutum esse indicaverit* Duisburg (Berl.) 1865 4. Ph. Spitta
quaestiones Vergilianae Göttingen 1867 4. E. von Feist-
mantel die Declination der griech. Eigennamen bei V. Baden
1867 8. Th. Ladewig *de V. verborum novatore I* Neustrelitz 1870 4. W. Hornbostel über die Gleichnisse bei
V. Ratzeburg 1870 4. Zimmermann Versuch eine bei V.
im Satzgefüge des Gleichnisses häufig stattfindende Stellung
des Nebensatzes zu erklären Blätter für das bayer. Gymnasialschulw. 1870 S. 221 ff. C. Rantz der Accusativus bei V. I. u. s. w.
Düren (Bonn) 1871 4. H. Löwe *symbolae ad enarrandum sermonem poetarum Latinorum II: de elocutione V.* Grimma 1873 4.
F. Sass *de numero plurali* [bei V.] Kiel 1873 8. H. Steu-
dener *Vergiliana* Rossleben (Halle) 1873 4. H. Dittel der
Dativ bei V. Innsbruck 1873 4., W. von Steltzer der Gebrauch
des Infinitivs bei V. Nordhausen 1875 4. Ch. Jänicke die

sogenannten Gräcismen im Gebrauch des Infinitivs bei V. Ober-
hollabrunn 1875 8. Lünzner über Personification in V.'s
Gedichten Gütersloh 1876 4. Houben *de comparationibus
Vergilianis* Düsseldorf 1876 4. J. Ley *Vergilianarum quae-
stionum specimen prius: de temporum usu* Saarbrücken 1877 4.
L. Müller *de re metrica poet. Lat.* (1861) S. 140 f. 163.
190 f. M. W. Drobisch Untersuchungen über die Formen des
Hexameters bei V. Horaz und Homer s. unter Horatius § 49,
II b. Wendtland über die Hemistichien in V.'s Aeneis Zeit-
schrift für das Gymnasialw. 1875 S. 375 ff.

Im allgemeinen A. Haeckermann *explicationum Vergilianarum specimen* Greifswald 1853 4., dess. zahlreiche Beiträge in Zeitschriften. Ph. Wagner *lectionum Vergilianarum
libellus* Philol. Supplementbd. 1, 1859 S. 307 ff., Philol. 15,
1860 S. 351 f., 16, 1860 S. 537 ff., 17, 1861 S. 170 ff. 363 ff.
F. Conrads *quaestiones Virgilianae* Trier 1863 4. C. Regel
quaestionum Vergilianarum criticarum specimen Celle 1866 4.
H. A. J. Munro *journal of philology* 2, 1869 S. 144 ff. H.
Richards ebendas. 5, 1872 S. 134 ff.

4. Die *Catalecta* und die pseudovergilischen Gedichte.

P. V. Maronis *appendix cum supplemento multorum ante-
hac nunquam excusorum poematum veterum poetarum*, Ios. Scaligeri *in eandem appendicem commentarii* u. s. w. Lyon 1573
8., wiederholt Antwerpen 1575 8., hinter dem V. von G. V.
Guellius, neu bearbeitet von F. Lindenbruch Leiden
1595 8., und mit neuem Titel *Catalecta V. et aliorum poetarum
Latinorum veterum poematia cum commentariis* I. Scaligeri
Leiden 1617 8. In P. Burman's *Anthol. Lat.* 2 (1773) S.
649 ff. In J. Chr. Wernsdorfs *poetae Lat. minores* 2 (1780)
S. 292 und 3 (1765) S. 1 ff. Ausg. der *dirae* von H. C. A. Eichstädt Jena 1826 4., C. Putsche Jena 1828 8. F. Fiedler
ex V. catalectis epigrammata VII et Copa Wesel 1830 4. M.
Schmidt Philol. 8, 1853 S. 190 ff. M. Haupt Berl. Lectionskatalog von 1859 4. (*opusc.* 2 S. 148 ff.). Dazu oben
§ 34. 3 In Meyers *anthol. Lat.* 1 (1835) S. 21 ff.

Handschriften (*Culex Dirae Copa Moretum* im Bembinus

s. IX, und im Thuaneus und Parisinus *s. X—XI*, im Augus-
tanus *s. XI; Aetna Ciris Catalecta Priapea* im Bruxellensis
s. XII—XIII und den jüngeren Helmstadiensis, Rhedigeranus
Arundelianus *s. XV; Culex* ferner im Cantabrigiensis *s. IX*
und zwei Colbertini *s. X, Moretum* im Vindobonensis *s. XI,
Moretum Dirae Copa* im Monacensis *s. XI* und Tegernseeensis
s. XII und jüngeren).

I. *Catalecta* (Elegien 1—6. 9—14, Iamben 3. 4. 5. 8, Cho-
liamben 2. 7).

Ausg. in Ph. Wagners V. Bd. 4 (von J. Sillig), in O.
Ribbecks V. Bd. 4 (*appendix Vergiliana*) Leipz. 1868 8.,
in M. Haupt's Text Leipz. 1873 8.

F. Näke *de V. libello iuvenalis ludi* in dessen Valerius
Cato [§ 34, 1c] S. 221 ff. Th. Bergk Rhein. Mus. 20, 1865
S. 291. O. Ribbeck in den Prolegomena zur *app. Verg.*
(1868). R. Peiper Zeitschr. für das Gymnasialw. 1868 S.
770 ff. J. Klein Rhein. Mus. 24, 1869 S. 607 ff. J. Mähly
Heidelberger Jahrb. 1870 S. 769 ff. 801 ff. L. Müllers Catull
(1870) *praef.* S. XLI ff. E. Bährens zur Ueberlieferungsge-
schichte und Kritik der *opuscula Vergiliana* Jahrb. 1875 S. 137 ff.
Ders. Jahresber. über V. [oben 2 c.]. R. Unger Jahrb. 1876
S. 429 ff.

II. *Culex* (412 Hexameter) verschieden von dem gleichnamigen Jugendgedicht V.'s.

Ausg. von F. Taubmann Wittenberg 1609 und 1618 4.
M. Haupt *quaest. Catull.* (1837) S. 52. 75 ff. (*opusc.* 1 S. 38. 55),
Verbesserungen des Textes des C. und der Ciris Monatsber. der
Berl. Akad. 1858 S. 646 ff., 1873 S. 545 ff. (*opusc.* 3 S. 62. 256).
O. Ribbeck Vermuthungen zum C. Rhein. Mus. 18, 1863
S. 100 ff. F. Baur ist der uns überlieferte C. ein Jugendge-
dicht des V.? Jahrb. 1866 S. 357 ff. R. Sprenger zur Ciris
und zum C. Jahrb. 1877 S. 347 f.

III. *Ciris* (541 Hexameter).

Ausg. von F. Taubmann Wittenberg 1618 4.

F. W. Graser *epistola ad Guil. Richterum .... qua I. Sil-
ligii de C. poematis exordio disputatio examinatur* Guben 1835

4. H. Beck *de Ciri* Coburg 1839 4. G. Pütz *adnotationes ad V. Cirin* Cöln 1846 4. M. Haupt an den zum *Culex* angeführten Stellen. O. Ribbeck Rhein. Mus. 18, 1863 S. 112 ff. L. Schwabe *in C. observationum p. I* Dorpat 1871 4., ders. Jahrb. 1873 S. 617 ff. M. Hertz Jahrb. 1871 S. 860 f. E. Bährens Jahrb. 1872 S. 833 ff., 1873 S. 773 f.

IV. *Copa* (19 Distichen).

C. D. Ilgen *animadversiones philol. et crit. in carmen V. quod Copa inscribitur* Halle 1820 4. K. Zell Ferienschriften 1 (1826) S. 5 ff.

V. *Moretum* (124 Hexameter).

Ausg. von F. Taubmann Wittenberg 1626 4.

F. G. Klopfer *M. quod vulgo V. adscribitur* u. s. w. Zwickau 1806 4. F. W. Schneidewin Jahns Archiv 2, 1833 S. 426 f. Chr. Jahn ebendas. 4, 1836 S. 627 ff. M. Haupt *quaest. Catull.* (1637) S. 49 ff. (*opusc.* 1 S. 36 ff.). Stauder Zeitschr. für die Alterthumsw. 11, 1853 S. 290 ff. O. Sieroka Jahrb. 1874 S. 395.

VI. VII. *Dirae* (104 Hexameter) und *Lydia* (80 Hexameter).

S. oben § 34, 3c. M. Haupt Hermes 8, 1874 S. 12 ff. (*opusc.* 3 S. 613 ff.).

Aetna s. unten § 59, 3.

5. Alte Commentatoren.

Die älteren Ausgaben im Vergil von P. Daniel (Paris 1600 fol. und P. Burman (Leiden 1746 4.). *Commentarii in V. Serviani sive commentarii in V. qui Mauro Servio Honorato tribuuntur* u. s. w. rec. *A. Lion, accedunt Philargyrius et Probus* 2 Bde. Göttingen 1826 8. *Servii commentarii in V. Aen. l. I II e cod. Cassellano editi a* Th. Bergk *V partes* Marburg 1843–45 4. *Iunilii Flagrii T. Galli et Gaudentii commentaria in V. eclogas et georgicorum libros .. e cod. Bernensi ed.* C. W. Müller I–IV Rudolstadt 1847–54 4. *M. Valerii Probi* [vgl. unten § 93] *in V. bucolica et georgica commentarius, accedunt scholiorum Veronensium et Aspri quaestionum Vergilianarum fragmenta, ed.* H. Keil Halle 1848 8. *Servii grammatici commentarii in V. Aen. I* 139–

200 *rec.* G. Thilo Naumburg 1556 4. und *Servii grammatici in
V. Georg. I* 1 — 100 *commentarius* von dems. Halle 1866 4.
Scholia Bernensia ad V. bucolica atque georgica ed. .... H.
Hagen Jahrb. 4. Supplementbd. 1867 S. 696 ff.

    W. H. D. Suringar *hist. crit. scholiastarum Lat.* 2 (1834)
S. 1 ff. H. Keil die Veroneser Scholien zu V. Rhein. Mus. 6,
1848 S. 369 ff. E. Wollenberg *de Probo carminum Vergi-
lianorum editore* Berl. 1857 4. G. Thilo Rhein. Mus. 14,
1859 S. 535 ff., 15, 1863 S. 119 ff., ders. *quaestiones Servianae*
Halle 1867 4. A. Riese *de commentario Vergiliano qui M.
Valerii Probi dicitur* Bonn 1862 8. O. Ribbeck Jahrb. 1863
S. 351 ff., ders. *prolegomena critica ad V. opera maiora* (1866)
S. 114 ff. Th. Mommsen virgilische Scholien [einer Mün-
chener Hs.] Rhein. Mus. 16, 1863 S. 137 ff., zu den Scholien der
virgilischen Georgica [eines Laurentianus] ebendas. S. 442 ff.
F. Bücheler über die Veroneser Scholien zu V. Jahrb. 1866
S. 65 ff. A. Herrmann die Veroneser Vergilscholien I II
Donaueschingen (Berl.) 1868 – 70 8. J. Kirchner *de Servii
auctoribus grammaticis quos ipse laudavit* Jahrb. Supplementbd.
8, 1876 S. 467 ff.

    Metrische Inhaltsangaben. •

    L. Müller über poetische Argumente zu V.'s Werken
Rhein. Mus. 19, 1864 S. 114 ff., dess. Vergiliana ebendas.
23, 1868 S. 654 ff. O. Ribbeck *prolegomena* u. s. w. (1866)
S. 369 ff. J. Mähly zu V.'s *argumenta Ovidio adscripta* Zeitschrift für die österr. Gymnasien 1871 S. 331 ff.

    Sortes Vergilianae.

    J. C. Schwarz *de sortibus poeticis* (1712) in dessen *disser-
tationes selectae* S. 17 ff. J. Burckhardt die Cultur der Re-
naissance (2. Ausg. Leipz. 1868 8.) S. 528 ff. J. Marquardt
Handbuch der röm. Alterthümer 4 (1856) S. 112.

    Nachleben im Mittelalter.

    Siebenhaar *de fabulis quae media aetate de P. V. M.
circumferebantur* Berl. 1837 4. Francisque Michel *quae vices
quaeque mutationes et V. ipsum et eius carmina per mediam aetatem exceperint* Paris 1846 8. J. G. Th. Gräfse Beitr. zur

Litteratur und Sage des Mittelalters Dresden 1850 4., dess.
Lehrbuch der allgem. Litteraturgeschichte II 2 (1840)! S. 626 ff
E. du Méril *de V. enchanteur, mélanges archéologiques* (Paris
1850 8.) S. 425 ff.	G. Zappert V.'s Fortleben im Mittelalter
Denkschriften der Wiener Akademie philos.-histor. Kl. 2, 1851
S. 17 ff.	P. Schwubbe *P. V. per mediam aetatem gratia et
auctoritate florentissimus* Paderborn 1852 4.	F. W. Genthe
Leben und Fortleben des P. V. M. als Dichter und Zauberer
2. Aufl. Leipz. und Magdeburg 1857 16. (in dess. Uebersetzung
der Eclogen Leipz. 1855 16. S. 47 ff.)	K. L. Roth über den
Zauberer V. in Pfeiffers Germania 4, 1859 S. 257 ff. K. Bartsch
ebendas. S. 237 ff.	F. Liebrecht ebendas. 10, 1865 S. 406 ff.
C. G. Milberg *memorabilia Vergiliana* Meissen 1857 4. und
mirabilia Vergiliana ebendas. 1867 4.	F. Piper V. als Theo-
log und Prophet des Heidenthums in der Kirche evangel. Ka-
lender für 1862 S. 17 ff.	Th. Creizenach die Aeneis, die
4. Ecloge und die Pharsalia im Mittelalter Frankfurt a. M. 1864
4.	D. Comparetti *V. nel medio evo* u. s. w. 2 Bde. Livorno
1872 8. (deutsch von H. Dütschke V. im Mittelalter Leipz.
1875 8.).

§ 51. Andere Dichter der augustischen Zeit.

1. L. Varius Rufus. Cornelius Severus. Aemilius Macer.
   Cornelius Gallus.

A. Weichert *de L. Varii et Cassii Parmensis vita et car-
minibus* Grimma 1836 8.	R. Unger *de Aemilio Macro Ni-
candri imitatore* Friedland 1845 4. (dazu V. Rose Hermes 8,
1873 S. 63 f.).	Ders. *L. Varii de Morte eclogae reliquiae*
Halle 1870 4.	C. Ch. C. Völker *commentatio de Cornelii
Galli vita et scriptis p. I* Bonn 1840, *p. II* Elberfeld 1844 8.
O. Haube *de carminibus epicis saeculi Augusti* Breslau 1870 8.
L. Müller's Propertius S. 138.

2. C. Valgius Rufus. C. Rabirius. Albinus. Lupus. Domitius Marsus. C. (Cilnius) Melissus.

R. Unger *de C. Valgii Rufi poematis commentatio* Halle
1848 8.	Ders. *epistola de Domitii Marsi Cicuta* Friedland
1861 4.	J. Th. Kreyssig *carminis Latini de bello Actiaco*

s. Alexandrino fragmenta Leipz. 1814 4., d e r s. *commentatio
de C. Sallustii Crispi hist. l. III fragm. atque carminis Latini
de bello Actiaco sive Alexandrino fragmentis iterum edendis*
(Meissen 1835 8.) S. 117 ff. L. M ü l l e r Rhein. Mus. 24, 1869
S. 635. R i e s e's *anthol. Lat.* 2 (1870) S. 3.

^{59—18}
v. Chr. **§ 52. Albius Tibullus** (um 695 bis 736 d. St.) **und andere
Elegiker aus dem Kreise des Messalla.**

1. Leben und Werke im Allgemeinen.

F. A. G. S p o h n *de A. T. vita et carminibus disputatio p. I*
Leipz. 1819 8. L. D i s s e n in seiner Ausgabe (1835). H. A.
D i e t r i c h *de T. amoribus s. de Delia et Nemesi* Marburg 1844
8. M. H a u p t Ber. der sächs. Ges. der Wiss. 1, 1849 S. 257
(*opusc.* 1 S. 277), Hermes 3, 1868 S. 222, 5, 1870 S. 33 f.
(*opusc.* 3 S. 426 f. 502 f.). W. T e u f f e l (1853) Studien und
Charakteristiken (1871) S. 344 ff. F. K i n d s c h e r Chronologie
der Gedichte T.'s Zeitschr. für das Gymnasialw. 13, 1859 S.
289 ff. N. O e s t l i n g *de A. T. vita et carminibus quaestiones*
Upsala 1860 8. O. R i c h t e r Delia ein Beitrag zur Lebensgeschichte T.'s Rhein. Mus. 25, 1870 S. 518 ff. E. B ä h r e n s
tibullische Blätter Jena 1875 8. J. D a v i e s *Catullus T. and
Propertius* London 1876 8.

2. Werke.

a. Handschriften (alle aus einem verlorenen Archetypus,
welcher vielleicht auch Catullus und Propertius enthielt und
dem Wilhelm von Pastrengo oder Petrarca gehört hat; eine Abschrift aus dem Besitz des C o l u c c i i Salutato in Mailand und
der Cuiacianus Scaligers von 1467 [s. oben S. 32], die übrigen
sämmtlich interpoliert; Excerpte in dem Frisingensis *s. XI* in
München, dem Thuaneus *s. XII* und dem Nostradamensis
s. XIII in Paris, und anderen).

b. Ausgaben.

Früher oft mit Catullus und Propertius (so die *princeps*
Venedig 1472 fol.), *cum commentario* B. C y l l e n i i Rom 1475
4. und öfter, von F. P u c c i u s Reggio 1481 (Venedig 1502) 8.,
scholia in T. von A. M u r e t u s Venedig 1558 8. und öfter (*opera*

Bd. 2 Leiden 1789 S. 837 ff.), von J. Scaliger mit Catull
(zuerst 1577), von J. Broukhusius Amsterdam 1708 4.,
J. A. Vulpius Padua 1749 4., C. G. Heyne (zuerst 1755)
4. Ausg. von E. C. F. Wunderlich Leipz. 1817 8., J. H.
Voss Heidelberg 1811 8., E. C. C. Bach Leipz. 1819 8.,
J. G. Huschke 2 Bde. Leipz. 1819 8.

Albii Tibulli l. IV ex rec. Caroli Lachmanni Berl. 1829
8. *A. T. carmina ex rec. C. Lachmanni passim mutata explicuit* Lud. Dissenius 2 Bde. Göttingen 1835 8. Mit Uebersetzung und Einleitung von A. Eberz Frankfurt 1865 8. Texte
von M. Haupt (1855—1868 mit Catullus § 33, 2 b). A. Rossbach (Leipz. 1855 8.). L. Müller mit Catullus.

Auswahl in F. Jacobs Blumenlese der röm. Dichter 2
(Jena 1826 8.) S. 51 ff.

c. Kritik und Ueberlieferung.

C. Lachmann *observationum criticarum capita* III Göttingen 1815 8. (kl. Schriften 2 S. 45 ff.), zur Litteratur des T.
(1826. 1836) kl. Schriften 2 S. 102 ff. A. Petersen *de IV
l. T. elegiis eorumque auctore* Glückstadt 1849 4. F. Haase
de tribus T. locis transpositione emendandis Breslau 1855 4.
M. Haupt über Jos. Scaliger und die von Haase vorgeschlagene
Umstellung tibullischer Versreihen (1857) *opusc.* 3 S. 30 ff. H.
Kemper *quaestiones Tibullianae* Münster 1857 8. R. Törne-
bladh *de elegiis Lygdami commentatio* Colmar 1861 4. O.
Drenckhahn zur Kritik des T. Putbus 1862 4. H. Gräf
adnotationes ad T. Memel 1865 4. O. Richter *de Vincentii
Bellovacensis excerptis Tibullianis* Bonn 1865 8. O. Korn zu
T. Rhein. Mus. 19, 1864 S. 497 ff. 20, 1865 S. 471 f., *de co-
dice archetypo carminum Tibullianorum* Rhein. Mus. 20, 1865
S. 167 ff. W. Wagner zu T. Rhein. Mus. 20, 1865 S. 314 ff.
C. M. Francken *Verslagen en Mededeelingen* der Amsterdamer
Akademie 10, 1866 S. 30 ff., Jahrb. 1869 S. 207. M. W.
Fuss *de elegiarum libro quem Lygdami esse putant* Münster
1867 8. A. Eberz Jahrb. 1867 S. 197 ff. C. Stumpe *de
Lygdami qui vocatur elegiis* Halle 1867 8. E. Wölfflin Philol.
27, 1868 S. 153 ff. L. Müller über die hs. Ueberlieferung des
T. im Mittelalter Jahrb. 1869 S. 63 ff. und in s. Ausg. E.

Protzen *de excerptis Tibullianis* Greifswald 1869 8. G. Meyncke die Pariser Tibullexcerpte Rhein. Mus. 25, 1870 S. 369 ff.
452. W. Gebhardi *de Tibulli Propertii Ovidii distichis quaestionum elegiacarum specimen* Königsberg 1870 8., ders. Jahrb.
1874 S. 647. W. Wisser *quaestiones Tibullianae* Kiel 1871
8. Ders. über Tibull II 5 Eutin 1874 4. A. Zingerle Bemerkungen zu den Sulpicia-Elegieen des T. kleine philol. Abhandl. 1 (Innsbruck 1871 8.) S. 22 ff. Schneider *de versuum in duobus Tibulli carminibus* (I 3—6) *ordine immutando*
Gleiwitz 1872 4. T. Seiler *de T. elegia I 2* (Gratulationsschr.
des philol. Seminars an G. Bernhardy) Halle 1872 8. L. Bolle
de Lygdami carminibus Detmold 1872 4. R. Richter *de A. T.
tribus primis carminibus disputatio* Zwickau 1873 4. Ders.
Jahresbericht über Catull Tibull Properz Bursians Jahresber. I
(1873) 2 S. 144 ff. E. Dietrich *quaestiones Tibullianae et
Propertianae* Marburg 1873 8. E. Hiller über die Lesarten
der Tibullhandschriften Scaligers Rhein. Mus. 29, 1874 S. 97 ff.
Lierse über die Unechtheit des dritten tibullianischen Buchs
nebst einer Untersuchung über die Conjunctionen des T. und
Lygdamus Bromberg 1875 4. H. Fritsche *quaestiones Tibullianae* Halle 1875 8. C. P. Schulze Zeitschr. für das
Gymnasialw. 1875 S. 593, siehe § 33, 2c (Zusätze). F. G. H.
Hankel *de panegyrico in Messallam Tibulliano* in den *acta soc.
philol.* Lips. 5, 1875 S. 45 ff. S. Kleemann *de l. III carminibus quae Tibulli nomine circumferuntur* Strafsburg 1876 8.
C. Boehlau *de Lygdami carminibus* Neu-Stettin 1876 4.

d. Composition der Gedichte.

H. Paldamus (1833) und O. F. Gruppe (1839) oben
§ 32, 2c. H. Bubendey *quaestiones Tibullianae* Bonn 1864 8.
C. Prien die symmetr. Anlage der Sulpicia-Elegieen Jahrb.
1861 S. 149 ff. Ders. die Symmetrie und Responsion der röm.
Elegie Lübeck 1867 4., zur Kritik und Erklärung des Tibullus
Jahrb. 1870 S. 689 ff. F. Ritschl über Tibull. I 4 Ber. der
sächs. Ges. der Wiss. philol. hist. Kl. 1866 S. 56 ff. O. Rib-
beck zu Tibull. I 1 Kieler Lectionskatalog von 1867 4. H.
Groth *quaestiones Tibullianae* Halle (IV 2 ff. I 4) 1872 8. B.
Boltzenthal *de re metrica et de genere dicendi T.* Cüstrin

1874 4.   M. Krafft *de artibus quas T. et Lygdamus in versibus concinnandis adhibuerint* Halle 1874 8.   O. Diskowsky *enarratur T. elegia I 4* Kattowitz 1876 4.

Wortindex in der Ausg. *in usum Delphini* Paris 1680 4. und bei Broukhusius und Vulpius.

§ 53. Sex. Propertius (um 700 bis um 738 d. St.).

1. Leben und Werke im Allgemeinen.

K. Lachmann (1842) kl. Schriften 2 S. 248.   Hertzberg in s. Ausg.   M. Haupt Ber. d. sächs. Ges. der Wiss. 1849 S. 260 ff. (*opusc.* 1 S. 280 ff.).   Th. Mommsen ebendas. S. 266 ff. 276.   J. Davies *Catullus Tibullus and P.* London 1876 S.

2. Werke.

a. Handschriften (alle aus dem verlorenen Archetypus des Petrarca geflossen; die beste der Neapolitanus *s. XIII* in Wolfenbüttel, ein Fragment *s. XIII* in Weimar; zahlreiche jüngere, wie die verschollene des Bern. Valla, der einst dem Coluccio Salutati gehörige Laurentianus [pl. XXXVI 49] *s. XIV*, der Groninganus *s. XV* u. a.).

K. Lachmann Vorrede der Ausg. von 1816.   Hertzberg in s. Ausg.   H. Keil *observationes criticae in P.* Bonn 1843 8. M. Haupt Berliner Lectionskatalog von 1854 4. (*opusc.* 2 S. 53 112 ff.), Ber. der sächs. Ges. der Wiss. 1849 S. 237 ff. (*opusc.* 1 S. 277 f.), Hermes 5, 1870 S. 46 (*opusc.* 3 S. 516). Th. Struve Varianten der Helmstädter Hs. des P. Philol. 13, 1858 S. 367 ff. C. Heimreich *quaestiones Propertianae* Bonn 1863 8.   B. Eschenburg *liber miscell. philol.* Bonn. (1864) S. 83 ff., *observationes criticae in Propertium* Bonn 1865 8.   L. Müller Jahrb. 1865 S. 781, Rein. Mus. 27, 1872 S. 162 ff. und in der Vorrede s. Ausgabe.   R. Schöll Philol. 23, 1866 S. 347 ff. W. Grumme *de codicibus Propertianis Groningano et Neapolitano* Aurich 1868 4.   Chr. Lütjohann *commentationes Propertianae* Kiel 1869 8.

b. Ausgaben.

Die älteren mit Catullus und Tibullus, von Ph. Beroaldus Bologna 1487 fol., *scholia in P.* von A. Muretus Venedig 1558 8 und öfter, J. Scaliger mit Catullus (zuerst 1577, J. Passeratius Paris 1608 fol.   J. Broukhusius (zuerst 1702) 2. Ausg. von Guil. Vlamingius Amsterdam 1727 4., J. A. Vulpius 2 Bde. Padua 1755 4., P. Burman (und L. van Santen) Utrecht 1780 4. (mit den Anmerkungen von T. Hemsterhuis). F. G. Barth Leipz. 1777 8. Chr. G. Kuinoel 2 Bde. Leipz. 1805 8.

Sexti Aurelii Propertii carmina emendavit C. Lachmannus Leipz. 1816 8., und *S. A. P. elegiae ex recognitione* C. Lachmanni Berl. 1829 8. *S. A. P... rec.* F. Jacob Leipz. 1827 8., von H. Paldamus Leipz. 1827 8. Text von H. Keil Leipz. 1850 und 1867 8. *S. A. P. elegiarum l. IV ... illustr.* W. A. B. Hertzberg 4 Thle. Halle 1843—45 8. (dazu H.ˀ Keil Zeitschr. für die Alterthumsw. 3, 1845 S. 519 ff.; F. W. Schneidewin Göttinger gel. Anz. 1846 S. 961 ff.).   Mit englischen Anmerkungen von F. A. Paley (zuerst 1853) 2. Ausg. Lond. 1872 8. Texte von M. Haupt (1855—1868 mit Catullus und Tibullus § 33, 2 b) und L. Müller (1870 mit Catullus).

Auswahl in F. Jacobs Blumenlese röm. Dichter 2 (Jena 1826 8.) S. 135 ff.

c. Kritik und Exegese.

J. Schrader *observationum liber* (Franeker 1761 4.) S. 23. 79 ff., *emendationum liber* (Leuwarden 1776 4.) S. 87 ff.   J. G. Huschke (1783—92) *analecta litteraria* (Leipz. 1826 8.) S. 291 ff. F. W. Schippers *observationes criticae in P. l. V (IV)* Gröningen 1818 8. R. Unger *electa critica* Neubrandenburg 1842 8., *subsiciva* Philol. 4, 1849 S. 719 ff., *analecta Propertiana* u. s. w. Friedland (Halle) 1850 4., Philol. 19, 1863 S. 319 ff., *emendationum Propertianarum specimen* Friedland 1868 4., *Sinis sive poeticarum fabularum delectus locorum controversorum explicatione confecit* R. U. Halle 1866 8.   W. Fürstenau *quaestiones Propertianae* Rinteln 1845 4. F. Jacob (zu P.) Lübeck 1847 4.   R. Klotz Jahns Archiv 13, 1847 S. 320 ff. M. Haupt Berl. Lectionskataloge von 1854 und 1856 4. (*opusc.* 2 S. 52. 112 ff.), Hermes 1, 1866 S. 38. 2, 1867 S. 334. 5, 1870 S. 43 ff. (*opusc.* 3 S. 332. 389. 513 ff.).   B. Rich-

ter *de nonnullis P. locis difficilioribus commentatio* Leipz. 1856
S. F. Kindscher Rhein. Mus. 17, 1862 S. 216 ff.   G. Fischer *de locis quibusdam Propertianis* Bonn 1863 8.   H. A.
Koch *coniectanea in poetas Latinos symbol. philol. Bonn.*
Leipz. 1864 S. S. 321 ff.   J. C. G. Boot (zu V 11) *Verslagen en Mededeel.* der Amsterdamer Akademie Amsterdam
1864 S.   *S. A. P. l. IV el. XI rec. et ill.* P. Hofman-Peerlkamp, *ed.* J. C. G. Boot Amsterdam 1865 8. (zu beiden
Arbeiten Boot's L. Müller Jahrb. 1865 S. 413 ff. 777 ff.).   R.
Ellis *professorial dissertations of the University of London* 1872
—73 (Lond. 1873 S. S. 18 ff.   J. N. Madvig *advers. crit.* 2
1873 S. 62 ff.   H. van Herwerden Mnemosyne 1, 1873 S.
427 ff.   E. Dietrich (1873) s. § 52, 2 c.   R. Voigt *de IV P.
libro* Helsingfors 1872 S.   A. Palmer *Hermathena* 1, 1873 S.
154 ff., *journal of philology* 6. 1875 S. 80.   R. Atkinson *Hermathena* 2, 1874 S. 276 ff.   E. Heydenreich *de P. laudis Vergilii praecone comment. philol. sem. Lips.* (Leipz 1874 S.) S. 1 ff.,
ders. *quaestiones Propertianae* Leipz. (Dresden) 1875 S.   H. A.
J. Munro *journal of philol.* 2, 1869 S. 142 f., *the last elegy of
B. III (II) journal of philol.* 6, 1875 S. 28 ff.   A. Kiessling
coniectanea Propertiana Greifswald 1875 4.   W. Teuffel
Rhein. Mus. 30, 1875 S. 142 f.   Hetzel zur Erklärung des
P. Dillenburg 1876 4.   Faltin zur Properzkritik Eisenberg
(1876) 4.   K. Weber *quaestiones Propertianae* Halle 1876 S.
H. Magnus zu P. (Nachahmung des Catullus) Jahrb. 1877
S. 418 ff.

d. Composition und Metrik.

K. Müllenhoff über den Bau der Elegieen des P. Kieler
allgem. Monatschrift 1854 S. 156 ff.   C. Prien und O. Ribbeck (1867) siehe § 52, 2 d.   O. Drenckhahn die strophische
Composition im 4. B. des P. Stendal 1868 4., im 3. B. des P.
Zeitschr. für das Gymnasialw. 1868 S. 177 ff. 257 ff.   E. Eichner (1866) siehe § 33, 2 c (Zusätze).   M. W. Drobisch
(1866 ff.) siehe § 49 II 6.   L. Krahner Versuch einer Analyse von IV (V) 1, 1—70 Philol. 27, 1868 S. 58 ff.   W. Gebhardi (1870) siehe § 52, 2 c.   F. Hultgren (1871 f.) siehe
§ 33, 2 c.   C. P. Schulze Zeitschr. für das Gymnasialw. 1875
S. 594.   Th. Birt (1876) siehe § 22, 2 (Zusätze).

e. Sprache.

Wortindex in der Ausg. *in usum Delphini* Paris 1685 4., bei Passeratius, Broukhusius, Vulpius, Barth, Kuinoel. F. Teufel (1872) siehe § 33, 2c. Frahnert zum Sprachgebrauch des P. Halle 1874 4.

§ 54. P. Ovidius Naso (711—770).

1. Leben und Werke im Allgemeinen.

J. Masson *O. vita ordine chronologico sic delineata* u. s. w. Amsterdam 1708 8. und in Burmans Ausg. Bd. 4 S. 29 ff. E. von Leutsch in Ersch und Grubers Encyklopädie III 8 (1836) S. 54 ff. W. Teuffel Pauly's Realencyklopädie 5 (1847) S. 1028 ff. M. Haupt (1853) in seiner Ausgabe. Chr. Cavallin *ad libros O. prolegomena* Lund 1859 8. A. Riese (1871) in seiner Ausgabe.

J. van Ikkedinge *de insigni in poeta O. iuris Romani peritia* Amsterdam 1811 8. V. Loers *de P. O. N. filia* Bonn 1832 4. und Rhein. Mus. 1, 1833 S. 125 ff. Kruse *de O. moribus et operibus* Stralsund 1856 8. A. J. Reichardt die sittliche Lebensanschauung des P. O. N. Potsdam 1867 8. J. Mähly ein Wort für O. neues schweizer. Museum 5, 1865 S. 350 ff. M. Koch *prosopographiae Ovidianae elementa* Breslau 1865 8. E. Geibel Beitrag zur Beurtheilung des O. Hadersleben 1872 4.

A. S. Gerber O.'s Schicksale während seiner Verbannung u. s. w. Riga (Leipz.) 1809 8. Th. Dyer *on the cause of O.'s exile Classical Museum* 1847 S. 229 ff. C. L. Roth Correspondenzbl. für die württemberg. gelehrten Schulen 1854 S. 185 ff. A. Deville *essai sur l'exile d'O.* Paris 1859 8. G. Boissier *l'exile d'O. revue des deux mondes* 69, 1867 S. 580 ff. E. Appel *quibus de causis O. ab Augusto relegatus sit* Leipz. (Berl.) 1872 8.

2. Werke.

a. Handschriften der *carmina amatoria* der Regius und der Puteaneus *s. IX—X* in Paris, der Sangallensis *s. XI*, der Guelferbytanus und mehrere Monacenses *s. XII*, ein Oxoniensis und mehrere jüngere; der Metamorphosen der Florentinus *olim*

S. Marci und der Laurentianus *s. XI*, der Havniensis und der Amplonianus [in Erfurt] *s. XII*; der Tristien und des Ibis der Laurentianus *olim S. Marci s. XII* und der Vindobonensis des Ibis *s. XII*; der Br. *ex Ponto* ein Fragment in Wolffenbüttel, der Hamburgensis und ein Monacensis *s. XII*, der Fasten der Petavianus im Vatican *s. X* und ein zweiter Vaticanus *s. XI*, der Arundelianus und Vossianus *s. XI*, zwei Münchener *s. XII* und zahlreiche jüngere; der Halieutica der Vindobonensis [Sannazarii] *s. IX*.

C. Nahmmacher *de fragmento l. I II III et IV fastorum O. nuper in bibliotheca Ilefeldensi reperto* Hannover 1765 4., *scripturae variantes in bibl. Ilefeldensis fragmento* u. s. w. Wernigerode 1765 4. F. H. Bothe *vindiciae Ovidianae* u. s. w. [lectt. cod. ms. acad. reg. Berol.*) Berol. 1818 8. F. W. Schneidewin *variae lectiones ex aliquot scriptorum veterum codd. excerptae* Jahns Archiv 2, 1835 S. 423 ff. I. Bekker *variae lectt. cod. Berol. O. metam.* Monatsberichte der Berl. Akademie 1853 S. 124 ff. M. Isler zur Handschriftenkunde des O. Jahrb. 1857 S. 288 ff. V. Loers *de tribus P. O. N. fastorum codd. ms. commentatio (var. lect. cod. Trevir.)* Trier 1857 8. F. Schultz *de fragmento antiqui codicis Ovidiani* Münster 1860 4. K. Schenkl Handschriftliches zu O.'s *ars amat.* Zeitschr. für die österr. Gymn. 1863 S. 150 ff., *Sangallensia* ebendas. 1864 S. 456 f. O. Korn Bemerkungen zur Handschriftenkunde der ovidianischen Bücher *ex Ponto* Wesel (Berl.) 1866 4., *de codd. duobus carminum Ovidianorum ex Ponto datorum Monacensibus* Strehlen (Leipz.) 1874 4. A. Golisch drei Handschriftenfragmente von lat. Classikern (*Ov. ex Ponto*) Philol. 26, 1867 S. 704 ff. J. P. Binsfeld Bentleys Ovidiana Rhein. Mus. 22, 1867 S. 305. E. Wölfflin aus St. Galler Handschriften Philol. 34, 1875 S. 178.

b. Ausgaben der sämmtlichen Werke.

Die *principes* Bologna 1471 f. und Rom 2 Bde. 1471–72 fol., von Aldus 3 Bde. Venedig 1503 8., A. Naugerius 3 Bde. Venedig 1515 8., A. Francinus und andern 3 Bde. Florenz 1525 8., Greg. Bersmann Leipz. 1582 ff. und (*cum notis variorum*) 3 Bde. Frankfurt 1601 fol., D. Heinsius 3 Bde. Leiden 1629 8., N. Heinsius (zuerst 1652) 3 Bde. Amster-

dam 1658—61 12. (der Commentar herausgeg. von J.F.Fischer
2 Theile Leipz. 1758 8.), *cum notis variorum* von P. Burman
4 Bde. Amsterdam 1727 4. (mit später [1758] besonders erschie-
nener Vorrede), *cum notis variorum .. et* R. Bentleii *hactenus
ineditis* 5 Bde. Oxford 1827 8.

Texte von J. P. Miller 4 Bde. Berl. 1757 8., J.F.Fischer
2 Bde. Leipz. 1758 8., Chr. W. Mitscherlich 2 Bde. Göttingen 1796—98, 2. Ausg. 1819 8., J.Chr.Jahn 2 Bde. Leipz.
1828—32 8. (unvollendet). G. A. Koch Leipz. 1851 8.

Neue Textesrecensionen von R. Merkel 3 Bde. Leipz.
1851—52 (1867—68), Bd. II 2. Ausg. 1875 8., A. Riese
3 Bde. Leipz. 1871—74 8.

Im Allgemeinen L. Müller *de O. amorum libris* Philol.
11, 1856 S. 60 ff., *de re metr. poet. Lat.* (1861) S. 43 ff., Rhein.
Mus. 17, 1862 S. 522 ff., 18, 1863 S. 71 ff., 20, 1865 S. 256 ff.
J. N. Madvig *advers. crit.* 2 (1873) S. 66 ff.

c. Einzelne Werke.

1. Die Tragödie *Medea* und andere Jugendwerke.
Ribbeck *trag.*[2] S. 230. L. Müller Jahrb. 1867 S. 496.
M.Haupt Hermes 7, 1873 S. 376 (*opusc.* 3 S. 601). O. Rib-
beck Rhein. Mus. 30, 1875 S. 626.

2. *Epistulae (Heroides). Amores. Medicamina faciei. Ars
amatoria. Remedia amoris.*
Ausg. von C. G. Wernsdorf 2 Bde. Helmstädt 1788,
2. Ausg. 1802 8. *O. Amatoria* (ohne die *epistulae* und *medicamina*) *recogn.* L. Müller Berl. 1861 16. *P. O. N. heroides
XIV ed. by* A. Palmer London 1874 8.

Heroides Ausg. von C. Heusinger Braunschweig 1786
8., D. J. van Lennep Amsterdam 1809, *ed. II* 1812 8., W.
Terpstra Leiden 1829 8., V. Lörs (mit *A. Sabini epistolae*;
2 Thle. Cöln 1829—30 8., A. Palmer Lond. 1874 8. Ba-
chet de Meziriac *comm. sur les épitres d'O.* 2 Bde. Bourges
1626, Haag 1716 8. D. Ruhnkenii *dictata in O. H. et Al-
binovani eleg. ed.* F. T. Friedemann Leipz. 1831 8.

Ch. Th. Kuinoel *animadv. critic. in O. heroidas spec. I II*
Giessen 1805—6 4. F. X. Werfer *lectionum in O. her. specimen acta philol. Monac.* 1, 1814 S. 495 ff. K. Lachmann

Berliner Lectionskatalog von 1848 4. (kl. Schriften 2 S. 56 ff.).
O. F. Gruppe Minos (1859) S. 495 ff.   F. W. Schneidewin
Rhein. Mus. 2, 1843 S. 138 ff. 3, 1845 S. 144 f.   C. A. Zedritz
quaestiones Ovidianae spec. I quod est de genere Heroidum Up-
sala 1851 8.   J. Mähly Rhein. Mus. 9, 1854 S. 623 f.   K.
Dilthey *de Callimachi Cydippa ... accedunt Ovidianae epistolae
XX et XXI M. Planudis graeca metaphrasis epistularum Ovi-
dianarum* Leipz. 1863 8.   Blätter für das bayr. Gymnasialw.
1871 S. 334 ff.   H. A. Koch Jahrb. 1863 S. 148.   K. Lehrs
Jahrb. 1863 S. 49. 148, Horatius (1869) S. CCXXII ff.   B.
Eschenburg metrische Untersuchungen über die Echtheit der
H. des O. Lübeck (Berl.) 1874 4.   Th. Birt *animadversiones
ad O. heroidum epistulas* Rhein. Mus. 32, 1877 S. 386 ff.

Die falschen Briefe des Angelus Sabinus Rom. 1474 fol.
(hinter dem Ammianus Marcellinus). Dazu O. Jahn Zeitschr.
für die Alterthumswissenschaft 4, 1837 S. 631.   C. E. Gläser
Rhein. Mus. 1, 1842 S. 437 ff.

Amores 740/14 und 752/2.

O. F. Gruppe die röm. Elegie (oben § 33, 2 c) 1 (1838)
S. 374 ff., 2 (1839) S. 205 ff.   E. Rautenberg *de arte compo-
sitionis quae est in O. amoribus* Breslau 1568 8.   W. Gebhardi
W. Gilbert K. Frey zu O.'s *amores* Jahrb. 1875 S. 122. 354. 634.

Ars amatoria 753/1.   *Remedia amoris* 754/1 n. Chr.

A. Zingerle Handschriftliches zu O.'s R. A. kl. philol.
Abhandlungen 1 (Innsbruck 1871 8.) S. 31 ff.

3. *Metamorphoseon l. XV* 755/2—761/8.

Zahlreiche ältere Ausg.; erster Commentar des Raphael
Regius Venedig 1492 fol. und öfter, von J. Theodoricus
Bellovacus *cum notis variorum* Lyon 1516 4. und öfter, von
Pomp. Pasqualini (mit Wortindex) Rom 1614 8., von Thomas Farnabius Lond. 1636 8., Paris 1637 fol. und öfter,
P. Rabus Rotterdam 1686 12. und öfter, J. G. Walch Leipz.
1714 und 1731 8., G. E. Gierig (zuerst 1784—87) 3. Ausg.
von J. Ch. Jahn 2 Bde. Leipz. 1821—23 8., E. C. Ch. Bach
2 Bde. Hannover 1831—36 8., D. C. G. Baumgarten-Crusius Leipz. 1834 8. und öfter., V. Loers (mit krit. Apparat
Anmerkungen und Indices) Leipz. 1843 8.

Zahlreiche Schulausgaben und Chrestomathien, z. B.:

F. Jacobs Blumenlese der röm. Dichter (des lat. Elemen-
tarbuchs 5. Bändchen, zuerst 1826, 3. Ausg. Jena 1861 S.) S.24 ff.

Auswahl von J. Siebelis (zuerst 1853) 2 Hefte 9. Ausg.
besorgt von F. Polle Leipz. 1876—77 8., von J. Menzel
Paderborn 1873 8. u. A.

Die M. des P. O. N. erklärt von M. Haupt (mit Einleitung)
Bd. 1 (B. I—VII) (zuerst Leipz. 1853) 4. Ausg. Berl. 1867,
Bd. 2 (B. VIII—XV) bearbeitet von O. Korn Berl. 1876 8.

Griechisch von M. Planudes herausgeg. von J. F. Bois-
sonade Paris 1822 8.

J. Ch. Elster *ad O. Metamorphoseon libros observationes
nonnullae* Helmstädt 1820 8. F. N. Klein krit. Bemerkungen
zu einigen Stellen der Verwandlungen des O. Coblenz 1821 S.
J. Hunt *de cosmogonia O.* Ratibor 1838 4. C. J. Klitzsch
de locis nonnullis O. in dem *observationum criticarum libellus a
soc. Lat. M. Hauptii G. Hermanno dicatus* (Leipz. 1839 8.)
S. 40 ff. M. Haupt (auch zu den übrigen Werken) *observat.
crit.* (1841) S. 21 ff. 32. 38. 51 ff. (*opusc.* 1 S. 94 ff. 105. 111.
123 ff.), Berl. Lectionskatalog 1861 4. (*opusc.* 2 S. 195 ff. vgl.
S. 71. 402), Hermes 1, 1866 S. 258. 402 ff. 5, 1871 S. 39 f.
7, 1873 S. 11. 190 ff. (*opusc.* 3 S. 347. 356. 509. 588, vgl. 206).
G. M. Thomas *symbolae criticae in P. O. N.* München 1840 8.,
ders. Zeitschr. für die österr. Gymn. 1854 S. 261 ff. F.
Ritschl Rhein. Mus. 1, 1842 S. 472. Liebau *de consilio
artificioso quod in componendo metamorphosium carmine secutus
sit P. O. N.* Elberfeld 1846 4. A. Henneberger *O. metamorphoseon continuationem seriemque indicavit adnotationes criticas adiecit* Hildburghausen 1846 4. C. H. Müller *emendationes Ovidianae* Blankenburg 1847 4. L. Braune *de O.
metamorphoseon locis quibusdam disput. crit.* Cottbus 1849 4.
C. G. Linder *quaestiones Ovidianae* Upsala 1852 8. R. Su-
chier Kritisches zu O.'s Metamorphosen Hanau 1853 4., ders.
Jahrb. 1859 S. 570 ff. 639 ff. Schütze *quaestionum Ovidianarum p. I* Spandau 1861 4. Loewe *de nonnullis figuris quibus poetae Latini utuntur in exemplum adhibitis septem primis
libris metamorphoseon* Grimma 1863 4. M. Fertig einige
Stellen aus O.'s Metamorphosen Landshut 1869 8. Gross
zur Kritik von O.'s Metamorphosen Blätter für das bayer. Gym-

nasialschulw. 1869 S. 9 ff.   Rappold zur Kritik und Erklärung der Ovidischen Metamorphosen Löben 1871 S.   Lüdke
über Lautmalerei in O.'s Metamorphosen Stralsund 1871 4.
R. Förster der Raub und die Rückkehr der Persephone u. s. w.
(Stuttgart 1874 8.) S. 84 ff.   F. Polle zu O.'s Metamorphosen
(11, 754) Jahrb. 1875 S. 340.

Argumenta des Lactantius (Lutatius) Placidus (oder Donatus), s. die *Mythographi* § 83, 2 und § 113, 2.

  4. *Fastorum l. VI* 755/2—761/7.

Ausg. mit den Commentaren des P. Marsus zuerst Vene-
dig 1482 fol. und des A. Constantius Rom 1489 fol.   Caroli
Neapolis *anaptyxis ad fastos O.* (mit dem Texte) Antwerpen
1638 fol., mit Zusätzen von J. F. Palesius Palermo 1735 fol.
(auch in Gruters *Lampas* 1 Florenz 1737 S. 1 ff., von G. E.
Gierig Leipz. 1812 mit Index 1814 8., F. C. Matthiae
Frankfurt a. M. 1813 8., J. Ph. Krebs Wiesbaden 1826 8.,
J. Conrad Leipz. 1831 8.

   W. A. Becker *elegia Romana s. P. O. N.*, *A. Tibulli et
S. A. Propertii elegiae, acc. selectae ex P. O. N. fastis partes*
Zerbst 1827 8.

   P. O. N. fastorum l. VI editore et interprete R. Merkelio
Berl. 1841 8.   Mit deutschen Anmerkungen von H. Peter
2 Thle. Leipz. 1874 8. (Recensionen verzeichnet A. Riese
Jahresber. III 1874—75 S. 241).

   Ergänzungen in *Fastorum l. XII quorum VI posteriores
a* C. B. Moriseto *Divionensi substituti sunt* Dijon 1649 4.
   J. Fr. Pfaff *de ortibus et occasibus siderum apud auctores
classicos* Göttingen 1786 8.   F. H. W. Gesenius *symbolae
observationum in O. fastos* u. s. w. Altona 1806 8.   L. Ideler
über den astronomischen Theil der *fasti* des O. Abhandl. der
Berl. Akademie 1822—23 S. 137 ff.   R. Merkel *quaestiones
Ovidianae criticae* Halle 1835 8.   J. Chr. Elster *observationes
ad P. O. N. fastorum l. VI* Helmstädt 1840 4.   V. Loers
commentarii in P. O. fastos p. I Trier 1851 4.   O. Kreussler
observationes in O. fastos Bautzen 1872 4.   H. Peter *de P. O.
N. fastorum locis quibusdam epist. crit.* Leipz. 1874 8., über die
doppelte Redaction der ovidischen Fasten Jahrb. 1875 S. 199 ff.,

de P. O. N. fastis disputatio Meissen 1577 4.   A. Riese die Abfassung von O.'s Fasten Jahrb. 1874 S. 561 ff.   E. Hoffmann zu O.'s Fasten Jahrb. 1877 S. 396 ff.

   5. *Tristium l. V* 762/9—766/13.

   Ausg. (mit den Br. *ex Ponto*) mit dem Commentar des B. Merula zuerst Venedig 1507 fol., von Jac. Pontanus Ingolstadt 1610 4., D. Crispin (zuerst Cambridge 1703) London 1750 8., Ph. Th. Verpoorten Coburg 1712 8., J. J. Oberlin Strafsburg 1726 und 1778 8., Th. Chr. Harless Erlangen 1772 8. Die Tristien allein (mit dem Ibis und den alten Scholien dazu) von R. Merkel Berl. 1837 8., V. Loers Trier 1839 8.

   J. Weitz *collectanea in libros O. Tristium et de Ponto* Erfurt 1606 8.   J. P. Binsfeld *quaestiones Ovidianae criticae I* Bonn 1853 8., *II* Cöln 1855 4., *III* Rhein. Mus. 14, 1859 S. 30 ff., *observationes criticae Ovidianae* Bonn 1860 4.   A. Rothmaler *O. in trist. I 8 21 emendatur* (Valedictionsschrift Nordhausen 1868 8.) S. 30 ff., ders. *emendationum Ovidianarum spec.* Nordhausen 1871 4.   O. E. Jacobi *de syntaxi in O. tristibus et epistulis ex Ponto observata* Rostock (Lyck) 1870 8.

   6. *Epistularum ex Ponto l. IV* 766/13—769/16.

   Ex Ponto l. IV ad codicum fidem emendavit u. s. w.   O. Korn Leipz. 1868 8.   Leickert sechs Br. O.'s aus dem Pontus .. für die Schule bearbeitet Bamberg (Berl.) 1865 8.

   B. Dinter *de O. ex Ponto libris commentatio I II* Grimma 1858. 1865 4.   Ders. Jahrb. 80, 1859 S. 488 f.   O. Korn *de carminum O. ex Ponto datorum compositione strophica* Rhein. Mus. 22, 1867 S. 201 ff.   Höger einige Bemerkungen zu O.'s 1. Br. aus dem Pontus u. s. w. Bl. für das bayer. Gymnasialschulw. 1867 S. 42 ff.   Leickert Einiges über O.'s Br. aus der Verbannung Straubing 1868 4.

   7. *Ibis* nach 762/9.

   Ausg. mit B. Merula's Commentar Venedig 1507 8., von Greg. Bersmann Leipz. 1589 8., von V. A. Desselius und F. Sanctius Antwerpen 1618 fol., D. Salv. Boesius' Lyon 1633 4., M. de Marolles Paris 1661 8., in Merkels Ausg. der Tristien mit dessen *prolusio ad Ibin* (1837).

Mor. Schmidt Akrostichisches (zum *vetus interpres Ibidis*)
Rhein. Mus. 20, 1865 S. 456 f.   A. Riese zur Beurtheilung
von O.'s und Kallimachos Ibis Jahrb. 1874 S. 377 ff.   H.
Blümner zu O.'s Ibis Jahrb. 1873 S. 124.   R. Ehwald *de
scholiasta qui est ad O. Ibin* Gotha 1876·4, (dazu A. Riese
philol. Anz. 7, 1876 S. 517 f.)

8. *Halieutica* nach 762/9, und andere Gedichte.

O. *halieutica*, *Gratii et Nemesiani cynegetica ex rec*. M.
Hauptii, *accedunt inedita Latina* Leipz. 1838 8.

K. Schenkl zu den Halieutica des O. Philol. 22, 1860
S. 540.   A. Zingerle *de II. fragmento O. non abiudicando*
Verona 1865 8.   Ders. zur Aechtheitsfrage der unter O.'s Namen überlieferten Halieutica kl. philol. Abhandlungen 2 (Innsbruck 1877 8.) S. 1 ff.

9. Die pseudo-ovidische Elegie *Nux*. Spätere *Apocrypha*.

F. Lindemann *Nux elegia quae inter Ovidiana circum-
fertur commentario illustrata* Zittau 1844 4.   A. Riese zur
elegia de nuce Jahrb. 1870 S. 282. *Liber Nucis* ed. U. de Wilamowitz-Möllendorff *comment Momms*. (Leipz. 1877 8.)
S. 390 ff.   O. *erotica et amatoria opuscula* u. s. w. (die sogen.
Catalecta Ovidii von Melch. Goldast) Frankfurt a. M. 1610 8.

d. Sprache und Metrik.

Wortindex in D. Crispinus Ausg. *ad usum Delphini*
3 Bde. Lyon 1689 4. und Venedig 1731 und 1779 4., in P.
Burmans Ausg. Bd. IV.   G. Dorn-Seiffen *onomasticon
poeticum* u. s. w. Utrecht 1808 8.   J. Siebelis Wörterbuch
zu O.'s Metamorphosen (zuerst 1867), 2. Aufl. von F. Polle
Leipz. 1874 8.

Mich. Schmidt *de O. versibus hexametris* Cleve 1856 4.
L. Müller *de re metr. poet. Lat.* (1861) S. 91. 408.   Von
Kittlitz-Ottendorff das Partic. fut. act. bei O. Philol. 11,
1856 S. 283 ff.   A. Zingerle O. und sein Verhältniss zu den
Vorgängern und gleichzeitigen röm. Dichtern I II III Innsbruck
1869–71 8.   W. Gebhardi *de Tibulli Propertii O. distichis*
Königsberg 1871 8.   O. Gruppe *quaestiones Annaeanae* (Berl.
1873 8.) S. 37 f.   G. V. Bucht *de usu infinitivi apud O. com-*

mentatio Upsala 1875 8. K. P. Schulze über den Zusammenfall von Hochton und Vershebung u. s. w. Zeitschr. für Gymn. 1875 S. 594 f.

A. Riese in Bursians Jahresbericht I 1873 S. 137 ff. III 1874/75 2 S. 229 ff. IV 1876 2 S. 97 ff. II. Magnus Ovid und die röm. Elegiker Jahresber. des philol. Vereins 3 Zeitschr. für das Gymnasialw. 1877 S. 229 ff.

15 v.Chr.
bis
19 n.Chr.

§ 55. Gratius. Germanicus Caesar (739—772), der sog. Manilius und andere Dichter.

1. Gratius.

Cynegetica im Vindob. *s. IX* der Halieutica des Ovidius.

Die *princeps* G. Logi Venedig 1534 8., *auctores rei venaticae* von I. Ulitius Leiden 1645 und 1655 8. und von S. Havercamp Leiden 1728 4., in den *poetae Latini min.* von P. Burman (2 Bde. Leiden 1731 4.) Bd. I und J. C. Wernsdorf (6 Bde. in 10 Thlen. Altenburg und Helmstädt 1780-99 8.) Bd. I S. 1 ff.

Gratii Falisci et Olympii Nemesiani carmina venatica cum duobus fragmentis de aucupio. Cum scripturae varietate et aliorum suisque commentationibus ed. R. Stern Halle 1832 8. M. Haupt in seiner Ausg. von Ovidius *Halieuticis* (1838).

2. Der sogenannte Manilius.

Astronomica l. V. zwischen 762/9—767/14.

Handschriften: der Gemblacensis *s. XI* in Brüssel, der Vossianus II *s. XV* in Leiden (aus dem vollständigen Archetypus), der Lipsiensis *s. XIII*, der Cusanus *s. XII* in Brüssel und jüngere.

Die *princeps* des Regiomontanus Nürnberg [1473] 4., von Laur. Bonincontrius (mit Commentar) Rom 1484 fol.

Ausgaben von Jos. Scaliger Paris 1579, Heidelberg 1590, Leiden 1600 8., (durch J. H. Boecler) Strafsburg 1655 4., *ex rec. et cum notis* R. Bentleii London 1739 4., von E. Stöber Strafsburg 1767 8., E. Burton London 1783 8., A. G. Pingré 2 Bde. Paris 1786 8., *M. astronomicon l. V rec.* F. Jacob, *accedunt index et diagrammata astrologica* Berlin 1846 8.

Wortindex in der Ausg. von J. Fay *ad usum Delph.* Paris 1697 4.

F. Jacob *de M. M. poeta I II lib. I—V* Lübeck 1832-36 4. M. Schmidt Philol. 8, 1853 S. 750 ff., Zeitschr. für das Gymnasialw. 1854 S. 94 f. C. Lachmann *observationum criticarum capita tria* Göttingen 1815 4., *cap. I de aetate M.* (kl. Schriften 2 S. 42 ff.). C. T. Breiter *de emendatione Manilii* Hamm 1854 4. L. Müller *de re metr. poet. Lat.* (1861) S. 52 ff. M. Haupt Hermes 4, 1869 S. 329 f. 7, 1873 S. 185 (*opusc.* 3 S. 473 f. 583). O. Gruppe zum sogen. M. Hermes 11, 1575 S. 234 ff.

3. Germanicus.

Aratea in dem Basileensis *s. VIII*, Puteaneus *s. IX* in Paris, Leidensis Susianus *s. IX* (?), Bernensis *s. X*, Einsiedlensis *s. XI* und vielen jüngeren. Die Scholien in zwei Parisini *s. IX*, zwei Sangallenses *s. X* und *XI*, zwei Bruxellenses *s. XII* und jüngeren.

Die *princeps* (mit dem Manilius) Bologna 1474 4., in H. Grotius *syntagma Arateorum* (mit den Supplementen) Leiden 1600 4., in den *Carmina et fragmenta carminum familiae Caesareae h. e. Germanici Caesaris* u. s. w. von J. Conr. Schwarz Coburg 1715 8., von Chr. F. Schmid Lüneburg 1728 8., in J. C. Orelli's *Phaedrus* (Zürich 1831 8.) S. 137 ff. *Germanici Caesaris Aratea cum scholiis* ed. A. Breysig Berl. 1867 8. Die Scholien auch in Eyssenhardt's *Martianus Capella* (1866), siehe § 121.

J. C. Schaubach *de Arati interpretibus* Meiningen 1818 4., ders. *observationes quaedam in scholia ad Germ.* u. s. w. *I—IV* ebendas. 1821—31 4. W. H. D. Suringar *de mythographo astronomico qui vulgo dicitur scholiastes Germ.* Leiden 1542 4. Peterek Germanicus ein biograph. Versuch Trzemesno 1843 4. J. Frey zu Germanicus Rhein. Mus. 13, 1858 S. 409 ff. Ders. *epistola critica de Germanico Arati interprete* Culm 1861 4., über den Scholiasten des Germanicus Rhein. Mus. 25, 1870 S. 263 ff. A. Breysig Philol. 13, 1858 S. 657 ff., Emendationen zu dem Scholiasten des Germanicus Posen 1865 4., Hermes 1, 1866 S. 453 ff., 12, 1877 S. 515. A. Zingerle *de Germanico Caesare Drusi filio* Trient 1867 8. R. Dahms Jahrb. 1869 S. 269 ff.

4. Ponticus. Macer. Sabinus und andere Genossen des Ovidius. Der sogen. Pedo. Der Dichter der Elegieen *de Maecenatis obitu* und *de moribundo Maecenate.*

Epicedion Drusi cum commentario M. Hauptii Leipz. 1850 4. (*opusc.* 1 S. 315 ff.). L. Müller *de re metr. poet. Lat.* (1861) S. 52, Rhein. Mus. 23, 1868 S. 657 f. Ribbeck *app. Vergil.* (1868) S. 193. Riese's Anthol. 2 (1870) S. 242 ff. F. Th. Adler *de P. O. N. quae fertur consolatione ad Liviam Augustam* u. s. w. Anclam 1851 4. J. Mähly *observationes de Drusi atque Maecenatis epicediis deque Taciteo dialogo criticae* Basel 1873 4.

5. Columella Buch 10 (vgl. § 38, 3).

J. Schrader (1722—1783) Hermes 5, 1870 S. 327.

§ 56. Phaedrus (um 10 bis um 70) [und spätere Fabeldichter].

1. Phaedrus.

Handschriften der Pithoeanus und der 1774 verbrannte Remensis *s. X*, der Perottianus *s. XV*, der die vollständigere Sammlung enthält.

Die *princeps* des P. Pithoeus *Augustobonae Tricassium* 1596 12., Ausg. von C. Rittershusius mit C. Schoppius Anm. Leiden 1598 8., N. Rigaltius Paris 1599 (und 1630) 12., in N. Neveletus *mythologia Aesopica* Frankfurt a. M. 1610 8., von J. Meursius Leiden 1610 8., T. Faber Saumur 1657 4. und öfter, *cum notis variorum* von P. Burman Haag 1718 8. und Leiden 1727 und 1745 4., 1748 8., von J. C. Santorocco mit deutschen Anm. Marburg 1721 8., in Bentleys Terentius (1726) oben § 25, von J. G. S. Schwabe 3 Bde. Halle 1779-81 8. und 2 Bde. Braunschweig 1806 8., N. Titze Prag 1813 8., J. Berger de Xivrey Paris 1830 8.

Iul. Phaedri fabularum l. novus e ms. cod. Perottino nunc primum ed. J. A. Cassitus Neapel 1808 8., 2. und 3. Ausg.

1811, *Codex Perottinus* u. s. w. *ed. a* Cat. Janellio Neapel 1809 S., 2. Ausg. 1811 S., ʽvon J. A. Eichstädt) Jena 1812 fol.

Ph. Aug. l. fabulae Aesopiae, prima editio critica cum integra varietate codd. Pithoeani, Remensis u. s. w. von I. C. Orelli Zürich 1831 S., dazu *Ph. fabulae novae XXXII e cod. Vatic. redintegratae ab* A. Maio (*classici auctores* Bd. 3 S. 278 ff.) *supplementum editionis Orellianae* Zürich 1832 S. *Ph. fabulae .... recogn.* Ch. T. Dressler Bautzen 1838 und Leipz. 1850, 3. Ausg. 1866 S.

Texte von K. Halm Leipz. 1852 S. und F. Eyssenhardt Berl. 1867 S. *Ph. Aug. l. fabulae Aesopiae, recogn. et praefatus est* L. Müller Leipz. 1868 (mit Wörterbuch von A. Schaubach 1870) S., *Ph. fabularum Aesopiarum l. V emendavit adnotavit supplevit* L. M. Leipz. 1877 (XLII und 120 S.) S. Die *fabulae Perottinae* auch in A. Riese's *anthol. Lat.* 2 (1570) S. 265 ff.

Zahlreiche Schulausgaben, z. B. von J. Siebelis (zuerst 1851) 5. Aufl. von F. A. Eckstein Leipz. 1874 S., F. E. Raschig (zuerst 1853) 3. Aufl. von R. Richter Berl. 1871 S., von C. W. Nauck Berl. 1855 S. u. A.

Wortindex in der Ausg. *ad usum Delph.* von P. Danet Paris 1675 4. und in vielen anderen Ausg. Collmann *Index Phaedrianus* Marburg 1841 4. J. Billerbeck vollständiges Wörterbuch zu den Fabeln des Ph. (zuerst 1824) 5. Aufl. Hannover 1859 8.

C. F. Gellert *dissertatio de poesi apologorum eorumque scriptoribus* Leipz. 1744 4. (und 1773 S.). P. Langen Rhein. Mus. 13, 1858 S. 197 ff., ders. Zeitschr. für das Gymnasialw. 1859 S. 892. 936 ff. Kunkel über schwierige Stellen des Ph. Bensheim 1861 4. O. Keller Untersuchungen zur Geschichte der griech. Fabel Jahrb. Supplementband 4, 1862 S. 309 ff. M. Haupt Hermes 2, 1867 S. 7 (*opusc.* 3 S. 365 f.). W. Wagner Rhein. Mus. 22, 1867 S. 456 f. E. Bährens Rhein. Mus. 26, 1871 S. 153. 350. J. Mähly Zeitschr. für die österr. Gymn. 1871 S. 809 ff. F. Zorn Kritisches zu P. Bl. für das bayer. Gymnasialschulw. 1875 S. 1 ff. A. Müller zu P. Rhein. Mus. 1875 S. 618. L. Müller *de P. et Aviani fabulis libellus* Leipz. 1875 S.

Αἰσωπείων μύθων συναγωγή, *fabulae Aesopicae collectae ex recognitione* C. Halmii Leipz. 1872 S.

2. Avianus (fünftes Jahrhundert).

Handschriften zwei Parisini und ein Sangermanensis das. *s. IX* und viele jüngere.

Fl. A. fabulae cum comment. Albini scholiastae vet. u.s.w. ed. H. Cannegieter, *accedit eiusdem dissert. de aetate et stilo Fl. A.* Amsterdam 1731 S. (mit Wortindex). *A. fabulae* Car. Lachmannus *rec. et emend.* Berl. 1845 S. (dazu der Berliner Lectionskatalog von 1845 4., kl. Schr. 2 S. 51 ff.). *A. fabulae XXXXII ad Theodosium ex rec.* Guil. Fröhner Leipz. 1862 S.

K. L. Roth die mittelalterlichen Sammlungen lat. Thierfabeln Philol. 1, 1846 S. 523 ff. K. Schenkl zu Avianus Zeitschr. für die österr. Gymnas. 16. 1865 S. 397 ff. E. Grofse *novus Avianus* (Paraphrase *s. XI*) Königsberg 1868 4. Ders. zu den Paraphrasen des Ph. Jahrb. 1872 S. 781 ff. Romulus die Paraphrasen des Phädrus und die Aesopische Fabel im Mittelalter von H. Oesterley Berl. 1870 S. G. Diestel Bausteine zur Geschichte der deutschen Fabel (Dresden 1871 S. S. 25 ff. J. Mähly Avians Fabeln Zeitschr. für die österr. Gymn. 1873 S. 100.

§ 57. T. (?) Petronius Arbiter (÷ 66).

1. Person und Zeitalter.

B. G. Niebuhr zwei class. lat. Schriftsteller aus dem 3. Jahrb. n. Chr. (1821) kl. hist. und philol. Schr. 1 S. 337 ff. G. Studer über das Zeitalter des P. A. Rhein. Mus. 2, 1843 S. 50 ff. 202. F. Ritter ebend. S. 561 ff. J. G. Moessler *commentatio de P. poemate de bello civili* Breslau 1842 S. Ders. *quaestionum Petronianarum specimen, quo poëma de bello civili cum Pharsalia Lucani comparatur I-III* Hirschberg 1857-70 4. W. Teuffel Rhein. Mus. 4, 1846 S. 515 ff., Studien und Charakteristiken (1871) S. 391 ff. Ch. Beck *the age of P. A.* Cambridge (Nordamerika) 1856 4. L. Friedländer *de colonia in qua P. cenam Trimalchionis finxerit* Königsberg 1860 4.

2. *Satirarum excerpta ex libris XV et XVI.* Im Cod.
Bernensis *s.* X und vielen jüngeren; eine verlorene Hs. welche
J. Scaliger benutzte; die *cena Trimalchionis* im *Traguriensis*
s. XV in Paris.

Ch. Beck *P. de antiquis dictionibus fragm. ined.* Cambridge 1861 4. und *the manuscripts of the Satyricon of P. A.
described and collated* Cambridge 1863 4., ders. Philol. 20,
1863 S. 293 ff. F. Bücheler Rhein. Mus. 11, 1857 S.
606 ff., 27, 1872 S. 474, Philol. 20, 1863 S. 726 ff., Schweizerisches Museum für Philol. 3, 1863 S. 17 ff. A. Reifferscheid der Grammatiker Petronius Rhein. Mus. 16, 1861
S. 1 ff. J. E. Pétrequin *recherches historiques et critiques*
sur P. Paris 1869 5. II. Schiller Gesch. des röm. Kaiserreichs unter Nero (Berl. 1872 8.) S. 620 f.

Ausgaben die *princeps* in den *Panegyrici veteres* [Mailand
1482 fol.], von J. Dousa Leiden 1585 und öfter, M. Goldast
Frankfurt 1610 und 1621 8., G. de Sales Frankfurt 1629
4., [das *fragmentum Traguriense* zuerst Padua 1664 8.], von
Mich. Hadrianides Amsterdam 1669 8., *cum notis varior.*
von P. Burman *ed. II* (zuerst Utrecht 1709) 2 Bde. Amsterdam 1743 4. (dazu Js. Verburg und Ti. Hemsterhuis
chrestomathia Petronia-Burmanniana u. s. w. Florenz [Amster-
dam] 1734 8. und J. J. Reiske *libellus animadversionum*
ad alteram editionem Burmannianam P. in den *nova miscell.*
Lips. 6, 1743 S. 93. 272. 455. 650 ff.), von C. G. Anton Leipz.
1781 8. *P. A. satirarum reliquiae ex rec.* Francisci Buech e-
leri Berl. 1862 8. Text desselb. *adiectus est liber Pria-
peiorum* Berl. 1862 8., *ed. II* (*adiectae sunt Varronis et Senecae satirae similesque reliquiae*) 1871 8. A. Riese's Anthol. 1
(1869) S. 289 ff.

J. Schrader (1722—1783) Hermes 2, 1876 S. 142. J. C.
Orelli *lectiones Petronianae* Zürich 1836 4. G. Studer *obser-
vationes criticae in P. cenam Trimalchionis* Bern 1839 4. J.
Vahlen Rhein. Mus. 13, 1858 S. 300 ff. W. Wehle *obs.
crit. in Petronium* Bonn 1861 8. O. Keller zur Kritik der
Petronischen *cena Trimalchionis* Rhein. Mus. 16, 1861 S. 532 ff.
Ders. Jahrb. 1864 S. 502 ff. E. Klussmann Philol. 20,
1863 S. 178 f. M. Hertz Rhein. Mus. 17, 1862 S. 324.

E. Gotschlich *de parodiis Senecae apud P. misc. philol.* für F. Haase (Breslau 1863 8.) S. 26 ff. M. Haupt Hermes 2, 1867 S. 216, 4, 1870 S. 157, 7, 1873 S. 185 (*opusc.* 3 S. 376. 467. 583). A. Riese Jahrb. 1869 S. 281 f. E. Ludwig *de Petronii sermone plebeio* Leipz. 1870 8. A. von Guericke *de linguae vulgaris reliquiis apud Petronium et in inscriptionibus parietariis Pompeianis* Gumbinnen 1875 8. H. Blümner zu P. Jahrb. 1875 S. 341.

P. Pomponius Secundus der Tragiker.

Ribbeck *trag.* [2] S. 231 f. B. Schmidt zur röm. Tragödie Rhein. Mus. 16, 1861 S. 586 ff.

Catullus und Marullus Mimographen.

M. Haupt Hermes 1, 1866 S. 43 (*opusc.* 3. S. 337). L. Müller Rhein. Mus. 24, 1869 S. 620 vgl. 25, 1870 S. 320.

§ 58. A. Persius Flaccus (34 bis 62).

1. Leben.

Reifferscheids Sueton S. 72 ff. W. Teuffel (1841 in den Studien und Charakteristiken (1871) S. 396 ff. A. Breuker A. P. und seine Zeit Mörs 1866 4. Fr. Knickenberg *de ratione stoica in P. satiris apparente* Münster 1867 8. H. Schiller Gesch. des röm. Kaisserreichs u. s. w. (Berl. 1572 S.) S. 615 ff.

Les moralistes sous l'empire Romain, philosophes et poëtes, par C. Martha Paris 1864 8.

2. *Satirarum liber.*

a. Handschriften (ein vaticanisches Palimpsestfragment *s. IV*, zwei Montepessulani *s. IX* und *X*, ein Vaticanus, ein Vindobonensis, ein Pragensis, zwei Leidenses und viele andere von gleichem Alter).

O. Jahn Ber. der sächs. Ges. d. Wiss. 3, 1851 S. 332 ff. A. Kissel *P. codd. mss. Leidensium collatio, una cum animadv. in eius sat. I* Zalt-Bömel 1848 8. A. Göbel Philol. 14, 1859 S. 170. 379; 15, 1860 S. 128 ff. und im Conitzer Progr. von 1859 4. M. Zillober die neue Hs. der sechs Satiren des P. Augsburg 1862 4.

b. Ausgaben (häufig mit Iuvenalis).

Die *princeps* um 1470, von P. Pithoeus Paris 1585 8.,
E. Vinetus und Th. Marcilius Paris 1601 4., Is. Casaubonus Paris 1605 4. und öfter (von F. Dübner Leipz. 1833
8.), F. Plum Kopenhagen 1827 8., J. C. Orelli *eclogae
poëtarum Lat.* Zürich 1833 8., F. Hauthal Bd. I Leipz. 1837
8., H. Düntzer Trier 1844 8., C. F. Heinrich Leipz. 1844 8.

A. P. Fl. satirarum liber cum scholis antiquis ed. O. Jahn
Leipz. 1843 8. und *ed. II minor* 1851 8. Text von demselb.
nach neuen Collationen mit krit. Apparat zus. mit Juvenalis
und Sulpicia Berl. 1868 8.

*The satires of A. P. F. with a translation and commentary
by J. Conington* u. s. w. *ed. by H. Nettleship ed. II* (ed. I
1872) Oxford 1874 8. *The satires of A. P. F. edited by B. L.
Gildersleeve* New-York 1875 8. Text von K. Fr. Hermann Leipz. 1854 8.

c. Kritik und Erklärung.

J. J. Breitinger *in versus obscurissimos a P. I 92—96
citatos diatribe* Zürich 1723 8. G. L. König *commentarius
perpetuus in P. satiras VI* Göttingen 1803 8. B. G. Niebuhr
(1827) kl. Schriften 2 S. 272 f. E. Handrick *de nonnullis
quintae Persii satirae locis* Torgau 1846 4. H. Lehmann zur
Erklärung der Satiren des P. Philol. 6, 1851 S. 431 ff., zur
1. S. Zeitschr. für die Alterthumsw. 10, 1852 S. 193 ff., ders.
*de A. P. F. satira quinta, praemissa sunt quaedam de consilio
quod P. in satiris scribendis secutus sit* Greifswald 1855 4. A.
Häckermann die 4. Sat. des P. Jahns Archiv 18, 1852 S.
390 ff., die 2. Sat. des P. Jahrb. 1860 S. 341 ff., Philol. 25,
1867 S. 357 f. J. L. Ussing Philol. 10, 1855 S. 190 vgl. S.
366. J. Schlüter *quaestiones Persianae* Münster 1857 8.
Ders. P. und Juvenal, zur ästhetischen Kritik ihrer Satiren
Zeitschr. für Gymnas. 15, 1861 S. 881 ff. W. Pierson die
Metaphern des P. Rhein. Mus. 12, 1858 S. 85 ff. B. Erdmann *observationes grammaticae in A. P. Fl. satiras* Wittenberg 1866 4. R. Gropius zur zweiten Satire des P. Jahrb.
1870 S. 390 ff. H. Becker zur Charakteristik des P. Arnstadt 1870 4. M. Haupt Hermes 7, 1873 S. 10 (*opusc.* 3 S. 570).

J. N. Madvig *adcers. crit.* 2 (1873) S. 128 f.   J. Jessen Philol.
33, 1873 S. 191.   F. Schumacher *quaestiones Persianae* Münster 1873 8.   *Thilo Papst de A. P. F. satirarum virtutibus et
citiis* Rathenow 1876 8.   F. Semisch *de vi ac natura poesis
P. satiricae* Friedeberg in der Neumark 1877 (24 S.) 4.

Wortindex von J. Langius Freiburg im Breisgau 1608 4.,
in der Ausg. *ad usum Delph.* Paris 1684 4. und bei O. Jahn.

d. Scholien (in der Wiener, Prager, der Leidener und anderen Hss.) in Jahns Ausgabe.

K. F. Hermann *lectiones Persianae* Marburg 1842 4., *analecta de aetate et usu schol. Pers.* Göttingen 1846 4.   G. M.
Thomas Sitzungsber. der Münchener Akademie philos. philol.
hist. Kl. 1863 S. 254 ff.   J. Kvičala *scholiorum Pragensium
in P. satiras delectus* Prag 1873 4.   E. Kurz die Persiusscholien
nach den Berner Handschriften Burgdorf 1875 8.

§ 59. M. Annaeus Lucanus (39 bis 65). Calpurnius. Der Dichter des Aetna. Homerus Latinus.

I. Lucanus.

1. Leben.

Reifferscheids Sueton S. 50 ff.   C. F. Weber *vitae
M. A. L. collectae I* Marburg 1856 4., *II L. vita per annos digesta* Marburg 1857 4., *III* spätere *vitae* ebendas. 1858 4., *de
suprema L. voce* ebendas. 1857 4., *de duplici Pharsaliae Luca-
neae exordio* ebendas. 1860 4.   H. Genthe *de M. A. L. vita et
scriptis* Berl. 1859 8., Jahrb. 1861 S. 534 ff., 1864 S. 859 ff.,
Hermes 6, 1871 S. 214 ff.

2. *Pharsaliae l. X.*

a. Handschriften (Palimpsestfragmente in Wien, Neapel
und Rom *s. V*, zwei Vossiani in Leiden, der Montepessulanus,
Colbertinus, Cassellanus, Bernensis *s. IX–X* und viele jüngere).

G. Seebode Lesarten aus Hss. des L. krit. Bibliothek
1820 S. 68. 247. 320 ff., 1821 S. 1063 ff.   C. E. Chr. Schneider
trium codd. Vratislaviensium L. lectiones variae Breslau 1823 4.
F. Wiggert *variae lectiones ad L. Phars. IX ex fragmento
cod. Magdeburgensis descriptae* Magdeburg 1824 4.   C. F. Her-

mann *de codice L. Marburgensi cum varia eius lectione* Marburg 1841 4.   I. Bekker Monatsber. der Berl. Akad. von 1853 S. 166 ff.   W. Steinhart *de emendatione Lucani* Bonn 1854 S. Ders. *de L. schedis rescriptis Vindobonensibus* (Salzwedel) Magdeburg 1860 4., Jahrb. 1859 S. 360 ff., 1861 S. 353 ff. und *symbola philol. Bonn.* (Leipz. 1864 S.) S. 289 ff.   D. Detlefsen Philol. 13, 1858 S. 313 ff. 15. 1860 S. 526 ff. 26, 1867 S. 173 ff. J. Klein Rhein. Mus. 24, 1869 S. 121 ff.

b. Ausgaben: die *princeps* Rom 1469 fol., von Th. Pulman Antwerpen 1564, 1576 S., H. Grotius Antwerpen 1614, Leiden 1626 S., G. Corte Leipz. 1726 S., *cum notis H. Grotii et R. Bentleji* Strawberry-Hill 1760 4. und Glasgow 1816 S., F. Oudendorp Leiden 1728 4., P. Burman Leiden 1740 4., A. Illycinus (Angelo d'Elzi) Wien 1811 fol. und 4., C. F. Weber *cum notis variorum* mit den Scholien 3 Bde. Leipz. 1821-31 S. und (Fortsetzung von Corte's Ausg.) 2 Bde. Leipz. 1828-29 S., C. H. Weise Quedlinburg 1835 8.

E. Kästner *quaestionum in L. Pharsalia p. I-IV* Guben und Bielefeld 1824—29 4.   P. J. Leloup *de poesi epica et L. Pharsalia* Trier 1827 4.   R. Unger *de L. Heliacis* Friedland 1858 4., *de L. carminum reliquiis* Friedland 1860 4., Gratulationsschrift des Stadtgymn. zu Halle für Erfurt (1870 4.) S. 4 ff. A. Preime *de L. Pharsalia* Cassel 1859 8.   W. Steinhart Litteraturbericht Jahrb. 1861 S. 353 ff.   F. Kortüm über das gleichartige und abweichende Element in der spanisch-römischen Dichterschule u. s. w. in den geschichtl. Forschungen (1863) S. 209 ff. (dazu H. Genthe Jahrb. 1864 S. 534 ff.)   H. Usener *L. pugnae Pharsalicae narratio (VII 385—711) ex H. Grotii recensione ed. cum comm. crit.* Greifswald 1863 4. A. Schaubach Lucans Pharsalia und ihr Verhältniss zur Geschichte Meiningen 1864 4.   Th. Bergk *de L. carminibus* Halle 1865 4.   J. N. Madvig *advers. crit.* 2 (1873) S. 129 ff. A. R. Friedrich *de L. Pharsalia dissertatio* Bautzen 1874 8. E. Körber *de M. A. L. usu syntactico* St. Petersburg 1874 8. G. Baier *de Livio L. in carmine de bello civili auctore* (Breslau) Schweidnitz 1874 (46 S.) 8.   H. J. Müller *symbolae ad emendandos scriptores Latinos I* Berl. 1876 4., Jahrb. 1876

S. 559 ff. und Jahresber. des philol. Vereins zu Berl. Zeitschr. für das Gymnasialw. 1876 S. 265 ff.

Wortindex in Oudendorps Ausgabe.

c. Scholien.

Scholia in L. bellum civile ed. H. Usener, *pars prior commenta Bernensia* Leipz. 1869 8.

H. Genthe *scholia vetera in L. bellum civile* Berl. 1868 4. Ders. Hermes 6, 1871 S. 214 ff. H. Usener Jahrb. 1861 S. 356 ff., Rhein. Mus. 19, 1864 S. 147 f., 23, 1868 S. 497 ff. 26, 1871 S. 155 ff. L. Müller Rhein. Mus. 16, 1871 S. 154 f. M. Haupt Hermes 5, 1871 S. 188 (*opusc.* 3 S. 533).

Th. Creizenach Lucans Pharsalia im Mittelalter siehe oben § 50, 5 am Schluss.

2. [T.?] Calpurnius und gleichzeitige Bukoliker.

a. Handschriften: die des Th. Ugoletus verloren (Abschriften ein Parisinus *s. XIII*, ein Neapolitanus und ein Riccardianus in Florenz *s. XV*).

M. Haupt *de carminibus bucolicis Calpurnii et Nemesiani.* Berlin 1854 4. (*opusc.* 1 S. 358 ff.). Ders. Hermes 3, 1869 S. 211 ff., 6, 1871 S. 390. (*opusc.* 3 S. 390. 414). E. Wölfflin Philol. 17, 1861 S. 340 ff. J. Mähly Jahrb. 1862 S. 286 ff., 'der Oedipus Coloneus des Sophocles' (Basel 1868 8.) S. 101 f.

Die Bucolica der Einsiedler Hs. *s. X* herausgeg. von H. Hagen Philol. 28, 1869 S. 338 ff., Jahrb. 1871 S. 139 ff. Riese's Anthologie 2 (1870) S. 180 ff. R. Peiper *praefationis in Senecae tragoedias nuper editas supplementum* Leipz. (Breslau) 1870 4. F. Bücheler Rhein. Mus. 26, 1871 S. 235 ff. vgl. S. 491 ff. O. Ribbeck ebendas. S. 406 ff. E. Bährens *lectiones Latinae* (Bonn 1870 8.) S. 35 f., Jahrb. 1872 S. 355 ff.

b. Ausgaben: die *princeps* Rom 1471 fol. (mit Silius), öfter mit Gratius und Nemesianus; in P. Burmans *poetae Lat. min. I* (Leiden 1731 4.) S. 541 ff., in J. C. Wernsdorfs *poetae Lat. min. 2* (1780) S. 73 ff., von Ch. D. Beck Leipz. 1803 8. *Calpurnii eclogae XI ad optimos codd. u. s. w. rec.* C. E. Glaeser Göttingen 1842 8.

*Inc. auct. carmen panegyr. ad Calp. Pisonem cum proleg.
et adnot. critica ed.* C. F. W e b e r Marburg 1859 und 1860 4.

3. (Des Lucilius Iunior?) *Aetna* (645 Hexameter).

a. Handschriften: der verschollene Florentinus, der Cantabrigiensis *s.* X. das Fragmentum Stabulense *s.* XI und mehrere
interpolierte, wie zwei des brittischen Museums und die Helmstädter und Breslauer *s.* XIV und XV.

B o r m a n s *bulletin de l'acad. de Bruxelles* Bd. 21, 1854 2
S. 258 ff.   F. W. S c h n e i d e w i n Göttinger gel. Anz. 1855
S. 1041 ff.

b. Ausgaben in den Catalecta des Vergilius von A l d u s
Venedig 1517. 1534 8., in J. S c a l i g e r s *Catalecta Vergilii* Lyon
1573, Leiden 1595 und 1617 8., [*P. Cornelii Severi*] *Aetna
cum notis rariorum* von Th. G o r a l l u s (d. i. J. C l e r i c u s)
Amsterdam 1703 (1715) 8., in J. C. W e r n s d o r f s *poetae Lat.
min.* Bd. 4 (1785) S. 1 ff. (*Lucilii*) *Aetna rec. notasque* Ios.
S c a l i g e r i, Frid. L i n d e n b r u c h i i *suasque addidit* F. J a c o b
Leipz. 1826 8. *Aetna, revised emended and explained by* A. J.
M u n r o Cambridge 1867 S., in M. H a u p t's Vergil (Leipz.
1873 8.) S. 583 ff.

A. d e R o o y *coniecturae criticae in diversorum poetarum
spectacula, Martialis epigr. l. XIV et Cornelii Severi Aetnam*
Utrecht 1764 8.   J. S i l l i g Jahns Archiv 6, 1829 S. 141 ff.
M. H a u p t *quaest. Catull.* (1841) S. 54 ff. (*opusc.* 1 S. 40 ff.),
Berliner Lectionskataloge von 1854 und 1859 4. (*opusc.* 2 S.
26 ff. 162 ff.), Hermes 3, 1868 S. 338 ff. (*opusc.* 3 S. 437 ff.).
J. M ä h l y Beiträge zur Kritik des Lehrgedichtes Aetna Basel
1862 4.   E. B ä h r e n s *lectiones Latinae* (Bonn 1870 8.) S. 36 ff.,
Jahrb. 1872 S. 628 ff.   H. S a u p p e Göttinger gel. Anz. 1874
S. 481 ff.

4. *Homerus Latinus* (1075 Hexameter).

a. Handschriften: eine Florentiner *s.* XI, zwei Leidener,
eine Erfurter *s.* XII, eine Brüsseler und Prager, und zahlreiche
andere.

b. Ausgaben, die *princeps* von 1492, in J. C. W e r n s d o r f s
poetae Lat. min. Bd. 4 (1785) S. 617 ff. *Incerti auctoris, vulg.*

Pindari Thebani, epitome Iliadis Homericae e rec. et cum notis
Th. van Kooten *ed* ..... Henr. Weytingh Amsterdam und
Leipz. 1809 S. L. Müller über den Auszug aus der Ilias des
sogen. Pindarus Thebanus Berlin 1857 S.

K. Lachmann Monatsber. der Berliner Akad. von 1841
S. 3 ff. kl. Schriften 2 S. 161. F. Ritschl Rhein. Mus. 1,
1842 S. 137 ff. L. Müller Philol. 15, 1860 S. 475 ff., Jahrb.
1862 S. 729 ff., Rhein. Mus. 22, 1867 S. 457 ff. 24, 1869 S.
492 f. Th. Bergk Philol. 14, 1859 S. 184. E. Dümmler
Forschungen zur deutschen Geschichte 13, 1873 S. 415 f. Th.
Krafft eine Studie zum lat. Homer des sogen. Pindarus Thebanus Nürnberg 1874 4. K. Schenkl zur Kritik des H.L.
Zeitschr. für die österr. Gymn. 1875 S. 243 ff.

5. Die Tragödien des Seneca siehe unten § 91.

Scaevius (Scaevus?) Memor Tragiker.

M. Hertz *de Scaevo Memore poeta tragico commentariolum*
Breslau 1869 4. E. von Leutsch Philol. Anz. 1, 1869 S.
123 ff. 238.

6. Caesius Bassus (*de metris*).

H. Keil *grammatici Lat.* 6. (1874) S. 305 ff.

E. von Leutsch Philol. 11, 1856 S. 739 ff. H. Wentzel
symbolae criticae ad historiam scriptorum rei metr. Lat. Breslau
1858 S. R. Westphal griech. Metrik 1² (1867) S. 169 ff. O.
Hense *de Iuba artigrapho acta soc. philol. Lips.* 4 (Leipz.
1875 S.) S. 64 ff.

7. Die Epigramme des Codex Vossianus (Q 86) *s. IX*,
aus der Zeit von Claudius bis auf Traian.

A. Riese's Anthologie (1569) 1 S. 257 ff.

§ 60. C. Valerius Flaccus Setinus Balbus († vor 90).

a. Handschriften.

Der Vaticanus *s. IX*, der verlorene Sangallensis des Poggio, und jüngere.

b. Ausgaben: die *princeps* Bologna 1474, von Aeg. Ma-
serius Paris 1517 und 1519 fol., mit dem Commentar des I.B.
Pius Bologna 1519 fol., von L. Carrio Antwerpen 1565 ?

und 1566 16., Lamp. Alardus Leipz. 1630 8., N. Heinsius
Amsterdam 1680 12. und Utrecht 1702 12., Th. Ch. Harles
Altenburg 1781 8., *cum notis varior.* von P. Burman Leiden
1724 4., J. A. Wagner 2 Thle. Göttingen 1805 8., *liber VIII*
ed. A. Weichert Meissen 1818 8.   *C. Valerii Flacci Setini*
Balbi Argonauticon l. VIII rec. G. Thilo Halle 1863 8.   *C. V.*
F. S. B. Argonauticon l. VIII ed. C. Schenkl Berl. 1871 8.
C. V. F. S. B. Argon. l. VIII recogn. Aem. Bährens Leipz.
1875 8.

J. Schrader (1722—1783) Hermes 2, 1867 S. 142.   A.
Weichert *epist. crit. de V. F. Argonauticis* Leipz. 1812 8.,
ders. *acta soc. philol. Lips.* 2, 1813 S. 326 ff. und Programme
von Meissen 1818 und Grimma 1824 4.   Ders. über das Leben und Gedicht des Apollonius von Rhodus (Meissen 1821 8.)
S. 270 ff. E. Klussmann Philol. 11, 1856 S. 590. F. Eyssenhardt Rhein. Mus. 17, 1862 S. 318 ff. H. A. Koch Rhein.
Mus. 18, 1863 S. 163 f. Ph. Wagner Philol. 20, 1863 S. 616 ff.
G. Meyncke *quaestiones Valerianae* Freiburg (Bonn) 1865 8.
Ders. Rhein. Mus 22, 1867 S. 457 ff.   M. Haupt Hermes
3, 1868 S. 212 ff. 4, 1869 S. 153. (*opusc.* 3 S. 416. 463).   Ph.
Braun *observ. crit. et exeg. in C. V. F. Argonautica* Marburg
1869 8.   I. Greiff *de C. V. F. Argonauticis cum Vergilii Ae-*
neide comparatis Trient 1869 8.   R. Löhbach *observationes*
criticae in C. V. F. Argonautica Andernach 1869 4.   Ders.
Studien zu V. F. Andernach (Neuwied) 1872 4., Bemerkungen
zu V. F. Mainz 1876 4.   Br. Hirschwälder *curae criticae in*
C. V. F. Argonautica P. I Breslau 1870 8.   K. Schenkl Ber.
der Wiener Akademie philos. histor. Kl. 1871 S. 271 ff.   C. F.
Reuss *observationes Valerianae* Marburg 1871 8.   M. Schmitz
de V. F. dicendi genere quaestiones Münster 1872 8.   C. Busse-
nius *de Valerii Flacci in adhibendis comparationibus usu* Lübeck 1872 4.   E. Bährens Jahrb. 1872 S. 197 ff.   O. Keller
Göttinger gel. Anz. 1873 S. 1291 ff.   J. N. Madvig *adcers.*
crit. 2 (1873) S. 133 ff.   R. Volkmann einige Bemerkungen
über die Argonautica des Apollonius von Rhodus (Jauer 1875
4.) S. 11 ff.

Wortindex in den Ausg. von Alardus und Burman.

Curiatius Maternus. Saleius Bassus.

Tacitus *dial. C.* 5 und 11.

I. Held *de Saleio Basso poeta* Breslau 1834 8.

F. Ritter in der Vorrede zu seiner Ausgabe von [Seneca's] Octavia Bonn 1843 8.

§ 61. Ti. Catius Silius Italicus (26 bis 101.)

Consul im J. 68, vgl. die *fasti Augurum* C. I. L. VI 1975 (Grut. 300, 1).

a. Handschriften: verlorene der Coloniensis des Carrio und der sogen. Sangallensis (oder Constantiensis) des Poggius und Barth. Politianus, und jüngere Abschriften des Sangallensis.

b. Ausgaben: die beiden *principes* von J. A. von Aleria und P. Laetus Rom 1471 fol., von D. Heinsius Leiden 1600 16., Cl. Dausqucius Paris 1615 und 1618 4., Chr. Cellarius Leipz. 1695 8., *cum notis varior.* von A. Drakenborch Utrecht 1717 4., J. B. Lefebre de Villebrune Paris 1781 12., J. Ch. T. Ernesti 2 Bde. Leipz. 1791 1792 8., G. A. Ruperti 2 Bde. Göttingen 1795—98 8.

L. Carrio's *emendationes* (1576) und F. Modius *lectiones novantiquae* (1584) in J. Gruters *Lampas* III 2 S. 90 ff. und V S. 1 ff. J. Schrader (1722—1783) Hermes 4, 1869 S. 345. W. Cosack *quaestiones Silianae* Halle 1844 8. G. Thilo *quaestiones Silianae criticae* Halle 1858 4., ders. *symbol. philol.* Bonn. (1864) S. 397 ff. L. Cholevius (1865) vgl. oben § 50. H. Blass Emendationen zu S. I. Berl. 1867 4., ders. die Textesquellen des Silius Italicus Jahrb. 8. Supplementbd. (Leipz. 1875 8.) S. 161 ff. Th. Mommsen Hermes 3, 1868 S. 43. Onorato Occioni *Cajo S. I. e il suo poema* Padua 1868 8., *nuova antologia* 1877 S. 275 ff. E. Wezel *de C. S. I. cum fontibus tum exemplis* Leipz. 1873 8. (dazu H. Blass Jahrb. 1874 S. 471 ff.). M. Heynacher über die Quellen des S. I. Jena (Ilfeld) 1875 8. Ders. die Stellung des S. I. unter d. Quellen zum 2. pun. Krieg Ilfeld (Berl.) 1877 4.

§ 62. P. Papinius Statius (um 40 bis um 96).

Thebaidos l. XII. Achilleidos l. II. Silvarum l. V.

a. Handschriften: der Puteaneus und Bambergensis der
Thebais, der Regius und ein anderer Parisinus *s. XI* der Achilleis, der verlorene Sangallensis der *silvae*, und zahlreiche
jüngere.

C. F. Weber *de cod. S. Cassellano commentatio* Marburg
1853 4. A. Imhof *de silvarum Statianarum condicione critica*
Halle 1860 4. E. Grofse über eine Trierer Hs. des Statius
Königsberg 1866 4. F. Deycks *quaestiones Statianae* (Münsterer Hs. des S.) Münster 1866 4. W. Schmitz ein Düsseldorfer Statiusfragm. Rhein. Mus. 21, 1866 S. 435 ff. C. Wachsmuth der Archetypus der Silven des S. Rhein. Mus. 29, 1874
S.355 ff. H. Blass über die von Poggio gef. Hs. von Statius Silven Rhein. Mus. 30, 1875 S. 455 ff. P. Kohlmann
die Pariser Hss. der Achilleis des S. Philol. 34 (1876) S. 474.
565 ff.

b. Ausgaben.

Die *principes* der einzelnen Gedichte Rom um 1470—1476,
Parma 1473, mit dem Commentar des Domitius Calderinus
und Maturancius Venedig 1483 und öfter, von J. Bernar-
tius Antwerpen 1595 8., F. Tiliobroga (Lindenbruch)
Paris 1600 4., J. C. Gevartius Leiden 1616 8., Emer. Cru-
ceus Paris 1618 4., J. F. Gronovius Amsterdam 1623 16.,
Casp Barthius 3 Thle. Zwickau 1664—67 4. *Statii sylvae
rec. et emend.* Jer. Markland London 1728 4., *ed. auctior*
von C. Sillig Dresden 1827 4. Texte von F. Dübner 2 Bde.
Paris 1835 1836 8. und G. Queck 2 Bde. Leipz. 1854 8. *P.
P. S. elegiam ultimam emendatiorem ed.* R. Unger u. s. w.
Neustrelitz 1869 8. *P. P. S. Thebais et Achilleis cum scholiis rec.* O. Müller I (Theb. 1—6) Leipz. 1870 8. *P. P. S.
vol. i silvae ed.* Aem. Baehrens Leipz. 1876 (XX 157 S.)
8. (dazu U. von Wilamowitz-Möllendorff Hermes 12,
1876 S. 255), und E. Bährens Rhein. Mus. 32, 1877 S. 325.
P. Kohlmann *S. Achilleidos l. I 1-396* Emden 1877 (28 S.) 4.

c. Kritik und Erklärung.

H. Dodwell *annales Statiani* in den *ann. Velleiani* (Oxford 1698 8.) S. 193 ff. R. Unger *Thebana paradoxa* (1839 8.) S. 432 ff. J. Danglard *sur Stace et surtout sur ses silves* Clermont-Ferrand 1864 8. L. Friedländer *de personis nonnullis a S. commemoratis* Königsberg 1870 4. und Programm über Martial § 63. Ders. *recensio poetarum Statio u. s. w. contemporaneorum* Königsberg 1870 4. Ders. Darstellungen aus der Sittengeschichte Roms u. s. w. 3 (Leipz. 1871 8.) S. 390 ff. (und H. F. Stobbe daselbst S. 404 ff.). H. Nohl *quaestiones Statianae* Berl. 1871 8., ders. Hermes 12, 1876 S. 517 f.

J. Gruteri *suspiciones in S. Theb. I cum animadversionibus* F. Handii Jena 1851 4. J. F. Gronovii *in S. silv. l. I diatribe* Haag 1637, Paris 1640 8., ed. F. Handius 2 Bd. Leipz. 1812 8. C. Lachmann *loca aliquot Thebaidos Statinae emendatae* (1815) kl. Schriften 2 S. 47 ff. A. Imhof *de silvarum Statianarum condicione critica* Halle 1859 4., *S. ecloga ad uxorem emend. et adnot.* Halle 1863 4. und *emendationes Statianae* Halle 1867 4. C. Volckmar *specimen novae Silvarum S. editionis* Nordhausen 1860 4. M. Haupt Monatsber. der Berl. Akad. 1861 S. 1074 ff., Hermes 3, 1868 S. 345, 5, 870 S. 187. (*opusc.* 3 S. 126 ff. 444. 531). Aem. Grofse *observatorum in Statii silvis specimen* Berl. 1861 8. O. Müller *quaistiones Statianae* Berl. 1861 4., ders. zu den Gedichten des P. S. Rhein. Mus. 18, 1863 S. 189 ff. Aem. Nauke *observationes criticae et grammaticae in P. P. S.* Breslau 1863 8. K. Kriuse *de P. P. S. comparationibus epicis* Halle 1871 8. K. Appelmann *studia Papiniana* Demmin 1872 4. H. Hahn *quaestionum Statianarum partic. I* Breslau 1872 8. J. N. Madvig *advers. crit.* 2 (1873) S. 152 ff. E. Bährens *emendationum in S. silvas partic. I* Rhein. Mus. 28, 1873 S. 250 ff. L. Polster zu S. Silven Jahrb. 1873 S. 774 f. C. Wachsmuth Rhein. Mus. 29, 1874 S. 355 f. P. Kohlmann zur Achilleis des S. Rhein. Mus. 30, 1875 S. 319. 475. 634. F. Lohr *de infinitivi apud P. P. S. et Iuvenalem usu* Marburg 1875 8. K. P. Schulze über den Zusammenfall von Hochton und Vershebung u. s. w. Zeitschr. für das Gymnasialw. 1875 S. 596.

H. Köstlin Philol. 35, 1876 S. 493 ff.   L. Grasberger zu
S. Silvae Jahrb. 1877 S. 419 ff.   E. Desjardins *nécessité des
connaissances épigraphiques pour l'intelligence de certains textes
classiques* (*Stat. silc.* I 4) *rec. de philol.* 1 (1877) S. 7 ff. 189 ff.
J. J. Cornelissen *ad S. silvas* Mnemosyne 5, 1877 S. 277 ff.

d. Scholien.

In den Ausgaben von Lindenbruch und Barth.   J.
Ch. F. Dommerich *ad P. P. S. Achilleida ex membranis
bibl. suae anecdota* Wolffenbüttel 1758 4.   A. Schottky *de
pretio Lactantiani commentarii in Statii Thebaida et de nomine
philosophia et aetate commentatoris* Breslau 1846 8.   R. Unger
electa e Lactantii in S. Thebaida commentariis Friedland 1864 4.
M. Schmidt Philol. 23, 1866 S. 541 ff.   E. Wölfflin zu
den Statiusscholien Philol. 24, 1866 S. 156 f.   P. Kohlmann Beiträge zur Kritik des Statiusscholiasten Philol. 33,
1873 S. 128 ff.   Ders. neue Scholien zur Thebais des S. aus
einer Pariser Hs. Posen 1873 4.

§ 63. M. Valerius Martialis (um 40 bis 102).

1. Leben.

A. Brandt *de M. poetae vita et scriptis ad annorum com-
putationem dispositis partic.* I Berl. 1853 8.   L. Friedländer
*de temporibus librorum M. Domitiano imperante editorum et sil-
varum Statii* Königsberg 1862 4., *de temporibus librorum M. X
et XI* Königsberg 1865 4., *de nonnullis locis corruptis in M.
epigr.* Königsberg 1867 4., *de personis quibusdam a M. commemoratis* Königsberg 1870 4., *observationum de M. epigrammatis
partic.* I Königsberg 1877 (2 S.) 4.   Ders. Sittengeschichte
u. s. w. 3 (1871) S. 372 ff.   H. F. Stobbe Philol. 26, 1867
S. 44 ff. 27, 1868 S. 630 ff. und in Friedländers Sittengeschichte 3 S. 657.   Th. Mommsen Hermes 3, 1868 S. 43.
120 ff.   O. Hirschfeld Göttinger gel. Anzeigen 1869 S.
1506 ff.   P. Giese *de personis a M. commemoratis* Greifswald
1872 4, dazu phil. Anz. 5, 1873 S. 304 ff.

2. Werke.

*Liber spectaculorum. Epigrammatum l. XIV (XIII xenia
XIV apophoreta).*

a. Handschriften: der Thuaneus und Vindobonensis *s. X*, die drei Vossiani *s. IX XI XII*, ein Vaticanus, der Puteaneus, der Edinburgensis *s. X*, der Florentinus und der Palatinus *s. XV* und viele jüngere.

b. Ausgaben, die *principes* Rom um 1471 4., Ferrara 1471 4., Rom 1473 fol., mit dem Commentar des Domitius Calderinus Venedig 1474 fol., von G. Merula Venedig 1475 fol., von H. Junius Antwerpen 1566 8. und 1579 16., J. Langius Straßburg 1585 12., *cum notis variorum* Paris 1601 4., von J. Gruter Frankfurt a. M. 1602 16., von L. Ramirez de Prado Paris 1607 4., von M. Rader Ingolstadt 1607 fol. und öfter. Th. Farnabius London 1615 8. und öfter, von P. Scriverius Leiden 1619 16., 1621 12., und C. Schrevelius Leiden 1656 1661 1670 8. und anderen. F. Jacobs Blumenlese der röm. Dichter Bd. 1 (zuerst 1826, 3. Ausg. Jena 1861 8.) S. 131 f.

M. V. M. epigrammaton libri ed. F. W. Schneidewin 2 Bde. Grimma 1842 8., und *ex recensione sua denuo recognita* Leipz. 1853 (und 1866) 8.

A. de Rooy *coniecturae criticae* u. s. w. [siehe zur Acta § 59, 3] *in Martialis epigr. l. XIV* Utrecht 1764 8. J. D. van Hoven *propempticon ad A. de Rooy* Kampen 1765 4. G. Roeper Philol. 10, 1855 S. 573 ff. A. Tittler Jahrb. 1865 S. 185. F. Bücheler Jahrb. 1866 S. 610. R. Unger *de locis quibusdam Claudiani Ammiani Martialis* Friedland 1869 4. O. Guttmann *observationum in M. V. M. partic. V* Breslau 1866 8. A. Scotland Philol. 29, 1869 S. 184 ff. M. Haupt Hermes 5, 1870 S. 30 ff. 187, 6, 1871 S. 387, 7, 1873 S. 156. 373 (*opusc.* 3 S. 499. 532. 562. 582. 598). J. N. Madvig *advers. crit.* 2 (1873) S. 163 f. R. Paukstadt *de M. Catulli imitatore* Halle 1876 8., dazu J. Süss *Catulliana I* (Erlangen 1876) S. 11 f. A. Danysz *de scriptorum Romanorum studiis Latinis* (Breslau, Posen 1876 8.) S. 57 ff. H. Köstlin zu Martial Philol. 35, 1876 S. 564 ff., 36, 1877 S. 269 ff. L. Müller Rhein. Mus. 31, 1876 S. 307 f. E. Renn Blätter für das bayer. Gymnasialschulw. 1876 S. 242 ff.

Wortindex von J. Langius Straßburg 1595 4. und öfter, in der Ausg. von V. Collesso *ad usum Delph.* Paris 1680 4.

Arruntius Stella. L. Verginius Rufus. Vestricius Spurinna. Turnus.

Dölling über den Dichter Stella aus Patavium Plauen
1540 4. O. Jahn in der Persiusausgabe von 1868 S. 149. L.
Müller der Dichter Turnus Rhein. Mus. 25, 1870 S. 436 ff.
Th. Mommsen zu Verginius Rufus Hermes 6, 1871 S. 127 f.
Die von Caspar Barth erfundenen Gedichte des Spurinna,
herausg. von M. Axt Frankfurt a. M. 1840 S., in A. Riese's
Anthologie 2 (1870) S. 336 ff.

§ 64. D. Iunius Iuvenalis (um 47—138), Sulpicia und andere Dichter des zweiten Jahrhunderts.

1. Leben und Werke im Allgemeinen.

Die Inschrift in Mommsens I. N. 4312 = Henzen 5599.
die *vitae* in O. Jahns Ausgabe. J. Val. Francke *examen criti
cum D. I. I. vitae* Altona und Leipz. 1820 S., ders. *de vita I.
quaestio altera* Dorpat 1827 fol. Nisard *études .. sur les poètes Latins de la décadence* (Paris 1834 S.) 1 S. 241 ff. 2 S. 101 ff.
W. Teuffel Jahrb. 43, 1845 S. 103 ff., Rhein. Mus. 20, 1865
S. 153. 473 ff., 21, 1866 S. 155 ff., Studien und Charakteristiken (1871) S. 410 ff. B. Borghesi *intorno all' età di Gio-
venale al ch. sig. Prof.* O. Jahn (1847) *oeuvres* 5 S. 49 ff. Völker J. ein Lebens- und Charakterbild u. s. w. Elberfeld 1851
8. C. F. Hermann vor seiner Ausgabe von 1854. O. Ribbeck vor seiner Ausgabe von 1859. Epkema *prosopographia
Iuvenaliana* Amsterdam 1864 8. C. Synnerberg *de temporibus vitae carminumque I. rite constituendis* Helsingfors 1866 8.
A. Widal *J. et ses satires, études littéraires et morales* Paris
1869 8. (dazu H. Weil Jahrb. 1870 S. 222 ff.). G. Boissier
J. et son temps, revue des deux mondes I 1870 S. 141 ff. L.
Friedländer *de nominibus personarum in I. satiris* Königsberg 1872 4., *de I. vitae temporibus* ebendas. 1875 4. Bursian's Jahresbericht III 1874—75 2 S. 207. J. Doetsch J.
ein Sittenrichter seiner Zeit u. s. w. Leipz. 1874 8. F. Rühl
zu den *vitae I.* Jahrb. 1874 S. 868.

2. Werke.

a. Handschriften: ein vaticanisches Palimpsestfragment

s. IV, der Pithoeanus *s. IX* in Montpellier, die verschollenen
des G. Valla und von St. Gallen; der Sangallensis und der Puteaneus *s. IX*, der Einsiedlensis und Thuaneus *s. X*, der Laurentianus *s. XI* und zahlreiche jüngere.

F. G. W. Hertel *de tribus I. codicibus Zwiccaviensibus*
Zwickau 1825 4.   C. F. Hermann *de codd. I. recte aesti-
mandis* Göttingen 1847 4., *vindiciae Iuvenalianae* ebendas. 1854
4.   A. Häckermann der pithoeanische Codex des J. Greifswald 1856 4., die Exegese K. F. Hermanns und die Kritik
des J. ebendas. 1857 4., Philol. 12, 1857 S. 658 ff., 16, 1860
S. 412 ff., 17, 1861 S. 481 ff., *commentatio in D. I. I. satiras*
Greifswald 1867 4., zur Kritik und Erklärung I.'s ebendas.
1872 und 1877 4.   A. Göbel über eine ... Wiener Juvenal-
handschr. u. s. w. Sitzungsber. der Wiener Akademie philos.
histor. Kl. 29, 1859 S. 73 ff., ders. Iuvenaliana und Persiana
einer Wiener Pergamenths. des X. Jahrh. Conitz 1859 8.   Z.
Węcłewski eine Hs. von I. Satiren Philologus 21, 1864 S.
344.   F. Rühl Philol. 30, 1870 S. 676 f.   F. Bücheler
Iuvenalianum Rhein. Mus. 29, 1874 S. 636 f. (vgl. 31, 1876
S. 465).   W. Förster Fragment einer Juvenalhs. Zeitschr.
für die österr. Gymn. 1876 S. 258 ff.

b. Ausgaben.

Die *principes* Venedig 1470 fol., Rom um 1470 fol., mit
dem Commentar des Domitius Calderinus Venedig 1475 4.,
von G. Valla Venedig 1486 fol., von A. Mancinelli Venedig
1492 fol., J. Britannicus Brixiae 1501 fol., Th. Pulman-
nus [und H. Junius] (wie oft mit Persius) Antwerpen 1565 8.,
F. Pithoeus Paris 1585 4., N. Rigaltius Paris 1613 4.,
Is. Grangaeus Paris 1614 4., H. Chr. Henninius Utrecht
1685 4., von Is. [und M.] Casaubonus 2 Thle. Leiden 1695
4., G. A. Ruperti (zuerst 1801) 2. Ausg. 2 Bde. Leipz. 1819
—20 8., N. L. Achaintre 2 Thle. Paris 1810 8., E. W. Weber Weimar 1825 8., *ex emend. et cum commentariis* C. F.
Heinrichii (mit den Scholien) 2 Bde. Bonn 1839 8., lat. und
deutsch I (einz.) von A. Haeckermann Greifswald 1847 8.,
D. I. I. satirarum l. V. cum scholiis veteribus rec. et em. O.
Jahn Bd. 1 (einz.) Berl. 1851 8., ders. *A. Persii Flacci D. I. I.*

Sulpiciae saturae Berl. 1868 S. Lat. Text mit metr. Uebersetzung und Erläuterungen von E. J. C. von Siebold Leipz. 1858 S. *Thirteen satires of J. with a commentary by* J. E. B. Mayor (zuerst 1865) 2. Ausg. 2 Thle. London 1869-72 S. Erklärt von A. Weidner Leipz. 1873 S. (dazu L. Friedländer Bursians Jahresber. III 1874 2 S. 210. O. Meinertz Zeitschr. für das Gymnasialw. 1874 S. 210 ff. 552 ff., H. Wirz phil. Anz. 7, 1875 S. 551 ff.).

c. Kritik und Erklärung.

J. R. H. Heinecke *animadversiones in I. satyras* u. s. w. Halle 1805 8. G. F. Schömann *ad I. 3, 16* (1827) *opusc.* 3 S. 271 f., zu 3, 33 Jahrb. 1869 S. 765. G. Pinzger *de versibus spuriis et male suspectis in I. satiris* Breslau 1827 4. P. Friedrichsen *variae lectiones in I. satiras* Husum 1830 4. J. N. Madvig *de locis aliquot I. interpretandis* (1830-37) *opusc.* 1 S. 28 ff. 2 S. 167 ff., *advers. crit.* 2 (1873) S. 162 ff. Corn. Müller *comment. de locis aliquot I. spec. I* Hamburg 1831 4. C. F. Hermann *spicilegium annotat. ad I. sat. III* Marburg 1839 4., *de I. sat. VII temporibus* Göttingen 1843 4. C. Kempf *observationes in I. aliquot locos interpretandos* Berl. 1843 8. K. F. Hermann Zeitschr. für die Alterthumsw. 2, 1844 S. 72 ff. G. W. Matthias *observat. in D. I. I. sat. I* Marburg 1846 4. N. Mohr *spicil. annotat. ad D. I. I. sat. I et II* u. s. w. Dorpat 1845 8. A. L. Döllen Beitr. zur Kritik und Erklärung der Satiren des D. I. I. Kiew 1846 8. B. Borghesi *annotazioni alle satire di G.* (1847) *oeuvres* 5 S. 509 ff. C. F. Nägelsbach über die Composition der 4. und 6. Satire I.'s Philol. 3, 1848 S. 469 ff. W. Bogen *de locis aliquot I. explicandis scholiorum ratione saepe habita* Bonn 1849 8. A. Häckermann Beitr. zur Kritik und Erklärung I.'s Jahns Archiv 15, 1849 S. 550 ff., 16, 1851 S. 351. 370. 566 ff., 17, 1851 S. 356. 500 ff., *commentatio in D. I. I. satiras* Greifswald 1857 4., Jahrb. 82, 1860 S. 258. 325 f. Zeitschr. für das Gymnasialw. 1861 S. 538. 864 ff., 1864 S. 68 ff.. 1865 S. 939 ff., 1866 S. 409. 611. 701 ff., 1867 S. 804 ff. 882 f. Philol. 23, 1866 S. 683 ff., 24, 1866 S. 549, 25, 1867 S. 349, zur Kritik und Erklärung I.'s Greifswald 1872 und 1877 4. A. Schmidt *de locis aliquot*

I. explicandis Halle 1851 8.　J. Pol *de I. sat. XIII* Gröningen
1851 8.　J. T. II. Wolters *comment. in I. sat. I* Herzogen-
busch (Walddüren) 1553 8.　F. Ritschl zu I. Rhein. Mus. 9,
1854 S. 478 f.,　O. Ribbeck zu I. Sat. VI 60 Rhein. Mus. 13,
1858 S. 150, der echte und der unechte I. eine kritische Untersuchung Berl. 1865 8., *de I. s. VI symbola philol. Bonn.* (1864
S. 1 ff., Rhein. Mus. 31, 1876 S. 465.　L. Friedländer *de
I. sat. VI 70* Königsberg 1859 4., Jahrb. 1859 S. 777 ff., Sittengeschichte u. s. w. 3 (1871) S. 411 ff., *de cometa a I. in sat. VI
commemorato* Königsberg 1872 4.　Elwert Bemerkungen über
Crispin in der 1. Sat. I.'s Jahrb. 82, 1860 S. 181 ff.　C. I. Bolia
de I. et Horatio satirarum auctoribus Freiburg i. B. 1861 8.　B.
Lupus *vindiciae Iuvenalianae* Bonn 1864 8.　Plifke *de discri-
mine satirarum I. Horatii Persii* Hechingen (Berl.) 1864 4.　W.
Teuffel zu I. Rhein. Mus. 20, 1865 S. 153. 473, 21, 1866
S. 155, I. 9, 118—123 Verhandl. der Philologenvers. zu Heidelberg (Leipz. 1866 4.) S. 166 f.　Munding über die S. des
I. in religiöser und sittlicher Beziehung Rottweil 1865 4.　X.
Prinz *rev. de l'instruction publique en Belgique* 9, 1866 S. 1.
69 ff., 10, 1867 S. 1. 85 ff.　O. Meinertz *vindiciae Iuvenalianae*
Königsberg 1866 8., ders. zur Kritik und Erklärung der Satiren
des I. Konitz 1871 4.　G. Lehmann *antiquitates Romanorum
domesticae in I. saturis illustratae p. I* Halle 1867 8.　O. Jahn
I. 7, 24 Philol. 26, 1867 S. 8, I. 9, 145 Philol. 27, 1869 S. 8.
J. Mähly zu I. Rhein. Mus. 22, 1867 S. 149.　S. Pfaff zu
I. 3, 18 Zeitschr. für das Gymnasialw. 1867 S. 171 ff.　E. Müller zu I.'s 6. Satire Jahrb. 1868 S. 63 f.　H. Wirz zur Kritik
der 5. Sat. I.'s Aarau 1868 4.　P. Dötsch *vindiciae Iuvenali-
nae* Münster 1870 8.　F. Bücheler Rhein. Mus. 28, 1873 S.
348 f.　A. Scholte *dissert. litt. continens observationes criticas
in saturas D. I. I.* Utrecht 1873 8.　Strerath über die Ver-
schiedenheit der sittlichen Anschauungen des Persius und des J.
Cöln 1873 4.　H. van Herwerden Mnemosyne 1, 1873 S.
395 ff.　O. Hirschfeld Hermes 8, 1874 S. 468 ff.　G. Löwe
acta soc. philol. Lips. 4, 1874 S. 364:　N. Bob zur Kritik und
Erklärung der Satiren des I. Kaiserslautern 1874 4.　O. Hä-
nicke kritische Untersuchung über die Echtheit der 12. Sat.
von I. Putbus 1877 4.

d. Sprache und Darstellung.

Wortindex von J. Langius Freiburg i. B. 1608 4., in der Ausg. von L. Prateus *ad usum Delph.* Paris 1684 4., in O. Jahns Ausgabe.

J. Schlüter Persius und I., zur ästhetischen Kritik ihrer Satiren Zeitschr. für das Gymnasialw. 1861 S. 245 ff. H. Wilcke *demonstratur brevi disputatione quid elocutio I. a Persiana differat* Stendal 1869 4. J. Rahn *selecta capita de syntaxi Iuvenaliana* Halle 1875 8. F. Lohr *de infinitivi ad P. P. Statium et I. usu* Marburg 1875 8. E. Strube *de rhetorica I. disciplina* Brandenburg 1875 4. L. O. Kiaer *de sermone D. I. I.; sermonum D. I. I. certis legibus astrictum ex accurata inquisitione locorum atque interpretatione demonstrare conatus est* Kopenhagen 1875 8. (dazu Ch. Thurot *rec. crit.* 1875 S. 255 ff.). E. Neissner über das komische Element in den Satiren des J. I Dresden 1876 4.

e. Scholien (die ältern im Pithoeanus, jüngere [des Cornutus] in Hss. *s.* XV).

A. W. Cramer *in D. I. I. satiras commentarii vetusti* u. s. w. Hamburg 1823 8. J. C. Orelli *scholiasta I. suppletus et emendatus e cod. Sangallensi* Zürich 1833 4. O. Jahn Zeitschr. für die Alterthumsw. 5, 1838 S. 1015 ff., ders. *prolegomena ad Persium* S. LIV ff. L. Schopen unedierte Scholien zu I.'s 3. Satire Bonn 1847 4. C. F. Hermann *schediasma de scholiorum ad I. genere deteriore* Göttingen 1849 4. I. van Gigch *apparatus crit. ad I.* Leiden 1849 8., *tria capita ad I. eiusque scholiastas spectantia* Leiden 1850 8. L. Müller Philol. 12, 1857 S. 381, Jahrb. 1868 S. 438. A. Häckermann zu den Scholien I.'s Jahrb. 80, 1859 S. 477. 591 ff. M. Haupt Hermes 2, 1867 S. 10, 5, 1871 S. 314, 6, 1872 S. 369 (opusc. 3 S. 369. 537. 564). E. Matthias *de scholiis in I.* (dissert. philol. Hal. II) Halle 1875 8. H. Keil *glossae in I. ex cod. Parisino* Halle 1876 4.

Sulpiciae satira (70 Hexameter); die Handschrift (aus Bobbio) verloren.

Die *princeps* des B. Venetus Venedig 1498 4., von Th. Ugoletus an seinem Ausonius Parma 1499 und Venedig 1501 8.

oft mit Petronius Persius Iuvenalis Ausonius, in J. C. Wernsdorfs *poetae Lat. min.* 3 (1785) S. 53 ff., von C. G. Schwarz
und J. Gurlitt I II Hamburg 1819 4., von Ch. L. Schläger
Mitau 1846 8., in O. Jahns Persius und Iuvenalis von 1868.
Sulpiciae Caleni satira rec. C. Carutti Turin 1872 8.

I. Corn. G. Boot *commentatio de Sulpiciae quae fertur sa-*
tira Amsterdam 1868 4. Aem. Bährens *de S. quae vocatur*
satira commentatio philologica Jena 1873 8. R. Ellis *on S.*
satira journal of philology 5, 1873 S. 265 ff. E. Piccolomini
del carmine intitolato S. e della edizione procuratane dal dott.
E. Bährens in der Turiner *rivista di filologia* 2, 1874 S. 574 ff.

Hadrianus. Florus. Annianus. M. Pomponius Bassulus.

E. A. O. Müller *de P. Annio Floro poeta et carmine quod*
pervigilium Veneris inscriptum est Berl. 1855 8. A. Riese's
Anthologie 1 (1869) S. 168. 191. L. Müller Rutil. Namat.
S. 24 ff., Rhein. Mus. 25, 1870 S. 337 ff. H. Stadelmann
Jahrb. 106, 1872 S. 333 ff., Blätter für das bayer. Gymnasialschulw. 1872 S. 192 ff. Th. Mommsen Hermes 3, 1868 S.
465 f. (zu M. P. Bassulus).

§ 65. Sammonicus Serenus. Commodianus.

1. Sammonicus Serenus († vor 235).

a. Handschriften: *de medicina praecepta* (1115 Hexameter) in einem Saugallensis *s. IX* und Turicensis *s. X* und
jüngeren.

b. Ausgaben: die *princeps* Mailand vor 1484 8., von G.
Humelberg Zürich 1540 4., *Q. S. S. de medicina praecepta*
saluberrima, Rob. Keuchenius *rest. emend. illustr.* Amsterdam 1662 (wiederholt 1706) 8. In P. Burmans *poetae Latini*
minores Bd. 2 (Leiden 1731 4.) S. 185 ff., von I. Chr. G. Ackermann Leipz. 1786 8 und L. Baudet Paris 1845 8. In L.
Müllers Rutil. Namat. S. 44 ff. Meyer Geschichte der Botanik 2 (Königsberg 1855 8.) S. 209 ff. Thierfelder des Q.
S. S. medicinisches Lehrgedicht Küchenmeisters Zeitschr. für
Medicin 5 (Leipz. 1866 8.) S. 1 ff.

Ueber die christlichen Dichter im allgemeinen C. F. Bähr

Supplement zur röm. Litteraturgeschichte (oben § 5, 3) und A.
Ebert Geschichte der christlich-lateinischen Litteratur bis
zum Zeitalter Karls des Grofsen Leipz. 1874 8. (dazu W.
Teuffel Jahrb. 1875 S. 351 ff.). Ueber die dem Tertullian
(§ 109, 2) beigelegten Gedichte *de Sodoma* und *de Iona* L. Müller Rhein. Mus. 22, 1867 S. 329 ff.

    2. Commodianus (bis um 270).

Instructiones um 238, *carmen* **apologeticum** um 249.

    Die alte Handschrift der *instructiones* verschollen, nur junge
Abschriften erhalten, das *carmen apol.* in einer Hs. *s. VIII* (!
in des verstorbenen Sir Thomas Phillipps Bibliothek in Chel-
tenham.

    Ausgaben die *princeps* der *instr.* von N. Rigaltius Toul
1650 4., von Heinr. Leonh. Schurzfleisch Wittenberg 1704
4., in Migne's Patrologie 3, 1811 S. 202 ff. und (mit Minucius
Felix) von Fr. Oehler Leipz. 1847 8. Das *carm. apol.* in
I. B. Pitra's *spicilegium Solesmense* I (Paris 1852 8.) S. 21 ff.
537. 566 und IV (1858 S. 222. H. Rönsch in Kahnis Zeitschr.
für histor. Theologie 1872 S. 163 ff., 1873 S. 300. *Commodiani
carmina recognovit* Ern. Ludwig *partic. altera c. apologeticum
complectens* Leipz. 1877 (XXXXIII und 43 S.) 8.

    A. Ebert zu C. *carmen apologeticum* in den Abh. der sächs.
Ges. der Wissensch. philol. hist. Kl. 5, 1868 S. 38 ff. L.
Müller Jahrb. 1868 S. 435. M. Haupt Hermes 5, 1870 S.
316 (*opusc.* 3 S. 539). E. L. Leimbach über C.'s *carmen apologeticum adversus gentes et Iudaeos* Schmalkalden 1871 4. E.
Ludwig zu C. Philol. 36, 1877 S. 255 ff. L. Kalberlah
curarum in C. instructiones specimen Halle 1877 8. B. Dombart Jenaer L. Z. 1877 S. 797.

§ 66. Terentianus Maurus (Ende des dritten Jahrhunderts?).

De litteris syllabis et metris.

    Die Handschrift verloren, die *princeps* Mailand 1497 4.,
in H. Putsche's *grammatici Latini* (Hanau 1605 4.) S. 2383 ff.
*T. M. de litteris syllabis et metris e rec. et cum notis Laur. San-
tenii* ed. Dav. Iac. van Lennep Utrecht 1825 4. *T. M. de*

litteris syllabis et metris liber rec. Car. Lachmannus Berl.
1836 8. Auch im Hephaestiou von Gaisford *ed. II* (Oxford
1855 8.) I S. 215 ff. II S. 346 ff. H. Keil *grammatici La-*
tini Bd. 6 (Leipz. 1874 8.) S. 313 ff.

§ 67. M. Aurelius Olympius Nemesianus (Ende des dritten Jahrhunderts).

Cynegetica. Eclogae.

In der Wiener Handschrift des Calpurnius (§ 59, 2) die
eclogae, die *cynegetica* in einer aus der gleichen Quelle mit den
Halieutica des Ovidius und den Cynegetica des Gratius stammenden jüngeren Wiener Handschrift.

In P. Burmans *poetae Lat. minores* 1 (Leiden 1731 4.)
S. 321 ff., in J. C. Wernsdorfs *poetae Lat. min.* 1 (1780)
S. 90 ff., in Sterns Ausg. des Gratius (§ 55, 1) und in Haupts
Ausg. von Ovids Halieutica (§ 54). Vgl. Haupts Abh. über
Calpurnius (§ 59, 2). O Schubert in den *acta soc. philol.*
Lips. 2, 1872 S. 480.

Ueber Palladius vgl. unten § 115.

Tiberianus (?).

Versus Platonici a quodam Tiberiano de Graeco in Latinum
translati in M. Haupts Ausg. von Ovids Halieutica S. 65 und
bei L. Quicherat *bibliothèque de l'école des chartes* 4. Serie
Bd. 4, 1858 S. 267 ff. A. Riese's Anthologie 2 (1869) S. 40 ff.

§ 68. Publilius Optatianus Porphyrius (um 328).

Praefectus urbi 329 und 333. L. Müllers *prooemium.*
Panegyricus Constantini und andere Gedichte.

a. Handschriften der Bernensis *s. IX,* der Vaticanus Re-
gin. *s. X,* zwei Parisini *s. X* und *s. XIII,* die verlorenen des
Pithoeus und Welser.

b. Ausgaben in Pithoeus *poemata vet.* Paris 1590 8.,
von M. Welser Augsburg 1595 fol. und in dessen *opera* Nürnberg 1682 fol., in Migne's Patrologia Bd. 19 S. 391 ff., ein-
zelnes in J. C. Wernsdorfs *poetae Lat. min.* 2 (1780) S. 366 ff.

P. O. Porfirii carmina rec. et praefatus est L. Müller Leipz.
1877 (XLIV und 76 S.) Lex.-8.   Dazu der*s*. *de re metr.*
poet. Lat. (1661) S. 466 ff.

Ueber Lactantius (und den Dichter des Phoenix) vgl.
unten § 120, 1, über Ambrosius § 120, 4.

§ 69. Rufius Festus Avienus (Ende des vierten Jahrhunderts).

Proconsul von Africa 366, von Achaia 372.

Die Inschrift bei Kellermaun *vigiles* (Rom 1835 4.)
37, 43 Anm. (vgl. Fabretti 712, 507) und J. B. de Rossi
annali dell' inst. 21, 1849 S. 315; jetzt C. I. L. VI 537.

Metaphrasis periegeseos Dionysii. Ora maritima. Meta-
phrasis phaenomenon Arati. Kleinere Gedichte.

a. Handschriften der *metaphr. Ar.* der Gudianus und
Vindobonensis *s.* X und jüngere, die Handschrift der *meta-*
phrasis Dion. und der *ora maritima* verloren.

b. Ausgaben die *princeps* des G. Valla Venedig 1488 4.,
von P. Mosellanus Leipz. 1518 4., in Pithoeus *poemata*
ret. Paris 1590 8., von L. Ramirez de Prado Madrid 1634
4., *cum notis variorum* von H. Friesemann Amsterdam
1786 8., in J. C. Wernsdorfs *poetae Lat. min.* VI (1788) S.
656 ff. 1165 ff. (danach die beiden geographischen Gedichte in
der Bipontina des Mela Strafsburg 1809 8. S. 93 ff.). von J. A.
Giles Oxford 1835 8., die *metaphrasis* in Bernhardy's Ausg.
des Dionysius Perieg. 1 (Leipz. 1828 8.) S. 427 ff. und in C.
Müllers *geographi Graeci minores* 2 (Paris 1861 8.) S. 176 ff.

W. Christ Avien und die ältesten Nachrichten über Ibe-
rien und die Westküste Europas Abh. der bayer. Akademie der
Wissensch. I. Cl. Bd. XI Abth. 1 (München 1866 4.) S. 115 ff.
L. F. de Saulcy *étude topographique sur* l'Ora maritima *de R.*
A. revue archéologique 15, 1867 S. 54 ff. 81 ff.   M. Haupt
Hermes 4, 1869 S. 330, 5, 1870 S. 158, 7, 1872 S. 13 (*opusc.*
3 S. 475 f. 583. 573).   K. Müllenhoff (1867) deutsche Alter-
thumskunde 1 1871 S. 73—210 (dazu A. von Gutschmid
Centralbl. 1871 S. 523 ff., W. Christ Jahrb. 1871 S. 707 ff.,

11*

C. Müller phil. Anz. 3, 1571 S. 456 ff., Philol. 32, 1873 S.
106 ff.). A. Breysig zu A. Hermes 11, 1875 S. 247 ff. 13, 1875
S. 265 ff.

Ueber Priscians Periegesis s. unten § 124.

Ueber Avianus s. oben § 56, 2.

§ 70. Declmus Magnus Ausonius (um 309 bis nach 392).

1. Leben und Werke im allgemeinen.

J. B. Souchay in der Ausg. *ad usum Delph.*, C. G. Heyne
censura ingenii et morum A. (1802) *opusc. acad.* 6 S. 22 ff. E.
Böcking in seinen Ausg. J. C. Demogeot *études historiques
et littéraires sur A.* Bordeaux 1838 8. W. Teuffel Pauly's
Realencyclopädie I² (1866) S. 2186 f. Reinh. Dezeimeris *note
sur l'emplacement de la villula d'Ausone (comptes rendus der
Acad. des sciences, belles lettres et arts de Bordeaux)* Bordeaux
1869 8. Ueber die Bissula A. Bacmeister alemannische Wanderungen I (Stuttgart 1867) S. 76 ff. P. G. Deydou *un poète
bordelais: Ausone* u. s. w. Bordeaux 1868 8. G. Kaufmann
in F. von Raumers histor. Taschenbuch 1869 S. 8 ff. 90 ff.

2. Werke.

*Idyllia (Mosella). Epigrammata. Ephemeris. Parentalia.
Commemoratio professorum Burdigalensium. Epitaphia heroum.
XII Caesares. Ordo nobilium urbium. Ludus VII sapientum.
Eclogarium. Epistolae. Periochae in Homerum. Praefationes.
Oratio panegyrica ad Gratianum* (§ 112).

a. Handschriften der Vossianus und Sangallensis *s. IX*
und jüngere.

b. Ausgaben die *princeps* Venedig 1472 fol., von H.
Avancius Venedig 1507 4. und bei Aldus Venedig 1517 8.,
von M. Hummelberger Paris 1511 4., von Th. Pulmann
Antwerpen 1568 16.

A. *opera recognita a* Ios. Scaligero mit dessen *Ausonianarum lectionum libri duo ad Eliam Vinetum* (zuerst Lyon 1573
8.) Lyon 1575 8. (und öfter wiederholt), von E. Vinetus
Bordeaux 1580 und 1590 4., J. Tollius Amsterdam 1669 12.,
ad usum Delphini von Iulian. Floridus mit Joh. Bapt. Sou-

chay's *dissert. de vita et scriptis A.* Paris 1730 4. (danach die
Bipontina 1785 8). Mosella lat. und deutsch nebst einem An-
hang enth. einen Abriss von des Dichters Leben, Anm. zur
Mosella, die Gedichte auf Bissula von Ed. Böcking Berl.
1828 4. und in den Jahrb. des Vereins von Alterthumsfr. im
Rheinlande 7, 1845 S. 60 ff. (auch besonders Bonn 1845 S.)

R. Köhler Rhein. Mus. 12, 1857 S. 434. C. C. C. Völker
symbola philol. Bonn. (1864) S. 447 ff. L. Müller Jahrb. 1865
S. 876, 1866 S. 866 ff. Th. Rähse *de re metrica A.* Berl.
1868 8. M. Haupt Hermes 5, 1870 S. 34 ff. (*opusc.* 3 S.
503 ff.). O. Clason Heidelberger Jahrbücher 1872 S. 461 ff.
Am. Thierry *rev. des deux mondes* Bd. 105 (1973) S. 793 ff.
A. Zingerle zu späteren lat. Dichtern (Innsbruck 1873 8.)
S. 32 ff. C. O. Axt *quaestiones Ausonianae maxime ad cod.
Voss. 111 spectantes* Leipz. 1873 8. A. Meurer *de D. M. A.
genere dicendi quaestiones* Münster 1873 8. Wallisische Glossen
siehe W. Stokes unten § 121. H. Speck *quaestiones Ausonianae* Breslau 1874 8. E. Bährens zu Ausonius' Jenaer L. Z.
1874 S. 365, 1876 S. 334 f. und Jahrb. 1875 S. 138. 1876 S.
151 ff., Bursians Jahresber. 1876 2 S. 156 ff. W. Brandes
Ausonianarum quaestionum specimen I (Leipz.) Braunschweig
1876 8.

Ueber Drepanius siehe § 112.

§ 71. Die christlichen Dichter des vierten Jahr-
hunderts.

Im allgemeinen Bähr 4² S. 16 f. P. Albert *de poesi
christiana quarto post Chr. n. saeculo* Dijon (Paris) 1858 8. J.
Kayser Beiträge zur Geschichte und Erklärung der Kirchen-
hymnen 3 Hefte Paderborn 1866–68 8. A. Thierfelder *de
Christianorum psalmis et hymnis usque ad Ambrosii tempora*
Leipz. 1868 8. J. Huemer Untersuchungen über den jamb.
Dimeter bei den christl. lat. Hymnendichtern der vorkaroling.
Zeit Wien 1876 8.

1. C. Vettius Aquilius Iuvencus (um 330).

Handschriften eine Münchener *s. VIII* und zahlreiche
jüngere.

Ausgaben die *princeps* Deventer um 1490 4., von Th. Pulmann Basel 1551 8. Mich. **Maittaire** *opera et fragmenta veterum poetarum profanorum et ecclesiasticorum* (London 1713 4.) II S. 1539 ff., von Faustinus Arevalo Rom 1792 4., in Migne's Patrologia Bd. 19.

A. R. Gebser *de C. V. A. I. vita et scriptis* Jena 1827 8. I. B. Pitra *spicil. Solesmense* 1 (1852) S. 171 ff. O. Korn die Hss. der *historia evangelica* des J. in Danzig Rom und Wolfenbüttel Leipz. 1870 4. Bähr 4² S. 36 ff. Ebert S. 109 ff.

2. Papst Damasus (305 bis 384).

Damasi Papae opera quae extant u. s. w. *cum notis M. M. Sarrazanii ed.* F. Ubaldinus Rom 1638 4. und Paris 1672 8. Ausgg. von Andr. Rivinus Leipz. 1652 8., Maittaire II S. 1579 ff., Ant. Mar. Merenda Rom 1754 fol. In Migne's Patrologia Bd. 13 S. 347 ff. Hölscher *de SS. Damasi papae et Hilarii qui feruntur hymnis sacris* Münster 1858 4. Dazu I. B. de Rossi *inscript. christ. urbis Romae* I (Rom 1861 fol. S. LVI *adn.* 146. L. Müller Rhein. Mus. 22, 1867 S. 500 f. A. Couret *de D. ... carminibus* Grenoble 1870 8. Bähr 4² S. 44 ff. Ebert S. 121 ff.

3. Aurelius Prudentius Clemens (348 bis um 410).

Handschriften der Putaneus (Paris. 8084) *s. VI* und zahlreiche jüngere.

Ausgaben die *princeps* Deventer 1492 4., von Antonius Nebrissensis Antwerpen 1512 4. und öfter, von V. Giselin Antwerpen 1561 8. und öfter, von J. Weitz Hanau 1613 8., Nic. Heinsius 2 Bde. Amsterdam 1667 12., Steph. Chamillard *ad usum Delphini* Paris 1687 4. (London 1824 8.), von Chr. Cellarius Halle 1703 1739 8., Maittaire II S. 1580 ff., Faustin. Arevalo 2 Bde. Rom 1788 1789 4., in Migne's Patrologia Bd. 59 und 60. *A. P. C. carmina rec. et explic.* Th. Obbarius Tübingen 1845 8.; *ad Vaticc. all. codd. fidem rec. ill. expl.* A. Dressel Leipz. 1860 8.

Bähr 4² S. 73 ff. Ebert S. 213 ff. Cl. Brockhaus A. P. C. in seiner Bedeutung für die Kirche seiner Zeit, nebst einem Anhang: die Uebersetzung des Gedichts Apotheosis Leipz. 1872 8.	A. E. Kantecki *de Aurelii Prudentii Clementis genere dicendi quaestiones* Münster 1874 8.	J. Girgensohn Prudentius und die Bertinianischen Annalen Riga 1875 8.

L. Delisle *bibliothèque de l'école des chartes sér.* VI 3, 1567 S. 297 ff.	Ch. Morel *recherches sur un poëme latin du IV. siècle retrouvé* [im Cod. Par. 8084] *par M. Delisle rev. archéol.* 17, 1868 S. 451 ff. und 18, 1868 S. 11 ff., *rec. crit.* 1869 S. 300 ff.	G. B. de Rossi *bulletino di archeologia cristiana* 1868 S. 49 ff.	R. Ellis *journal of philology* 2, 1869 S. 66 ff. Riese's Anthologie 1 (1869) S. 13 ff. (vgl. § 79). Th. Mommsen Hermes 4, 1869 S. 350 ff.	J. Maehly Zeitschr. für die österr. Gymn. 1874 S. 584 ff.	Ebert S. 301 ff.

§ 72. Meropius Pontius Anicius Paulinus von Nola
(um 353 bis 431).

Handschriften ein Ambrosianus *s. VII*, ein Vaticanus *s. IX*, ein Sangallensis und ein Monacensis *s. X* und zahlreiche jüngere.

Ausgaben von H. Rosweyd Antwerpen 1622 8., P. F. Chifflet Dijon 1662 4., J. B. Lebrun des Marettes 2 Bde. Paris 1684 4., L. A Muratori Verona 1736 fol., Maittaire II S. 1640 ff.	Mit Marius Victor, Merobaudes, Orientius u. A. in Migne's Patrologia Bd. 61 (1847).	Bähr 1² S. 93 ff. Ebert S. 283 ff.

A. Rabanis *St. P. de Nole, études historiques et littéraires* Paris 1840 8.	A. Buse P. Bischof von Nola und seine Zeit 2 Bde. Regensburg 1856 8.	Souiry *St. P., études sur sa vie et ses écrits* 2 Bde. Paris 1852 8.	G. Fabre *étude sur P. de Nole* u. s. w. Strafsburg 1862 8.

Anicia Faltonia Proba.

Die Inschriften C. I. L. VI 1754—1756.	J. Aschbach die Anicier und die röm. Dichterin Proba Sitzungsber. der Wiener Akademie philos. hist. Kl. 64, 1870 S. 369 ff.	Bähr 4² S. 69 ff.	Ebert S. 120.

Centones Vergiliani in einer Pariser Hs. *s. VIII* und einigen jüngeren.

Ausgaben die *principes* Venedig 1472 fol. und Rom 1481 4., von J. H. Kromayer Halle 1719 8., Maittaire II S. 1654 ff. *Anonymi cento Virgilianus de ecclesia ed.* W. H. D. Suringar Utrecht 1867 8.

> Endelechius. Licentius. Der Dichter des *carmen in genesin.*

J. C. Wernsdorfs *poet. Lat. min.* 2 (1780) S. 218 ff., 4 (1785) S. 516 ff. Ausg. des Endelechius von F. Piper Göttingen 1835 8. Riese's *Anthologie* 2 (1870) S. 314 ff. Das *carmen in genesin* in *Hilarii Pictav. opera* (unten § 121, 3) S. 1370 ff. und in Migne's Patrol. Bd. 19. Bähr 4[2] S. 53 ff. Ebert S. 303 f. 352.

§ 73. Claudius Claudianus (zu Ende des vierten und zu Anfang des fünften Jahrhunderts).

1. Leben und Werke im Allgemeinen.

Die Inschrift C. I. L. VI 1710 (Or. 1182 Mommsen I. N. 6794 C. I. Gr. 6246). Chautard *quid ad historiam conferat Cl.* Paris 1860 8. E. Vogt *Cl. Cl. carminum quae Stiliconem praedicant fides historica ex comparatione ceterorum fontium recensetur* Bonn 1863 8. J. G. Zeiss Cl. Cl. und das röm. Reich von 394—408 I II Landshut (Berl.) 1863—65 4. P. Schultz *de Stilichone iisque quae de eo agunt fontibus, Cl. imprimis et Zosimo* Königsberg 1864 8. J. H. Ney *vindiciae Claudianeae sive de Cl. Cl. fide historica commentatio* Meseritz (Berl.) 1865 4. Cesare Rosa *Cl. Cl. saggio critico storico* Ancona 1873 8. Th. A. Hodgkin *Cl. the last of the Roman poets, two lectures* Newcastle und London 1875 8.

2. Werke.

Raptus Proserpinae. Gigantomachia. De bello Gildonico. De bello Getico. Panegyrici und *Epithalamien. Eidyllia. Epigrammata. L. II in Rufinum. L. II in Eutropium.*

a. Handschriften der Vaticanus und der Bruxellensis *s. XI* der historischen Gedichte, der Laurentianus *s. XII* und viele jüngere des *raptus* u. s. w.

L. Jeep *quaestiones criticae ad emendationem Cl. panegyri-corum spectantes* Naumburg (Leipz.) 1869 8. Ders. *acta soc. philol. Lips.* 1, 1872 S. 345 ff., Rhein. Mus. 27, 1872 S. 618 ff., 28, 1873 S. 291 ff., 29, 1874 S. 74 ff., 30, 1875 S. 1 ff.; *de Cl. codice s. IX Veronae nuper reperto* Festprogramm der Thomas-schule (Leipz. 1872 4.) S. 13 ff. A. Degen *de Cl. Cl. poetae cod. Vratislaviensi membr. s. XII vel XIII quaestio cum indice cariarum lectionum* I Rogasen (Breslau) 1870, II 1874 4.

b. Ausgaben die *princeps* Vicenza 1482 fol., von Thad. Ugoletus Venedig 1495 4., Th. Pulmann Antwerpen 1571 8. und öfter, von Jos. Scaliger Leiden 1603 (vgl. J. Ber-nays Rhein. Mus. 15, 1860 S. 163 ff.), Nic. Heinsius Lei-den 1650 und 1665 8. (danach die Bipontina 1781 8.), J. M. Gesner (mit ausführlichen Prolegomenis) Leipz. 1759 8., P. Burman *cum notis variorum* Amsterdam 1760 4., G. L. König Göttingen 1808 8. (unvollendet). *Cl. Cl. raptus Proserpinae* rec. Lud. Jeep Turin, Rom, Florenz 1874 8. (dazu E. Bäh-rens Jenaer L. Z. 1875 S. 131 f., G. Götz philol. Anz. 7, 1875 S. 141 ff. M. Bonnet *rec. crit.* 1875 S. 5 ff.). *Cl. Cl. carmina vol. I carm. I—XXIV rec.* L. Jeep Leipz. 1876 8. (dazu A. Holder Hermes 12, 1877 S. 503 ff. M. Bonnet *rev. crit.* 1877 S. 186 ff.).

G. B. Walch *uberioris commentationis de Claudiani car-mine de raptu Proserpinae inscripto specimen* Göttingen 1770 4. J. Schrader (1722–83) zu Claudian Hermes 5, 1870 S. 326. Th. Hertel *de nonnullis Cl. carminum locis* Torgau 1848 4. W. Th. Paul *quaestionum Claudianearum particula* Glogau 1857 4., ders. *quaestiones Claudianeae* Berl. 1866 4. M. J. Berchem *de C. C. epithalamio in nuptiis Honorii et Mariae* Crefeld 1861 4. L. Müller Rhein. Mus. 17, 1862 S. 180 ff., Jahrb. 1866 S. 391 f. K. Schenkl die Gigantomachie des Cl. Sitzungsber. der Wiener Akad. philos. hist. Kl. 43, 1863 S. 32 ff. Ders. zur griech. Gigantomachie des Cl. [vgl. H. Köchly *coniectanea epica* I Zürich 1851 4. S. 19 ff.] Zeitschr. für die österr. Gymn. 1861 S. 312 ff. M. Schmidt Philol. 26, 1867 S. 28. R. Unger *de locis quibusdam Cl. Ammiani et Martialis* Friedland 1869 4. Ders. Philol. 19, 1863 S. 151 ff. L. Jeep *zu Cl. de VI consulatu Honorii*, ein Beitrag zur röm. Topogra-

phie Rhein. Mus. 27, 1872 S. 269 ff.   E. Bährens Jahrb. 1872
S. 499 ff.,   L. Bursians Jahresbericht I 1873 S. 217 ff.,   IV
1874–75 S. 225 ff. (vgl. Jeep *riv. di filologia* 1, 1873 S. 405 ff.).
R. Förster *Raub und Rückkehr der Proserpina* (Stuttgart
1874 8.) S. 91 ff.   G. Götz *zu Cl. sechstem Consulat des Honorius* Rhein. Mus. 31, 1876 S. 341 f.   K. Purgold *archäol.
Bemerkungen zu C. und Sidonius* Gotha 1878 8.

§ 74. Das *pervigilium Veneris* und das *carmen de figuris sententiarum*.

1. *Pervigilium Veneris.*

Handschriften der Salmasianus *s. VII* und der Thuaneus
s. IX.

Ausgaben, ausser einigen älteren, in J. C. Wernsdorfs
poetae lat. min. 3 (1785) S. 463 ff.,   von E. C. F. Schulze Göttingen 1812 4.,   J. C. Orelli in seinem *Phaedrus* (Zürich 1832 8.)
S. 220 ff.,   H. K. A. Eichstädt Jena 1839 4.,   [F. Linde-
mann] Leipz. 1852 8. (vgl. J. Frei Rhein. Mus. 10, 1856
S. 195 ff.)   *P. V. adnotabat et emendabat* F. Bücheler Leipz.
1859 12.   A. Riese's Anthologie 1 (1869) S. 144 ff.

A. Möbius Athenaeum 1 (Halle 1816 8.) S. 159 f.   H.
Paldamus *de pervigilio V. quaestio* Greifswald 1830 4.   G.
H. Heidtmann *de carmine Latino quod p. V. inscribitur*
Greifswald 1842 8.   O. Müller *de Annio Floro* (Berl. 1855 8.)
S. 15 ff.   F. C. Goebbel *de ephymniorum rationibus* (Göttingen
1858 8.) S. 56 ff.   Th. Bergk Hallische Gratulationsschrift von
1859 8.   O. Ribbeck Rhein. Mus. 14, 1859 S. 324.   F. Bü-
cheler ebendas. 15, 1860 S. 445 ff.   L. Müller Jahrb. 1861
S. 659 ff.   H. A. Koch Philol. 19, 1863 S. 721.   J. Mähly
Philol. 23, 1866 S. 356 ff.   O. Jacobi *de perv. Ven.* Lund
1867 4.   K. Schenkl Zeitschr. für die österr. Gymn. 1867
S. 233 ff., 1871 S. 127 f.   E. Bährens Jahrb. 1872 S. 55 f.,
1873 S. 106 f., Rhein. Mus. 31, 1876 S. 102.   G. F. Jahrb.
1872 S. 494.

2. *Incerti auctoris carmen de figuris vel schematibus.*

Zuerst herausgeg. aus einer Pariser Handschrift *s. IX* von
L. Quicherat *bibliothèque de l'école des chartes* I 1, 1840 S.
51 ff.   H. Sauppe *epistola critica ad G. Hermannum* (Leipz.

1841 8.) S. 182 ff., *ed.* F. W. Schneidewin (*ed. in Germania princeps*) Göttingen 1841 8. L. Delisle *bibliothèque de l'école des chartes* IV 3, 1857 S. 160 ff. In Halm's *rhetores Latini minores* (§ 87, 2) S. 63 ff. (vgl. H. Sauppe Gött. gel. Anz. 1864 S. 2024 f.) und in Riese's Anthologie 2 (1870) S. 16 ff. H. L. Ahrens Zeitschr. für die Alterthumsw. 1, 1843 S. 162 ff. F. Haase Hallische Litteraturzeitung 1841 S. 386 f. Th. Bergk und Th. Mommsen Zeitschr. für die Alterthumsw. 3, 1845 S. 81 ff. C. Halm Philol. 8, 1848 S. 159 f. F. Ritschl Rhein. Mus. 18, 1863 S. 135 ff. 320. W. Christ Rhein. Mus. 20, 1865 S. 67 f. L. Müller Rhein. Mus. 23, 1868 S. 683 f. A. Riese Jahrb. 1868 S. 575 f. M. Haupt Hermes 6, 1871 S. 263, 7, 1872 S. 187, 8, 1873 S. 181. 250 (*opusc.* 3 S. 559. 585. 623. 634). R. Schmidt *carmen de figuris vel schematibus qua aetate sit conscriptum* Jena 1871 8. H. Krupp *de carmine inc. auct. de figuris diss.* Jena 1871 8. (dazu A. Riese Bursians Jahresb. III 1874–75 S. 250).

§ 75. Claudius Rutilius Namatianus (um 420).

De reditu suo l. II 116.

Handschrift der in einer Wiener Abschrift *s. XVI* erhaltene Bobiensis.

Ausgaben die *princeps* von I. B. Pius Bologna 1520 4., von I. Castalio Rom 1582 8., Th. Sitzmann Leiden 1618 8., C. Barth Frankfurt 1623 8., Th. J. ab Almeloveen *cum notis variorum* Amsterdam 1687 8., in P. Burmans *poetae Lat. min.* 2 S. 3 ff., in J. C. Wernsdorfs *poet. Lat. min.* 5 (1788) S. 77 ff. *Cl. R. N. de reditu suo rec. et illustr.* A. W. Zumpt Berl. 1840 8. Mit französ. Uebersetzung von F. Z. Collombet Lyon und Paris 1842 8. *Cl. R. N. de reditu suo l. II, accedunt Hadriani Flori Apuleii Anniani Sereni aliorumque saec. ab u. c. X poëtarum reliquiae, rec. et praef. est* L. Müller Leipz. 1870 8.

Cl. R. N. Heimkehr übersetzt und erläutert von Itasius Lemniacus (A. v. Reumont). Mit zwei Plänen und fünf in den Text gedruckten Abbildungen Berl. 1872 8. (vgl. H. Sauppe Gött. gel. Anz. 1873 S. 672 ff.).

A. W. Zumpt *observationum in R. C. N. carmen de reditu suo pars prior* Berlin 1836 4.   L. Müller Rhein. Mus. 24, 1869 S. 636.   Am. Thierry s. § 70 (oben S. 165).   K. Schenkl Zeitschr. für die österr. Gymn. 1871 S. 126 ff.

§ 76. Flavius Merobaudes (um 435) und andere christliche Dichter des fünften Jahrhunderts.

1. Flavius Merobaudes.

Die Inschrift Orell. 1183 C. I. L. VI 1724.

Fl. Merobaudis carminum orationisque reliquiae ex membranis Sangallensibus editae a B. G. Niebuhrio C. F. St. Gallen 1823 (und Bonn 1824) 8.   Mit Corippus von I. Bekker im *corpus scr. hist. Byz.* Bonn 1836 8.

C. F. Heinrich Rhein. Mus. 2, 1828 S. 532 ff.   L. Jeep Rhein. Mus. 28, 1873 S. 301 ff.   Bähr 4² S. 117 f.   Ebert S. 399.

2. Claudius Marius Victor (Victorinus). Orientius.

Victor aus einer Pariser Hs. s. X herausgegeben von J. Gagneius Lyon 1536 und Paris 1545 8., H. Stephanus Paris 1565 8., bei Maittaire II S. 1567 ff. und in Migne's Patrol. Bd. 61 S. 937 ff.   Bähr 4² S. 119 f.   Ebert S. 353f.

Orientius herausgeg. von M. A. del Rio Antwerpen 1600 12., A. Rivinus Leipz. 1651 8., H. L. Schurtzfleisch Wittenberg 1706 mit *appendix* Weimar 1716 4., in Migne's Patrol. Bd. 61 S. 974 ff.   Bähr 4² S. 137 ff.   Ebert S. 392ff.

§ 77. C. Sollius Apollinaris Modestus Sidonius (um 430 bis 488).

Carmina et epistulae.

Ausgaben von El. Vinetus Lyon 1552 8., J. Wouwer Paris und Lyon 1598 8., J. Savaro Paris 1599 (und 1609) 4., G. Elmenhorst Hannover 1677 8.   *S. A. opera notis illustr. a* Iac. Sirmond Paris 1614 (und durch Ph. Labbaeus Lyon 1652) 4. (in Sirmonds *opp.* Paris 1690 I S. 837 ff., Venedig 1728 I S. 464 ff.), mit französ. Uebersetzung von J. F. Grégoire und F. Z. Collombet 3 Bde. Lyon 1836 8., in Migne's Patrologia Bd. 58.

A. Germain *essai litéraire et historique sur A. S.* Mont-
pellier 1840 S. M. Fertig Apollinaris Sidonius und seine Zeit
3 Thle. Würzburg und Passau 1845—1848 4. N. Eschewsky
C. S. A. S., eine Episode aus der litterar. und polit. Gesch.
Galliens im 5. Jahrh. Moskau 1855 8. G. Kaufmann die
Werke des C. S. A. S. als eine Quelle für die Geschichte seiner
Zeit Göttingen 1864 8. Ders. neues Schweizerisches Mus. für
Philol. 5, 1865 S. 1 ff. C. A. Chaix *St. Sidoine Ap. et son
siècle* 2 Bde. Clermont-Ferrand 1567 S. (dazu G. Kaufmann
Göttinger gel. Anz. 1868 S. 1001 ff.) H. Kretschmann *de
latinitate G. S. A. S. p. I* Memel 1870 4. Ebert S. 401 ff. P.
Mohr *in A. S. epistulas et carmina observationes criticae exege-
ticae metricae* Sondershausen 1877 (11 S.) 4.

Claudianus (Claudius?) Ecdicius Mamertus. Rusticius
Helpidius Domnulus.

Claudianus in G. Fabricius *opera christiana et operum
reliquiae ac fragmenta* Basel 1564 fol., S. 775 ff. Helpidius
bei Fabricius S. 754 ff. *Rustici Elpidii carmen de Christi
Iesu beneficiis ed.* H. Müller Göttingen 1868 4. Dazu O.
Jahn Ber. der sächs. Ges. der Wissensch. philol. hist. Cl. 1851
S. 346 ff. Bähr 4² S. 130 f. Ebert S. 396 f.

§ 78. [Coelius] Sedulius. Paulluus Petrocorius. Dra-
contius. Alcimus Ecdicius Avitus.

1. Sedulius (um 460).

Handschriften (*carmina*) der Bobiensis *s. VI* zu Turin, der
Thuaneus und Vaticanus *s. IX,* der Vindobonensis *s. XI* und
andere alte Handschriften.

Ausgaben die *princeps* Paris um 1500 4., von Aldus
Venedig 1502 4., mit Iuvencus von Antonius Nebrissensis
Basel 1541 S., von Chr. Cellarius Halle 1704 1739 S.,
Maittaire II S. 1660 ff., von Henr. Ioh. Arntzen Leuwar-
den 1761 S., Faustin. Arevalo Rom 1794 4., in Migne's
Patrol. Bd. 19 S. 433. Bähr 4² S. 103 ff. Ebert S. 355 ff.
J. Huemer zu Sedulius Zeitschr. für die österr. Gymn. 1877
S. 500 ff.

2. Paulinus Petrocorius (oder Petricordiensis, um 470).

Carmina in zwei Vaticani *s. IX* und *X* und einer Anzahl anderer alter Handschriften.

Ausgaben von F. Juretus Paris 1585 8., *cum notis Fr. Jureti, Casp. Barthii cet. cura et studio* Chr. Daumii Leipz. 1681 8., in Migne's Patrol. Bd. 61 S. 1009 ff., französisch (mit Venantius Fortunatus *vita S. Martini*) von F. Corpet Paris 1852 S. Bähr 4² S. 127 ff. Ebert S. 385 ff.

3. Blossius Aemilius Dracontius (um 460).

Handschriften im Vatican und in Neapel.

Ausgaben von W. Morel Paris 1560 8., J. Weitz Frankfurt 1610 8., in Sirmonds Ausgabe des *Eugenius Toletanus* Paris 1619 8. (in Sirmonds *opp.* Paris 1696 II S. 890 ff., Venedig 1728 II S. 627 ff.), von A. Rivinus Leipz. 1651 8., Faustin. Arevalo Rom 1791 4., Ioh. Ben. Carpzow Helmstädt 1794 8., in Migne's Patrol. Bd. 60 S. 595 ff. *Carminis de deo libb. II et III em. ac suppleti a* C. E. Gläser 3 Thle. Breslau 1843—1848 4.

Appendix ad opera edita ab A. Maio cet. Rom 1871 8. Dracontii *carmina minora plurima inedita ex cod. Neap. ed.* F. de Duhn Leipz. 1873 8.

L. Müller Jahrb. 1866 S. 390 ff. Bähr 4² S. 112 ff. F. Bucheler Rhein. Mus. 27, 1872 S. 477. E. Bährens Jahrb. 1873 S. 69. 265 ff. O. Ribbeck Rhein. Mus. 28, 1873 S. 461 ff. R. Ellis *journal of philology* 5, 1873 S. 252 ff. M. Schmidt Rhein. Mus. 29, 1874 S. 202. K. Schenkl Zeitschr. für die österr. Gymn. 1873 S. 510 ff. Ebert S. 366 ff.

4. Alcimus Ecdicius Avitus (✝ um 523).

Gedichte und Reden.

Handschriften der Gedichte ein Vaticanus *s. X* und jüngere.

Ausgaben in G. Fabricius *opera christ.* S. 367 ff. *Aviti opera studio* Iac. Sirmondi Paris 1613 4. (in Sirmonds *opera* Paris 1696 II S. 185 ff., Venedig 1728 II S. 123 ff.). Maittaire II S. 1673. In Migne's Patrol. Bd. 59.

V. Cucheval *de S. A. operibus* Paris 1863 8.   L. Delisle, Rilliet und Bordier *études paléographiques et historiques sur des papyrus du VIme. siècle, renfermant des homélies de Saint Avite* Paris (Genf und Basel) 1866 4.   A. Pannenborg Alcimus Avitus im *carmen de bello Saxonico* Forschungen zur deutschen Geschichte 13, 1873 S. 413 f.   Ebert S. 376 ff. Bähr 4² S. 132 f.

5. Auspicius. Amoenus. Paulinus Pellaeus (um 460).

In Migne's Patrol. Bd. 61 S. 1006 ff. 1076 ff.   Paulinus *bibl. patrum* (Paris 1579) Bd. 8 Appendix. *Paullini carmen eucharisticum prolegomenis et adnotationibus illustratum auctore* Lud. Leipziger Breslau 1858 8.   Bähr 4² S. 129 f.   Ebert S. 358 ff.

Ueber Ennodius vgl. § 120, 13.

§ 79. Die Dichter der lateinischen Anthologie.

Anthologia veterum Latinorum epigrammatum et poëmatum cet. cum notis viror. doctor. et adnot. perpet. ed. Petr. Burman II 2 Bde. Amsterdam 1759 1773 4.   F. Jacobs Blumenlese der röm. Dichter I (zuerst 1826, 3. Ausg. Jena 1861 8.) S. 131 ff. (*epigrammata anthologiae Latinae et Martialis*).   *Anthologia veterum Latinorum epigrammatum et poëmatum, editionem Burmanianam digessit et auxit* Henr. Meyer Turicensis 2 Bde. Leipz. 1835 8.   *Anthologia Latina sive poesis Latinae supplementum, pars prior: carmina in codicibus scripta rec.* Al. Riese *fascic. I II* Leipz. 1869 1870 8. (den 2. Theil, die metrischen Inschriften, wird F. Bücheler herausgeben; vgl. desselben *anthologiae epigraphicae Latinae spec. I* Greifswald 1870 4., *spec. II* Rhein. Mus. 27, 1872 S. 127 ff., *spec. III* Bonn 1876 4.).

D. Ruhnkenii *emendationes in a. L.* († 1798) Mnemosyne 3, 1854 S. 59 ff.   F. Jacobs *corollarium criticum ad animadversiones in Euripidis tragoedias* (Gotha 1790 8.) S. 326 ff.   J. Sillig Beiträge zu einer neuen Bearbeitung der lat. A. Jahrb. 2, 1828 S. 200 ff.   W. H. Bardili über die Nothwendigkeit einer neuen Ausg. der A. u. s. w. Jahrb. 2, 1828 S. 216 ff.   F. Dübner fernere Beitr. zu einer neuen Bearbeitung der lat. A. Jahrb. 3, 1828 S. 307 ff., *adnotationes ad a. L.* Rhein. Mus. 3, 1835

S. 478 ff. F. A. Rigler *annotationes maximam partem criticae ad poetarum Lat. qui minores vocantur lyrica* Cleve 1829 4. H. Meyer auch ein Beitr. zur lat. A. Jahns Archiv 2, 1833 S. 177 ff. Th. Doehner *de carminibus nonnullis a. L.* in den *observat. crit.* von M. Haupts lat. Gesellschaft (Leipz. 1839 8. S. 8 ff. F. Ritschl zur lat. Anthol. Rhein. Mus. 1, 1842 S. 133 ff. 16, 1861 S. 297. 28, 1873 S. 189 ff., *anthol. Lat. corollarium epigraphicum* Bonn 1853 4. L. Lersch zwei lat. Gedichte *de philomela* Zeitschr. für die Alterthumsw. 4, 1846 S. 290 ff. M. Haupt zwei ungedruckte Gedichte aus später Zeit des römischen Alterthums Ber. der sächs. Ges. der Wiss. philol. hist. Cl. 1, 1847 S. 208 ff., über eine Handschr. der Leipziger Stadtbibliothek ebendas. 2, 1850 S. 1 ff., Verbesserungen eines Gedichtes der l. A. ebendas. S. 175 f. (*opusc.* 1 S. 217. 287. 309 ff.), Hermes 2, 1867 S. 13. 5, 1870 S. 25. 7, 1873 S. 13. 181 (*opusc.* 3 S. 372. 494. 572. 582). R. Unger Philol. 4, 1849 S. 785 f. F. W. Conrads *in anthologiae Lat. l. IV exercitationes criticae et exegeticae* Bonn 1853 8. Th. Mommsen zur l. A. Rhein. Mus. 9, 1854 S. 296 ff. 480 (dazu J. Aschbach ebendas. S. 302 f.), Hermes 1, 1866 S. 133. F. Oehler zur l. A. Philol. 16, 1860 S. 355. J. Wollenberg Zeitschr. für das Gymnasialw. 1860 S. 718. Th. Hug Rhein. Mus. 17, 1862 S. 609 ff. K. Schenkl zur l. A. Zeitschr. für die österr. Gymn. 1863 S. 571 ff. 716. L. Müller Rhein. Mus. 18, 1863 S. 432. 20, 1865 S. 633. 22, 1867 S. 126. 346. 23, 1868 S. 94. 24, 1869 S. 136. 323. 492. 25, 1870 S. 453 ff., Jahrb. 1865 S. 217. 828, 1866 S. 385 ff. 555 ff. 866 ff., 1867 S. 483. 783 ff. 1871 S. 803. W. A. Hertzberg Jahrb. 1866 S. 788. J. Klein zur l. A. Rhein. Mus. 21, 1866 S. 135. 22, 1867 S. 299. H. Usener Rhein. Mus. 22, 1867 S. 628 f. R. Peiper Jahrb. 1867 S. 860, 1873 S. 340, Rhein. Mus. 31, 1876 S. 183 ff. O. Jahn Philol. 26, 1867 S. 6. A. Riese Beiträge zur l. A. Zeitschr. für die österr. Gymn. 1867 S. 433 ff., Jahrb. 1868 S. 695, 1869 S. 727, 1870 S. 282, Bursians Jahresbericht I 1873 S. 155 ff. III 1874—75 S. 247 ff. IV 1876 S. 103 ff., Rhein. Mus. 31, 1876 S. 416 ff. 32, 1877 S. 320. O. Jänicke Jahrb. 1868 S. 39. H. Hagen zur lat. Anthologie Jahrb. 1868 S. 576. Philol. 28, 1869 S. 338, ders. *de aliquot anthologiae Lat. carminibus* u. s. w. (Gratulationsschrift an G. F. Rettig) Bern 1877 4. E. Bährens *lectiones Latinae* (Bonn 1870 8.) S. 31 ff., Jahrb. 1872 S. 47 ff. 355 ff., 1873 S. 60 ff., *analecta Catulliana* Jena 1874 8.) S. 66 ff., Rhein. Mus. 30, 1875 S. 306 ff. 31, 1876 S. 89. 254. 608 ff. 32, 1877 S. 211 ff., unedierte lat. Gedichte Leipz. 1877 (48 S.) 8. J. Maehly Zeitschr. für die österr. Gymn. 1871 S. 550 ff. F. Bücheler Rhein. Mus. 26, 1871 S. 491 ff. 27, 1872 S. 478. O. Ribbeck zur l. A. Rhein. Mus. 26, 1871 S. 406 ff. G. Götz *ad anthologiam Lat. acta soc. phil. Lips.* 2, 1872 S. 481. 5, 1875 S. 319 ff. G. Löwe ebendas. 2, 1872 S. 483. M. Schmidt *carmen cod. Voss. Q 9 emendatum* Jena 1874 4. O. Schubert *quaestionum de anthologiae Lat. codice Salmasiano p. I: de Luxorio* Weimar (Leipz.) 1875 8. H. Klapp *quaestiones de anthologiae Lat. carminibus nonnullis* Wandsbeck 1875 4. Ebert S. 410 ff.

R. Peiper vermischte Bemerkungen zu röm. Dichtern z. Th. aus Hss. Rhein. Mus. 32, 1877 S. 516 ff.

Aulularia s. Querolus. Orestis tragoedia.

Die *princeps* der Aulularia von P. Daniel Paris 1564 8. (dazu H. Hagen der Jurist und Philolog P. Daniel Bern 1873 4. S. 11 ff.), Ausg. von C. Rittershusius Heidelberg 1595 8., S. C. Klinkhamer Amsterdam 1829 8. *A. sive Querolus Theodosiani aevi comoedia Rutilio dedicata* ed. R. Peiper Leipz. 1875 8. (dazu E. Bährens Jenaer L. Z. 1875 S. 656). R. Dezeimeris *note sur l'auteur du Querolus* Bordeaux 1874 8.

Poetae incogniti carmen epicum inscr. Orestis tragoedia . . . . ed. C. W. Müller Rudolstadt 1859 4. *An. O. tr. emendatiorem* ed. Iac. Maehly Leipz. 1866 16. *Orestis tragoedia, carmen epicum saeculo post Chr. n. sexto compositum emendatius* ed. C. Schenkl Prag 1867 8. *Dracontii Orestes tragoedia* rec. R. Peiper Breslau 1875 8.

F. Haase *miscell. philol.* III (Breslau 1861 4.). A. Rothmaler *O. tragoedia emendatur* Nordhausen 1865 4., Jahrb. 1867 S. 861 ff. L. Müller Rhein. Mus. 21, 1866 S. 455 ff. L. Schwabe Lectionskatalog von Dorpat 1867 4. K. Schenkl Zeitschr. für die österr. Gymn. 1867 S. 81 ff. A. Riese ebend.

1867 S. 433 ff.   H. Hagen Philol. 27, 1868 S. 157 ff.   E.
Bährens Rhein. Mus. 26, 1871 S. 493 f.

§ 80. Die christlichen Dichter des sechsten Jahrhunderts.

Arator (÷ 554), Venantius Honorius Clementianus
Fortunatus (um 535—600) u. A., Flavius Cresconius Corippus (um 570).

Handschriften des Arator in Paris *s. IX*, im Vatican und
in St. Gallen *s. X*, in Brüssel, Cassel und sonst.

Ausgaben, ältere mit Iuvencus und Sedulius, *A. cum tribus*
epist. ed. suasque et aliorum observationes adiecit Henr. Ioh.
Arntzen Zütphen 1769 8.   In Migne's Patrol. Bd. 68 S.
45 ff.   *A. de actis apostolorum carmen ed.* A. Hübner Neisse
1850 S.   Bähr 4² S. 140 f.   C. Leimbach über den Dichter
Arator theol. Studien und Kritiken 1873 S. 225 ff. ' Ebert S.
490 f.

Venantius Fortunatus in zahlreichen Handschriften im Va-
tican, in Paris, Trier, St. Gallen *s. IX*. Ausg. *opera illustrata a*
Christ. Brower Mainz 1603 (und 1616) 4., von Mich. Ang.
Luchi 2 Bde. Rom 1786 4.,   Maittaire II S. 1676 ff.,
Migne's Patrol. Bd. 88.   Guérard *notices et extraits* u. s. w.
Bd. 12 (Paris 1831 4.) 2 S. 75 ff.

Th. Bormann über das Leben des lat. Dichters Venan-
tius Fortunatus Fulda 1848 4.   Vgl. Böckings Ausg. von
Ausonius' Mosella (oben § 70).   Bähr 4² S. 145 ff.   Ebert
S. 493 ff.

Corippus, Handschrift der *laudes Iustini* in Madrid, der
Iohannis in Mailand.

Ausgaben die *princeps* von M. Ruiz de Azagra Antwerpen 1581 S., Th. Dempster Paris 1610 S., A. Rivinus
Leipz. 1653 8., N. Rittershaus Altorf 1664 4., *Corippus de*
laudibus Iustini Augusti minoris l. IV rec. Andr. Goetzius
Altdorf 1743 8., *ex rec.* P. F. F(ogginii) Rom 1777 4., in
Jäger's Ausgabe der Panegyrici (§ 112) II S. 459 ff. *Iohanni-*
dos s. de bellis Libycis l. VII zuerst herausgeg. von Petr. Ma-
zuchelli Mailand 1820 4.   Alles zus. in I. Bekker's Ausg.

des Merobaudes (§ 76, 1) und demnächst in der Ausgabe von
J. Partsch in den *Monum. Germ. hist.*

R. Unger *electa critica* Neubrandenburg 1852 8. S. 41 f.
M. Haupt Hermes 3, 1868 S. 149 (*opusc.* 3. S. 402). J. Partsch
Hermes 9, 1876 S. 292 ff.

Eine neue vollständige Sammlung der christlichen Dichter
von F. Bücheler soll in dem Wiener *corpus scriptorum ecclesiasticorum Latinorum* erscheinen.

2. Die Prosa.

§ 81. Augustus (691 bis 767 d. St.).

63 v. Chr. bis
14 n. Chr.

I. A. Fabricius *A. imperatoris fragmenta* Hamburg 1727
4. A. Weichert *imp. Caesaris A. operum reliquiae* I Grimma
1846 4. *Caesaris A. index rerum a se gestarum sive monumen-
tum Ancyranum ex reliquiis Graecae interpretationis restituit*
J. Franzius *commentario perpetuo instruxit* A. W. Zumptius
Berl. 1845 4. *Res gestae divi A.. ex monumentis Ancyrano et
Apolloniensi ed.* Th. Mommsen Berl. 1865 8. und im C. I. L.
III S. 769 ff. *A. rerum a se gestarum indicem cum Graeca me-
taphrasi ed.* Th. Bergk Göttingen 1873 8.

Drumann 4 (1838) S. 245 ff. E. Egger *examen critique
des historiens anciens de la vie et du règne d'Auguste* Paris 1844
8. A. W. Schmidt Geschichte der Denk- und Glaubensfrei-
heit im ersten Jahrhundert der Kaiserherrschaft Berl. 1847 8.
F. D. Gerlach das Zeitalter A.'s Basel 1849 8. W. Brambach Rhein. Mus. 20, 1865 S. 603 f. A. W. Zumptii *de
monumento Ancyrano supplendo commentatio* Berl. 1869 4. Th.
Bergk Hallischer Lectionskatalog von 1869 4. L. Friedländer Sittengesch. 3 (1871) S. 297 ff. J. C. F. Campe Jahrb.
1871 S. 463 ff. 537 ff. Th. Plüss ebendas. 1874 S. 67 ff.

1. C. Cilnius Maecenas.

J. H. Meibomius *M. sive de C. C. M. vita moribus et
rebus gestis l. singularis* Leiden 1653 4. A. Lion *Maecenatiana sive de C. C. M. vita et moribus* u. s. w. Göttingen 1824
und mit den *Troniana* ebendas. 1846 8. P. S. Frandsen C.

Cilnius Maccenas, eine hist. Untersuchung über dessen Leben und Wirken Altona 1843 S. II. J. Matthes *de C. C. M. vita symbol. litterar.* 5 (Amsterdam 1846 S.) S. 1 ff. W. Teuffel Zeitschr. für die Alterthumsw. 3, 1845 S. 608 ff. Th. Mommsen Rhein. Mus. 16, 1861 S. 448. L. Friedländer Sittengesch. 3 (1871) S. 334 ff.

2. M. Vipsanius Agrippa.

A. Letronne *recherches géographiques sur le livre* de mensura orbis terrae *par Dicuil* Paris 1814 S. (vgl. unten 115,9. P. S. Frandsen M. Vipsanius Agrippa u. s. w. Altona 1836 S. J. II. van Eck *quaestiones historicae de M. V. A.* Leiden 1842 S. F. Ritschl die Vermessung des röm. Reichs unter Augustus, die Weltkarte des Agrippa und die Kosmographie des Aethicus Rhein. Mus. 1, 1842 S. 481 ff. Chr. Petersen ebendas. 8, 1853 S. 377 ff. 9, 1854 S. 85 ff. K. Müllenhoff über die Weltkarte und Chorographie des Kaisers Augustus Kiel 1856 4., ders. Hermes 9, 1874 S. 183 ff. A. v. Gutschmid Rhein. Mus. 12, 1857 S. 619 ff. A. W. Zumpt das Geburtsjahr Christi (Leipz. 1869 S.) S. 129 ff. J. Marquardt Staatsverwaltung 2 (1876) S. 200 ff. A. F. Motte *étude sur Marcus A.* Gent 1872 8. O. Gruppe *quaestiones Annaeanae* (Berl. 1873 S.) S. 31 f. J. Partsch die Darstellung Europas in dem geographischen Werk des A. u. s. w. Breslau 1875 S. (dazu C. Bursian Jenaer L. Z. 1877 S. 567). L. Ussing) *tidskr. for filol. n. r.* 2 (1875) S. 52. E. Schweder Beiträge zur Kritik der Chorographie des Augustus I Th. u. s. w. Kiel 1876 (45 S.) S. (dazu A. von Gutschmid Centralbl. 1877 S. 860). E. Philippi *de tabula Peutingeriana, accedunt fragmenta A. geographica* Bonn 1876 S. D. Detlefsen Bursians Jahresbericht IV 3, 1876 S. 306 ff.

3. M. Valerius Messalla Corvinus.

D. G. Moller *disputatio de M. V. M. C.* Altorf 1659 4. C. van Hall M. V. M. C. 2 Bde. Amsterdam 1820 8. L. Wiese *de M. Val. Messallae vita et studiis doctrinae* Berl. 1829 8. II. Jordan Hermes 3, 1868 S. 426 ff. K. Nipperdey Rhein. Mus. 19, 1864 S. 282 ff. (*opusc.* S. 289 ff.). C. F. Weber

disputatio de M. V. M. qui dicitur libello de progenie Augusti ed.
J. Caesar *p. I II* Marburg 1873—74 4.   O. Gruppe *quae-*
stiones Annaeanae Berl. 1873 S.) S. 33 ff.   J. M. J. Valeton
de M. V. M. C. Groningen 1874 S.

§ 82. C. Asinius Pollio (679 bis 758 d. St.).

75 v. Chr. bis 5 n Chr.

I. R. Thorbecke *disputatio historico-critica de C. A. P.*
Leiden 1820 S.   Drumann 2 (1835) S. 2 ff.   Clemen C. A. P.
Lemgo 1842 4.   F. Jacob A. P. Lübeck 1852 4.   M. Haupt
Berliner Lectionskatalog von 1855 4. (*opusc.* 2 S. 67 ff.).   O.
d'Hendecourt *dissert. de vita gestis et scriptis A. P.* Löwen
1858 S.   B. Luzzato *ricerche storiche su C. A. P.* Padua 1867
S.   Th. Bergk Philol. 29, 1870 S. 329.   J. Steup *de Probis*
grammaticis (s. § 93) 1871 S. 71.   P. Bailleu *quomodo Appia-*
nus usus sit A. P. historiis Göttingen 1874 S.   C. Wichmann
de Plutarchi in vitis Antonii et Bruti fontibus Bonn 1874 S.
(dazu phil. Anz. 7, 1875 S. 126 ff.).   Aulard *de C. A. P. vita*
et scriptis Paris 1877 S.

§ 83. Techniker, Redner, Historiker und Gelehrte unter Augustus und Tiberius.

1. Vitruvius Pollio. Die Gromatiker.

Handschriften des Vitruvius der Harleianus *s. IX*, der
Pithocanus, der Leidensis und ein Gudianus *s. X*, der Gudianus *s. XI*, der Vaticanus und der Escorialensis *s. XI - XII*
und zahlreiche jüngere.

Ausgaben die *princeps* des J. Sulpicius (Rom um 1490)
fol., von J. Jucundus Venedig 1511 fol., G. Philander
Leiden 1552 4., J. de Laet *cum notis variorum* Amsterdam
1649 fol., B. Galiani Neapel 1758 fol., A. Rode 2 Bde.
Berl. 1800 4., *V. P. de architectura l. X. ex fide libror. script.*
rec..... I. G. Schneider *Saxo* 3 Bde. Leipz. 1501-1807 S.
Ausg. von S. Stratico 4 Bde. Udine 1825-30 4., A. Marini
4 Bde. Rom 1836 fol.   Mit deutscher Uebersetzung von C. Lorentzen Bd. I (I-V) Gotha 1856 8.   *Vitruvi de arch. l. X*
ad antiquissimos codices nunc primum ediderunt Val. Rose *et*
H. Müller-Strübing Leipz. 1867 S.

Uebersetzungen ins Französische von J. Martin Paris
1547 fol., Cl. Perrault Paris 1673. 1684 fol., Tardieu und
Cousin Paris 1839 4. und fol., Maufras 2 Bde. Paris 1847 8.,
in's Deutsche von G. H. Rivius Nürnberg 1548 fol., mit Holz-
schnitten Basel 1614 fol., von A. Rode 2 Bde. Leipz. 1796 4.
und Berl. 1801 fol., F. Reber Stuttgart 1864 ff. 12., ins Englische von W. Newton 2 Bde. London 1771–91 fol., Wil-
kins 2 Bde. London 1813 fol., ins Italienische von O. Orsini
2 Bde. Perugia 1802 8., Q. Viviani und V. Tuzzi Udine
1830 8.

B. Baldus *de verborum Vitruvianorum significatione* Augsburg 1614 4.   J. Polenus *exercitationes Vitruvianae* Padua
1739 fol. und 1741 fol., H. C. Genelli exeget. Briefe über V.
2 Hefte mit Kupfern Braunschweig 1801 und Berl. 1804 4.
J. F. von Rösch Erläuterungen über V.'s Baukunst u. s. w.
Stuttgart 1802 8.   C. G. Haubold *exercitationes Vitruvianae*
u. s. w. *spec. I—III* Leipz. 1821 4.   L. F. Schultz Untersuchungen über das Zeitalter des röm. Kriegsbaumeisters M. V.
P. herausgeg. von O. Schultz Leipz. 1856 8. (dazu Centralbl.
1857 S. 44 ff.).   J. A. Schönborn die Construction des hel-
lenischen Theaters nach V. Zeitschr. für die Alterthumsw. 11,
1853 S. 315 ff. Vitruvius X 13–15 in H. Köchly und W.
Rüstows griech. Kriegsschriftstellern I (Leipz. 1853 8.) S.
356 ff.   C. Lorentzen *observationes criticae ad V.* Gotha
1658 4.   Jos. Haupt M. Cetius Faventinus (Auszug aus Vitruv) u. s. w. Sitzungsber. der Wiener Akad. philos. hist. Kl.
69, 1871 S. 31 ff.   D. Detlefsen Vitruv als Quelle des Plinius
Philol. 31, 1872 S. 385 ff.   C. Promis *vocaboli latini di ar-
chitettura posteriori a V. oppure a lui sconosciuti, a complemento
del 'lessico Vitruviano' del Baldi* Turin 1876 fol.   F. Hultsch
die Bruchzeichen bei Vitruvius Jahrb. 1876 S. 251 ff.   H. Nohl
index Vitruvianus Leipz. 1876 8.

Handschriften der Gromatiker der Arcerianus *s. VII* in
Wolffenbüttel, der Palatinus und der Gudianus *s. X* und zahlreiche jüngere.

Ausgaben *de agrorum condicionibus* u. s. w. *liber* von A.
Turnebus Paris 1554 4., *auctores finium regundorum* u. s. w.

von N. Rigaltius Paris 1614 4., *rei agrariae auctores legesque
variae* u. s. w. von W. Goesius Amsterdam 1674 4. Die
Schriften der römischen Feldmesser herausgeg. und erläutert
von F. Blume, K. Lachmann [Th. Mommsen] und A.
Rudorff 2 Bde. Berl. 1848 1852 8.

    Hygini gromatici et Polybii de castris Romanis quae extant
u. s. w. *ed.* R(atbod) H(ermann) Schele) Amsterdam 1660
4. *Hygini gromatici liber de munitionibus castrorum* (geschr.
zw. 240 und 267) *ed.* Lud. Lange Göttingen 1848 8.

    L. von Jan Zeitschr. für die Alterthumsw. 2, 1844 S. 433 ff.
A. F. Pott Zeitschr. für die Alterthumsw. 12, 1854 S. 219 ff.
Ph. Jaffé Monatsber. der Berl. Akademie 1861 S. 1014 ff.
G. Friedlein Jahrb. 1863 S. 661.   F. Hultsch in Ersch
und Gruber's Encyklop. Sect. I 92 (1672) S. 97 ff., Philol. 22
1865 S. 345 f. A. Gemoll Hermes 10, 1875 S. 244 ff. und 11,
1876 S. 164 ff.   H. Droysen Rhein. Mus. 30, 1875 S. 469 f.
M. Cantor die römischen Agrimensoren und ihre Stellung
in der Geschichte der Feldmesskunst, eine historisch-mathe-
matische Untersuchung Leipz. 1875 8. (dazu F. Hultsch Jahrb.
1876 S. 759).   E. Stöber die römischen Grundsteuervermes-
sungen nach dem lat. Texte des gromat. Codex, insbes. des
Hyginus, Frontinus und Nipsus bearbeitet, mit einem Vorwort
von C. M. von Bauernfeind München 1877 8. (dazu M.
Cantor Jenaer L. Z. 1877 S. 389).

      2. C. Iulius Hyginus (um 690 bis 770 d. St.).   64 v. Chr. bis
                                                   17 n. Chr.

    Handschriften der *fabulae* die vaticanischen Palimpsest-
blätter *s. V-VI* und der verschollene Frisingensis *s. IX* des
Micyllus, der *astronomica* ein Vaticanus Bernensis Sangallensis
Guelferbytanus u. a. *s. IX.*

    Ausgaben die *princeps* der *astronomica* Ferrara 1475 4.,
(von J. Micyllus) Basel 1535, 1549 fol. und öfter, die *mytho-
logici Latini* von Hier. Commelinus Heidelberg 1599 8.,
H. quae hodie extant adcurante J. Scheffero Amsterdam 1674
8. *Mythographi Latini* u. s. w. *ed.* Th. Muncker 2 Thle.
Amsterdam 1681 8. *Auctores mythographi Latini* u. s. w. *cum
not. var. ed.* A. van Staveren Leiden und Amsterdam 1742 4.
H. fabulae ed. B. Bunte (mit ausführlicher Einleitung) Leipz.

1856 8. Derselbe *Hygini astronomica ex codicibus a se primum collatis recensuit, accedunt prolegomena, commentarius, excerpta ex codicibus, index, epimetron* Leipz. 1875 8. *II. fabulae* ed. M. Schmidt Jena 1872 8. (mit Facsimile des *cod. Frising.*). *II. philosophus de imaginibus coeli* u. s. w. von L. Hasper Leipz. 1861 8. (dazu C. Bursian Centralbl. 1861 S. 854). E. Wölfflin *de L. Ampelii lib. mem.* (Göttingen 1854 8.) S. 25 ff., Philol. 10, 1855 S. 303 ff. E. H. F. Meyer Geschichte der Botanik I (Königsberg 1854 8.) S. 375 ff. Car. Lange *de nexu inter C. I. H. opera mythologica et fabularum, qui nomen eius prae se fert, librum*; *accedunt fabulae transmutationum selectae* Mainz 1865 8. C. Bursian Centralbl. 1859 S. 530 f., Jahrb. 1866 S. 761 ff., *ex II. genealogicis excerptae* Zürich 1868 4., *emendationes II.* Jena 1874 4., zur Texteskritik der Astrologie des Hyginus Sitzungsber. der Münchener Akad. philos. philol. hist. Kl. 1876 I S. 1 ff. M. Schmidt Philol. 23, 1866 S. 47 ff. 25, 1867 S. 416 ff., Rhein. Mus. 20, 1865 S. 459 ff. K. Halm über neugefundene Fragmente aus der Freisinger Hs. der *fabulae* des H. Sitzungsber. der Münchener Akad. 1870 I S. 317 ff. R. Schöne Hermes 6, 1872 S. 125 f. R. Unger Bemerkungen zu *Hygini fabulae* Philol. 35 (1876) S. 279.

       3. Fenestella. M. Verrius Flaccus. C. Clodius Licinus (Consul 757/4 n. Chr.). Octavius Musa. P. Volumnius. L. Calpurnius Bibulus. Q. Dellius.

Die Fragmente des Fenestella in Corte's Sallustius von Frotscher Bd. I (Leipz. 1825 8.) S. 459 ff. [Fenestella] *de magistratibus et sacerdotiis Romanorum* (von A. D. Fiocchi ÷ 1452). L. Mercklin *de Fenestella historico et poeta* Dorpat 1844 4. J. Poeth *de Fenestella historiarum scriptore et carminum* Bonn 1849 8.

Das *kalendarium Praenestinum* des Verrius Flaccus (zw. 752 und 763/10 n. Chr.) im C. I. L. 1 S. 295. 311 ff., die Fragmente des Verrius Flaccus in O. Müllers Festus S. XIII ff., in Eggers Varro (§ 45, 6). Dazu Th. Bergk Jahrb. 1872 S. 37 ff. O. Hirschfeld Hermes 9, 1874 S. 103 ff. J. Vahlen Berl. Lectionskatalog von 1877 4.

S. Pompeius Festus (um 160 n. Chr.) *de verborum signifi-catione l.* XX mit dem Auszug des Paulus (*s. VIII*).

Handschriften der Farnesianus *s.* XI in Neapel, Hand-schriften des Paulus eine Wolffenbütteler *s.* X, eine Münchener *s.* XI und zahlreiche jüngere.

Ausgaben die *principes* Rom 1471 4. und Mailand 1471 4., Venedig 1474 4., von Conagus (und I. B. Pius) Mailand 1510 8. und öfter, von Antonius Augustinus zuerst Venedig 1559 8., dazu J. Scaligers *castigationes* zuerst Paris 1575 8., von F. Ursinus Rom 1581 Paris 1583 und 1584 8., in D. Go-thofredus *auctores linguae Lat.* Genf 1595 4. und öfter, von Andr. Dacier *in usum Delph.* Paris 1681 und Amsterdam 1699 4., in Lindemann's *corpus grammat. Lat.* Bd. II Leipz. 1832 4., von E. Egger Paris 1838 8. *S. P. F. de verborum significatione quae supersunt cum Pauli epitome em. et ann. a* C. O. Müllero Leipz. 1839 4. Dazu H. Keil Rhein. Mus. 6, 1848 S. 618 ff. *Festi codicis quaternionem* XVI *denuo edidit* Th. Mommsen Abh. der Berl. Acad. von 1864 S. 57 ff.

L. Mercklin Philol. 12, 1857 S. 198 f. 200 f., *observa-tiones ad S. P. Festi Paulique excerpta* Dorpat 1860 4. H. E. Dirksen die römisch-rechtlichen Quellen des Verrius Flaccus und Festus (1852) hinterlassene Schriften Bd. I S. 64 ff. M. Hertz Rhein. Mus. 17, 1862 S. 310. W. Corssen Philol. 20, 1863 S. 730 ff. M. Voigt Rhein. Mus. 24, 1869 S. 332. W. Schady *de Mari Victorini l. I cap. IV quod inscribitur de orthographia p. prior* Bonn 1869 8. S. Bugge Jahrb. 1872 S. 91 ff.

Zu Clodius Licinus Peter *hist. Rom. rell.* S. CCLXXXXVIII ff. 176 f. M. Hertz *de histor. Rom. rell.* (Breslau 1871 4.) S. 3 ff.

Ateius Praetextatus (Philologus). Santra. Sinnius Capito.

Herm. Graff *de Ateio Philologo nobili grammatico Latino* (1860) *mélanges gréco-romains tirés du bulletin de l'acad. impér. de St. Petersbourg* 2 (1859–1866) S. 274 ff. L. Preller (1846) ausgew. Aufsätze S. 377 f. M. Hertz Sinnius Capito u. s. w. Berl. 1844 8., Philol. 1, 1846 S. 610 ff. J. Becker Zeitschr. für die Alterthumsw. 5, 1847 S. 1057 ff.

4. Die Juristen C. Aelius Gallus, Q. Antistius Labeo,
C. Ateius Capito.

Huschke *iurisp. anteiust.*[3] S. 28 ff. 43 ff.   A. Pernice
Marcus Antistius Labeo, das röm. Privatrecht im ersten Jahr-
hundert der Kaiserzeit Bd. I Halle 1573 8. (Centralbl. 1874
S. 77 ff.).   Th. Frederking (L. Mercklin) Phil. 19, 1563
S. 650 ff.

5. Redner und Rhetoren.

Q. Haterius. M. Valerius Messalla (Messalinus) Corvinus. Paullus Fabius Maximus. M. Claudius Marcellus Aeserninus. T. Labienus. Cassius Severus. L. und P. Vinicius.

M. Porcius Latro. Arellius Fuscus. C. Albucius Silus.
Passienus. Cestius Pius. Alfius Flavus. Pompeius Silo. L.
Iunius Gallio.

A. Schottus *de claris apud Senecam rhetoribus* in der
Ausg. des *Seneca cum notis variorum* Paris 1613 fol.   E. Amiel
histoire de l'éloquence sous les Césars Paris 1864 8.   M. H. Ti-
vier *de arte declamandi et de Romanis declamatoribus qui priore
p. C. saeculo floruerunt* Paris 1868 8.   F. G. Lindner *de M.
Porcio Latrone* Breslau 1855 8., derselbe *de L. Cestio Pio*
Züllichau 1858 4., *de C. Albucio Silo* Breslau 1861 4., *de
Arellio Fusco* Breslau 1862 4., *de Iunio Gallione* Hirschberg
1868 4.   B. Schmidt *de L. Iunio Gallione rhetore* Marburg
1866 8.

Laudationes. Cenotaphia Pisana (Orelli 642, 643).

H. Noris *cenotaphia Pisana* Venedig 1681 fol., Pisa 1763
2 Bde. 4. und in Graevius *thes. antiq. Italiae* 8 P. 3 (1723) S.
1 ff.   Th. Mommsen zwei Sepulcralreden aus der Zeit Au-
gusts und Hadrians Abh. der Berl. Akad. von 1863 S. 455 ff.
(die auf die Turia C. I. L. VI 1527, die auf die ältere Matidia
aus Tibur Mur. 1398 4).   A. Rudorff über die Laudation der
Murdia (Orelli 4860) Abh. der Berl. Akad. von 1868 S. 217 ff.

6. Philosophen. Plotius Crispinus. Stertinius. Q. Sextius Niger, Vater und Sohn. Crassicius. Papirius
Fabianus.

E. Zeller Philosophie der Griechen 3, 1 S. 599 ff.   H. G.

Höfig *de Papirii Fabiani philosophi vita scriptisque* Breslau
1552 8.   M. Ott Charakter und Ursprung der Sprüche des
Philosophen Sextius Rottweil 1861 4.   Ders. die syrischen
auserlesenen Sprüche des Xistus Bischofs von Rom eine über-
arbeitete Sextiusschrift Rottweil 1862 f. 4.   *Sexti sententiarum
recensiones Latinam Graecam Syriacam coniunctim exhibuit* J.
Gildemeister Bonn 1873 8.

7. A. Cornelius Celsus und andere Aerzte.

Sammlung der lat. Aerzte Basel 1528 fol. , Venedig 1547
fol. und von H. Stephanus (Paris 1567 fol.).   Ausgg. des
Celsus von Targa Verona 1810 4. und de Renzi 2 Bde.
Neapel 1851 8.   *A. C. C. de medicina libri octo .. rec.* C. Da-
remberg Leipz. 1859 8.   C. Kissel Celsus, eine historische
Monographie I Giessen 1544 8.

Caelius Aurelianus de morbis acutis et chronicis libri VIII
rec. Ioh. Conr. Amman Amsterdam 1709 (1722) 4.   Ausg.
von A. von Haller 2 Bde. Lausanne 1774 8.   Auszug aus *de*
febribus herausgeg. von Daremberg in Henschel's Ianus 2,
1547 S. 468 ff. 690 ff.   V. Rose Hermes 4, 1869 S. 141 ff.
Derselbe *Anecdota Graeca et Graeco-Latina* 2 (Berl. 1870 8.)
S. 163 ff. 174 ff.

§ 84. T. Livius (um 695 bis 770 d. St.). 59 v. Chr. bis 17 n. Chr.

1. Leben.

L. E. Köhler *de T. L. Patavini vita ac moribus* Berl.
1651 8. · M. Weingärtner *de T. L. vita p. I* Berl. 1852 8.
W. Weissenborn 1856 und 1860 und M. Hertz 1861 vor
ihren Ausgaben.

2. Philosophische und historische Schriften.

3. *Ab urbe condita l. CXLII.*

D. H. Hegewisch über den polit. Charakter des L. kleine
histor. Schriften (Altona 1809 8.) S. 166 ff.   J. M. Söltl T. L.
in seiner Geschichte München 1832 4.   G. Queck Beitr. zur
Charakteristik des L. I II Sondershausen 1847. 1853 4.   F. X.
Frühe die politische Ansicht des röm. Geschichtschreibers T.
L. Constanz 1651 8.   Kallenbach über T. L. im Verhältniss

zu seinem Werke und zu seiner Zeit Quedlinburg 1860 4. O.
Fabricius zur religiösen Anschauungsweise des Livius Kö-
nigsberg 1865 4. H. Taine *essai sur Tite-Live* Paris 1856 S.
Th. Mommsen Hermes 5, 1870 S. 270 ff. H. Sonnek *qua
ratione et quo consilio L. res gestas Romanorum tractaverit* Iglau
1872 4. H. Nissen das Geschichtswerk des T. L. Rhein.
Mus. 27, 1872 S. 539 ff. E. Wölfflin die Dekaden des L.
Philol. 33, 1874 S. 139 ff.

a. Handschriften der I. Decade der Veroneser Palimpsest
s. IV und die Hss. der nicomachischen Recension, der verlorene
Wormser, der Mediceus *s. XI* und der Parisinus (Colbertinus`,
ferner der Bambergensis und Einsidlensis *s. X* und jüngere:
der III. Decade die Turiner Palimpsestblätter (B. 27 und 29
s. IV, der Puteaneus *s. VII* (oder *V?*) nebst Abschriften *s. IX-
XII*, der verlorene Spirensis und dessen zahlreiche Abschriften;
der IV. Decade der verlorene Moguntinus und der Bambergensis
s. IX; der V. Decade der Vindobonensis (aus Lorsch) *s. VI–VII.*

J. Harris *an account of the mss. of L. in the Escurial
philol. inquiries* Bd. 3 (Lond. 1781 8.) S. 353 ff. J. Th. Kreyssig *diss. de cod. membr. L. historiarum libros olim compleri
fragm. Norimbergae* u. s. w. *rep.* Leipz. 1812 4., ders. *comment. de T. L. historiarum reliquiis ex palimpsesto Toletano eru-
tis* Meifsen 1849 4., *curae secundae ad T. L. historiarum reliquias ex pal. Tolet. erutas* ebendas. 1848 (1852) 4., *adnotationes ad T. L. l. XLI–XLV* u. s. w. ebendas. 1849 4. C. F. S.
Alschefski über die krit. Gestaltung der Geschichtsbücher
des T. L. Berl. 1839 4. und in seiner Ausgabe. H. W. Heerwagen Münchener gel. Anz. 16, 1843 S. 641 ff., 19, 1844 S.
29 f. Ders. *comment. critica de T. L. XXVI 41, 18-44, 1*
Nürnberg 1869 4. M. Haupt über eine verlorene Hs. des L.
Ber. der sächs. Ges. der Wiss. philol. hist. Kl. 2, 1850 S. 16 f.
(*opusc.* 1 S. 303 f.). J. N. Madvig *de Livii l. XLIII initio e cod.
Vindobonensi emendando* Kopenhagen 1852 4. E. von Leutsch
Philol. 11, 1856 S. 171 ff. J. Freudenberg Jahrb. 1859 S.
439 f. A. W. Zumpt *de Livianorum librorum inscriptione et
codice antiquissimo Veronensi* Berl. 1859 4. L. Urlichs Eos
1, 1864 S. 84 ff., 249. W. Weissenborn *de codice Livii*

Moguntino p. I Eisenach 1865 4., d e r s. *de ratione qua* S. G e-
lenius *IV T. L. decadem emendaverit comm. Momms.* (Berl.
1577 8.) S. 302 ff.   J. H asenmüller Rhein. Mus. 18, 1863
S. 634. 19, 1864 S. 313 f.   J. Klein Jahrb. 1865 S. 75.   J.
S chlenger *de fide atque auctoritate Liviani codicis Veronensis
secundi* Mainz 1868 4.   Th. M ommsen *de codice Livii Vero-
nensi* Abh. der Berl. Akad. 1868 S. 29 ff.   D ers. und W.
S tudemund *analecta Liviana* Leipz. 1873 4., Monatsber. der
Berl. Acad. 1875 S. 456.   K. Halm Sitzungsber. der Münchener
Akademie 1869 II S. 580 ff.   H. K raffert Jahrb. 1871 S. 69 ff.
R. Peiper ebendas. S. 211 ff.   E. W ölfflin eine unbenutzte
Hs. des L. aus dem IX. Jahrh. Philol. 33, 1874 S. 186 ff.
Ders. zu den Hss. des L. Hermes 8, 1874 S. 361 ff.   A.
W odrich *analecta Liviana de cod. Veronensis auctoritate*
Greifswald 1873 (41 S.) 8.   H. Nohl Hermes 9, 1874 S. 243 ff.
F. V. H äggström *excerpta Liviana, adi. est tabula scripturam
cod. Upsal. repraesentans* Upsala 1874 8.   A. F rigell *Livia-
norum librorum primae decadis emendandae ratio* Upsala 1875 8.,
ders. Zeitschr. für das Gymnasialw. 1875 S. 526 (dazu H. J.
Müller Jahresber. Zeitschrift für das Gymnasialw. 1877 S.
177 ff.).   M. G itlbauer *de cod. Liviano retustissimo Vindobonensi* Wien 1876 8. (dazu G. B ecker Jenaer L. Z. 1876 S. 506
und J. V ahlen Berl. Lectionskatalog von 1876 4.).   D ers.
krit. Beiträge zu L. Zeitschr. für öst. Gymn. 1877 S. 103 f.

b. Ausgaben die *principes* Rom 1469 fol. (B. 33. 41–45
fehlen), Venedig 1470 und 1498 fol. und ähnliche, Mainz 1518
fol. mit Vorrede von H utten und D. E rasmus, von S. G ry-
naeus Basel 1531 fol. (enth. zuerst die V. Dekade), B. R he-
nanus und S. G elenius Basel 1535 fol., von C. S igonius
Venedig 1555 fol., J. G ruter Frankfurt 1608 und 1628 fol.
und 1619 8., des 33. B. von C. L usignanus Rom 1616 und
Joh. H orrion Paderborn 1617 8., von J. F. G ronovius 3 Bde.
Leiden 1645 und 1665 8., J. D oujatius *in usum delphini*
6 Bde. Paris 1679–82 4., *cum notis* C. A. D ukeri *et variorum*
von A. D rakenborch 7 Bde. Leiden und Amsterdam 1738-
46 4. und 15 Bde. Stuttgart 1820-28 8. (danach von A. W.
E rnesti 3 Bde. Leipz. 1769 8., F. A. S troth und F. W.

Döring 7 Bde. Gotha 1796-1813 und Halle 1806-24 8., G. A. Ruperti 6 Bde. Göttingen 1807-9 8., J. Th. Kreyssig 5 Bde. Leipz. 1823-27 8., G. H. Schäfer 4 Bde. London 1826 8., I. Bekker und J. E. Raschig 3 Bde. Berl. 1829-30 8.); von C. F. S. Alschefski 3 Bde. Berl. 1841-46 S. (nur bis B. 23). Mit deutschen Anmerkungen von W. Weissenborn 10 Bde. zuerst Berl. 1853 ff., 2.-6. Auflage der einzelnen Bände bis 1877, 8.

Dazu *Supplementorum Livianorum ad Christinam reginam decas auctore* J. Freinshemio zuerst Stockholm 1649 12., nachher öfter allein und in vielen Ausgaben abgedruckt.

Texte von C. F. S. Alschefski 4 Bde. Berl. 1843 8. unvollendet, W. Weissenborn 6 Bde. Leipz. 1850-53 und 1860-64 8. (2 Bde. bis B. 23), M. Hertz 4 Bde. Leipz. 1857-1864 8., J. N. Madvig und J. L. Ussing 4 Bde. Kopenhagen 1861-65, 2. Aufl. Bd. I und II 1 1872-75 8.

Die Fragmente in den Textausgaben von Weissenborn, Hertz und Madvig. Dazu M. Hertz *de fragmentis T. L. commentatio p. I II* Breslau 1864 4.

Ausgaben einzelner Bücher *I II* von H. Tücking Paderborn 1870-76 8. (dazu A. Zingerle Zeitschr. für die öst. Gym. 1874 S. 852; Göttinger gel. Anz. 1875 S. 446); *I* von J. Frey Leipz. 1865 8., M. Müller Leipz. 1875 8., *II* von J. Frey Leipz. 1866 8., *IV* von H. Tücking Paderborn 1876 8.; *XXI. XXII* von E. W. Fabri Nürnberg 1837, neu bearb. von H. W. Heerwagen Leipz. 1852 8.; von H. Tücking Paderborn 1870. 72 8., von E. Wölfflin Leipz. 1873. 75 8.; *XXI* mit schwedischen Anmerk. von A. Frigell Upsala 1871 8.; *XXIII. XXIV* von E. W. Fabri Nürnberg 1840 8.; *XXX ad codd. fidem emend. ed.* C. F. S. Alschefski Berl. 1839 8.; *XXXIII ed.* F. Göller Frankfurt 1822 8., *ed.* J. Th. Kreyssig Meissen 1837 und *denuo ed. idem* Meissen 1839 8.

c. Kritik und Erklärung.

J. Fr. Gronovii *observationum l. IV* (zuerst Leiden 1642 und Deventer 1652 12.) *cur.* F. Platnero Leipz. 1755 8., *denuo ed. u. s. w.* C. H. Frotscher Leipz. 1831 8. Dav. Ruhnkenii *emendationes in L.* Mnemosyne 3, 1854 S. 55 f.

G. L. Walch *emendationes Livianae* Berl. 1815 8. F. C. Wolff *observationes et emendationes Livianae I-III* Flensburg 1826- 27 4. C. F. Ingerslev *de editoribus L. nondum satis codicum fidem secutis* Kopenhagen 1830 4., ders. *epistola critica ad* C. F. S. Alschefski *I* ebendas. 1845 4. F. C. Wex *emendationum Livianarum promulsis* Ascaniae 1832 4., Jahrb. 1855 S. 123 f., Rhein. Mus. 12, 1857 S. 631. F. Bessler zur Kritik des L. Zeitschr. für die Alterthumsw. 9, 1842 S. 480 ff., Jahns Archiv 10, 1844 S. 568 ff., *quaestionum Livianarum spec. u. s. w. I* Salzwedel 1847 4. W. Weissenborn *lectionum Livianarum part. I II* Eisenach 1833 4., *observationes Livianae* Zeitschrift für die Alterthumsw. 8, 1841 S. 853 ff., Jahresbericht über L. Philol. 2, 1847 S. 739 ff., *ad C. Wexium de locis aliquot L. epistola* Eisenach 1856 4. W. Fabri *quaestionum Livianarum decas* Nürnberg 1834 8., *emendationes Livianae* ebendas. 1842 4. Jos. Fischer *commentationum Livianarum part. I* Speyer 1840 4. Chr. W. Fittbogen *observationes Livianae* Frankfurt a. O. 1842 8. M. Haupt (1842) *opusc.* 1 S. 150, Verbesserungen des L. aus Randbemerkungen von Reiz (1850) ebendas. S. 305 ff., Hermes 3, 1868 S. 149 (*opusc.* 3 S. 401). H. Wimmer *observationes Livianae* Dresden 1844 8. E. Welz *emendationes Livianae* Neustadt (Breslau) 1844 8., *commentationes criticae de quibusdam locis Livianis* Leobschütz 1851 4., *adnotationes criticae in quosdam locos Livianos* ebendas. 1852 4. K. Scheibe Philol. 1, 1846 S. 390, Interpolationen im L. Philol. 3, 1848 S. 555 ff. Widemann *observationes ad nonnullos T. L. locos* Blankenburg 1853 4. N. W. Ljungberg *quaestiones Livianae* Upsala 1853 8., ders. Jahrb. 1859 S. 343 ff. 389 ff. 437 ff. E. Wölfflin zu L. Philol. 8, 1853 S. 384, livianische Kritik und livianischer Sprachgebrauch Winterthur (Berl.) 1864 4., Philol. 24, 1866 S. 401. J. Freudenberg *observationes Livianae* Bonn 1854 4., Jahrb. 1855 S. 726 ff., *observationes Livianae* Bonn 1862 4. Chr. Cron zu L. Jahrb. 1855 S. 59 ff. A. Schmidt krit. Bemerkungen zu *T. L. hist. l. XLI 8. 9* u. s. w. Freiburg i. B. 1856 4. H. A. Koch *emendationum Livianarum part. I II* Brandenburg 1860-61 4. F. Sartorius *quaestiunculae Livianae* Baireuth 1860 4. J. N. Madvig *emendationes Livianae* Kopenhagen 1860 8., *iterum auctiores*

editae ebendas. 1877 (770 S.) 8. (dazu Ch. Thurot *rec. crit.*
1877 S. 382 ff.) G. Queck *de J. N. Madvigii emendatio-*
nibus Livianis disputatio l. I- III Sondershausen 1861 4. J.
Vahlen Zeitschr. für die österr. Gymn. 1861 S. 5 ff. 249 ff.
1866 S. 307 ff. 1868 S. 21 f. 1873 S. 27 f. 103 f. 247., Philol.
19, 1863 S. 156 f. M. Seyffert *emendationes Livianae* Jahrb.
1861 S. 63 ff. 823 ff. Wittmann *commentationes de locis*
quibusdam Livianis Schweinfurt 1862 8. L. Vielhaber Zeitschrift für die österr. Gymn. 1862 S. 817, 1867 S. 623, 1869
S. 405 ff., livianische Studien I II Wien 1871. 72 8. A.
Giers *observationes Livianae part. I* Bonn 1862 8., *II* ebend.
1871 4. H. Perthes *quaestiones Livianae* Bonn 1863 8. E.
Göbel *observationes criticae Livianae* Jahrb. 1863 S. 356. F.
Ritschl Rhein. Mus. 18, 1863 S. 479. II. Wachendorf *ob-*
servationes Livianae Bonn 1864 8. A. Weidner *criticarum scrip-*
tionum specimen Cöln 1864 4. S. 14 ff., ders. *emendationes Li-*
vianae Eos 2, 1865 S. 33 ff., *Livianae emendationis corollarium*
Merseburg 1868 4. A. Linsmayer *lectiones Livianae* München 1864 8. II. Usener Rhein. Mus. 19, 1864 S. 145 ff.
II. Alanus *emendationes Livianae* Dublin 1864, 1865, 1867 8.
C. F. W. Müller krit. Beiträge zu lat. Prosaikern Landsberg
a. d. W. 1865 4., Jahrb. 1863 S. 868 f. Mor. Müller Beiträge zur Kritik und Erklärung des L. Stendal (Berl.) 1866 und
1871 4., und Jahrb. 1869 S. 339 ff. J. C. G. Boot *Verslagen en*
mededelingen der Amsterdamer Akademie *Letterkunde* 9, 1865 S.
23 ff. A. Tittler zu Horaz und L. Jahrb. 1865 S. 185, einige
Restaurationsversuche auf dem Felde der Kritik ebendas. 1869
S. 502 ff., zu L. ebendas. 1872 S. 120, ein Streifzug auf dem
Felde der Textkritik des L., worin auch Cicero's Gebiet betre-
ten wird Brieg 1873 4. (dazu C. Hartung philol. Anz. 6,
1874 S. 238). W. Hartel krit. Beiträge zur V. Dekade des L.
Zeitschr. für die österr. Gymn. 1866 S. 1 ff. Th. Mommsen
zu L. Hermes 1, 1866 S. 129, 3, 1868 S. 304. A. Grumme
zu L. Jahrb. 1869 S. 663, 1871 S. 75. N. Hell *observationes*
Livianae Marburg 1870 8. A. S. Wesenberg *emendatiuncu-*
lae Livianae tidskrift for philol. 9, 1870 S. 1. 81. 275 ff. 10,
1872 S. 205. 311 ff. (zusammengedruckt o. O. u. J. 197 S. 8.)
Th. Plüss zu L. Jahrb. 1871 S. 645. II. F. Zeyss Erklä-

rungen einiger Stellen lat. Prosaiker Philol. 30, 1871 S. 621 ff.
31, 1872 S. 122 ff. G. F. Unger Philol. 32, 1873 S. 536. 539.
K. E. Georges Philol. 32, 1873 S. 251. 477. O. Hirschfeld Hermes 8, 1874 S. 471 f. A. Zingerle Zeitschr. für
die österr. Gymn. 1874 S. 625 ff., 1876 S. 426 ff. Jos. Krauss
zu L. Rhein. Mus. 30, 1875 S. 321 ff. A. Dederich *emendationes Livianae p. I* Emmerich 1876 4. W. Vorländer zu
L. Jahrb. 1876 S. 269 ff. A. Schäfer ebendas. S. 367 f. II. J.
Müller Jahrb. 1876 S. 787 f. A. Harant *emendationes ad T.
L. revue de philol.* 1, 1877 S. 40 ff. 254 ff.

E. Wölfflin Jahresbericht über L. Bursians Jahresber.
III 1874–75 S. 731 ff. II. J. Müller Jahresberichte des philol.
Vereins Zeitschr. für das Gymnasialw. 1875 S. 57 ff. 1876 S.
235 ff. 1877 S. 177 ff.

d. Sprache.

*Glossarium Livianum s. index Latinitatis exquisitioris ex
schedis* A. Guil. Ernesti (1787) *emend.* G. II. Schaefer (1804)
ed. J. G. Th. Kreyssig (Bd. 5 von dessen Textausgabe) Leipz.
1827 8.

L. Kühnast die Hauptpunkte der livianischen Syntax für
das Bedürfniss der Schule entworfen (zuerst 1863–68), 2. mit
einem Ueberblick über die livianische Formenlehre und mit
Sammlungen zur livianischen Stilistik und Glottographie vermehrte Bearbeitung Berl. 1872 8.

D. G. Morhof *de patavinitate Liviana liber* Kiel 1685 4.
(und in dessen *dissertationes* Hamburg 1699 4. S. 471 ff. sowie
in Drakenborchs Livius Bd. 7 S. 27 ff. [Bd. 15, 1 Stuttgart
S. 50 ff.]). D. Richter *Morhofii patavinitatem Livianam brevio-
ribus lineis recensuit variisque observationibus illustravit* Rostock
1744 4. J. Facciolati *epistola de T. L. patavinitate* (1744) in
Drakenborchs Livius Bd. 7 S. 244 ff. C. G. Wiedemann
quaestionis de patavinitate L. p. I–III Görlitz 1848–55 4. M.
Haupt Berl. Lectionskatalog von 1855 S. 5 f. (*opusc.* 2 S. 69 f.).

W. Weissenborn *comment. de notionibus quas L. voca-
bulo populi subiecerit* Eisenach 1830 4. E. F. Poppo *de latinitate falso aut merito suspecta* Frankfurt a. d. O. 1841 4. F.
E. Ellendt *de praepositionis 'a' cum nominibus urbium iunctae
apud L. maxime usu* Königsberg 1843 4. C. G. T. Stange *de*

discrepantia quadam inter sermonem Ciceronianum et Livianum
Frankfurt a. d. O. 1843 4. Kreizner *de propria orationis
Livianae indole proprio maxime adiectivorum usu* Hadamar 1845
4. C. H. Löwe *disquisitio de praepositionis ʻdeʼ usu apud L.*
Grimma 1847 4. E. Wesener *de quibusdam Livianae orationis
proprietatibus* Coblenz 1854 4., *de periodorum Livianarum proprietatibus* Fulda 1860 4. F. G. Hildebrand *specimen lexici
Liviani* Dortmund 1857 4., Beiträge zum Sprachgebrauche des
L. u. s. w. ebendas. (Berl.) 1865 4. E. Krah *specimen grammaticae Livianae* Insterburg 1859 4. F. A. Baur *de aliquot translationum q. d. Livianarum generibus* Augsburg 1864 4. E. Wölfflin livianischer Sprachgebrauch (1864) oben S. 191. O. F.
Kleine *de genetivi usu Liviano p. I* Cleve (Berl.) 1865 4.
Englert über den adverbialen Gebrauch attributiver Bestimmungen bei L. Aschaffenburg 1866 4. J. N. Madvig Bemerkungen über die Entwickelung der syntaktischen Mittel der
Sprache mit besonderer Anwendung auf einige Phänomene im
Latein, namentlich bei Livius (1866) kleine philol. Schriften
(Leipz. 1875 8.) S. 356 ff. K. E. Güthling *de T. L. oratione
cap. I quod est de usu verborum simplicium* Lauban (Berl.) 1867
4, *cap. II quod est de participiis* Liegnitz 1872 4. Günther
die Formen der Hypothesis aus L. für den Schulgebrauch entwickelt Bromberg 1871 4. Lorenz Beobachtungen über den
Dativ der Bestimmung, bes. den Dativ des Gerundivi bei L. I II
Meldorf (Berl.) 1871 und 1874 4. (dazu W. Tell philol. Anz. 5,
1873 S. 94 f.). W. Kriebel der Periodenbau bei Cicero und
L. Prenzlau 1873 4. Schmidt *de temporum historicorum apud
L. usu* Demmin (Berl.) 1874 4. M. Müller zum Sprachgebrauch des L. I die Negationen *haud nequaquam* Stendal (Berl.)
1877 4.

e. Inhalt und Quellen.

Nic. Macchiavelli *discorsi sopra la prima deca di T.
Livio* Roma 1531 4. und seitdem häufig wiederholt, in allen
Ausgaben der Werke M.'s und in zahlreichen Uebersetzungen,
zuletzt deutsch von W. Grützmacher Berl. 1870-71 8.
Jac. Perizonius *animadversiones historicae* [besonders *cap.
VII quod pertinet ad L. l. IV 30, 5 ss.*] (Amsterdam 1685 8.)

S. 236 ff. in Drakenborchs Livius Bd. 7 S. 154 ff.'. Chr.
Kruse *de fide T. L. recte aestimanda I II* Leipz. 1812 4. F.
Lachmann *de fontibus historiarum T. L. comment. I II* Göt-
tingen 1822. 28 4., ders. *de die Alliensi aliisque diebus reli-
giosis veterum Romanorum comment.* ebendas. 1822 8. C. G.
T. Stange *de fontibus hist. Rom. quatenus L. l. II III continentur* Frankfurt a. d. O. 1834 4. J. A. Wijnne *quaestiones cri-
ticae de belli Punici secundi parte priori* Groningen 1848 8.
Th. Lucas *disputationis de ratione qua L. in libris historiarum
conscribendis usus est opere Polybiano part. I* Glogau 1854 4.
A. Schwegler röm. Geschichte Bd. I (Tübingen 1853 8.)
S. 103 ff. C. Peter das Verhältniss des L. und Dionysius von
Halikarnass zu einander und zu den älteren Annalisten Anclam
1853 4., ders. L. und Polybius, über die Quellen des 21. und
22. Buchs des L. Halle (Pforta) 1863 4., ders. Philol. 33, 1874
S. 572 f., Rhein. Mus. 28, 1874 S. 513 ff. K. W. Nitzsch (1854
-1870) röm. Annalistik (oben § 14, 3). L. Kieserling *de rerum
Romanarum scriptoribus quibus L. usus est* Berl. 1858 8. Michael in wie weit hat L. den Polybius als Hauptquelle benutzt
Torgau 1859 4. E. Göbel Zeitschr. für die österr. Gymn.
1859 S. 180 ff. J. Vahlen ebendas. S. 265 ff. L. Tillmanns
disputationis qua ratione L. Polybii historiis usus sit part. I Bonn
1860 8., ders. *quo libro L. Polybii historiis uti coeperit* Jahrb.
1861 S. 844 ff. U. Köhler *qua ratione T. L. annalibus usi
sint historici Latini atque Graeci describitur et quid inde in L.
textu quem dicunt constituendo repeti possit exponitur et exemplis
illustratur* Göttingen 1861 4. Bäumker *L. antiquissimarum
rerum Romanarum historiae quae fides tribuenda sit* Paderborn
(Berl.) 1863 8. Klemenczicz welchen historischen Werth
hat die livianische Erzählung von der Vertreibung der Gallier
aus Rom u. s. w. Rudolfswerth (Neustadt) 1863 4. H. Nissen
krit. Untersuchungen u. s. w. (1863) s. oben § 41 zu Anf., ders.
die Schlacht am Trasimenus Rhein. Mus. 22, 1867 S. 565 ff., der
caudinische Friede ebendas. 25, 1871 S. 1 ff. F. Gessler *de
legionum Romanarum apud L. numeris* Berl. 1866 8. C. Bött-
cher *quaestiones criticae de T. L. l. XXI et XXII fontibus*
Königsberg 1867 8., ders. krit. Untersuchungen über die Quellen des L. im 21. und 22. B. Jahrb. Supplementbd. 5, 1869

S. 353 ff. W. Michael *de ratione qua L. in III Decade opere Polybiano usus sit* Bonn 1867 S. F. Heyer *de bellorum a Romanis cum Gallis inter I et II bellum Punicum gestorum scriptoribus* Königsberg 1867 8. H. J. Müller die Schlacht an der Trebia Charlottenburg (Berl.) 1867 4., ders. Jahrb. 1876 S. 559 ff. F. Friedersdorff *L. et Polybius Scipionis rerum scriptores* Göttingen 1869 8., ders. das 26. B. des L. eine Quellenuntersuchung Marienburg 1874 4. H. Peter *historic. Rom. relliquiae* (1870) s. oben § 14, 3. C. Aldenhoven Hermes 5, 1871 S. 150 ff. A. Vollmer *quaeritur unde belli Punici secundi scriptores sua hauserint* (Göttingen 1872 S.) S. 22 ff. E. Lübbert *observationes criticae de L. l. IV fontibus* Giessen 1872 4. E. Wölfflin Antiochus von Syrakus und Coelius Antipater Leipz. 1872 8., ders. zur Geschichte des zweiten punischen Krieges Hermes 9, 1874 S. 122 ff. L. Keller *de Iuba Appiani Cassiique Dionis auctore* Marburg 1872 S., ders. zu den Quellen des hannibalischen Krieges Rhein. Mus. 29, 1874 S. 88 ff., ders. der zweite pun. Krieg und seine Quellen Marburg 1875 8. (dazu C. Peter Jenaer L. Z. 1875 S. 169 f. O. Gilbert Gött. gel. Anz. 1875 S. 321 ff. J. Jung Zeitschr. für die österr. Gymn. 1875 S. 364 ff.) O. Kohl über Zweck und Bedeutung der livianischen Reden Barmen 1872 4. Th. Stade die Schlachtenschilderungen in L.'s erster Dekade Jena 1873 8. W. Ihne über Hannibals Abwesenheit von Carthago Rhein. Mus. 28, 1873 S. 478 f. O. Seeck der Bericht des L. über den Winter 218/217 v. Chr. Hermes 8, 1873 S. 152 ff. H. Hagen Ennius und Livius Jahrb. 1874 S. 271 f. H. Hesselbarth *de pugna Cannensi* Göttingen 1874 8. (dazu philol. Anz. 7, 1876 S. 542., H. J. Müller Zeitschr. für das Gymnasialw. 1877 S. 287 f.). M. Posner *quibus auctoribus in bello Hannibalico enarrando usus sit Dio Cassius, symbola ad cognoscendam rationem quae inter L. et Polybium huius belli scriptores intercedat* Bonn 1874 S. (dazu philol. Anz. 8, 1877 S. 553 ff.) G. Baier *de L. Lucani in carmine de bello civili auctore* Breslau (Schweidnitz) 1874 8. F. Luterbacher *de fontibus librorum XXI et XXII T. L.* (dazu H. Peter Jenaer L. Z. 1876 S. 505). L. Schemann *de legionum per alterum bellum Punicum historia quae investigari posse videantur* Bonn 1875 S.

E. D w o r s k i die livianische Schilderung der Belagerung
von Veji, dargestellt als Sage und als solche erklärt u. s. w.
Suczawa 1875 8. (dazu Zeitschr. für die österr. Gymn. 1876
S. 62). M. Z o e l l e r das Sc. über Capua im J. 211 v. Chr. u.s.w.
(Liv. 26, 16. 34) Mühlhausen i. E. 1875 8. (dazu philol. Anz.
S, 1877 S. 261 f.). A. S c h ä f e r zur Geschichte des römischen
Consulates Jahrb. 1876 S. 569 ff., d e r s. Miscellen zur röm.
Geschichte *comm. Momms.* (Berl. 1877 8.) S. 1 ff. O. H i r s c h-
f e l d hat L. im 21. und 22. B. den Polybius benutzt Zeitschr.
für die österr. Gymn. 1877 S. 801 ff. H. V i r c k die Quellen
des L. und Dionysios für die älteste Gesch. der röm. Republik
(245—260) Strassburg 1877 8.

Hannibals Alpenübergang.

J. W h i t a k e r *the course of H. over the Alps ascertained*
2 Bde. London 1794 8. *(de F o r t i a d' U r b a n) dissertation sur
le passage du Rhône et des Alpes par A.* u. s. w. (zuerst 1808)
3. Ausg. Paris 1821 8. J. A. *de Luc histoire du passage des
Alpes par A.* u. s. w. Genf 1818, 2. Ausg. 1826 8. [C r a m e r
and W i c k h a m] *dissertation on the passage of H. over the Alps*
Oxford 1820 8.; deutsch von F. H. M ü l l e r Berl. 1830 8.
G. C. F. Z a n d e r der Heerzug H.'s über die Alpen u. s. w.
Hamburg 1823, 2. Ausg. Göttingen 1829 8. *A critical examination of Mr. Whitaker's course of H.* London 1825 8. J. L.
L a r a u z a *histoire critique du passage des Alpes par A.* Paris
1826 8. F. A. U k e r t H.'s Zug über die Alpen Geographie
der Griechen und Römer II 2 (Weimar 1832 8.) S. 561 ff. C.
F r a n k e *de via qua H. in Gallia ad Alpes progressus est annot.
ad Livii hist. l. XXI* Sagan 1842 4. F. R a u c h e n s t e i n der
Zug H.'s über die Alpen, zur Rechtfertigung der Darstellung
des T. L. Aarau 1850 4., d e r s. nochmals H.'s Alpenübergang, eine Antikritik Aarau 1864 4. R. E l l i s *a treatise of
H.'s passage of the Alps* Cambridge 1854 8. W. J. L a w *a
criticism of Mr. E.'s new theory concerning the route of H.* London 1855 8. (dazu *journ. of class. and sacred philol.* 2, 1855
S. 308 ff. 3, 1857 S. 1 nebst Anhang). H. W e i l Litteratur
über H.'s Alpenübergang (Bericht über drei Arbeiten von C.
C h a p p u i s 1860-64) Jahrb. 1865 S. 567 ff. Ch. C r o n Eos

2, 1866 S. 529 ff. O. Linke die Controverse über H.'s Alpenübergang Breslau 1573 S.   J. Maissiat *Annibal en Gaule*
(Paris 1573 S.) S. 308 ff. (dazu A. Bouché-Leclerq *rev.
crit.* 1874 S. 186 ff.) R. de Verneuil *étude hist. et milit. sur
le passage du Rhône et des Alpes par H.* u. s. w. Paris 1873 S.

f. Auszüge.

Die *periochae* (*epitomae*) meist in den Handschriften des
Florus, dem Nazarianus aus Lorsch in Heidelberg *s. IX*, dem
Guelferbytanus und drei Vossiani, und einigen des Aurelius
Victor.   Gedruckt in den meisten Ausgaben des L., nach den
Hss. *T. Livi ab u. c. librorum CXXII periochae, Iulii Obse-
quentis* [vgl. § 114, 1] *ab a. u. c. DV prodigiorum liber*, rec. et
em. O. Jahn Leipz. 1853 8.

E. von Leutsch *exercitationum criticar. spec. I* Göttingen
1859 4.   Britzelmayr ein Scherflein zum *thesaurus Latinus*
a) lexikalisches aus den Periochen zu L. b) lexikalisches zu Iulius Obsequens. c) Bemerkungen zum Texte der Periochen des
L. d) Bemerkungen zum Texte des I. Obsequens München
1859 4.   K. Halm Jahrb. 1860 S. 507 f.   P. Krüger und
Th. Mommsen *anecdoton Livianum* Hermes 4, 1869 S. 371 ff.
F. Heger die Periochae in ihrem Verhältniss zum livianischen Texte Jahrb. 1875 S. 645 ff.   A. Eussner ebendas.
S. 881 ff. E. Wölfflin die *periochae* des L. *comment. Momms.*
(Berl. 1877 S.) S. 337 ff.

§ 85. Pompeius Trogus (unter Augustus).

Ueber Pompeius Trogus K. Nipperdey Philol. 2, 1847
S. 305 (*opusc.* S. 441).   J. Becker ebendas. 7, 1852 S. 389 ff.
L. E. Hallberg *de Trogo Pompeio* Paris 1869 8.

[M. Iunianus?] Iustinus.

a. Handschriften der Casinas *s. X* in Florenz, die *Itali*:
der Eusebianus *s. X* und der Laurentianus *s. XI*, der Sessorianus und Vossianus, die *Transalpini*: der Putcaneus *s. IX*, der
Sangallensis und Monacensis *s. X*, der Floriacensis und Franc-
queranus *s. XI*, und zahlreiche jüngere.

J. Jeep *de emendandis l. historiis Philippicis* Wolffenbüttel 1855 4., ders. krit. Bemerkungen zu J. Wolffenbüttel
1865 4.   Fr. Rühl die Verbreitung des Iustinus im Mittel-

alter Leipz. 1871 8., ders. die Textesquellen des Iustinus
Jahrb. 6. Supplementbd. 1872 S. 1 ff. [dazu A. von Gut-
schmid Centralbr. 1872 S. 657 ff.) ders. Jahrb. 1872 S. 853 ff.
J. A. Rozsek über fünf Justinushandschriften Graz 1871 8.

b. Ausgaben die *principes* Venedig und Rom 1470 4., die
römische 1472 und zahlreiche ähnliche, die Aldina von F. Asu-
lanus Venedig 1522 8., von J. Bongarsius Paris 1581 8.,
F. Modius Frankfurt a. M. 1587 12., von E. Vinetus Lyon
1590 12., von Is. Vossius Amsterdam 1640 16., von J. G.
Graevius (zuerst Utrecht 1668 12.) *cum notis variorum* Leiden 1683 und 1701 8. und öfter, von M. Maittaire London
1703 12., von Abr. Gronovius *cum notis variorum* Leiden
1719 und 1760 8. (von C. H. Frotscher 3 Bde. Leipz. 1827–
1830 8.), von J. F. Fischer Leipz. 1757 8., J. C. F. Wetzel
Liegnitz 1806 8., *Trogi prologi ed.* G. H. Grauert Münster
1827 8., von F. Dübner Leipz. 1831 8. und mit El. Johan-
neau 2 Bde. Paris 1838 8.

c. Quellen und Kritik:

A. H. L. Heeren *comment. de T. P. eiusque epitomatoris
Iustini fontibus et auctoritate comment. soc. Gotting.* 15, 1804
S. 185 ff. (auch in Frotschers Ausg.) J. H. St. Rzesinsky
de Iustino T. P. epitomatore u. s. w. Krakau 1826 8. C. E.
Putsche Zeitschr. für die Alterthumsw. 7, 1840 S. 257 ff. K.
Nipperdey Philol. 3, 1848 S. 561 (*opusc.* S. 441). *Pompei
Trogi fragmenta* u. s. w. *ed.* A. Bielowski Lemberg 1853 8.
Dazu A. von Gutschmid über die Fragmente des T. und die
Glaubwürdigkeit ihrer Gewährsmänner Jahrb. Supplementb. 2,
1857 S. 177 ff. J. N. du Rieu Mnemosyne 3, 1854 S. 177 ff.
J. Bernays Rhein. Mus. 10, 1856 S. 293 ff. U. Köhler
Philol. 19, 1863 S. 328, Jahrb. 91, 1865 S. 427 ff. C. Raun
de Clitarcho Diodori Curtii Iustini auctore Bonn 1868 8. H.
Wolffgarten *de Ephori et Dinonis historiis a T. P. expressis*
Bonn 1568 8. M. Haupt Hermes 5, 1871 S. 187 (*opusc.*
3 S. 531). H. F. Zeyss Rhein. Mus. 18, 1863 S. 637. A.
Eussner *specimen criticum* (Würzburg 1868 8.) S. 32 f. W.
Fricke über die Quellen des Plutarch im Alkibiades (Leipz.
1869 8.) S. 71 ff. G. Richter *de fontibus ad Gelonis Syrac.
tyr. historiam pertinentibus eorumque auctoritate* Göttingen 1873

8. J. N. Madvig *adrers. crit.* 2 (1873) S. 616 ff.   F. Bor-
chardt *quaestiones Iustinianae* Greifswald 1875 8.

d. Sprache.

J. A. Rozsek *de natura Latinitatis Iustinianae* Hermannstadt 1865 4.   J. F. Recke über die Spracheigenthümlichkeit
J.'s Mühlhausen 1854 4.   J. F. Müller *de casuum apud I. usu*
Bautzen 1859 4.   F. Fischer *de elocutione Iustini* Halle 1868
8.   H. Domke über den Gebr. der Präpositionen *ab ex* und *de*
bei Iustin Breslau 1877 (22 S.) 4.

Trogi Pompei historiarum Philippicarum epitoma rec. J.
Jeep Leipz. 1859 8 (Text 1862 8.)

§ 86. M. [C.] Velleius Paterculus (30 n. Chr.).

Historiae Romanae ad M. Vinicium cos. l. II.

a. Handschrift der verlorene Murbacensis (B. Amerbachs
Abschrift).

J. C. M. Laurent über den Werth der Amerbach'schen
Hs. des V. Jahns Archiv 6, 1840 S. 5 ff. 7, 1841 S. 136 ff.   J.
Fröhlich ebendas. 6, 1840 S. 512 ff.   D. A. Fechter die
Amerbach'sche Abschrift des V. P. u. s. w. Basel 1844 8.

b. Ausgaben die *princeps* des B. Rhenanus Basel 1520
fol., von J. Lipsius Leiden 1591 Antwerpen 1607 8., J.
Gruter Frankfurt a. M. 1607 8., N. Heinsius Amsterdam
1678 8. und öfter, P. Burman 2 Bde. Leiden 1719. 1744.
1756 8., D. Ruhnken 2 Bde. zuerst Leiden 1779 8., die
notae integrae Leipz. 1815 8., wiederholt von C. H. Frotscher
2 Bde. Leipz. 1830. 1839 8.   J. C. H. Krause Leipz. 1800 8.,
J. C. Orelli Leipz. 1835 8., J. Th. Kreyssig Meissen 1836 8.,
F. H. Bothe Zürich 1837 8., F. Kritz Leipz. 1840 8.   *C.
V. P. ex historiae Romanae libris duobus quae supersunt apparatu critico adiecto* ed. C. Halm Leipz. 1876 8.   Texte von
F. Kritz Leipz. 1840. 49 8., F. Haase Leipz. 1851. 58,
2. Ausg. (mit Emendationen von Th. Mommsen) 1863 8.

c. Kritik und Erklärung.

E. Schober *de loco V. P. II 9* Neisse 1831 4.   J. E.
Huth *observationes criticae de locis nonnullis V. P.* Altenburg

1533 4.   J. C. M. L a u r e n t *loci Velleiani* u. s. w. Altona 1835
8.   C. E. Chr. S c h n e i d e r *de loco V. II 42* Breslau 1836 4.
K. H a l m *emendationes Velleianae* München 1536 4., d e r s.
Rhein. Mus. 29, 1874 S. 485 ff. 30, 1575 S. 534 ff., Jahrb. 1874
S. 397 ff.   C. S c h ö p f e r *adnotationes criticae* u. s. w. *ad C. V. P.*,
accedit Rutilii Lupi ... fragmentum u. s. w. Quedlinburg 1537 8.
F. L i n d e m a n n *C. V. P. testimonium de morte .. Ciceronis II 66*
Zittau 1837 4.   J. J e e p *emendationes Velleianae* Wolffenbüttel
1539 4.   F. K r i t z *prolegom. ad novam V. editionem* Erfurt
1540 4.   M. H e r t z zu V. P. Rhein. Mus. 2, 1843 S. 477,
d e r s. Haupt's Zeitschr. für deutsches Alterthum 10, 1855
S. 291 ff. M. H a u p t Ber. der sächs. Ges. der Wissensch. 1549
S. 190 f. (*opusc.* 1 S. 265 ff.).   Th. M o m m s e n ebendas. S. 49 ff.,
d e r s. röm. Staatsrecht 1² (1876) S. 527.   M a r t i n Beiträge
zur Kritik des V. Prenzlau 1862 4.   L. S p e n g e l V. P. II 47
Philol. 19, 1863 S. 74.   N. A l s t e r *quaestiones Velleianae* Mün-
ster 1866 8.   G. A. K o c h *quaestiones Velleianae* Leipz. 1566 4.
E. W i l h e l m *quaestiones Velleianae* Jena 1566 8.   F. G i e s e
quaestiones criticae Velleianae Münster 1569 8.   A. T i t t l e r
Jahrb. 1869 S. 506.   A. B e r n d t *quaestiones criticae Velleianae*
Leipz. (Freiberg) 1873 8.   J. N. M a d v i g *adrers.* 2 (1873)
S. 297 ff.   W. H e n z e n *annali dell' Instituto* 1573 S. 137.
J. C. G. B o o t *adversaria critica in V. P. historiae Romanae*
libros Mnemosyne 5, 1677 S. 164 ff. J. J. C o r n e l i s s e n ebendas.
5 S. 47 ff.   J. F r e u d e n b e r g, H. K r a f f e r t, R. S p r e n g e r
zu Velleius Jahrb. 1877 S. 41 ff.

d. Leben, Quellen, historischer Werth.

H. D o d w e l l *annales Velleiani* Oxford 1698 8.   C. M o r-
g e n s t e r n *de fide historica V. P.* u. s. w. Danzig 1795 8.   H.
S a u p p e schweiz. Museum für hist. Wissenschaften I Frauenfeld
1537 8. S. 133 ff.   L. S p e c k e r t *de la sincérité de V. P.* Toulouse 1848 8. A. P e r n i c e *de V. P. fide historica* Leipz. 1562 4.
J. S t a n g e r *de V. P. fide historica* München 1863 8.   G r é a r d
notice biographique et littéraire sur V. P. Paris 1564 (22 S.)
12. H. R e i c h a u *de fontium delectu quem in Tiberii vita V. Ta-*
citus u. s. w. *habuerint* Königsberg 1865 8.   C. W i n d h e u s e r *de*
V. fide in iis locis qui ad Tiberii mores spectant Neuss 1867 4.

C. von Oppen *de M. V. P.* Rostock 1875 8.   G. Goeke *de Velleiana Tiberii imagine iudicium* Jena 1877 (31 S.) 8.

e. Sprache.

G. A. Koch vollständiges Wörterbuch zu M. V. P. Leipz. 1847 8.   C. von Morawski Beiträge zur Charakteristik der Sprache des V. P. Philol. 35, 1876 S. 715 f.   Fritsch über den Sprachgebrauch des V. P., ein Beitr. zur histor. Syntax der lat. Sprache Arnstadt 1876 4.   H. Georges *de elocutione M. V. P.* Leipz. 1877 8.

A. Cremutius Cordus.   Aufidius Bassus.

C. Rathlef *de A. Cremutio Cordo* Dorpat 1860 8.   C. Paucker) Domitian und Cremutius Cordus Mitau 1861 8. Th. Mommsen Abh. der sächs. Ges. der Wissensch. 8, 1861 S. 558 f.   K. Nipperdey Rhein. Mus. 17, 1862 S. 438 ff. (*opusc.* S. 436 ff.)   H. Christensen *de fontibus Cassii Dionis* (Berl. 1871 8.) S. 60 ff.

51 v. Chr. bis 38 n. Chr. **§ 87.   Annaeus Seneca der Rhetor** (um 700 bis 791 d. St.).
P. Rutilius Lupus (unter Tiberius).

1. Seneca.

J. Körber über den Rhetor S. und die röm. Rhetorik seiner Zeit Marburg 1864 8.

a. Handschriften der Bruxellensis Antverpiensis und Vaticanus *s. X,* die *excerpta* im Montepessulanus *s. X* und jüngeren.

Bursians und Kiesslings Vorreden.   H. G. Höfig *de S. rhetoris quattuor codd. Schottianis ad Hausium epistola* Görlitz 1858 4.   O. Gruppe *quaestiones Annaeanae* Berl. 1873 8.   K. Hoffmann über eine Admonter Pergaments. der Excerpte des älteren S. Graz 1875 4.

b. Ausgaben die älteren mit den Schriften des Sohnes Venedig 1490. 1492 fol., von D. Erasmus Basel (1515) 1529 fol. und öfter, Nic. Faber Paris 1587. 1598 fol., A. Schottus Paris 1607. 1613 fol., J. Fr. Gronovius Amsterdam 1672 8. *A. S. oratorum et rhetorum sententiae divisiones colores,* Conr. Bursian *rec. et em.* Leipzig 1857 8.   *A. S. oratorum et rhe-*

torum sententiae divisiones colores recognovit A. Kiessling
Leipz. 1872 8.

c. Kritik und Erklärung.

J. Vahlen Rhein. Mus. 13, 1858 S. 546 ff.   J. Klein
Jahrb. 1862 S. 704 ff., 1863 S. 796 ff.   A. Kiessling Rhein.
Mus. 16, 1861 S. 50 ff.,   Beiträge zur Kritik lat. Prosaiker
Basel und Genf 1864 4.) S. 32 ff., Programm der Hamburger
Gelehrtenschule von 1871 4.   Cl. Konitzer *quaestiones in S.*
patrem criticae Breslau 1864 8.,   ders. Beiträge zur Kritik des
Rhetors S. Breslau 1566 4., Zeitschr. für das Gymnasialw. 22,
1865 S. 966 ff.   C. F. W. Müller Jahrb. 1866 S. 483 ff., Zeitschrift für das Gymnasialw. 22, 1868 S. 490 ff.   R. Wachsmuth *quaestiones criticae in S. rhetorem* Posen 1867 4.   H.
Müller Rhein. Mus. 21, 1866 S. 405 ff., Zeitschr. für das
Gymnasialw. 2, 1868 S. 81 ff. 715 ff., Jahrb. 1873 S. 525 ff.
O. Rebling *observationes criticae in L. A. S. patrem* Göttingen
1868 8.   M. Haupt Hermes 3, 1866 S. 208. 344 7, 1872 S.
372 (*opusc.* 3 S. 412. 442. 598'.   C. Bursian *spicilegium cri-*
ticum in S. libris suasor. et controvers. Zürich 1869 4., Centralbl. 1873 S. 1555.   M. Sander *quaestiones syntacticae in*
S. rhetorem Greifswald 1872 8.,   ders. der Sprachgebrauch
des Rhetors A. S. I Waren (Berl.) 1877 4.   Feod. Glöckner
quaestiones Annaeanae Halle 1877 (48 S.) 8.   E. Klussmann
miscellanea critica: S. rhetor Cornelius Nepos Minucius Felix
glossae Iuvenal. Rudolstadt 1877 4.

2. Rutilius Lupus.

a. Handschriften der Mediceus *s. XIV*, der Florentinus
Riccardianus und der Vindobonensis *s. XV.*

b. Ausgaben die *princeps* Venedig 1519 8., von B. Rhenanus Basel 1521 4., in F. Pithoeus *rhetores antiqui* Paris
1599 4.,   von Cl. Capperonnerius Straßburg 1756 4.

P. R. L. de figuris sententiarum et elocutionis libri duo, rec.
et annot. adiecit David Ruhnkenius. *Acced. Aquilae Ro-*
mani et Iulii Rufiniani de eodem argumento libri Leiden 1768 8.
Rhetores Latini minores ex codd. maximam partem primum adhi-
bitis emendabat C. Halm Leipz. 1863 8.

F. Haase *de fragmentis R. L. a Schoepfero* (1837, s. § 86 c)
suppositis Breslau 1556 4. J. Mähly Philol. 14, 1859 S. 764 ff.
G. Dzialas *quaestiones Rutilianae* Breslau 1860 8., ders.
rhetorum antiquorum de figuris doctrina p. I Breslau 1869 4.
A. Meineke Jahrb. 1863 S. 369. J. Fröhlich Jahrb. 1664
S. 202 ff. C. Schmidt *de R. L. quaestiones* Breslau 1565 4.
M. Haupt Hermes 2, 1867 S. 9 f. (*opusc.* 3 S. 367 f.). J. Simon Philol. 27, 1868 S. 642 ff. J. Draheim *schedae Rutilianae* Berl. 1574 8.

   3. Q. Asconius Pedianus (um 3 bis 88 n. Chr.) siehe § 47 IX.

§ 88. Valerius Maximus (unter Tiberius).

a. Handschriften der Bernensis *s. IX* und die der Epitome
des Paris zu Grunde liegende, nebst zahlreichen jüngeren.

Die Epitome des Paris in dem Vaticanus *s. X*, die des Nepotianus in dem Vaticanus *s. XIV*.

b. Ausgaben die *principes* Strasburg 1471 und Mainz 1471
fol., von P. Manutius Venedig 1534 8., St. Pighius Antwerpen 1567 8., J. Lipsius Antwerpen 1585 8. und öfter,
J. Vorstius Berl. 1672 8., *cum notis variorum* von A. Torre-
nius Leiden 1726 4., J. Kapp Leipz. 1782 8., C. B. Hase
2 Bde. Paris 1823 8.

*V. M. factorum et dictorum memorabilium l. IX cum in-
certi auctoris fragmento de praenominibus rec. et em.* C. Kempf
Berl. 1854 8. *V. M. factor. et dictor. mem. l. IX Iulii Paridis
et Ianuarii Nepotiani epitomis adiectis ed.* C. Halm Leipz.
1865 8.

c. Kritik und Erklärung.

G. Veesenmeyer *comment. crit. qua illud Arcadis cuiusdam somnium explicatur* Ulm 1821 4. E. P. L. Calmberg
specimen novae editionis V. M. Hamburg 1844 4. H. E. Dirksen die historische Beispielsammlung des V. M. und die beiden
Auszüge derselben (1845) hinterlassene Schr. 1 S. 109 ff. Th.
Bergk V. M. Rhein. Mus. 4, 1846 S. 120 ff. K. Halm Münchener gel. Anz. 1854 2 S. 233 ff., ders. *emendationes Valerianae* München 1854 4.

C. Kempf *de inc. auct. fragm. quod inscribitur de praenn.*
Berl. 1854 4., *novae quaestiones Valerianae* Berl. 1566 4.　C.
Förtsch *emendationum Valerianarum partic. I II III* Naumburg 1855–1870 4.　A. von Gutschmid *V. de vita Caesaris*
Jahrb. 1856 S. 334 f.　J. N. du Rieu *schedae Vaticanae* (Leiden 1860 8.) S. 201 ff.　J. Vahlen Rhein. Mus. 11, 1857 S.
586 ff.　C. Elschner *quaestiones Valerianae* Berl. 1865 4.
F. Zschech *de Cicerone et Livio V. M. fontibus* Berl. 1865 8.
C. F. Gelbcke *quaestiones Valerianae* Berl. 1865 4.　A. Eberhard Zeitschr. für das Gymnasialw. 1566 S. 155 ff., zu Janua-
rius Nepotianus Hermes 8, 1873 S. 91 ff.　G. Becker zü V. M.
und seinen Epitomatoren Jahrb. 1867 S. 337 ff.　Th. Bergk
Lectionskatalog von Halle 1868 4.　H. J. Heller Philol. 27,
1868 S. 348 ff. und 28, 1869 S. 39. 361 ff.　H. Busch *quaestiones Valerianae* Landsberg a. d. W. 1869 4.　M. C. Gertz
tidskrift for philol. 10, 1872 S. 260 ff.　R. Seelisch *de casuum obliquorum apud V. M. usu, Liviani et Tacitei dicendi generis ratione habita* Münster 1872 5.　J. J. Cornelissen Mnemosyne 1, 1573 S. 295 ff.　J. N. Madvig *advers. crit.* 2 (1873)
S. 313 ff. (dazu K. Halm Jahrb. 1874 S. 397 ff.).　M. Kranz
Beitr. zur Quellenkritik des V. M. Posen 1876 4.　H. Droysen Nachträge zu der Epitome des Nepotianus Hermes 13, 1873
S. 122 ff.　R. Blaum *quaestionum Valerianarum specimen* Strafsburg 1876 4. (dazu Jahrb. 1873 S. 611 ff.　E. Wölfflin Jenaer L. Z. 1876 S. 797).

§ 89.　Pomponius Mela (unter Claudius).

a.　Handschriften der Vaticanus *s. IX* und zahlreiche
jüngere.

b.　Ausgaben die *princeps* Mailand 1471 4., von F. Sanctius Salamanca 1598 8., Is. Vossius Haag 1658 4., Franeker 1700 8., Is. Reynolds Exeter 1711. 4., Abr. Gronovius Leiden 1748 und 1782 8., C. H. Tzschucke 7 Bde.
Leipz. 1807 8.

*P. M. de chorographia l. III ad libror. mss. fidem edidit
notisque criticis instruxit* G. Parthey Berl. 1867 6.

Th. Pressel Rhein. Mus. 2, 1843 S. 153 ff.　G. Parthey

Monatsber. der Berl. Acad. von 1865 S. 525 ff.   A. Eberhard
Zeitschr. für das Gymnasialw. 1867 S. 446 ff.   W. Tomaschek
Zeitschr. für die österr. Gymn. 1867 S. 446 ff.   F. Lüdecke
Gött. gel. Anz. 1867 S. 1451 ff.   C. Bursian Jahrb. 1869
S. 629 ff.

10 v. Chr. bis
54 n. Chr. **Der Kaiser Claudius 744—807.**

H. Lehmann Claudius und Nero und ihre Zeit Bd. I
(einz.) Gotha 1858 8.   II. Schiller Geschichte des röm. Kaiserreichs unter der Regierung des Nero Berl. 1872 8.

F. Bücheler *de Ti. Claudio Caesare grammatico* Elberfeld 1856 8., Rhein. Mus. 13, 1858 S. 155 ff.   Th. Mommsen
ephem. epigr. 1, 1872 S. 79 f.

Die Lyoner Tafeln in den Ausg. des Tacitus von J. Lipsius
Orelli-Baiter Nipperdey.

B. G. Niebuhr (1811) kl. Schriften 2 S. 26 ff.   A. de
Boissieu *inscriptions antiques de Lyon* (Lyon 1846—54 4.)
S. 133 ff.   J. B. Monfalcon *monographie de la table de Claude*
Paris 1853 fol.   L. de la Saussaye *étude sur les tables clau-
diennes* Lyon 1873 8.   C. I. L. V 5050 das Edict über die
Anauner, dazu Th. Mommsen Hermes 4, 1869 S. 99 ff.

§ 90. L. Iunius Moderatus Columella (unter Claudius).

Die Inschr. Henzen 5598 (Mommsen I. R. N. 578).
E. H. F. Meyer Geschichte der Botanik 2 (Königsberg 1854
8.) S. 58 ff.

Handschriften der Laurentianus und der Sangermanensis
s. X und jüngere.

De re rustica l. XII.

Ausgaben in den Sammlungen der *script. rei rusticae* § 37, 3.

§ 91. Curtius Rufus (unter Claudius).

1. Zeitalter.

A. Hirt über das Leben des Geschichtschreibers Q. C. R.
Berl. 1820 8.   P. Buttmann über das Leben des Geschichtschreibers Q. C. R. in Beziehung auf Hirt's Abhandlung Berl.
1820 8.   B. G. Niebuhr zwei klass. lateinische Schriftsteller

u. s. w. (1820, kl. Schriften 1 S. 305 ff. G. Pinzger über das Zeitalter des Q. C. R. Seebode's Archiv 1, 1824 S. 91 ff. D. Kriukoff *de Q. C. R. aetate oratio* Moskau 1836 8. F. Kritz Hallische allgemeine L. Z. 1844 S. 713 ff. W. Teuffel zu C. Jahrb. 1858 S. 252 ff. ,Studien und Charakteristiken Leipz. 1871 8. S. 357ff.. W. Berger *de Q. C. R. aetate* Carlsruhe 1860 8. Th. Wiedemann über das Zeitalter des Geschichtschreibers C. R. Philol. 30, 1871 S. 241 ff. 441 f., 31, 1872 S. 342 ff. 552 ff. 757 ff. A. Eussner Philol. 32, 1873 S. 157 ff. O. Hirschfeld Hermes 8, 1873 S. 472 f.

    2. *Historiarum Alexandri Magni Macedonis l. X (I II fehlen).*

    a. Handschriften der Parisinus *s. IX* und Fragmente in Zürich Cöln Wien Würzburg, der Bernensis Florentinus Leidensis Vossianus *s. X* und viele jüngere.

E. Hedicke *quaestionum Curtianarum specimen* Berl. 1862 8., ders. *de codicum C. fide atque auctoritate* Bernburg 1870 4. A. Eussner *specimen criticum* Würzburg 1868 8., Verhandlungen der Würzburger Philologenvers. (Leipz. 1869 4.) S. 158 ff., Philol. 28, 1869 S. 468. 32, 1872 S. 155 ff. 541 ff. Rhein. Mus. 30, 1875 S. 636. A. Hug philol. Anz. 2, 1870 S. 460 ff., Philol. 31, 1871 S. 334 ff. M. Ring Bericht über die Curtiushss. des ungar. Nationalmuseums Pest 1873 8. O. Schüssler *de Q. C. R. codice Oxoniensi A* Ilfeld (Leipz.) 1874 4.

    b. Ausgaben die *principes* Venedig und Rom um 1471 fol., von L. Robia Florenz (Junta) 1507 8., D. Erasmus Strafsburg 1518 fol., F. Modius Cöln 1579 8., F. Asulanus Venedig (Aldus) 1520 8., D. Heinsius Leiden 1633 12., J. Freinsheim 2 Bde. Strafsburg 1639—40 8. und 1670 4., Chr. Cellarius Leipz. 1688 12. und öfter, H. Snakenburg (*cum notis variorum*) 2 Thle. Delft und Leiden 1724 4., F. Schmieder 2 Bde. Göttingen 1803—4 8. *Q. C. R. u. s. w. ad fidem codd. rec. et commentario instruxit* C. T. Zumpt (zuerst 1826) Braunschweig 1846, wiederholt zum Schulgebrauch mit deutschen Anmerkungen 1849, von A. W. Zumpt 1864 8. *Q. C. R. de rebus gestis Alexandri qui supersunt l. VIII* mit

krit. und exeget. Anm. von J. Mützell 2 Bde. Berl. 1841 8.
Q. C. R. u. s. w. *libri qui supersunt* E. Hedicke *recensuit* Berl.
1867 8. Für den Schulgebrauch erklärt mit sachl. und sprachl.
Einleitung von Th. Vogel 2 Bde. Leipz. 1670–72, 1. Bd.
2. Aufl. 1875 8.

Texte von A. Baumstark Stuttgart 1629 8., E. Foss
Leipz. 1851 und 1559 8.

c. Kritik und Erklärung, Quellen.

V. Acidalius *in Q. C. animadversiones* Frankfurt a. M.
1594 8. G. L. Walch *meletematum criticorum specimen* (cap. 3)
Jena 1809 4. J. Jeep *specimen quaestionum criticorum de Q.
C. R. historiarum fragmentis* Wolffenbüttel 1833 4., ders.
Zeitschr. für das Gymnasialw. 1848 S. 414 ff., Jahrb. 1855 S.
125 ff. 1865 S. 169 ff. 1873 S. 127 ff. C. Halm Heidelb. Jahrb.
1842 S. 758 ff., *emendationes Curtianae* Philol. 2, 1847 S. 300 ff.
E. H. Foss *epistola ad J. Mützellium de critica in emendando C.
recte exercenda* Altenburg 1845 4., *quaestiones Curtianae* Alten-
burg 1852 4. J. Schmidt *quaestionum Curtianarum partic. I*
Schweidnitz 1853 3. A. Hug Beitr. zur Kritik lat. Prosaiker
(Basel 1664 8.) S. 1 ff., Rhein. Mus. 20, 1865 S. 117 ff., ders.
quaestionum Curtianarum pars I Zürich 1870 4. U. Köhler
Rhein. Mus. 19, 1864 S. 184 ff. H. Alanus *observationes in
Q. C. R.* London Dublin, 1865 12. C. Raun *de Clitarcho Diodori Curtii Iustini auctore* Bonn 1868 8. E. Grunauer Beitr.
zur Texteskritik des Q. C. R. Frauenfeld 1870 4. M. Haupt
Hermes 5, 1871 S. 165 (*opusc.* 3 S. 530). R. Petersdorff
Diodorus Curtius Arrianus u. s. w. *quibus ex fontibus hauserint* Königsberg (Danzig) 1870 8. A. Schöne *analecta philologica historica I de rerum Alexandri Magni inprimis Arriani
et Plutarchi fontibus* Leipz. 1870 8. J. N. Madvig *adcers.
crit.* 2 (1873) S. 330 ff. J. J. Cornelissen *Curtiana* Mnemosyne 4, 1876 S. 58 ff.

d. Sprache.

G. Ch. Crusius vollständ. Wörterbuch zu des C. R. Geschichte u. s. w. Hannover 1844 8., neu bearbeitet von O. Eichert Hannover 1870 8. J. Mützell *de translationum quae*

vocantur apud C. usu commentatio u. s. w. Berl. 1842 4.   E.
K r a h C. als Schullectüre I II Insterburg 1870–71 4.   Th.
V o g e l zu Q. C. R.   Jahrb. 1870 S. 547 ff., Philol. 30, 1871
S. 686 f.   G r ü n d l e r über den Gebr. einiger Praepositionen
bei C. Tarnowitz 1874 4. (dazu C. H a r t u n g philol. Anz. 8,
1877 S. 297 f.)   F. K u p f e r über den Gebr. des Participiums
bei C. Cöslin 1876 4.

§ 92. L. Annaeus Seneca der Philosoph (um 746 d. St.) b v. Chr. bis 65 n. Chr.

1. Leben und Philosophie im Allgemeinen.

D. D i d e r o t († 1784) *essai sur les règnes de Claude et de
Néron et sur les mœurs et les écrits de Sénèque, pour servir d'introduction à la lecture de ce philosophe* (1779). Oeuvres herausgeg.
von I. A. N a i g e o n Bd. 8 u. 9 Paris *an VIII* [1799] 8. (deutsch
Leipz. 1783 und 1794 8.).   B. t e n B r i n k *de L. A. S. eiusque
in philosophiam meritis* Gröningen 1827 4.   F. D. G e r l a c h
über S.'s Stellung zu seinem Zeitalter (1839) histor. Studien
(Hamburg und Gotha 1841 8.) S. 271 ff.   E. F. G e l p k e *de S.
vita ac moribus* Bern 1848 4.   H. L e h m a n n Philol. 8, 1853 S.
309 ff., Claudius und Nero und ihre Zeit (Gotha 1858 8.) I S. 8 ff.
Fr. J o n a s *de ordine librorum L. A. S. philosophi* Berl. 1870 8.
F. L. B ö h m L. A. S. und sein Werth für unsere Zeit Berl.
1856 4.   H o l z h e r r der Philosoph L. A. S. 2 Thle. Rastatt
1858. 1859 8.   W. B e r n h a r d t die Anschauung des S. vom
Universum Wittenberg 1861 4.   H. S i e d l e r die religiös-sittliche Weltanschauung des S. Fraustadt 1863 4.   A. M a r t e n s
*de L. A. S. vita et de tempore quo scripta eius philosophica quae
supersunt composita sint* Altona 1871 8.   H. S c h i l l e r Gesch.
des röm. Kaiserreichs unter Nero (Berl. 1872 8.) S. 619 f. 626 ff.
A. N e h r i n g die geologischen Anschauungen des Philosophen
S. Wolffenbüttel 1876 4.

2. Prosaische Schriften.

a. Handschriften (der 12 Bücher der Dialoge und einzelner
derselben) der Mediolanensis *s. IX*, die verlorenen Memmianus
und Bongarsianus, der Berolinensis *s. XIII* und zahlreiche
jüngere; der Briefe der Parisinus *s. X* und *XI*, der Bambergensis und Argentoratensis *s. X*.

L. von Jan *symbolae ad notitiam codicum atque emendationem epist. L. A. S.* Schweinfurt 1839 4. C. R. Fickert *prolegomena in novam L. A. S. philosophi operum editionem* Naumburg 1839 (Leipz. 1840) 4. und in der Vorrede seiner Ausgabe. B. Larisch *de S. naturalium quaestionum cod. Leidensi Voss. et locis illorum librorum a Vincentio Bellovacensi excerptis I* Breslau 1865 4.

b. Ausgaben die *princeps* 2 Bde. Neapel 1475 fol., von D. Erasmus Basel 1515. 1529 fol., A. Muretus Rom 1585 fol., J. Gruter Heidelberg 1593 fol., J. Lipsius Antwerpen 1605 fol., J. Dalechamp und Th. de Juges Genf 1627 fol., J. F. Gronovius (dess. *notae* Leiden 1649 12. und Amsterdam 1658 12.) zuletzt 2 Bde. Amsterdam 1672 8. *L. A. S. opera ad libros mss. recensuit* u. s. w. C. R. Fickert 3 Bde. Leipz. 1842–45 8. Text von F. Haase 3 Bde. Leipz. 1852–53 8. *L. A. S. libros de beneficiis et de clementia ad cod. Nazarianum rec.* M. C. Gertz Berl. 1876 8. (dazu E. Bährens Jenaer L. Z. 1876 S. 62. B. Kruczkiewicz Zeitschr. für die österr. Gymn. 1877 S. 427 ff. H. J. Müller Zeitschr. für das Gymnasialw. 1877 S. 737 ff. A. E. Centralbl. 1877 S. 793).

c. Kritik und Erklärung.

L. von Jan Münchener gel. Anz. 1842 2, S. 929 ff. 1844 2, S. 593 ff. 1846 2 S. 457 ff., Jahrb. 1843 S. 3 ff., Philol. 12, 1857 S. 162 ff. F. Haase Breslauer Lectionskataloge von 1852 –1859 4. H. C. Michaelis *notae ad L. A. S. opera* u. s. w. Philol. 7, 1852 S. 214 ff. 8, 1853 S. 442 ff., 9, 1854 S. 321 ff., Mnemosyne 9, 1854 S. 57 ff. C. Martha *de la morale pratique dans les lettres de S.* Strafsburg 1854 8. R. Volkmann über S.'s Trostschrift an Polybius Magers pädag. Revue 19, 1858 S. 104 ff. M. Haupt Berliner Lectionskataloge von 1864 und 1866 4., Hermes 4, 1869 S. 146 und 5, 1870 S. 32. 177 (*opusc.* 2 S. 267 ff. 313 ff. 3 S. 377 f. 404. 448. 456. 501. 521). K. Schenkl Sitzungsber. der Wiener Akad. philos. hist. Kl. 44, 1864 S. 3 ff. E. Wölfflin Philol. 22. 1865 S. 707 ff. O. Matthiä *observationes criticae in S.* Berl. 1865 8. C. F. W. Müller Jahrb. 1866 S. 483 ff. J. Bartsch Rhein. Mus. 24, 1869 S. 271 ff., ders. zur Kritik der Briefe S.'s Anclam 1870 4. E.

Bährens *lectiones Latinae* (Bonn 1870 8.) S. 40 ff.   J.J. Cornelissen *coniectanea Latina* (Deventer 1870 4.) S. 1 ff.   F. Jonas
Hermes 6, 1871 S. 126 ff.   F. Schulthess *de L. A. S. quae-
stionibus naturalibus et epistulis commentatio* Bonn 1872 8.
Ders. *comment. in honorem Bücheleri* (Bonn 1873 8.) S. 1 ff.
M. C. Gertz *studia critica in L. A. S. dialogos* Kopenhagen
1874 8. (dazu Ch. Thurot *revue crit.* 1875 S. 68).   J. N.
Madvig *advers. crit.* 2 (1873) S. 335 ff.   E. Hermes *quae-
stiones criticae in L. A. S. epistularum moralium part. II* Moers
1874 8. (dazu W. Gemoll philol. Anz. 8, 1877 S. 247 f.).
H. A. Koch Gratulationsschrift (Naumburg 1874 4.) S. 11 ff.,
S. de clementia Jahrb. 1874 S. 560, zu S.'s Briefen Jahrb. 1875
S. 715 ff., zu S.'s Dialogen Rhein. Mus. 30, 1875 S. 79.   E.
Chatelain *étude critique sur les lettres de S.à Lucilius rev. de
philol.* 1, 1877 S. 101 ff.   F. Glöckner *quaestiones Annaea-
nae* Halle 1877 8., ders. zur Kritik der Fragmente des S.
Rhein. Mus. 33, 1878 S. 156 ff.

d. Sprache.

Böhmer *de L. A. S. latinitate* Oels 1840 4.   F. Haase in
den Vorreden seiner Textausgabe.   B. Larisch *de Senecae
philosophi usu part. fut. in periodis condicional. apodosis loco
positis* im *miscell. philol. libellus* Breslau 1863 4.   Ders. ein
Beitr. zur Kritik des I. B. von den *nat. quaest.* des S. Sagan
1870 und Patschkau 1874 4.   E. Opitz *de Latinitate L. A. S.*
Naumburg 1871 4.   C. Nägler *de particularum usu apud L.
A. S. philosophum, p. I. de particulis concessivis et interrogativis*
Halle 1873 8.   A. Hoppe über die Spr. des Philosophen S.
Lauban 1873 und 1877 4.   O. Rauschning *de latinitate L.
A. S. philosophi* Jena (Königsberg) 1875 8.

3. Verlorene und untergeschobene Schriften.

F. Haase's Ausg. Bd. 3 S. 418 ff.   F. Osann *de L. A. S.
scriptis deperditis I-III* Giessen 1846-48 4.   E. Wölfflin
L. A. S. de moribus Philol. 8, 1853 S. 184 ff. und dessen Publilius Syrus (oben § 29, 2) S. 136 ff.   Zu den *epistolae ad Paulum
apostolum* C. Wachsmuth Rhein. Mus. 16, 1861 S. 301 ff.
F. X. Kraus Tübinger Quartalschrift 49, 1867 S. 609 ff.

4. Poetische Schriften (Tragödien, Epigramme, *ludus de morte Claudii*).

a. Handschriften der Etruscus in Florenz *s. XI*, ein Ambrosianus und ein Vaticanus *s. XIV*, Excerpte im Thuaneus in Paris *s. IX - X*, und jüngere interpolierte Handschriften.

b. Ausgaben die *princeps* Ferrara um 1450 fol., *cum notis rariorum* Paris (Ascensius) 1574 fol., von M. A. del Rio Antwerpen 1576 4. und in dessen *syntagma tragg. Latt.* Antwerpen 1594 Paris 1620 4., von J. Lipsius Leiden 1588 8., J. Gruter Heidelberg 1604 8., P. Scriverius Leiden 1621. 1651 8. J. F. Gronovius Leiden 1661, Amsterdam 1682 8., *cum notis variorum* von J. C. Schröder Delft 1728 4., T. Baden Kopenhagen 1819 8., F. H. Bothe 3 Bde. Leipz. 1819, 1. Bd. Halberstadt 1822 8. F. Jacobs Blumenlese der röm. Dichter 2. Bdchen (Jena 1826 8.) S. 465 ff. *L. Annaei Senecae tragoediae, accedunt inc. orig. tragoediae tres recens.* R. Peiper et G. Richter Leipz. 1867 8.

c. Kritik und Erklärung.

J. H. Withof *praemetium crucium criticarum praecipue ex S. tragico* Leiden 1749 4. G. E. Lessing von den alten Trauerspielen welche unter dem Namen des S. bekannt sind (1754) Werke von Lachmann-Maltzahn 4 (1854) S. 267 ff. J. G. G. Klotzsch *de A. S. uno tragoediarum quae supersunt omnium auctore* Wittenberg 1872 8. L. Stephani *de locis nonnullis Hippolyti S.* in den *observ. crit.* von M. Haupts *soc. Lat.* (Leipz. 1839 8.) S. 46 ff. Widal *études sur trois tragédies de S. imitées d'Euripide* Paris 1854 8. C. W. Swahn *de Hippolyto S. fabula I* Holm 1857 8. Hillebrand Aeschylus' Agamemnon und die gleichnamige Tragödie des Tragikers S. Hermannstadt 1859 4. J. Wollenberg Zeitschr. für das Gymnasialw. 1860 S. 716 f., 1861 S. 190 ff. G. Boissier *les tragédies de S. ont-elles été représentées?* Paris 1861 8. A. Henneberger *adnot. ad S. Medeam et Troades* u. s. w. Meiningen 1862 4. W. Braun die Phönissen des S. Rhein. Mus. 20, 1865 S. 271 ff., der Oedipus des S. 22, 1867 S. 245 ff., die Medea des S. 32, 1877 S. 68 ff., *de S. fabula quae inscribitur Troades* Wesel 1870 4. J. Köhler *S. tragoedia quae Oedipus*

inscribitur cum Sophoclis O. R. comparata Neuss 1865 4. II.
N o l t e *in S. tragoedias coniecturas proposuit* Philol. 23, 1866
S. 651. F. P a u l y *de L. A. S. tragoediarum cod. Lobkoviciano
I-III* Prag 1869 8. C. E. S a u d s t r ö m *de S. tragoediis commentatio* Upsala 1872 8. P. H a b r u c k e r *quaestionum Annaeanarum capita IV* Königsberg 1873 8. F. L e o *anecdoton Lugdunense eclogas e tragoediis S. continens* in den *comment. in honorem* F. B ü c h e l e r i (Bonn 1873 8.) S. 29 ff. , d e r s. *de recensendis S. tragoediis* Hermes 10, 1875 S. 423 ff. J. J. C o r-
n e l i s s e n *ad S. tragoedias* Mnemosyne 5, 1877 S. 175 ff.

d. Metrik.

F. A. L a n g e *quaestiones metricae* (Bonn 1851 8.) S. 23 ff.
B. S c h m i d t *de emendandarum S. tragoediarum rationibus prosodiacis et metricis* Berl. 1860 8. L. M ü l l e r *de re metr.* (1861)
S. 118 ff. M. H o c h e *die Metra des Tragikers* S. Halle 1862 8.

e. Die Tragoedie Octavia.

J. G. C. K l o t z s c h *de Octavia L. A. S.* Wittenberg 1804 8.
Octaviam praetextam Curiatio Materno vindicatam ... ed. F. R i t-
t e r Bonn 1843 8. F. V a t e r *de L. A. S. Octavia et de Curiatio
Materno* Jahn's Archiv 19, 1853 S. 565 ff. W. B r a u n *die
Tragoedie Octavia und die Zeit ihrer Entstehung* Kiel 1863 4.,
d e r s. Jahrb. 1866 S. 875 ff. 1869 S. 875 ff. G. R i c h t e r Jahrb.
1867 S. 260 ff. D e r s. *de S. tragoediarum auctore* Naumburg
(Bonn) 1862 8., d e r s. Rhein. Mus. 18, 1863 S. 29 ff. 19, 1864
S. 360 ff. 521 ff., *symbola philol. Bonn.* (Bonn 1867 8.) S. 535 ff.,
Jahrb. 1869 S. 769 ff. R. P e i p e r *observatorum in S. tragoediis
libellus* Breslau (Berl.) 1863 4., Zeitschr. für das Gymnasialw.
1864 S. 694 ff., *praefationis in S. tragoedias nuper editas supplementum* Breslau (Leipz.) 1870 4. L. M ü l l e r Jahrb. 1864 S.
109 ff. 473 ff. 1867 S. 61 ff. B. S c h m i d t Rhein. Mus. 16, 1861
S. 589 f., d e r s. *observationes criticae in S. tragoedias* Jena 1865
8., Jahrb. 1868 S. 781 ff. 855 ff. A. R i e s e über die Echtheit
der Gedichte S. u. s. w. Jahrb. 1869 S. 279 f.

f. Ἀποχολοχύντωσις *divi Claudi.*

Handschriften der Sangallensis *s. XI*, der Valentianensis
s. IX (?), eine Pariser *s. XIII* und mehrere jüngere.

Ausgaben die *princeps* Rom 1513, von B. Rhenanus Basel 1515 und seitdem mit den übrigen Werken des S., von C. E. Schuster Utrecht 1844 8.

Divi Claudii ἀποχολοχύντωσις *rec.* F. Bücheler *symbola philol. Bonn.* (1864) S. 31 ff. und in demselben Petronius *ed. min.* [2] (Berl. 1871 8.) S. 217 ff.

A. Baumstark Philol. 18, 1862 S. 543 ff. M. Haupt Berliner Lectionskatalog von 1864 4. (*opusc.* 2 S. 281 ff.). K. Schenkl Sitzungsber. der Wiener Akad. 44, 1864 S. 3 ff. A. Riese Philol. 27, 1868 S. 321 ff.

    Annaeus Cornutus.

G. J. de Martini *disput. litt. de L. A. C. philosopho Stoico* Leiden 1825 8. O. Jahn *proleg.* zum Persius (1843) S. VIII ff. *L. A. C. de natura deorum* (griech.) *ex schedis I. B. C. d' Ansse de Villoison rec.* F. Osann Göttingen 1844 8.

§ 93. M. Valerius Probus (unter Nero und den Flaviern).

H. Keil *symbola philol. Bonn.* (1864) S. 93 ff., Jahrb. 1867 S. 638 ff. H. Wentzel *de Probo artifice Latino* Oppeln 1867 4. J. Steup *de Probis grammaticis* Jena 1871 8., Rhein. Mus. 26, 1871 S. 314 ff. und 27, 1872 S. 61 ff. 192. W. Teuffel Rhein. Mus. 26, 1871 S. 488 ff. J. Vahlen Berl. Lectionskatalog von 1877 4. S. 9 f.

Grammatici Latini ex rec. H. Keilii I (1857) S. LII ff. und IV (1864) S. XVI ff. Darin die *catholica* und *instituta artium* S. 1 ff. nebst den kl. Schr. und das Fragment *de litteris singularibus* mit den *notarum laterculi edente* Th. Mommseno S. 265 ff. Huschke *iurispr. anteiust.* [3] S. 129 ff. Vgl. oben § 50, 5.

§ 94. C. Plinius Secundus (23 bis 79).

1. Leben und Werke im Allgemeinen.

A. J. a Turre-Rezzonico *disquisitiones Plinianae in quibus de utriusque P. patria rebus gestis scriptis* u. s. w. *agitur* 2 Bde. Parma 1763–67 fol. O. Vorhauser die religiös-sittliche Weltanschauung des älteren P. Innsbruck 1860 4. L. Rummler *C. P. S. philosophumena* Greifswald (Stettin) 1862 8. Friese die Kosmologie des C. P. S. I Breslau 1862 4.

2. **Werke.**

Naturalis historiae l. XXXVII.

a. Handschriften die unvollständigen der Sessorianus *s. V,* der Lavantinus Mone's *s. VI-VII* (B. 11-15), zwei Parisini *s. VIII* und *X*, der Bambergensis *s. X* (B. 32-37), der Leidensis *s. IX*, und zwei Classen jüngerer, ferner der Vindobonensis *s. VI* und der Lucensis *s. VIII*, der Riccardianus *s. XII* und Excerpte, und der Parisinus *s. XI*, der Vindobonensis *s. XIII* und andere.

J. Sillig *quaestionum Plinianarum spec. I II* Dresden 1839. 1849 8. und in seiner Ausgabe.   L. von Jan *de auctoritate codicum Plinianorum* Schweinfurt 1858 4., ders. über den gegenwärtigen Stand der handschriftlichen Kritik der *n. h.* des P. Sitzungsber. der Münchener Akad. philol. philos. histor. Kl. 1862 S. 221 ff. und in den Vorreden seiner Textausgabe.   D. Detlefsen Jahrb. 1857 S. 70 ff. 1858 S. 481 ff. 656 ff., Epilegomena zur Silligschen Ausgabe von P. *h. n.* Rhein. Mus. 15, 1860 S. 265 ff. 367 ff., Philol. 28, 1869 S. 284 ff. und in den Vorreden seiner Ausgabe.   L. Urlichs Rhein. Mus. 18, 1863 S. 527 ff., Eos 2, 1865 S. 253 ff., *vindiciae Plinianae II* Erlangen 1866 8.   A. Fels *de codicum antiquorum in quibus P. n. h. ad nostra tempora propagata est fide atque auctoritate* Göttingen 1861 4.   E. Chatelain *revue critique* 1875 S. 145 ff.

b. Ausgaben die *princeps* Venedig 1469 fol.   (die *castigationes* des Hermolaus Barbarus Rom 1492. 93 fol.), von S. Gelenius Basel 1554 fol., J. Dalecampius Lyon 1587 fol., J. Fr. Gronovius 3 Bde. Leiden 1669 8. (seine *notae* auch in Silligs Bd. 6), J. Harduinus *in usum Delphini* 5 Bde. Paris 1685 4. und 2 Bde. 1723 (1746) fol., J. G. F. Franz *cum notis variorum* 10 Bde. Leipz. 1788-91 8., von J. Sillig 8 Bde. Hamburg und Gotha 1851-57 8. (vorher *praefatio et l. XXXV* Dresden 1849 8.)

Texte mit krit. Apparat und Indices von J. Sillig 5 Bde. Leipz. 1831-36 8., L. von Jan 6 Bde. Leipz. 1854-65 8., D. Detlefsen 5 Bde. Berl. 1866-73 8., C. von Jan und C. Mayhoff Bd. I II Leipz. 1870. 75 8.

Chrestomathieen von J. M. Gesner Leipz. (zuerst 1722)

1776 8., C. G. Heyne (Kunstgeschichte) Göttingen 1790 und
1811 8., F. A. Beck Hadamar 1828 8., J. C. Elster (aus
B. 35) 3 Thle. Helmstädt 1851–53 8., L. Urlichs Berl.
1857 8.

    c. Zur Kritik und Erklärung.

    Cl. Salmasii *Plinianae exercitationes in C. Iulii Solini
polyhistora* 2 Bde. Paris 1629 und (von S. Petiscus) Utrecht
1689 fol. L. von Jan *observationes aliquot criticae* u. s. w.
München 1830 4., *lectiones Plinianae* I II Schweinfurt 1834 4.,
Philol. 3, 1848 S. 333. 9, 1854 S. 435 ff. 12, 1857 S. 167 ff.
21, 1864 S. 101 ff., Münchener gel. Anz. 1853, 1 S. 417 ff.,
Jahrb. 1861 S. 281 ff. 1866 S. 681 ff. H. E. Dirksen die
Quellen der *n. h.* des P., insbes. die römisch-rechtlichen
hinterlassene Schriften 1 S. 133 ff. G. Montigny *quaestiones
in C. P. S. n. h. de animalibus libros* Bonn 1844 8. L. Urlichs
vindiciae Plinianae I II Greifswald 1853 Erlangen 1866 8.,
de numeris et nominibus propriis in P. n. h. Würzburg 1857 4.,
Jahrb. 1857 S. 336 ff., Rhein. Mus. 14, 1859 S. 599 ff., Bursians Jahresber. IV 1876 1 S. 109 ff. H. Brunn *de auctorum
indicibus Plinianis disputatio isagogica* Bonn 1856 4. D. Detlefsen zur Litteratur des älteren P. Jahrb. 1858 S. 481 ff.
653 ff. 1867 S. 69 ff., Emendationen von Eigennamen in P.
n. h. Rhein. Mus. 18, 1863 S. 227 ff. 327., Jahresbericht Philol.
28, 1869 S. 284 ff. 701, Emendationen zur *n. h.* des P. Philol.
31, 1872 S. 336 ff., die Geographie der Provinz Baetica bei P.
Philol. 30, 1871 S. 265 ff., der tarraconensischen Provinz 32,
1873 S. 600 ff., der Provinz Lusitanien 36, 1876 S. 111 ff.,
Vitruv als Quelle des P. Philol. 31, 1872 S. 385 ff., Varro
Agrippa und Augustus als Quellenschriftsteller des P. für die
Geographie Spaniens *comment. Momms.* (Berl. 1877) S. 23 ff.,
ders. Jenaer L. Z. 1875 S. 830 f. A. Brieger Jahrb. 1859
S. 71 f. C. Mayhoff *frustula Pliniana* im *miscellan. philol.
libellus* an F. Haase (Breslau 1863 4.) S. 29 ff., *lucubrationum
Plinianarum capita III* Neustrelitz 1865 8., *novae lucubrationes
Plinianae* Dresden (Leipz.) 1874 8. D. Nolten *quaestiones
Plinianae* Bonn 1866 8. G. Friedlein über die Zahlaus-
drücke in P. *h. n.* Blätter für das bayer. Gymnasialschulw.

1866 S. 174 f.   M. Haupt Hermes 1, 1866 S. 36. 3, 1868
S. 148. 4, 1869 S. 145. 156. 5, 1870 S. 186. 6, 1871 S. 390
(*opusc.* 3 S. 330. 401. 454. 466. 530. 566).   G. Oehmichen *de
M. Varrone et Isidoro Characeno C. Plinii in libris geographicis
auctoribus primariis acta soc. philol. Lips.* 3, 1873 S. 399 ff.

d. Kunstgeschichte.

F. C. Petersen *observationes in P. n. h. l.* XXXV 9, 36
Kopenhagen 1824 4., ders. Archäol. Zeitung 12, 1854 S. 187.
Th. Bergk *de loco P. n. h.* XXXVI 5 Marburg 1846 4., *exer-
citationum Plinianarum I II* Marburg 1847. 51 4.   L. Urlichs
Rhein. Mus. 5, 1847 S. 154 ff., archäol. Zeitung 14, 1856 S. 255.
L. Ross archäologische Aufsätze Bd. 2 (Leipz. 1861 8.) S. 352 ff.
O. Jahn über die Kunsturtheile des P. Berichte der sächs. Ges.
der Wiss. phil. hist. Cl. 2, 1850 S. 105 ff., ders. ebendas. 8,
1856 S. 289 ff. 10, 1858 S. 99 ff., Rhein. Mus. 9, 1854 S. 315 ff.,
Philol. 26, 1867 S. 9 ff. 28, 1869 S. 8 f., Hermes 2, 1867 S. 248
3, 1869 S. 188 f.   A. Brieger *de fontibus librorum XXXIII-
XXXVI n. h. Plinianae quatenus ad artem plasticam pertinent*
Greifswald 1857 8.   D. Detlefsen *de arte Romanorum anti-
quissima I II* Glückstadt 1866. 68 8.   G. Wustmann zu P.
Kunstgeschichte Rhein. Mus. 22, 1867 S. 1 ff. 23, 1868 S. 225 ff.
Th. Schreiber *quaestionum de artificum aetatibus in P. n. h.
libris relatis spec. I* Leipz. 1872 8., ders. P. und die römischen
Kunstkataloge Rhein. Mus. 31, 1876 S. 219 ff.   H. Blümner
zu P. Naturgeschichte Jahrb. 1873 S. 125 f.   H. Brunn Cornelius Nepos und die Kunsturtheile bei P. Sitzungsber. der
Münchener Akad. philos. philol. hist. Cl. 1875 S. 311 ff.   C.
Th. Michaelis Bemerkungen zur sicyonischen Malerschule
archäol. Zeitung 33, 1875 S. 30 ff.   A. Furtwängler P. und
seine Quellen über die bildenden Künste Jahrb. Supplementbd.
9, 1877 S. 1 ff.

e. Grammatische und rhetorische Schriften; Sprache (*l. du-
bii sermonis VIII, studiosi III*).

A. Wannowski *Pliniana* Posen 1847 4.   A. Schott-
müller *de C. P. S. libris grammaticis p. I* Bonn (Leipz.) 1858 8.
A. Fels Philol. 14, 1859 S. 217 f.   L. Grasberger *de usu
Pliniano* Würzburg 1860 8.   E. Opitz *quaestiones Plinianae*

Naumburg 1861 4.   D. Detlefsen die Flexionslehre des älteren P. *symbola philol. Bonn.* (Bonn 1867) S. 695 ff.

 f. Historische Schriften (*historiarum l. XXXI, bellorum Germaniae XX*).

H. Nissen die Historien des P. Rhein. Mus. 26, 1871 S. 497 ff.   D. Detlefsen über des älteren P. Geschichte seiner Zeit und ihr Verhältniss zum Tacitus Philol. 34, 1876 S. 40 ff.

Gleichzeitige Geschichtschreiber.

 C. Licinius Mucianus. M. Cluvius Rufus. Vipstanus Messalla. Fabius Rusticus u. A.

L. Brunn *de C. Licinio Muciano* Leipz. 1870 8.   Th. Mommsen Cornelius Tacitus und Clusius Rufus Hermes 4, 1869 S. 295 ff.

 g. Alte Excerpte.

 C. Iulius Solinus (um 260). Die *medicina Plinii*.

Handschriften des Solinus der Heidelbergensis und zwei Parisini *s. XI*, der Leidensis *s. IX* und der Guelferbytanus *s. X*, der Angelomontanus (Polyhistor) und der Sangallensis *s. X*, und interpolierte.

Ausgaben die *principes* Rom (um 1473) 8. und Mailand (vor 1474) 4., Venedig 1473 4., (J. Camers *enarrationes* Wien 1520 fol.), von E. Vinetus Poitiers 1554 4., M. A. del Rio Antwerpen 1572 8., A. Goez Leipz. 1777 8.   *C. I. S. collectanea rerum memorabilium recognovit* Th. Mommsen Berl. 1864 8.

 F. Lüdecke Göttinger gel. Anz. 1865 S. 1089 ff., ders. Mittheilungen über zwei wicht. Hss. des S. Bremen 1866 4. E. Rasmus über eine Hs. des S. Hermes 12, 1877 S. 320 ff.

Handschriften der *medicina* ein Sangallensis *s. X* und ein Dresdensis *s. XII*, jüngere Recension in der *princeps* Rom 1509 fol. und der Basileensis 1528 fol.

Plini Secundi quae fertur una cum Gargilii Martialis medicina nunc primum edita a V. Rose Leipz. 1875 8.

 V. Rose über die *medicina P.* Hermes 8, 1873 S. 18 ff. C. Paucker *emendationes in Plinio Valeriano mélanges Gréco-*

Romains 3 (1873) S. 369 ff. D. Detlefsen Jenaer L. Z. 1876 S. 103. W. Centralbl. 1876 S. 404.

§ 95. M. Fabius Quintilianus (um 42 bis gegen 118).

1. Leben.

H. Dodwell *annales Quintilanei* u. s. w. in dessen *annales Velleiani* (Oxford 1698 8.) S. 69 ff., in Capperonniers Ausg. (1725) S. 799 ff. und in P. Burmans Ausg. (1770) 1 S. 1115 ff. F. Müller *quaestiones Quintilianeae* Naumburg (Halle) 1840 8. E. Hummel *Q. vita p. I* Göttingen 1843 4. L. Driesen *do M. F. Q. vita* Cleve 1845 4. C. Pilz Q. ein Lehrerleben aus der römischen Kaiserzeit u. s. w. Leipz. 1863 8.

2. *Institutionis oratoriae l. XII* (um 90).

a. Handschriften der Ambrosianus *s. XI*, die defecten der Bernensis, Nostradamensis, Ambrosianus II und Bambergensis *s. X*, ferner der Florentinus *s. XI* und Turicensis *s. XII* und jüngere.

F. L. Enderlein *commentationes de Bambergensi cod. instit. Q. ms. I-V* Schweinfurt 1843-65 4., ders. *cod. Bamberg. XIX declamationes in libris mss. Quintiliano adscriptas continens cum textu Burmanni comparatus* ebendas. 1870 4. F. Bahlmann *quaestiones Quintilianeae* Berl. 1859 4. J. Ständer *quaestiones Quintilianeae* Bonn 1865 8. K. Halm über den Rhetor Iulius Victor als Quelle der Verbesserung des quintilianischen Textes Sitzungsber. der Münchener Academie philos.-hist.-philol. Kl. 1863 S. 369 ff., über die Textesquellen der Rhetorik des Q. ebendas. 1866 S. 493 ff., zur Kritik des Q. Rhein. Mus. 22, 1867 S. 37 ff. 23, 1868 S. 218 ff., in seiner Ausgabe und über dieselbe Sitzungsber. der Münchener Academie philos. philol. hist. Kl. 1869 S. 18 ff. A. Reifferscheid die Quintilianhs. Poggio's Rhein. Mus. 23, 1868 S. 143 ff. C. Fierville *de Q. codicibus et praecipue inter nostros de cod. Carcassonensi disquisitio* u. s. w. Rennes (Paris) 1874 8. (dazu E. Chatelain *rev. crit.* 1874 S. 130 ff.) H. Blass über die von Poggio ... gef. Hs. des Q. und von Statius Silven Rhein. Mus. 30, 1875 S. 458 ff. E. Chatelain und J. le Coultre *Q. institution orat., collation d'un mss. du Xme siècle* (Nostradamensis) Paris 1875 8.

b. Ausgaben die *principes* Rom 1470 und Venedig 1471 fol., von R. Regius Venedig 1482. 1492 fol., Aldus Venedig 1514 und 1521 4., Phil. Junta Florenz 1515 4., J. Camerarius u. A. Cöln 1534 und öfter, E. Gibson Oxford 1693 4. (London 1714. 1716 4.), U. Obrecht (mit den Declamationen) 2 Bde. Straßburg 1698 4., P. Burman 2 Bde. Leiden 1720 4., Cl. Capperonnier Paris 1725 fol., J. M. Gesner Göttingen 1738 4., G. L. Spalding [Ph. Buttmann, C. G. Zumpt, E. Bonnell] 6 Bde. Leipz. 1798–1834 8., G. A. B. Wolff 2 Bde. Leipz. 1816–21 8., A. G. Gernhard 2 Bde. Leipz. 1830 8., C. G. Zumpt Leipz. 1831 8., H. Meyer Bd. I Leipz. 1833 8. Text von E. Bonnell 2 Bde. Leipz. 1854 8. *M. F. Q. institutionis oratoriae l. XII rec.* C. Halm 2 Thle. Leipz. 1868 8.

Ausgaben des 10. Buches von A. W. Ernesti Leipz. 1791. 1801 8., H. P. C. Henke Helmstedt 1778. 1822 8., C. H. Frotscher Leipz. 1826 8., C. G. Herzog Leipz. 1829. 1830. 1833 8., F. W. Augusti [Schneidewin] Helmstedt 1831 8., G. A. Herbst Halle 1834 8., E. Bonnell Berl. zuerst 1851, 4. Aufl. 1873 8., E. Alberti Leipz. 1858 8., G. T. A. Krüger Leipz. 1861. 1871 8., C. Halm Leipz. 1869 8.

c. Kritik und Erklärung. Quellen.

J. N. Madvig (1828) *opusc.* 2 S. 352 ff., Philol. 2, 1847 S. 137 ff., *adversaria* 2 (1873) S. 535 ff. J. Schraut *annotationum in M. F. Q. i. o. spec.* Saarbrücken 1837 4. M. Haupt (1842) *opusc.* 1 S. 150, Hermes 4, 1870 S. 35. 335. 5, 1871 S. 317. 7, 1873 S. 181. 375 (*opusc.* 3 S. 453. 479. 540. 579. 600). A. Wittich *de grammatistarum et grammaticorum apud Romanos scholis* Eisenach 1844, *de rhetoribus Latinis eorumque scholis* ebendas. 1853 4. F. Meister Philol. 8, 1853 S. 182 f., Zeitschrift für die Alterthumsw. 11, 1856 S. 121, Philol. 15, 1860 S. 725 f., *quaestionum Quintilianarum p. I II* Liegnitz und Breslau (Berl.) 1860. 1865 4., Jahrb. 1861 S. 769 ff., Rhein. Mus. 22, 1867 S. 460, Jahresberichte über Q. Philol. 18, 1862 S. 487 ff. 34, 1876 S. 711 ff. 35, 1876 S. 534 ff. 685 ff. R. Törnebladh *quaestiones criticae Quintilianeae* Calmar 1860 8. M. Seyffert Zeitschr. für das Gymnasialw. 15, 1861 S. 295 ff. W. Teuffel Jahrb. 1863 S. 709. 1864 S. 172. 841. H. Nolte

Philol. 21, 1864 S. 307. 23, 1865 S. 46.   K. Schenkl Philol.
22, 1865 S. 201.   H. Babucke *de Q. doctrina et studiis capp.*
II Königsberg 1866 8.   F. Ritschl Rhein. Mus. 22, 1867
S. 598 ff. (*opusc.* 3 S. 709 ff.).   O. Jahn Philol. 26, 1868 S. 12.
M. Hertz Jahrb. 1869 S. 763. 1872 S. 852.   R. Unger *dis-*
putatio de Q. i. o. VIII 3, 54 Friedland 1869 4.   A. Kiessling Jahrb. 1871 S. 716.   R. Volkmann *observationes mis-*
cellae (Jauer 1872 4.) S. 9.   I. D. D. Claussen *quaestiones*
Quintilianeae Jahrb. Supplementbd. 6, 1873 S. 319 ff.   H. Diels
comment. soc. philol. Bonn. (Bonn 1873 8.) S. 61 ff.   G. Andresen *emendationes Quintilianeae* Rhein. Mus. 30, 1875 S.
506 ff.   C. von Morawski *quaestiones Quintilianeae* Berl.
(Posen) 1874 8.   C. Hauser *de Q. praeceptis et usu nomina*
Graeca declinandi Saaz 1875 8. (dazu A. Rzach Zeitschrift
für die österr. Gymn. 1875 S. 789 ff.).   G. Faber krit. Beiträge zu Q. B. I II Aschaffenburg 1875 4.   M. C. Gertz *emen-*
dationes Quintilianeae in den *opusc. philol. ad Madvigium* (Kopenhagen 1876 8.) S. 92 ff.   Iw. Müller Bericht über die Litteratur zu Q. aus den J. 1873–76 Bursians Jahresber. IV 1876
Bd. 2 S. 262 ff.   F. Boettner *de Q. grammatico p. I Q. de*
accentu u. s. w. Halle 1877 8.   M. Kiderlin Beiträge zur
Kritik und Erklärung von Q. (B. I) Augsburg 1877 4.

Zu B. X: Landfermann *commentatio in Q. i. o. X I,*
104 Duisburg 1836 4.   F. Osann *annotationum criticarum in*
Q. i. o. l. X p. I– VI Giessen 1841–58 4.   C. F. Weber *M.*
F. Q. locus (X I, 104) emendatur et illustratur Marburg 1853 4.
J. Jeep *loci aliquot e. l. X Q. epistola ad G. T. A. Kruegerum*
Wolffenbüttel 1864 4.   L. Mercklin der Parallelismus im 1.
Cap. des X. B. des Q. Rhein. Mus. 19, 1864 S. 1 ff.   L. Viel-
haber Q. i. o. X 1, 102 Zeitschr. für die österr. Gymn. 13,
1862 S. 821 ff.   G. Andresen *acta soc. philol. Lips.* 4, 1874
S. 99. 361 ff.

d. Sprache und Darstellung.

E. Bonnell *prolegomena de grammatica Quintilianea* vor
dem Lexicon in Spaldings Ausg. Bd. 6 (1834) S. XXI ff.
F. Voigtland *de brevitate Quintilianea* Schleusingen 1846 4.
R. Törnebladh *de elocutione Q.* Upsala 1858 8., ders. *de*
usu particularum apud Q. Holm 1861 8.

c. *Declamationes* (19 grössere und 145 Excerpte, zusammen ursprünglich 388), 51 dem Calpurnius Flaccus beigelegt.

Handschriften der Bambergensis *s. X*, der Cuiacianus des Pithoeus, mehrere Leidener und Pariser, u. a.

. F. Haase *de latinorum codd. subscriptionibus* (Breslau 1860 4.) S. 6. U. von Wilamowitz-Moellendorff Hermes 11, 1876 S. 118 ff.

Ausgaben die *principes* Rom 1475 (nur 3) fol., Venedig 1481 (19) fol. und (aller) Treviso 1482 fol., von A. Ugoletus Parma 1494 fol., P. Acrodius Paris 1563 4., P. Pithoeus (*ex vet. exemplari restitutae*) Paris 1580 8., [J. F. Gronovius] Leiden 1665 8., L. Patarol Venedig 1743 4. (P.'s *opera* Bd. 2), in manchen Ausgaben der *inst.*, wie z. B. von Obrecht und Burman.

§ 96. Sex. Iulius Frontinus (um 40 bis um 106).

1. Leben.

F. *vita* in I. Polenus Ausg. (1772). A. Dederich Bruchstücke aus dem Leben des S. I. F. Zeitschr. für die Alterthumsw. 1839 S. 834 ff. 1077 ff. E. Hübner Rhein. Mus. 12, 1857 S. 52 ff.

2. *De agrorum qualitate* u. s. w. *Strategematon l. IV. De aquis urbis Romae.*

a. Die gromatische Schrift im Arcerianus (Lachmann's Feldmesser I S. 1 ff. II S. 101 ff., vgl. § 8., 2), Handschriften der *strat.* der Gothanus *s. IX*, der Parisinus und Leidensis *s. XI* und jüngere, der Schrift *de aquis* der Cassinensis *s. XI* (*XIII*?).

b. Ausgaben der *strat.* die *princeps* (mit Vegetius) Rom 1487 4. Cöln 1580 8., F. Modius Leiden 1607 4., P. Scriverius (in dessen *script. rei milit.*) Leiden 1644 8., R. Keuchen (mit den übrigen Schriften) Amsterdam 1661 8., S. Tennulius Leiden 1675 12., F. Oudendorp *cum notis variorum* Leiden 1731 und 1779 8., J. Valart Paris 1763 12., N. Schwebel Leipz. 1772 8. Text (mit der Schrift *de aquis*) von A. Dederich Leipz. 1855 8.

Ausgaben der Schrift *de aquis* die *princeps* Rom nach 1484
fol. und öfter mit dem Vitruvius, von J. Jucundus Florenz
(Junta) 1513 8., mit J. Obsopoeus Commentar in O. Pan-
vinius *reipubl. Rom. comment.* Paris 1588 8., von J. Polenus *cum notis variorum* Padua 1722 4., G. Chr. Adler Altona
1792 8., A. Dederich (mit deutscher Uebersetzung) I. Wesel
1841 8., *rec.* F. Bücheler Leipz. 1858 8.

 c. Kritik und Erklärung.

 O. Jahn Zeitschr. für die Alterthumsw. 8, 1841 S. 969 f.
F. Haase zu F. strat. II 9. 12 Rhein. Mus. 3, 1845 S. 312 ff.,
ders. *de milit. script. editione instituenda* (Berl. 1847 8.) S.
21 ff., *miscellan. philol. l. V.* Breslau (1863 4.) S. 6 f.   M.
Haupt Rhein. Mus. 3, 1845 S. 310 f., Hermes 4, 1870 S. 154.
(*opusc.* 1 S. 160, 3 S. 464).   K. Nipperdey Philol. 6, 1851
S. 378 ff. (*opusc.* S. 450 ff.).   F. Bücheler Rhein. Mus. 12, 1857
S. 632.   H. Sauppe Göttinger gel. Anz. 1859 S. 990 ff.   C.
Wachsmuth über die Unächtheit des 4. Buches der F.'schen
Strategemata Rhein. Mus. 15, 1860 S. 574 ff.   C. F. W. Müller
Jahrb. 1866 S. 488.   G. Masson *rev. archéol.* 19, 1869 S.
447 ff. 20, 1869 S. 116 ff. 21, 1870 S. 19 ff.   A. Eussner Bl.
für das bayer. Gymnasialschulw. 1871 S. 84 ff.   E. Hedicke
über eine Blattversetzung im F. Hermes 6, 1871 S. 156 ff.   R.
Schöne ebendas. S. 248 ff.   M. Hertz ebendas. S. 384.   Th.
Bergk Philol. 32, 1873 S. 567.   E. Wölfflin Hermes F.'s
Kriegslisten 9, 1874 S. 72 ff.

§ 97. [C.] Cornelius Tacitus (zwischen 54 und 58 bis nach 117).

 1. Leben und Werke im allgemeinen.

 Scip. Ammirati *dissertationes politicae s. discursus in C.
C. T. nuper ex Italico* (zuerst Florenz 1594 4.) *in Latinum versi*
u. s. w. (mit Zusätzen herausgeg. von Chr. Pflug d. i. J. Gruter) Helenopoli [Mainz] 1609 4.   D. H. Hegewisch über
den schriftstellerischen Charakter des T. (1789) histor. und
literar. Aufsätze (Kiel 1801 8.) S. 71 ff.   C. P. Conz über die
histor. Kunst der Alten Museum für class. Litteratur (Zürich
1795 8.) S. 151 ff.   J. S. Gestrich *diss. de vita et scriptis T.*

Lund 1805 8.   F. A n c i l l o n *essai sur la philosophie de carac-
tère et sur T. mélanges de littérat. et de philos. I* (Paris 1809 8.)
S. 235 ff.   Ferd. R o t h über Thucydides und T. vergleichende
Betrachtungen München 1812 4. (Sammlung etlicher Vorträge
Frankfurt 1851 8. S. 1 ff.)   F. W. S ü v e r n über den Kunst-
Charakter des T. Abhandl. der Berl. Acad. 1822–23 hist. philol.
Kl. (Berl. 1825 4.) S. 73 ff.   H. J u s t i *de fide T. scriptio I*
u. s. w. Zittau 1827 8.   K. Th. W e l c k e r Festreden u. s. w.
(Freiburg 1828 8.) S. 68 ff.   J. K. W o l f *de divina mundi mo-
deratione e mente C. C. T.* Fulda 1830 8.   N. B a c h C. T. eine
biograph. Untersuchung allgem. Schulzeitung 1831 S. 833 ff.
865 ff. 1832 S. 1038 ff. (und in seiner Ausg.).   K. H o f f m e i s t e r
Beitr. zur wissensch. Kenntniss des Geistes der Alten I die
Weltanschauung des T. Essen 1831 (XXIII 232 S.) 8.   K.
Z e l l T. als Staatsmann in seinem praktischen Leben Ferienschriften 3 (Freiburg 1833 8.) S. 67 ff.   W. B o e t t i c h e r *de
vita scriptis ac stilo C. T.* u. s. w. Berl. 1834 8. , d e r s. pro-
phetische Stimmen aus Rom oder das Christliche im T. u. s. w.
2 Thle. Hamburg und Gotha 1840 8.   A. C. v a n H e u s d e
comment. de Hooftio et T. Gröningen 1838 4.   F. A. S c h a r p f f
Darstellung der politischen und religiösen Ansichten des T.
Rottweil 1842 4.   A. J. K a h l e r t *C. T. sententiae de natura
indole ac regimine deorum I II* Breslau und Leobschütz 1844–
47 4.   R. v o n B o s s e über und wider T. den Geschichtschreiber Jahn's Archiv 11, 1845 S. 452 ff.   M. T. F a b i a n
quid T. de numine divino iudicaverit Lyck 1852 4.   Th. F i n c k
vor seiner Ausg. der Germania (Göttingen 1857 8.) S. 1 ff.   H.
J. K i r s c h b a u m *quid T. senserit de rebus publicis* Jena 1857
8.   J. G. P f a f f die Ansichten des T. über das sittlich Gute
Marburg 1858 8.   M o g k *de T. sentiendi ratione I* Tilsit 1863
4.   A. G e r b e r *de T. rerum scriptore qualem bonum oratorem
requisivit Quintilianus* Leutschau 1861 4.   P. D u b o i s - G a -
chan *T. et son siècle* 2 Bde. Paris 1862 8.   F. S a v a l e t e
étude sur T. Paris 1864 8.   U e b e r t *de T. summo rerum gestarum scriptore* Kempen 1864 4.   Ch. P a n s c h über die Glaubwürdigkeit des T. Eutin 1867 8.   N. L i e b e r t *de doctrina T.*
Würzburg 1868 8.   W. S. T e u f f e l über Sallustius und T. Tübingen 1868 4. (dazu A. E u s s n e r Jahrb. 1868 S. 648 ff.)

F. Voigtland *quid senserit T. de divina rerum humanarum moderatione* Schleusingen (Meiningen) 1870 4. O. Clason die Zeit des taciteischen Consulats Jahrb. 1873 S. 256 f.

K. Nipperdey (1851) und F. Haase (1855) in den Einleitungen ihrer Ausgaben, C. L. Roth vor der deutschen Uebersetzung Stuttgart 1851 und 1869 16.

2. Werke.

Gesammtausgaben die *princeps* Venedig um 1470 fol. (ohne Ann. I–VI und Agricola), von Franc. Puteolanus Mailand um 1477 fol. (ohne Ann. I–VI), Phil. Beroaldus Rom 1515 fol. (zuerst vollständig), B. Rhenanus Basel 1519 fol., J. Lipsius Antwerpen 1574 8. und öfter, letzte Bearbeitung Antwerpen 1600 4. (1607. 1668 fol.), J. Gruter Frankfurt 1607 8., Matth. Bernegger Strafsburg 1638. 1664 8., J. Fr. Gronovius 2 Bde. Amsterdam 1672. 1685 8., Th. Ryckius 2 Bde. Leiden 1687 12., Jac. Gronovius 2 Bde. Utrecht 1721 4., J. A. Ernesti 2 Bde. Leipz. 1752. 1772 (3. Ausg. von J. J. Oberlin 1801) 8., J. Lallemand 3 Bde. Paris 1760 12., Gabr. Brotier 4 Bde. Paris 1771 4. (7 Bde. Paris 1776 12.), [G. Chr. Croll] 4 Bde. Biponti 1779–80 *ed. II* (von F. Chr. Exter) 1792 8., J. Naudet 6 Bde. Paris 1819–1820 8., Im. Bekker *(cum notis variorum)* 2 Bde. Leipz. 1831 8., G. H. Walther 4 Bde. Halle 1831–33 8., F. Ritter zuerst 2 Bde. Bonn 1834–36 8., 4 Bde. Cambridge 1848 8., 1 Bd. Leipz. 1864 8. (dazu K. Nipperdey *opusc.* S. 343 ff.). G. A. Ruperti 4 Bde. Hannover 1834–39 8., L. Döderlein 2 Bde. Halle 1841–47 8., F. Dübner Paris 1845 8., J. C. Orelli und J. G. Baiter 2 Bde. Zürich 1846–48 8., 2. Ausg. I Zürich 1859 II 1. 2 (von H. Schweizer-Sidler und G. Andresen) Berl. 1877 8. Mit deutschen Anm. von K. Nipperdey Bd. I. II (zuerst 1851) I 6. Aufl. Berl. 1874 II 3. Aufl. 1873 8.

Texte von I. Bekker Berl. 1825 und 2 Bde. Leipz. 1831 8., G. H. Lünemann 2 Bde. Leipz. 1825 8., J. C. Orelli *(ed. minor)* 2 Bde. Zürich 1846–48 8., F. Haase 2 Bde. Leipz. 1855 8., C. Halm 2 Bde. Leipz. (zuerst 1850–51) 3. Ausg.

1874 8., K. Nipperdey 4 Thle. (Thl. 4 von R. Schöll Berl. 1871–76 8.

Einzelne Werke.

I. *Dialogus de oratoribus* (vor 81 *!*)

Der Verfasser des Dialogus.

A. G. Lange *dialogus de or. T. vindicatus acta soc. philol. Lips.* 1, 1811 S. 77 ff. (in Dronke's Ausg. des D. 1825 und in Lange's vermischten Schriften Leipz. 1832 S. 3 ff.). II. Gutmann *diss. qua T. dialogi de or. scriptorem non esse demonstratur* in Orelli's Ausg. 1830 und in G.'s Uebersetzung Stuttgart 1830 8., ders. A. Dupré's Beweis dass der Dialogus de or. dem T. zuzuschreiben sei geprüft Jahn's Archiv 15, 1849 S. 139 ff. A. Wittich über den Verf. des Dialogus *de or.* Jahn's Archiv 5, 1837 S. 259 ff. F. A. Eckstein's *proleg.* (1835) S. 39 ff. H. C. A. Eichstädt *de dialogo qui inscribitur de or.* Jena 1839 4. A. Dupré *dial. de or. nec Quintiliano nec cuivis alii sed Tacito adiudicandum esse censuit* u. s. w. St. Calais 1848 8. W. Teuffel Jahrb. 1858 S. 285 f. (Studien und Charakteristiken S. 437 f.). F. Weinkauff *de T. dialogi qui de or. inscribitur auctore* I II Cöln 1857 und 1859 4. J. G. Ek der gegenwärtige Stand der Frage nach dem Verf. des Dialogus *nordisk tidskrift for filol.* 1, 1860 S. 1 ff. (Philol. 15, 1860 S. 191 f.). J. W. Steiner über den Dialogus *de or.* des T. Kreuznach 1863 4. F. Rausch Tendenz und Autorschaft des Dialogs *de or.* Teschen 1871 4. G. O. F. Wackermann *dial. qui de or. inscribitur quo iure T. abiudicetur* Rostock 1874 8.

a. Handschriften der Archetypus (Fuldensis *s. IX* ?) verloren; die aus dem von Henoch von Ascoli (in Hersfeld ?) gefundenen Exemplar geflossenen Abschriften *s. XIV. XV* der Vaticanus Leidensis (Pontani oder Perizonianus) Farnesianus (oder Neapolitanus), vier andere Vaticani (ein Urbinas und ein Ottobonianus), ferner ein Parisiensis Venetus Vindobonensis Harleianus.

P. Petersen *annotationum in C. T. spec. II cum appendiculo de cod. Neapolitano* u. s. w. Coblenz 1835 4. E. Egger *notitia et collatio cod. Paris. dialogum de or. continentis a. 1580 a Pithoeo tantum inspecti* Zeitschr. für die Alterthumswiss. 3, 1836 S. 337 ff. G. Thomas über einen Codex Venetus zum D. und zur Germania des T. Münchener gel. Anz. 1853 1 S. 1 ff. A. Michaelis in seiner Ausgabe (1868). C. Meiser kritische Studien zum D. und zur Germania des T. Eichstädt 1871 4. C. Halm in seiner Ausgabe (1874).

b. Sonderausgaben von P. Pithoeus Paris 1580 (Heidelberg 1594) 8., R. H. Scheele (mit Quinctilians Declamationen) Leiden 1665 8., E. Benzelius *cum notis cariorum* Upsala 1706 8., Chr. A. Heumann Göttingen 1719 S., J. H. A. Schulze Leipz. 1788 S., G. Seebode Göttingen 1813 Hannover 1815 S., E. Dronke Coblenz 1828 S. (mit A. G. Lange's Abhandlung über den Verf. des D.), F. Osann Giessen 1829 S., J. C. Orelli *(cum notis cariorum* und Gutmanns Abhandlung über den Verf. des D.) Zürich 1830 8. und Zürich 1846 4., W. Bötticher Berl. 1832 S., F. Ritter Bonn 1836. 1859 8., Ph. C. Hess Leipz. 1841 8., C. Th. Pabst Leipz. 1841 S., L. Tross (mit der Germania u. s. w.) Hamm 1841 8., *recogn.* A. Michaelis Leipz. 1868 S., mit deutschen Anm. von G. Andresen Leipz. 1872 S., erklärende und krit. Schulausgabe von C. Peter Jena 1877 8.

c. Kritik und Erklärung.

F. A. Wolf *de locis T. dialogi de eloquentia* (1793) vermischte Schriften (Halle 1802 8.) S. 158 ff., kl. Schriften I (Halle 1869 8.) S. 66 ff. Th. Wopkens *adversaria critica in auctorem dialogi de or.* (1795) *advers. crit.* Bd. 2 (Leipz. 1835 8.) S. 55 ff. J. F. Klossmann *prolegomena in dialogum de oratoribus claris qui T. vulgo adscribitur I II* Breslau 1820. 1833 4. A. Goering *diss. de dialogi de oratoribus qui vulgo C. C. T. inscribitur praestantia I* Lübeck 1829 4. G. F. Strodtbeck *ostenditur Materninae personae in dialogo de oratoribus obviae cultus ironicus* Heilbronn 1831 4. F. A. Eckstein *prolegomena in T. qui vulgo fertur dialogum de or.* Halle 1835 4. D. A. F. Nissen Zeitschr. für die Alterthumsw. 8, 1841 S. 505 ff. M. Haupt Philol. 1, 1846 S. 588 (*opusc.* 1 S. 194), Hermes 4, 1869 S. 31. 155. 5, 1872 S. 178 (*opusc.* 3

S. 449. 465. 521. 643). K. Nipperdey Philol. 1, 1846 S.
669 (*opusc.* S. 341), Rhein. Mus. 19, 1664 S. 270 ff. 559 ff.
(*opusc.* S. 274 ff.). K. Halm Zeitschr. für die Alterthumsw.
7, 1649 S. 25 ff., Jahrb. 1864 S. 148 ff., Rhein. Mus. 28, 1673
S. 499 ff. Vidal *in T. dialogum de or. disputatio* Paris 1850
8. A. Dryander *coniecturae in dialogum de or.* Halle 1851 4.
F. Deycks *de dialogo T. de or.* Münster 1856 4. A. Schaubach *de vocum quarundam quae in T. dialogo leguntur vi ac
potestate* Meiningen 1857 4. C. L. Roth Jahrb. 1658 S. 286 f.
P. Voss *nordisk tidskrift for filol.* 7, 1867 S. 101 ff. und 8,
1868 S. 91. L. Schopen *diorthotica in T. dialogum* Bonn
1859 4. H. Sauppe Philol. 19, 1863 S. 256 ff. J. Classen
Eos 1, 1864 S. 1 ff. L. Müller Jahrb. 1868 S. 417 ff. J. J.
Cornelissen *coniectanea Latina* (Deventer 1870 8.) S. 49 ff.
G. Andresen *acta soc. philol. Lips.* 1, 1870 S. 103 ff. (dazu
H. Kappel *de emendationibus . . . . a G. Andreseno editis* [Ro-
stock 1873 8.), Zeitschr. für das Gymnasialw. 1871 S. 305 ff.
A. Schöne Rhein. Mus. 25, 1870 S. 639. K. Meiser krit.
Studien zum D. und zur Germania des T. Eichstädt 1871 8.
J. Mähly *observationes de Drusi atque Maecenatis epicediis
deque Taciteo dialogo criticae* Basel 1873 4. H. Usener Rhein.
Mus. 28, 1873 S. 394 f. O. Ribbeck ebendas. S. 502 ff. 32,
1877 S. 308 ff. Helmerich Bl. für das bayer. Gymnasial-
schulw. 1874 S. 252 ff. M. Oberbreyer *analecta critica ad
T. qui dicitur dialogum de or. I* Berl. 1875 8. E. Bährens
Rhein. Mus. 31, 1876 S. 146 f. 309 ff., Jahrb. 1877 S. 505 f.
O. Seeck Hermes 12, 1877 S. 509.

II. *De vita et moribus Cn. Iulii Agricolae* (96).

a. Handschriften die aus dem verlorenen Archetypus geflossenen Abschriften: der Vaticanus des Lactus (Γ) und der
Ottobonianus (Δ) *s. XV.*

G. Kämmerer *de indole ac pretio codd. mss. T. Agricolae editionum veterum ad Lipsium usque dissertatio* Breslau
1842 8. L. Spengel *specimen emendationum in C. T.* (München 1852 4.) S. 15, ders. Münchener gel. Anzeigen 1853 I
S. 116 ff. J. Mützell Zeitschr. für das Gymnasialw. 1853 S.
662 f. F. C. Wex *prolegomenon in T. Agricolam capp. I. III*

Schwerin 1845 4. und in seiñer Ausgabe (1852). C. Schenkl
Zeitschr. für die österr. Gymn. 1861 S. 421 ff. J. Müller
über den Werth der Randbemerkungen im Cod. Γ und der Noten des Fulvius Ursinus Innsbruck (Berl.) 1863 8.

b. Sonderausgaben von Fr. Puteolanus zuerst mit den
Panegyrikern Mailand um 1480 4., M. Virdungus Nürn-
berg 1637 8., M. Z. Boxhornius Leiden 1642 12. und J.
Bosius Jena 1664 8., R. Sibbald Edinburg 1711 fol., M.
Engel Leipz. 1788 8., J. C. Schlüter Duisburg 1808 8.,
E. H. Barker (hinter der Germania) London 1813. 1819. 1824
8., C. F. Renner und J. C. Fincke Göttingen 1808, 2. Aufl.
von A. Schlegel 1816 8., S. N. J. Bloch Kopenhagen 1814
8., E. Dronke Coblenz 1824 und Fulda 1844 8., U. J. H.
Becker Hamburg 1826 8., G. Schede Ilmenau 1827 8., P.
Hofman-Peerlkamp Leiden 1827 und 1864 8., G. L.
Walch Berl. 1828 8., mit Erläuterungen und Excursen von
C. L. Roth Nürnberg 1833 8., Einleitung Uebersetzung und
Commentar von D. A. F. Nissen Hamburg 1847 8., *ad fidem
codd. denuo collatorum rec. et commentariis instruxit* F. C. Wex
Braunschweig 1852 8. und mit krit. berichtigtem Text ebendas.
1852 8., A. J. F. Henrichsen Altona 1858 und 1871 4. (unvollendet), F. Kritz Berl. 1859. 1865. 1874 8., mit deutschen Anmerkungen von A. A. Dräger Leipz. 1869. 1873 8.
(dazu J. Gantrelle *rec. crit.* 1874 S. 117 ff.), C. Tücking
Paderborn 1869 8. (dazu philol. Anz. 1, 1869 S. 196 ff), A.
und Germania mit englischen von Ch. Anthon Newyork 1858
8., von J. Gantrelle Paris 1875 8., C. Peter Jena 1876 8.

Texte von G. Seebode Göttingen 1811. 1812. 1815 8.,
G. L. Walch Berl. 1827 8., F. Ritter Bonn 1832. 1836.
1852 8., C. Wex Braunschweig 1852 8., L. Urlichs Würzburg 1875 8. (dazu A. Eussner Jahrb. 1876 S. 551 ff., E.
Wölfflin Bursians Jahresber. III 1874-75 S. 766 f.).

c. Kritik und Erklärung.

H. W. F. Klein *animadversiones criticae in T. A.* Jena
1813 8. C. W. G. Schneider *observationes in T. A. et Sal-
lustium* Weimar 1815 8. L. Doederlein *emendationes et
observationes in T. A. acta philol. Monac.* 2, 1817 S. 365 ff.

B. G. Niebuhr (1821) kl. Schriften 1 S. 331 f. A. Mohr Bemerkungen zu und über T.'s A. Meiningen 1823 8. L. Bischoff über die Vorrede des T. zur Lebensbeschreibung des A. Wesel 1824 S. J. H. T. Brüggemann *observationum in T. A. spec. I* Düsseldorf 1824 8. C. F. G. Selling *observ. crit. in T. A.* Hof 1826 4. H. C. A. Eichstädt *de locis quibusdam T. A.*, und über das Exordium des A. Jena 1830 4. und fol. A. Giesebrecht *symbolae criticae et exegeticae ad T. A.* Neustettin (Cöslin) 1835 4. F. A. Rigler *annotationes maximam partem criticae ad T. vitam A.* Cleve 1835 4. F. Brandes *observationes in T. A.* Rostock 1838 4. H. E. Foss *quaest. crit. de T. A. c. 6 hist. I 30* u. s. w. Altenburg 1837 4. A. G. Gernhard *epist. de T. A. c. 2* Gera 1838 4. E. A. E. Heimburg *de loco quodam in T. vita A.* Jena 1839 4. Ch. G. Herzog *observationum part. XII XIII*, theoret. Versuch u. s. w., über des T. A. u. s. w., *commentariorum partic. XXX* u. s. w. Gera 1840–59 4. F. C. Wex Beitr. zur Kritik und Erklärung von T. A. Schwerin 1840 4., *emendantur et explicantur duo loci* u. s. w. ebendas. 1841 4., *spicilegium in C. T.* ebendas. 1859 4. E. F. Dronke *annotatio critica in T. A. et glossae Fuldenses* Fulda 1842 4. C. Fr. Hermann zu A. 5. 6) Rhein. Mus. 2, 1843 S. 588 ff. W. Pfitzner krit. Bemerkungen zu T. A. u. s. w. Neubrandenburg 1843 8., Erklärung und Inhalt des Prooemiums zu T. A. Zeitschr. für die Alterthumsw. 5, 1847 S. 1107 ff. M. Haupt Rhein. Mus. 3, 1845 S. 152 (opusc. 1 S. 157), Hermes 4, 1869 S. 31 (opusc. 1 S. 449). J. Held *commentatio de Cn. I. A. vita quae vulgo T. adsignatur* Schweidnitz 1845 4. R. Seyffert *loci aliquot in T. A. emendati et illustrati* Kreuznach 1845 4. Fr. X. Högg *ex T. A. praefatio illustrata* Arnsberg 1846 4. F. Thiersch *de locis in T. A. lacunosis* Abhandl. der Münchener Akademie V 2, 1847 S. 71 ff. G. Schilinzky *de T. vita Agricolae* St. Petersburg 1848 8. J. G. Schneider zur Erklärung schwieriger Stellen in T. A. I–III Coburg 1848–52 4. Gr. Höfer Beiträge zur Kritik und Erklärung einiger Stellen in T. A. München 1848 4. J. B. Hutter über C. T. Vorrede zu A. München 1849 4. F. Jacob Bemerkungen zu T. A. (hinter J. Classen über eine hervorstechende Eigenthümlichkeit der griech. Spr. Lübeck

1550 4.) S. 14 ff.   J. H. Nolte zu T. A. c. 10 Jahn's Archiv
16, 1850 S. 361 ff.   J. C. G. Boot *in T. A. miscell. crit. et
paedag*. 1 (Amsterdam 1850 8.) S. 44 ff.   Röder drei Reden nebst einer krit. exeg. Aehrenlese zum A. des T. Neu-
stettin 1851 4.   G. M. Busch zu T. A. Rostock 1853 8.   W.
J. C. Mützell zu T. A. c. 16. 28. 30. 31 Zeitschr. für das
Gymnasialw. 1853 S. 662.   K. Baumann Erklärung einiger
Stellen in dem A. des T. Pforzheim 1854 8.   Schmidt T. A.
26 Zeitschr. für das Gymnasialw. 1856 S. 718.   Th. Obbarius
Jahrb. 1856 S. 822 ff.   F. Kritz *de glossematis falso T. A.
imputatis* u. s. w.   Erfurt 1857 4., Jahrb. 1860 S. 645.   G.
Linker über das Prooemium zu T. A. Verhandl. der Wiener
Philologenversammlung (Wien 1858 4.) S. 15 ff.   J. Müller
loci aliquot ex T. A. emendantur et explicantur Fiume 1858 4.
Hülsenbeck *de glossematis veris et falsis in T. A.* Teschen
1858 8., ders. Zeitschr. für das Gymnasialw. 1865 S. 874 f.
J. Meister über den Schluss von A. cap. 1 Zeitschr. für die
österr. Gymn. 1859 S. 593 ff. 1860 S. 96 ff.   J. Vahlen noch
einmal das Prooemium des A. Zeitschr. für die österr. Gymn.
1859 S. 784 f.   G. Wagner zu T. A. Zeitschr. für das Gymnasialw. 1859 S. 641 f.   G. F. Schoemann *disput. de locis quibusdam T. vitae A.* Greifswald 1859 4. (*opusc.* 4 S. 203 ff.).
A. Reifferscheid Rhein. Mus. 15, 1860 S. 634 f.   W. Klou-
çek Zeitschr. für die österr. Gymn. 1560 S. 185.   G. Liep
de T. A. comment. critica Kreuznach 1861 4.   A. Hoffmann
zu T. A. Zeitschr. für das Gymnasialw. 1861 S. 146.   J. N.
Schmidt ebendas. S. 920.   Wiegand über T. A. c. 5 Worms
1861 4.   A. Wagener *revue de l'instruction publ. en Belgique*
6, 1863 S. 164 ff.   J. Gantrelle *revue de l'instruction publ. en
Belgique* 12, 1870 S. 70 ff. 14, 1872 S. 333 ff., wiederholt in den
contributions à l'explication de T. fasc. I Paris 1875 8., deutsch
Berl. 1875 8. (dazu Jenaer L. Z. 1876 S. 250., H. K. Be-
nicken Jahrb. 1876 S. 276., G. Andresen Jahresber. des
philol. Vereins 3 Zeitschr. für das Gymnasialw. 1876 S. 61 ff.),
Jahrb. 1877 S. 777 ff.   K. Nipperdey Rhein. Mus. 18, 1863
S. 350 ff., 19, 1864 S. 97 ff. (*opusc.* S. 234 ff.), ders. *variorum
observationum antiquitatis Rom. c. I II* ebendas. 1871 4. (*opusc.*
S. 511 ff. 545 ff.).   L. Urlichs Eos 1, 1864 S. 549 ff., *com-*

mentatio de vita et honoribus A. Würzburg 1868 4.   B. S c h u l t z
zu T. A. c. 10. 36 Jahrb. 1865 S. 555, 1866 S. 338 ff.   F.
R i t t e r Rhein. Mus. 20, 1865 S. 518 ff.   H. S c h n e e b e r g e r
zu A. c. 3 und zum Prooemium des A. Eos 2, 1865 S. 136. 484 f.
A. C a p e l l m a n n zur Erklärung des Prooemiums von T. A.
Zeitschr. für die österr. Gymn. 1866 S. 808 ff.   P. D. Ch. H e n-
n i n g s zu T. A. Jahrb. 1866 S. 377.   J. C l a s s e n *symbolarum*
criticarum p. III Hamburg 1866 4.   E. H ü b n e r zu T. A.
Hermes 1, 1866 S. 438 ff.   S. P f a f f exegetisch-krit. Bemer-
kungen zu T. A. 1. 36 Erlangen 1867 4.   H. S t e i n zu T. A.
28 Zeitschr. für das Gymnasialw. 1867 S. 943.   N. W e c k l e i n
ad T. A. 15 Blätter für das bayer. Gymnasialschulw. 1867 S. 217.
J. P r a m m e r Taciteisches Znaym 1867 8., d e r s. zur Krit.
und Erklärung lat. Schriftsteller Feldkirch 1869 8.   K. M e i s e r
Beitr. zur Kritik und Erklärung von T. A. Blätter für das bayer.
Gymnasialschulw. 1869 S. 61 ff. 1870 S. 100. 1872 S. 329 ff.
A. M i l l e r ebendas. 1870 S. 1 ff. 102 ff.   E. H o f f m a n n der A.
des T. Zeitschr. für die österr. Gymn. 1870 S. 249 ff.   F. R i t s c h l
und E. W e z e l (zu A. c. 25) *acta soc. philol. Lips.* 1, 1871 S.
412.   C. F e l d h ü g e l *dissertatio qua ... scriptorum Romano-*
rum ... loci aliquot vel explicantur vel emendantur Magdeburg
1871 4.   A. P o h l m a n n *annotationes in C. T. A. admixtis ob-*
servationibus sermonis Tacitei ut extat in scriptis minoribus Göttingen 1871 8.   K. H i r z e l über die Tendenz des A. des T.
Tübingen 1871 4.   G. A n d r e s e n Zeitschr. für das Gymnasialw. 1871 S. 305 ff., d e r s. die Entstehung und Tendenz des
taciteischen A. Festschrift des Gymnasiums zum grauen Klo-
ster (Berl. 1874 8.) S. 291 ff. (dazu A. E u s s n e r Jahrb. 1875
S. 346 ff.).   J. I m e l m a n n Jahrb. 1872 S. 131 ff.   W. J u n g-
h a n s über T. A. Lüneburg 1872 4.   A. J. F. H e n r i c h s e n
Bl. für das bayer. Gymnasialschulw. 1873 S. 28 ff.   J. J ä g e r
quae fides T. in A. habenda sit exponitur deque consilio u. s. w.
agitur Göttingen (Hildesheim) 1874 8.   P l a n c k zur Erklärung
des taciteischen A. Heilbronn 1875 4.   A. E u s s n e r Jahrb. 1877
S. 497 ff., Bl. für das bayer. Gymnasialschulw. 1877 S. 145 ff.

III. *De situ ac populis Germaniae* (98).

a. Handschriften wie vom Dialogus, nur noch zahlreichere
Abschriften.

J. C. Orelli *symbolae crit. et philol. in T. G. e cod. prae-sertim Turicensi denuo excusso* Zürich 1819 4.   J.F.Massmann Jahrb. für wissenschaftl. Krit. 1841, 2 S.689ff.   R.Tagmann *de T. Germaniae apparatu critico* Breslau 1847 8. (dazu K. Nipperdey *opusc.* S. 384 ff.)

b. Ausgaben von C. Celtes Wien 1515 4., B.Rhenanus Basel 1519 8., A. Althamer Nürnberg 1529 4. und öfter, Jod.Wittich Frankfurt 1551 8., Phil.Melanchthon Wittenberg 1557 8. (mit H.Glareanus Noten auch in S.Schardius *script. rer. German.* Bd. I Basel 1574 fol.), S.Fabricius *cum notis variorum*) Augsburg 1580 8., Chr. Coler Hanau 1602 8., Phil. Cluverius in dessen *Germania antiqua* Leiden 1616 (und 1631) fol., J. Lipsius und H. Conring Helmstädt 1635 8. und 1652. 1675 4.. J. Chr. Ditmar Frankfurt an der Oder 1725. 1749 8., C.H.Joerdens Berl. 1783. 1794 8. J. Kapp Leipz. 1788 8., G. G. Bredow Helmstädt 1808 (1816) 8., F. Passow Breslau 1817 8. E. H. Barker (mit Agricola) London 1813. 1818. 1824 8., G. und K. Sprengel Halle 1817. 1819 8., J.F.K.Dilthey Braunschweig 1823 8., Ph. C. Hess Leipz. 1824 8., G. L. Walch (unvollendet) Berl. 1829 8., G.Kiessling Leipz. 1832 8., J. von Gruber Berl. 1832 8., Jac. Grimm Göttingen 1835 8., F. D. Gerlach und W. Wackernagel Basel 1835-37 8.. F. Ritter Bonn 1836. 1853 8., L. Tross Hamm 1841 8., M. Weishaupt Solothurn 1844 8., J.F.Massmann Quedlinburg (Leipz.) 1847 8., L. Döderlein Erlangen 1850 4., R. G. Latham London 1851 8., M.Haupt Berl. 1855 8., J.Schraut Leiden 1856 8., Th. Finck Bd. I (einz.) Göttingen 1857 8., Ch. Anthon (mit Agricola) Newyork 1858 8., F. Kritz Berl. 1860. 1864. 1869, 4.Ausg. von W. Hirschfelder 1874 8., N. Mosler Leipz. 1862 8., K. A. Löw Mannheim 1862 8., C. Tücking Paderborn 1867. 1873. 1877 8.. L. Curtze (nur c. 1-10) Leipz. 1868 8. (dazu H.Schweizer-Sidler Kuhns Zeitschr. 19, 1870 S. 153 ff.), H. Schweizer-Sidler Halle 1871. 1874 8., J. Gautrelle Paris 1877 8. (dazu A. Eussner Jahrb. 1877 S. 485 ff.).

G. antiqua ... post M. Hauptium cum aliorum veterum

auctorum locis de G. praecipuis ed. K. Müllenhoff Berl. 1873 8. (dazu H. Schweizer-Sidler Jahrb. 1874 S. 417 ff.,

F. Thudichum der altdeutsche Staat mit beigefügter Uebersetzung und Erklärung der G. des T. Giessen 1862 8. A.Holtzmann germanische Alterthümer mit Text Uebersetzung und Erklärung von T. G. herausgeg. von A. Holder Leipz. 1873 8. A. Baumstark urdeutsche Staatsalterthümer zur stützenden Erläuterung der G. des T. Berl. 1873 8., ders. ausführl. Erläuterung des allgemeinen Theils der G. des T. Leipz. 1875 S., ders. *C. T. Germania* bes. für Studierende erläutert Leipz. 1876 8.

c. Kritik und Erklärung.

Chr. Rommel *de T. descriptione Germanorum* Marburg 1805 8. F. Passow über T. Germania (1816) Philomathie 1 (Frankfurt a. O. 1818 8.) S. 19 ff., vermischte Schriften (Leipz. 1843 8.) S. 40 ff., ders. Seebode's krit. Bibliothek 1, 1822 S. 177 ff. H. A. W. Winckler *de difficillimis locis T. Germaniae* Giessen 1816 4. J. von Ammon und W. Bäumlein teutsche Alterthümer der Mythologie und Sprache u. s. w. Tübingen 1817 8. F. Rühs ausführl. Erläuterung der 10 ersten Capitel u. s. w. Berl. 1821 8. C. A. Rüdiger *de fide historica T. in G. describenda* Freiberg 1823 4. L. J. Wortberg *e T. G. loci VIII* Greifswald 1823 8. J. F. C. Dilthey *comment. de electro et Eridano* Darmstadt 1824 4. J. H. Chr. Barby *de consilio quo C. C. T. librum illum de situ G. conscripserit* u. s. w. Berl. 1825 4. G. H. L. Fuldner *de laudibus quibus T. Chattos ornavit* Rinteln 1826 8. C. Ph. Hess *variae lectiones et observat. in T. G. I-III* Helmstädt 1827-34 4. F. W. Altenburg einige Gedanken über deutsche Mythologie sowie über Caesars und T. Ansichten von der Religion der Deutschen u. s. w. Schleusingen 1827 4. J. Chr. Schober *comment. de T. G. c. II 5-7* Naumburg 1827 4. B. Sökeland *T. veterum Germanorum laudator* Coesfeld 1829 4. U. J. H. Becker Anmerkungen und Excurse zu T. G. C. 1-18 Hannover 1830 8. C. F. G. C. Selling *observat. crit. in C. C. T. Germaniam* u. s. w. Augsburg 1830 4. C. Reischle *comment. de locis quibus C. C. T. et C. Iulius Caesar de veteribus Germanis inter se differunt* Kempten 1831 4. F. J.

Platzer Germania und die Boier des T. I–VII Neuburg 1832–
1834 4. F. Göller *de scriptis Caesaris et T. ex monumentis
medii aevi illustrandis acta soc. Graecae* I (Leipz. 1836 8.) S.
43 ff. C. B. A. Fickler die Donauquellen und das Abnoba-
gebirge u. s. w. (zu Germ. c. 1) Karlsruhe 1840 8. F. D. Gerlach über die G. des T., über die Idee von T. G. histor. Studien (Hamburg 1841 8.) S. 308 ff., Verhandlungen der Philologenvers. zu Hannover 1864 (Leipz. 1865 4.) S. 104 ff. Beeskow
de sedibus Cheruscorum Berl. 1844 4. E. M. Arndt einige
leichte Bemerkungen zu Caesars und T. Berichten über die Feld-
ordnung und den Ackerbau bei den Germanen Zeitschr. für
Geschichtswissenschaft 3, 1845 S. 231 ff. Th. B. Welter *de
fide T. in rebus Germanorum quaestiones I* Münster 1846 4.
W. J. C. Mützell Zeitschr. für das Gymnasialw. 1, 1847 S. 86 ff.,
1856 S. 716. J. P. E. Greverus Bemerkungen zu T. G. Oldenburg 1850 4. E. Keferstein Ansichten über die Kelten
u. s. w. III 1 des T. G. Halle 1851 8. W. E. Giefers über
die G. des T. u. s. w. westfäl. Zeitschr. für vaterländ. Geschichte u. s. w. 3, 1852 S. 190 ff. K. Müllenhoff verderbte
Namen bei T. Haupts Zeitschr. für deutsches Alterthum 9,
1853 S. 223 ff. J. N. Schmeisser Bemerkungen zur G. des
T. aus dem Nibelungenliede u. s. w. Constanz 1853 8. J. M.
Watterich *de veterum Germanorum nobilitate* Münster 1853
8. B. Hüppe *annotationes aliquot ad T. G.* Coesfeld 1853 4.
C. Wex *enarratio c. II Germaniae T.* Schwerin 1854 4. F.
Deycks *de T. G. cap. IX* Münster 1854 4. W. Th. Rudolphi
observ. gramm. et crit. in P. C. T. Germaniam Münster 1855 8.
W. Roscher haben unsere deutschen Vorfahren zu T. Zeit
ihre Landwirthschaft nach dem Dreifeldersystem betrieben? Ber.
der sächs. Ges. der Wissenschaften philol. histor. Kl. 10 (1858)
S. 67 ff. R. Köpke deutsche Forschungen (Berl. 1859 8.)
S. 223 ff. R. G. Latham *on the authority of the G. of T.
journal of classical and sacred philol.* 4, 1859 S. 324 ff. H.
Schweizer-Sidler Bemerkungen zu T. G. I. II Zürich 1860.
1862 1., Jahrb. 1862 S. 115 ff. Th. Malina *de consilio quale
T. in scribendo de G. libro secutus esse videatur* Deutsch-Crone
1860 8. Th. Bergk Philol. 16, 1860 S. 627, Rhein. Mus. 20,
1865 S. 291. J. V. Zingerle Pfeiffers Germania 1860 S. 219.

H. Künssberg Wanderungen in das german. Alterthum Berl.
1561 8. A. Schierenberg die Römer im Cheruskerlande
u. s. w. Frankfurt a. M. 1862 8. G. Waitz deutsche Verfas-
sungsgeschichte Bd. 1 (Kiel 1844, 2. Aufl. 1665 8.) S. 264 ff.,
über die *principes* in der G. des T. Forschungen zur deutschen
Gesch. 2, 1662 S. 392 ff., über angebl. Benutzung von T. G.
im Mittelalter ebendas. 10, 1870 S. 602, zur Kritik des Textes
von T. G. Göttinger Nachrichten 1674 S. 437 ff. K. Nipperdey
Rhein. Mus. 18, 1863 S. 342 ff. F. Münscher Beitr. zur Erklärung der G. des T. I II Marburg 1863. 1864 4. H. Bran-
des die *nobiles* der Germanen 1. Bericht über die germanist.
Gesellschaft u. s. w. (Leipz. 1863 8.) S. 19 ff. J. G. Boot
Verslagen en Mededeel. 7 (*Letterkunde* Amsterdam 1863 8.,
S. 66 ff. K. Halm über einige controverse Stellen in T. G.
Sitzungsber. der Münchener Akad. philos. philol. hist. Cl. 1864
S. 12 ff. L. von Jan Eos 1, 1864 S. 76 ff. 319, Philol. 26,
1867 S. 573. Th. Wiedemann über eine Quelle von T. G.
Forschungen zur deutschen Gesch. 4, 1864 S. 171 ff. 10, 1570
S. 595 ff. A. Baumstark über das Romanhafte in der G.
des T. Eos 1, 1864 S. 39 ff. 2, 1865 S. 487 ff. A. Reiffer-
scheid *coniectanea in T. G. symbola philol. Bonn.* (1864-67
8.) S. 623 ff. E. Göbel zur G. des T. Eos 1, 1864 S. 516 ff.
J. Becker zu T. (Germ. c. 8) Rhein. Mus. 19, 1864 S. 637 f.
F. Ritter Bemerkungen zur G. des T. Rhein. Mus. 20, 1865
S. 195 ff. A. Riese die ursprüngl. Bestimmung der G. des T.
Eos 2, 1865 S. 193 ff.. ders. die Idealisirung der Naturvölker
des Nordens in der griech. und röm. Litteratur Frankfurt a. M.
1575 4. (dazu W. Christ Jahrb. 1876 S. 333 ff.). J. F. Hult
*C. C. T. de origine . . . Germaniae l. Suecice redditus et adnota-
tionibus illustratus* Stockholm 1866 8. A. Planck über die
Götter und den Gottesglauben der alten Deutschen Jahrb. der
deutschen Theologie 11, 1566 S. 200 ff., ders. zur Erklärung
von T. G. Heilbronn 1567 8. J. Wormstall über die links-
rhein. Germanen zu T. G. c. 2, 4 Münster 1866 4., ders.
über die Tungern und Bastarnen, Studien zur G. des T. Münster 1568 8., Emendationen und Erläuterungen zur G. des T.
Münster 1876 4. F. Drosihn zu T. G. c. 38 Jahrb. 1867
S. 283. O. Ribbeck zu T. G. Rhein. Mus. 22, 1567 S. 158 f.

J. Schlenger zu T. G. c. 13 Philol. 26, 1867 S. 361. R.
Braumüller *de G. Taciteae fide atque auctoritate* Prenzlau
1868 4. Hoff über die Glaubwürdigkeit und den Kunstcha-
rakter der G. des T. Essen 1868 4. Münz T. Sittenschilde-
rung der alten Germanen bestätigt durch den heil. Bonifatius
und den Presbyter Salvian Annalen des Vereins für nassauische
Alterthumskunde 9, 1868 S. 100 ff. P. D. Ch. Hennings zu
T. G. Jahrb. 1869 S. 288., ders. über die agrar. Verfassung
der alten Deutschen nach T. und Caesar Husum 1869 8. K.
F. Petermann Uebersetzungsprobe aus der G. des T. nebst
Bemerkungen über diesen Schriftsteller Crossen 1869 4. G.
Richter zur Frage über die *principes* in der G. des T. Rhein.
Mus. 24, 1869 S. 229 ff. W. Scherer Zeitschr. für die österr.
Gymn. 1869 S. 103 ff., Anzeiger der Zeitschr. für deutsches
Alterthum 1878 S. 85 ff. K. Breuker *quo iure Sallustius T.*
in describendis Germanorum moribus auctor fuisse putetur Köln
1870 4. A. Dederich Iulius Caesar am Rhein, nebst Anhang
über die G. des T. u. s. w. Paderborn 1870 8. K. Meiser
krit. Studien zum Dialogus und zur G. des T. Eichstädt 1871
8., ders. Jahrb. 1875 S. 498. R. Usinger zu T. G. c. 2
Forschungen zur deutschen Geschichte 11, 1871 S. 595 ff. G.
Kauffmann Wehrhaftmachung kein Ritterschlag u. s. w.
(Germ. c. 13) Philol. 31, 1872 S. 490 ff., ders. ein Missver-
ständniss des T. (Germ. c. 2) Strafsburg 1874 8. Leo Meyer
zur G. des T. Zeitschr. für deutsche Philol. 4, 1873 S. 72 ff.
5, 1874 S. 251 ff. W. Bachmann *antiquitatis Germanicae*
reliquiae, quae Wernigerodae asservantur, ad illustrandam T. G.
adhibitae Wernigerode 1873 4. K. H. Keck zu G. 9 Jahrb.
1875 S. 344 f. E. Wölfflin der ursprüngliche Titel der G.
des T. Hermes 11, 1876 S. 126 f. (dazu A. Reifferscheid
Breslauer Lectionskatalog von 1877 4. S. 9). W. Hirschfelder neuere Litteratur zur G. des T. Zeitschr. für das Gymnasialw. 1877 S. 23 ff. H. Böttger Wohnsitze der Deutschen
in dem von T. in seiner G. beschriebenen Lande u. s. w. (nebst
einer Gau-Diöcesan- und Völkerkarte) Stuttgart 1877 8. O.
Hirschfeld zur G. des T. Zeitschr. für die österr. Gymn.
1877 S. 815 f.

IV. *Historiarum l. I - V* (ursprünglich *XIV!*).

a. Handschrift der zweite Mediceus *s. XI* (zählt B. XVII bis XXI).

Vgl. das über die Hss. der Annalen Bemerkte.

b. Ausgaben mit den übrigen Werken; ausserdem von G. Kiessling Leipz. 1840 S., mit deutschen Anmerkungen von C. Heräus 2 Bde. Leipz. 1864-70, 2. Aufl. 1872-75, 3. Aufl. Bd. I 1877 S.

c. Kritik und Erklärung.

F. R. Ricklefs über eine Stelle des T. (*hist. I 1*) Oldenburg 1821 4. L. J. Wortberg *ex l. I T. historiarum loci VIII*, ders. *e T. l. I historiarum loci VI* Greifswald 1823 8. C. Ph. Conz *philologico-criticae annotationes super locis quibusdam Taciteis et quidem histor. l. II* Tübingen 1825 4. A. Böckh *de T. loco hist. I 52* (1830) *opusc.* 4 S. 340 ff. F. Jacob *observationes ad T. hist. criticae part. I II* Lübeck 1839. 1842, Nachtrag 1844 und 1852 (S. 28 ff.) 4., über T. Geschichtsbücher V 2-5 Lübeck 1840 4. C. F. H. Haage *T. ab impietatis crimine vindicatus ad hist. I 3* Lüneburg 1840 4. J. Schraut Beitr. zur Kritik des T. (*hist. II 63*) Saarbrücken 1840 8. L. Döderlein *emendationes hist. T.* Erlangen 1841 4. K. Nipperdey *emendationes historiarum T.* Jena 1855 4. (*opusc.* S. 199 ff., dazu Wurm Jahrb. 1855 S. 454 ff.). A. Bormann zu T. hist. IV 29 Zeitschr. für das Gymnasialw. 1859 S. 495. W. Wagner zu T. hist. II 14 Rhein. Mus. 19, 1864 S. 478. F. Ritter Bemerkungen zu T. Philol. 21, 1864 S. 601 ff. L. Urlichs zu T. hist. II 8 Rhein. Mus. 11, 1857 S. 320, ders. Eos 1, 1864 S. 267. P. la Roche zu T. hist. I 21 Philol. 21, 1864 S. 356. Joh. Müller Beiträge zur Kritik und Erklärung des T. I. II (hist. 1-5) Innsbruck 1865 —1869 8. M. Haupt (hist. I 12 III 16) Berl. Lectionskatalog von 1866 S. 19 (*opusc.* 2 S. 334 f.). J. Prammer zu T. hist. I II Zeitschr. für die österr. Gymn. 1865 S. 611 ff. 1867 S. 254. 260, zu T. hist. III-V Wien 1871 4. F. Ritschl Rhein. Mus. 21, 1866 S. 320 (*opusc.* 3 S. 825). E. Wölfflin Philol. 27, 1865 S. 117 ff. A. Eussner (hist. I 11. 30) *specimen criticum* (Würzburg 1868 8.) S. 31 f. G. Kiess-

ling zu T. hist. II 23 Jahrb. 1869 S. 610.   J. F r e u d e n -
b e r g zu den H. des T. Jahrb. 71 S. 397 ff.   M. H e r t z T.
hist. I 25 Jahrb. 1872 S. 308, hist. I 88 Jahrb. 1876 S. 880.
A. G r u m m e *de T. historiarum l. I c. 80* Gera (Berl.) 1872 4.
K. M e i s e r kritische Studien zu den H. des T. (B. 1-5) I München 1873 4.

    d. Quellen und Darstellung.

    F. W. S ü v e r n (1822; oben zu 1) S. 97 ff.   J. G. M ü l l e r
kritische Untersuchung des taciteischen Berichts über den Ursprung der Juden theol. Studien und Kritiken (1813 8.) S. 893 ff.
B. B o r g h e s i *annotazioni agli annali ed alle storie di T.* (1830)
oeucres 5 S. 257 ff.   C. Chr. F. H i r z e l *comparatio eorum quae
de imperatoribus Galba et Othone relata legimus apud T. Plular-
chum Suetonium Dionem Cassium* u. s. w. Maulbronn 1852 4.
P. Chr. S t e r n b e r g Beiträge zur ältesten rhein. Geschichte
u. s. w. I über die Entstehung von Mainz Bonn und Cöln u. s. w.
2. Aufl. Trier 1853 8.   E. M e y e r der Freiheitskrieg der Bataver
unter Civilis Hamburg 1856 4.   L e o n h a r d über den Bericht
des T. über die Juden hist. V 2-6 Ellwangen (Tübingen) 1856 8.
Th. W i e d e m a n n *de T. Suetonio Plutarcho Cassio Dione scriptoribus imperatorum Galbae et Othonis* Berl. 1859 8.   H. E.
D i r k s e n die römisch-rechtlichen Mittheilungen in T.'s Historien (1860) hinterlassene Schriften I S. 204 ff.   Ad. S c h m i d t
*de quibusdam auctoribus Romanis, quos in describendis rebus an-
norum 68. 69 gestis T. Plutarchus Suetonius secuti sunt* u. s. w.
Jena 1860 4.   C. Chr. C. V ö l c k e r der Freiheitskampf der Bataver unter Claudius Civilis u. s. w. I II Elberfeld 1861-63 8.
J. B e r n a y s über die Chronik des Sulpicius Severus (Berl.
1861 4.) S. 53 ff.   C. H a g g e Bemerkungen zu dem Feld-
zuge des Vitellius und Otho nach der Darstellung des T.
Kiel 1864 4.   H. P e t e r die Quellen Plutarchs (Halle 1865
8.) S. 40 ff.   Th. M o m m s e n C. T. und Cluvius Rufus (vgl.
oben S. 218) Hermes 4, 1869 S. 295 ff., die zwei Schlachten
von Betriacum im J. 69 n. Chr. ebend. 5, 1870 S. 160 ff.   O.
C l a s o n Plutarch und T., eine Quellenuntersuchung Berl.
1870 8., d e r s. T. und Sueton, eine vergleichende Untersuchung u. s. w. Breslau 1870 S.   J. K i p p e r *ex T. historiis*

dilucide intellegi non posse quomodo bellum inter Othonianos et Vitellianos gestum sit part. I Rostock 1871 4. H. Nissen die Historien des Plinius vgl. oben S. 218) Rhein. Mus. 26, 1871 S. 497 ff. D. Detlefsen Philol. 34, 1875 S. 40 ff. W. Dieckmann *num de ratione quae inter T. et Plinii historias intercedat recte Nissenius iudicaverit* u. s. w. Rostock (Hannover) 1876 S. R. Rodenwaldt *de orationum Tacitearum fide historica* Jena 1876 S.

V. *Ab excessu divi Augusti l. XVI (annales).*

a. Handschriften der Mediceus I *s. IX-X* aus Fulda (ann. *I-VI),* der Mediceus II *s. XI* aus Monte Cassino (ann. *XI-XVI, hist. I-V = XVII-XXI).*

W. Pfitzner über die Randworte in dem Urcodex des T. Zeitschr. für die Alterthumsw. 2, 1844 S. 300 ff., ders. über das Verhältniss der Vulgata des T. zu dem 2. Cod. Mediceus u. s. w. Philol. 3, 1848 S. 77 ff., ders. Charakteristik der beiden florentiner Hss. des T. Verhandl. der Rostocker Philologenvers. (Leipz. 1876 4.) S. 53 f. (Zeitschr. für Gymnas. 30, 1876 S. 120 f.). C. Heraeus *studia critica in Mediceos T. codices I* Cassel 1846 4. (dazu K. Nipperdey *opusc.* S. 375 ff.), ders. zur Kritik und Erklärung des T. Hamm 1859 4. F. Ritter Randbemerkungen oder Glossen in den Annalen des T. Philol. 4, 1849 S. 681 ff., über Alter und Herkunft der ersten Hs. des T. zu Florenz Philol. 17, 1861 S. 662 ff. L. Urlichs Eos I, 1864 S. 243 ff. 2, 1865 S. 223 ff. W. Studemund Eos I, 1864 S. 246, Hermes 8, 1873 S. 232 f. E. Wölfflin Philol. 26, 1867 S. 94 ff.

b. Ausgaben mit den übrigen Werken, ausserdem von G. A. Ruperti 2 Bde. Göttingen 1804 8., G. Kiessling Leipz. 1829 8., mit deutschen Anmerkungen von K. Nipperdey oben S. 225, F. W. Otto zuerst 1851. 1852, 2. Aufl. Mainz 1854 8., A. Dräger 2 Bde. Leipz. 1868. 1869, 2. Aufl. 1873, 1. Bd. 3. Aufl. 1878 S.

c. Kritik und Erklärung.

M. A. Mureti *commentarii in V. libros a. C. T.* (1558) u. s. w. Ingolstadt 1604 S. Curtii Pichenae *ad C. T. opera notae* u. s. w. Hanau 1604 S. Th. Wopkens *animadversiones*

criticae u. s. w. (1795. 1797) 2 (Leipz. 1835 8.) S. 352 ff.
F. A. W o l f *notae in T. A.* (1796–98) vermischte Schriften
(Halle 1795 8.) S. 169 ff., kleine Schriften I (Halle 1869 8.)
S. 81 ff. 93 ff. L. J. W(ortberg) *annalium C. T. locos III
... explanatos dedit* Greifswald 1817 8., ders. *optimum inter-
pretandi praesertim T. consilium ac nonnulli a. loci ... expla-
nati* ebendus. 1819 8. G. Ph. S c h u p p i u s *explicantur loca
quaedam difficiliora ex T. a. I 7* Hanau 1818 4. D a u b e r
symbolae ad scenae Romanae hist. ad T. ann. IV 14 Holzmin-
pen 1827 4. J. P. G r e v e r u s *annotatiunculae ad T. annales*
u. s. w. Oldenburg 1827 4. P. P e t e r s e n *annotationum in C.
T. spec. I II* Kreuznach 1830–35 4. F. J a c o b *observatt. ad
T. annales criticae I II* Lübeck 1837–38 4. und Lübeck 1842
4., ders. Philol. 6, 1851 S. 80. 380 f. C. P e t e r Rand-
glossen Zeitschr. für die Alterthumsw. 9, 1842 S. 917. 10,
1843 S. 742 ff. J. H e l d *observationes in difficiliores quosdam
C. T. annalium locos* Schweidnitz 1837 4., *annotationes in
locos quosdam T. annalium difficiliores* Schweidnitz 1851 4.
F. R i t t e r Gaius Matius u. s. w. (*ann. I 10*) Zeitschr. für
die Alterthumsw. 8, 1841 S. 1195 ff., ebendas. 7, 1849 S.
300 ff., zu Juvenal und T. Philol. 5, 1850 S. 565 ff. 7, 1852
S. 583 f. Jahrb. 1862 S. 110 f. R. S e y f f e r t *emendationes
Taciteae I annales* Berl. 1843 8. L. B i s c h o f f *observationes in T. a. l. I* u. s. w. Wesel 1845 4. K. H a l m Beitr. zur
Kritik und Erklärung der A. des T. Speier 1846 4., Münchener gel. Anzeigen 1851 S. 1 ff. L. U r l i c h s zu T. Rhein.
Mus. 6, 1848 S. 636 ff., Jahrb. 1854 S. 52 ff. 154 ff. 300 ff. K.
N i p p e r d e y zu T. A. XI 14 Philol. 2, 1847 S. 427 (*opusc.* S.
342. 434 ff.). F. H a u t h a l zu T. A. Rhein. Mus. 5, 1847 S.
633 ff. A. G. A. S c h m o l l e r *explicantur loci Tacitini* Blau-
beuern 1849 4. M. H e r t z zu T. A. XI 14 Philol. 7, 1850 S.
460, ders. Jahrb. 1874 S. 257 f. U. J. H. B e c k e r über die
Bedeutung von *pax* mit bes. Beziehung auf T. A. II 26 Zeitschr.
für die Alterthumsw. 10, 1852 S. 23 ff. R. U n g e r *emendationes
Taciteae* ebendas. S. 1 ff. G. L i n k e r Beitr. zur Kritik der
A. des T. Zeitschr. für die österr. Gymn. 1853 S. 291 ff. E.
W u r m *emendata in T. a. et hist.* Philol. 8, 1853 S. 361 ff. 9,
1854 S. 86 ff. L. S. O b b a r i u s zu T. A. III 1 Zeitschr. für

das Gymnasialw. 1854 S. 91 ff.   E. Kärcher über einige Stellen aus T. A. Philol. 9, 1854 S. 74 ff.   J. Stauder zur Kritik und Erklärung einiger Stellen aus T. A. I II Zeitschr. für die Alterthumsw. 12, 1855 S. 300 ff.   L. Spengel zu T. A. XI 38, Philol. 21, 1864 S. 547, XIII 1 ebendas. 22, 1865 S. 436, ebendas. Bemerkungen zu T. A. 23, 1866 S. 644 ff., A. IV 34 ebendas. 32, 1873 *s. VIII.*   W. Kergel zu T. A. XIV 56, Jahrb. 1856 S. 448.   F. K. D. Jansen zu T. A. Jahrb. 1856 S. 679 ff., zu Nipperdey's 2. Ausg. der A. ebendas. 1859 S. 213 ff.   C. F. Weber *de suprema M. Annaei Lucani voce* (*ad T. a. XV 70*) Marburg 1857 4.   J. L. Aebi zu T. A. IV 49 Rhein. Mus. 10, 1856 S. 310 f.   L. Müller zu T. A. XIV 7 Philol. 12, 1857 S. 378 ff.   C. Sirker *animadversiones in T.A.* Trier (Berl.) 1860 8., krit. Bemerkungen zu den A. des T. Neuwied 1867 4.   K. Schenkl zu T. A. B. I und II Zeitschr. für die österr. Gymn. 1860 S. 406 ff.   W. Kraffert zu T. A. IV 62 Philol. 18, 1861 S. 728.   Chr. G. Herzog *commentariorum part. XXXII* u. s. w. (zu A. II 6. 16) Gera 1861 4.   M. Seyffert zu T. A. I 42. 44 II 8 Zeitschr. für das Gymnasialw. 1861 S. 299 ff.   K. Keil T. A. III 59 Rhein. Mus. 16, 1861 S. 291 f.   G. Krüger Jahrb. 1862 S. 110.   C. F. W. Müller zu A. IV 20 Jahrb. 1866 S. 532.   K. Scheibe *de T. a. IV 50* ebendas. S. 668.   F. Ritschl zu T. A. I 50 Rhein. Mus. 21, 1866 S. 488 (*opusc.* 3 S. 826).   A. Dräger zu T. A. Jahrb. 1867 S. 357, Philol. 26, 1867 S. 723 f.   H. Probst zu T. A. II 23 Jahrb. 1868 S. 682, zu T. A. Jahrb. 1874 S. 211.   J. Steup eine Umstellung im 2. B. der A. des T. Rhein. Mus. 24, 1869 S. 72 ff.   W. Pfitzner die A. des T. kritisch beleuchtet I (1-6) Halle 1869 8. (dazu G. Andresen Zeitschr. für das Gymnasialw. 1871 S. 817 ff.).   L. Knapp ein Emendationsversuch zu T. A. XVI 26 Laibach 1870 8.   E. Wölfflin zu T. A. I 40. 65 Philol. 29, 1870 S. 723 ff. 744.   M. Haupt Hermes 5, 1870 S. 39 (*opusc.* 3 S. 508).   J. P: Binsfeld zu T. A. I 8 Rhein. Mus. 26, 1871 S. 312.   H. Düntzer zu T. A. Jahrb. 1872 S. 137.   Joh. Müller Beitr. zur Kritik und Erkl. des T. III. (a. 1-6) und IV (11-16) Innsbruck 1873. 1875 8.   K. A. Müller zum 1. B. der A. des T. Philol. 33, 1874 S. 314 ff.

d. Quellen und Darstellung.

W. Wachsmuth *animadversiones in T. historiam expedi-
tionum Germanici in Germaniam* Kiel 1821 4. B. G. Niebuhr
über den Unterschied zwischen Annalen und Historien (1828)
kleine Schriften 2 S. 229 ff. J. G. H. Mess des T. Urtheil
über die Christen seiner Zeit (*ann. XV 44*) Jahns Archiv 4,
1836 S. 30 ff. Wendel über das *odium generis humani* ebendas.
S. 319 f. Burkhard Agrippina des M. Agrippa Tochter u.s.w.
in Germanien, im Orient und in Rom Augsburg 1846 8. Zyro
über das *odium humani generis* u. s. w. Jahns Archiv 6, 1840
S. 165 ff. L. S. Obbarius *observationes polemico-irenicae in
T. a. XV 44* u. s. w. Rudolstadt 1845 4. A. F. M. Anton
*num ad veritatem T. in a. I et II narravit de expeditionibus Ger-
manici* Rossleben 1850 4. E. v. Wietersheim der Feldzug des
G. an der Weser im J. 16 nach Chr. G. Abhandl. der sächs.
Ges. der Wiss. philol. hist. Cl. I, 1850 S. 429 ff. G. Sievers
T. und Tiberius I II Hamburg 1850. 51 4. (Studien zur Geschichte der röm. Kaiser Berl. 1870 8. S. 1 ff.) Woltersdorff
über den Einfluss welchen Tiberius auf die im Senat verhan-
delten Processe ausgeübt hat Halberstadt 1853 4. L. Spengel
über das 1. B. der A. des T. Abhandl. der Münchener Akad.
VII 3, 1855 S. 695 ff. F. Baur *de Tacitea Tiberii imagine
disp.* Tübingen 1856 4. W. Oncken zu T. A. Jahrb. 1863
S. 358. C. Krafft histor. und geograph. Excurse zu T. A.
Maulbronn (Stuttgart) 1863 4. H. Reichau *de fontium delectu quem in Tiberii vita moribusque describendis Velleius T.
Suetonius Dio habuerint* Königsberg 1865 8. F. Schlünkes
de T. Tiberii rerum auctore Münster 1866 8. J. Fechner *de
C. T. historica arte iis conspicua quae de Germanico et Aelio
Seiano memoriae prodita sunt* Bromberg 1867 4. H. Schiller zu T. A. XIV 7 Jahrb. 1867 S. 711 f., XV 18 Hermes 4,
1870 S. 429 ff., ders. ein Problem des Tacituserklärung *comment. Momms.* (Berl. 1877) S. 41 ff. R. Weidemann die
Quellen der ersten 6 B. von T. A. I–III Cleve 1868–1873 4.
H. T. Karsten *de T. fide in VI prioribus a. libris* Utrecht
1868 8. L. Friedländer *de Pomponia Graecina superstitionis
externae rea* Königsberg 1868 4. E. Egli Feldzüge in Arme-
nien 41–63 n. Chr. u.s.w. in Büdingers Untersuchungen zur

röm. Kaisergeschichte I (Leipz. 1865 8.) S. 265 ff. Schnitzer
T. und seine Tadler in Beziehung auf Tiber Correspondenzbl.
für die würtemberg. gel. Schulen 1868 S. 221 ff. L. Freytag
Tiberius und T. Berl. 1870 8. O. Clason *de T. a. aetate
quaestiones geographicae ad mare rubrum et Aegyptum maxime
pertinentes* Rostock 1871 8. Th. Mommsen Hermes 5, 1871
S. 161 ff., 12, 1877 S. 90 ff. 244 ff. F. Wolffgramm Ru-
bellius Plautus und seine Beurtheilung bei T. und Juvenal
u. s. w. Rostock (Prenzlau) 1871 4. J. Froitzheim das Geburtsjahr der jüngeren Agrippina Philol 31, 1872 S. 185 ff., *de
T. fontibus in l. I annalium* Bonn 1873 8., zur Quellenanalyse
des T. Jahrb. 1874 S. 201 ff., ein Widerspruch bei T. (a. I 44
XII 27) und seine Lösung Rhein. Mus. 32, 1877 S. 340 ff. C.
Wandinger *Pomponia Graecina* (T. a. XIII 32) Freising
(München) 1873 8. E. Walther *de T. studiis rhetoricis ratione
habita orationum quae extant in priore a. parte* Halle 1873 8.
R. Ch. Riedl ist der dem T. gemachte Vorwurf der Partei-
lichkeit begründet? aphoristische Betrachtungen über die ersten
6 B. von T. A. Wien (Triest) 1874 8. G. Laufenberg *quaestiones chronologicae de rebus Parthicis Armeniisque a T. in l.
XI—XVI ab exc. d. Aug. enarratis* Bonn 1876 8. O. Hirschfeld die Bücherzahl der A. und Historien des T. Zeitschr. für
die österr. Gymn. 1877 S. 811 ff.

3. Kritik und Erklärung sämmtlicher Werke.

J. C. Orelli in s. Ausg. von *Isocratis or. de permutatione*
u. s. w. (Zürich 1814 8.) S. 349 ff. G. H. Walther *observatt.
ad T. opera spec. I II* Stolberg 1819 Halle 1827 8. J. v. G.
Fröhlich Verbesserungsvorschläge zu ein. Stellen des Horatius T. und Theokritos München 1827 4. L. Tross *observationum criticarum libellus* Hamm 1828 4. A. Wissowa *lectiones Taciteae I—III* Breslau 1828–33 4. L. Döderlein krit.
Miscellen Rhein. Mus. 3, 1829 S. 15 ff. 6, 1839 S. 479, *diss. de
T. transpositione verborum emendando* Erlangen 1838 4., *lectionum variarum trias* Erlangen 1839 4., Zeitschr. für die Alterthumswiss. 7, 1840 S. 329 ff., *emendationes T.* Erlangen 1844
4. T. Baden krit. Nachlese zu der Bekker'schen Ausg. des
T. Jahn's Archiv 1, 1831 S. 406 ff. C. L. Roth *emendationes*

Tacitinae Nürnberg 1832 4. N. Bach *emendationes Tacitinae*
Rhein. Mus. 1, 1833 S. 353 ff. F. Jacobs Zeitschr. für die
Alterthumsw. 2, 1835 S. 200 f. (vermischte Schriften 8, 1844 S.
110 ff.). F. Neue *observationum in T. spec. I* Dorpat 1836 4.
G. Pabst *observationes in T.* Arnstadt 1837 4., *adnotationum
in T. spec. I* ebendas. 1837 4., Zeitschr. für das Gymnasialw.
1854 S. 712 f. Heinisch *annotationes ad locos quosdam T.
fasc. I-VI* Glatz 1840-59 4. G. Bezzenberger *observationes Tacitinae* Dresden 1840 8., *emendationum delectus e. T.
scriptis* ebendas. 1844 4. F. W. Schneidewin Göttinger
Lectionskatalog von 1841 4. K. J. Sillig ... *E. A. Groebelio
... gratulantur collegae* Dresden 1841 fol. Otto *observationes
in nonnullos T. locos* u.s.w. Giessen 1843 4. F. Oelschlaeger
adnotationes criticae in C. C. T. Schweinfurt 1844 4. K. Scheibe
schedae criticae Philol. 1, 1846 S. 185. Stürenburg *corrupti
aliquot Aeschyli Ciceronis Taciti loci emendantur* Hildburghausen
1847 4. F. Haase Tacitea Philol. 3, 1848 S. 152. L. Urlichs
zu T. Rhein. Mus. 6, 1848 S. 636 ff. 11, 1857 S. 320 Philol. 17,
1861 S. 349 Eos 1, 1864 S. 267. 498. 515 Festgruss der philol.
Ges. zu Würzburg 1868 S. 1 ff. Th. Bergk Rhein. Mus. 7, 1850
S. 157. Th. Fr. Strodtbeck *exponuntur loci aliquot T.* Stuttgart 1850 4. Chr. Höfer über einige corrupte Stellen in den
Schriften des C. C. T. München 1851 4. J. H. Nolte *quomodo permulti qui apud T. leguntur loci sive emendandi sive ex-
plicandi sint* u. s. w. Amsterdam 1851 8., ders. Jahns Archiv
16, 1850 S. 361 ff. 18, 1852 S. 623 ff. 19, 1853 S. 303 ff. 459 ff.
Hoffmann Emendationen Zeitschr. für das Gymnasialw. 8,
1854 S. 700. H. Woelffel *emendationes in C. T. libros*
Nürnberg 1857 8. L. Vielhaber *animadversiones Tacitinae*
Salzburg 1860 4. F. Schöntag zu T. Blätter für das
bayer. Gymnasialschulw. 1861 S. 192, Beiträge zur Kritik
und Erklärung des T. Regensburg 1872 4. L. Müller Rhein.
Mus. 17, 1862 S. 185 ff. J. Classen *symbolae criticae* II III
Frankfurt a. M. 1863. 69 4. J. Stauder *de vexilli et vexil-
lariorum apud T. vi et usu* Cöln 1863 4. Joh. Müller Beitr.
zur Kritik und Erklärung des T. I-IV Innsbruck 1865-
1875 8. (dazu Th. Opitz Jahrb. 1875 S. 263 ff.). C. F. W.
Müller Jahrb. 1866 S. 502. K. Sirker Jahrb. 1866 S. 208,

1868 S. 267, 1672 S. 135. F. Thomae *observationes criticae in C. T.* Bonn 1866 8. J. Fischer *de locis aliquot Taciteis commentatio* Speier 1867 4. C. Völker *conlectae criticae et exegeticae symbola philol. Bonn.* (1867) S. 453 f. H. A. Koch Philol. 28, 1869 S. 364 Rhein. Mus. 25, 1870 S. 176. J. Prammer zur Kritik und Erklärung lat. Schriftsteller Feldkirch 1869 8., ders. Taciteisches Troppau 1870 8. Th. Opitz *acta soc. philol. Lips.* 1, 1672 S. 409 f. H. F. Zeyss Philol. 31, 1872 S. 124. J. N. Madvig *advers. crit.* 2 (1873) S. 541 ff. (dazu K. Halm Jahrb. 1874 S. 408 ff.). K. E. Georges Philol. 33, 1873 S. 313. 334. C. Jacoby Jahrb. 1874 S. 205 f. H. G. zu T. Blätter für das bayer. Gymnasialschulw. 1875 S. 47.

4. Sprache.

W. Boetticher *Lexicon Taciteum* u. s. w. Berl. 1830 8. (dazu P. Petersen Jahrb. für wissenschaftl. Kritik 1831 S. 783 ff., F. Kritz allgem. Schulzeitung 2, 1831 S. 80 ff., K. F. Hermann Heidelb. Jahrb. 1832 S. 479 ff.). A. Dräger über Syntax und Stil des T. Leipz. 1868, 2. Aufl. 1874 8. A. Gerber und A. Greef *lexicon Taciteum* Bd. I Leipz. 1877 8. (dazu E. Wölfflin philol. Anz. 8, 1877 S. 299 f.) J. Gantrelle *grammaire et style de T.* Paris 1874 8.

Lundblad *diss. de stylo C. T.* Lund 1789 4. J. G. Buhle *de T. stilo* u. s. w. Braunschweig 1817 8. F. Günther über einige grammat. Eigenthümlichkeiten und Merkwürdigkeiten des taciteischen Styls Athenäum 2, 1817 S. 258 ff. C. L. Roth *Taciti synonyma et per figuram* ἓν διὰ δυοῖν *dicta* u. s. w. Nürnberg 1825 8., ders. *grammaticae quaestiones* u. s. w. Nürnberg 1829 4. (Seebodes Archiv 1830 S. 17 ff.), Jahns Archiv 1, 1831 S. 5 ff. C. Funk *versus apud T. observati* Magdeburg 1826 4. J. E. Wernicke *de elocutione T. spec. I* Thorn 1830 S. F. Haase *extacta c. I de discrimine quod esse videtur apud T. inter perf. temporis III pers. pl. terminationes* erunt et ere Zeitschr. für die Alterthumsw. 3, 1836 S. 673 ff., Tacitea Philol. 3, 1648 S. 153 ff. M. W. Heffter über eine lehrreiche Eigenthümlichkeit des T. Zeitschr. für die Alterthumsw. 6, 1839 S. 1001 ff. W. Th. Jungclaussen *quaestiones syntacticae de Tacitei*

sermonis proprietate in usurpandis verbi temporibus modis parti-
cipiis Kiel 1848 4.   C. J. Grysar Andeutungen über die
Eigenthümlichkeiten in der Darstellung und Latinität des T.
Zeitschr. für die österr. Gymn. 1853 S. 1 ff.   Hilgers über
Hexameter in T.'s Annalen Zeitschr. für das Gymnasialw. 1856
S. 791 ff.   Joachim *nonnulla de elocutione T.* Görlitz 1862 4.
A. Gerber *de particularum quadam in sermone T. proprietate*
Kaschau (Berl.) 1863 4., *de particula an* Leutschau 1865 4.,
nonnulla de usu praepositionum apud T. Glückstadt 1871 4.
(dazu A. Greef philol. Anz. 4, 1872 S. 293 ff.), der Gebrauch
von *super* bei T. Philol. 33, 1874 S. 617 ff., *de coniunctionum
temporis usu Taciteo* Glückstadt 1874 4.   P. Czensny *de
infinitivo Taciteo I* Breslau 1863 8.   U. Zernial *selecta quaedam capp. ex genetivi usu Taciteo* Göttingen 1864 8., *nonnulla
de elocutione T.* Burg 1868 4.   F. Hüttemann *de usu sub-
iunctivi relativi et absoluti apud T. in contionibus obliquis* Münster 1864 8.   P. Spitta *de T. in componendis enuntiatis ratione I* Göttingen 1866 8.   Storch einige Bemerkungen zur
Grammatik des T. für den Schulgebrauch Memel 1868 4.   M.
Morgenroth *de condicionalium sententiarum apud T. formatione* Leipz. 1868 8.   A. Greef *de praepositionum usu apud T.
I* Göttingen 1869 8. (dazu A. Gerber philol. Anz. 6 1874 S.
371 ff.), zum *abl. abs.* Philol. 33, 1874 S. 736 f.   H. C. Maué
de praepositionis ad *usu Taciteo* Göttingen (Frankfurt a. M.)
1870 8. (dazu philol. Anz. 6 1874 S. 210 ff.).   A. Sirker taci-
teische Formenlehre Berl. (Leipz.) 1871 8.   R. Schmidt *de
ellipsi Tacitina* Dramburg (Berl.) 1872 8.   G. E. E. Ulbricht
*T. qui ad figuram hendiadyoin referuntur ex minoribus scriptis
loci* Leipz. (Freiberg) 1874 4.   G. Andresen *de vocabulorum
apud T. collocatione* Berl. 1874 4.   R. Macke die Substantiva
des T. u. s. w. Plön 1874 4.   C. Wetzell *de usu verbi sub-
stantivi Tacitino* Cassel (Leipz.) 1876 8.   F. W. Hensell *de
praepositionis* per *usu Tacitino* Marburg 1876 8.   C. Reuss
de coniunctionum causalium apud T. usu Halle 1876 8.

Jahresberichte von E. Wölfflin Philol. 24, 1865 S. 115 ff.
25, 1866 S. 92 ff. 26, 1867 S. 92 ff. 27, 1868 S. 113 ff. 29, 1870
S. 557 ff. 30, 1870 S. VI, Bursians Jahresber. III 1874–75
S. 756 ff.

G. Andresen Jahresber. des philol. Vereins Zeitschr. für das Gymnasialw. 1875 S. 1 ff. 1876 S. 69 ff. 1877 S. 45 ff.

§ 98. C. Plinius Caecilius Secundus (62—113).

1. Leben.

J. Masson *P. S. iun. vita ordine chronologico sic digesta ut varia dilucidentur historiae Romanae puncta* u. s. w. Amsterdam 1709 8. A. J. a Turre-Rezzonico (1763) S. oben S. 214 (§ 96, 1). Chr. B. Lehmus Charakter des jüngeren P. Soest 1776 4. J. A. Schäfer über den Charakter des jüngeren P. I-IV Anspach 1786-91 4. G. E. Gierig Leben, moralischer Charakter und schriftstellerischer Werth des jüngeren P. Dortmund 1796 (1798) 8. M. van Hall *P. le jeune esquisse littéraire* u. s. w. aus dem holländ. von Wallez Paris 1824 8. F. Hesse *de C. C. P. minore dialogi de oratoribus auctore* Magdeburg 1831 8. J. I. Kramarczik *de C. C. P. minore dialogi de oratoribus auctore* Heiligenstadt 1841 4. Geissler *de P. minoris vita* Breslau 1862 4. H. Schöntag *de C. P. moribus scriptisque ex ipsius epistolis composita brevis commentatio* Rotenburg a. T. 1863 8., ders. P. der j. ein Charakterbild aus der röm. Kaiserzeit Hof 1876 8. I. I. Tanzmann *de C. P. C. S. vita ingenio moribus quaestio* Breslau 1865 8. Th. Mommsen zur Lebensgeschichte des jüngeren P. Hermes 3, 1868 S. 31 ff. 139. H. F. Stobbe zur Chronologie der Br. des P., die Processe des Priscus und Classicus Philol. 30, 1871 S. 347 ff. W. Gemoll *de temporum ratione in P. epistularum IX libris observata* Halle 1872 8. J. P. Lagergren *de vita et elocutione C. P. C. S.* Upsala 1872 8. C. Peter zur Chronologie der Br. des jüngeren P. Philol. 32, 1873 S. 698 ff. H. Bender der jüngere P. nach seinen Briefen Tübingen 1873 4. L. Moy *qualem apud aetatis suae studiosos personam egerit C. P. S.* Paris 1876 (115 S.) 8.

2. Werke.

Panegyricus (*dictus Traiano Augusto* 100). *Epistularum l. IX. Ad Traianum imperatorem et Traiani imperatoris ad P. epistularum liber.*

a. Handschriften der Briefe der Mediceus *s. X.* und der

Vaticanus 3864 *s. X* (B. I–V) ; der Florentinus (*S. Marci*) *s. XI* und der verlorene Riccardianus (B. I–V 6, 100 Briefe), und die jüngeren, welche B. VIII auslassen, wie der Dresdensis *s. XV* u. a. Die Handschrift der Br. an Traian verschollen, dafür die Ausgaben des Avantius und Aldus. Der Panegyricus in den Ambrosianischen Palimpsestblättern *s. VI– VIII* und der verschollenen Hs. der Panegyrici des Aurispa.

F. N. Titze *specimen novae editionis epistolarum C. P. C. S. ad familiares* u. s. w. Prag 1819 8. J. G. Kreyssig *dissertatio de cod. membr. P. S. epistolas olim complexi fragmento* u. s. w. Leipz. 1812 4. J. C. Orelli *historia critica epistolarum P. et Traiani usque ad a. MDLII* Zürich 1838 4. H. Keil *de P. epistulis emendandis I II* Erlangen 1865. 66 4., *de schedis Ambrosianis rescriptis panegyrici Pliniani* Halle 1869 4., *Ioh. Aurispae epistola* Halle 1870 4., und in der Vorrede seiner Ausgabe.

b. Ausgaben der Briefe (VIII B.) die *principes* Venedig 1471 4. und Rom um 1474 4., mit den übrigen Werken von Ph. Beroaldus Bologna 1498 4. und öfter mit den *enarrationes* von J. M. Cataneus Mailand 1506 fol. und öfter, die Aldina Venedig 1508 8. (vollständig), von H. Stephanus mit I. Casaubonus Noten Paris 1591 8., *cum notis variorum* von J. Gruter Frankfurt a. M. 1611 16., A. R[ivinus] Frankfurt a. O. 1650 8., M. Z. Boxhornius Leiden 1653 12., J. Veenhusen (nur die Briefe) Leiden 1669 8., Th. Hearne Oxford 1703 8., Chr. Cellarius Leipz. 1711. 1761 8., G. Corte und P. D. Longolius (nur die Briefe) Amsterdam 1734 4., J. M. Gesner Leipz. 1739 (von A. W. Ernesti 1770 und G. H. Schäfer 1805 wiederholt) 8., G. E. Gierig 2 Bde. Leipz. 1800–1802 8. mit dem Panegyr. 1806 8., F. N. Titze Prag 1820 8., M. Döring 2 Bde. Freiberg 1843 8.

Der Panegyricus zuerst in den Pan. von F. Puteolanus Mailand 1482 4., von J. M. Gesner Göttingen 1735. 1749 8., *cum notis variorum* (und Masson's *vita*) von J. Arntzen Amsterdam 1738 4., Chr. G. Schwarz Nürnberg 1746 4., G. E. Gierig Leipz. 1796 8.

C. P. C. S. epistularum l. IX, epistularum ad Traianum l., panegyricus ex rec. H. Keilii; *accedit index nominum cum rerum narratione auctore* Th. Mommseno Leipz. 1870 8.

Text von H. Keil Leipz. 1853. 1867 8., des Panegyricus von C. Gottschling Leipz. 1723 12., der *epist. ad Traianum* von I. C. Orelli Zürich 1833 8.

c. Kritik und Erklärung.

Chr. Fr. Olpe *commentatio de C. P. S. eruditae vitae magistro* Dresden 1784 4. W. Richter *de gloriae laudisque studio P. iun. quid sit censendum I II* Guben 1808-9 4. J. D. Schulze *C. P. C. paedagogica* Lübben 1810 4. J. C. Held *observationes miscellae in P. panegyricum* Bayreuth 1824 4., ders. über den Werth der Briefsammlung des jüngeren P. in Bezug auf Geschichte der röm. Litteratur Breslau 1833 8., ders. *prolegomena ad librum epistolarum* u. s. w. *ad Traianum* Schweidnitz 1835 4. J. J. L. Brugghen *quaestiones iuridicae .. ad scripta P. iunioris* u. s. w. Leiden 1827 4. J. A. Schneither *diss. iuridica qua loca e P. iunioris scriptis quae ad ius civile pertinent recensentur* u. s. w. Gröningen 1827 8. E. Böcking *quaestiones iuris publici Romani ad P. ep. X 4-5* Bonn 1836 4. Zum Paneg. dänisch G. Thomsen *dansk maanedskrift* 1858 S. 425 ff. 1859 S. 152 ff., Holm ebendas. 1859 S. 158 ff. A. Reifferscheid Rhein. Mus. 15, 1860 S. 635. J. L. Ussing *om de k. Tr. tillagte breve til P.* Kopenhagen 1861 4. H. Düntzer Zeitschr. für das Gymnasialw. 1863 S. 477. M. Horstig ebendas. 1863 S. 149. C. F. W. Müller Rhein. Mus. 20, 1865 S. 156 f., zu lat. Prosaikern (Landsberg a. W. 1865 4.) S. 5. 7. J. Dierauer über den Paneg. des jüngeren P. in Büdingers Untersuchungen zur röm. Kaisergeschichte I (Leipz. 1868 8.) S. 187 ff. J. J. Cornelissen *coniectanea Latina* (Deventer 1870 8.) S. 36 ff. M. Haupt (zum Paneg.) Hermes 5, 1871 S. 26 (*opusc. 3 S. 495*). H. Sauppe P. Panegyricus Philol. 31, 1871 S. 134 f.

d. Sprache.

W. F. Wensch *lexici Pliniani spec. I II* Wittenberg 1837. 1839 4. E. E. Oestling *commentatio de elocutione P. minoris a vere classica quam vocant nonnihil abhorrente I - III* Upsala

1839 8. Teipel über P. ep. X 97 mit einem Excurs über den Gebrauch von *invicem* Zeitschr. für das Gymnasialw. 1861 S. 530 ff. H. Holstein *de P. minoris elocutione I II* Naumburg 1862 Magdeburg (Leipz.) 1868 4., ders. Jahrb. 1872 S. 205 ff. Kraut über Syntax und Stil des jüngeren P. Tübingen 1873 4.

Redner und Juristen.

Pompeius Saturninus. Voconius Romanus. Salvius Liberalis. C. Fannius. Pompeius Planta. Claudius Pollio u. A.

Neratius Priscus. Iuventius Celsus. Iavolenus Priscus. Titius Aristo. Minicius Natalis u. A. Vgl. die § 110 zu Anf. angeführten Bücher.

§ 99. C. Suetonius Tranquillus (um 75 bis um 160).

1. Leben.

J. Regent *de C. S. T. vita et scriptis* Breslau 1856 8. Th. Mommsen Hermes 3, 1868 S. 42 f. C. Peter Philol. 32, 1873 S. 710.

2. Werke (*de viris illustribus*, *de vita Caesarum l. VIII* und zahlreiche grammatische und antiquarische Schriften.

a. Handschriften der *vitae* der Memmianus (*de Mesmes*) in Paris *s. IX*, der Vaticanus Lipsii *s. XI* und der dritte Mediceus *s. XI*, die jüngeren der Parisinus *s. XII*, der erste Mediceus *s. XIII* u. a. Das Fragment *de grammaticis et rhetoribus* (mit dem *dial.* und der *Germania* des Tacitus) in dem Vaticanus 1862.

C. L. Roths Vorrede. Th. Möbius zur Kenntniss einiger Hss. des S. Philol. 1, 1846 S. 631 ff. A. Reifferscheid *quaestionum Suetonianarum particula* Bonn 1859 8., ders. *analecta critica et grammatica* Breslau 1877 4. G. Becker *quaestiones criticae de C. S. T. de vita Caesarum libris VIII* Memel 1862 4., ders. Jahrb. 1861 S. 572 f. 1863 S. 193 ff. 1864 S. 539 ff., *symbola philol. Bonn.* (1867) S. 657 ff.

b. Ausgaben der *vitae* die *principes* (zwei) Rom 1470 fol. und Venedig 1471 4., von A. Sabellicus Venedig 1490 fol.

und öfter, Ph. Beroaldus Bologna 1493 und 1506 fol., G. Morillon Paris 1508 8., J. B. Egnatius Venedig 1516 8. und öfter, D. Erasmus (mit den *scriptores hist. Aug.*) Basel 1518 fol. und öfter, R. Stephanus Paris 1543 8., H. L. Glareanus *annotationes* zuerst Basel 1560 8., L. Torrentius *commentarii* Antwerpen 1578 8., F. Ursinus *notae* (in A. Augustinus *fragmenta historicorum*) Antwerpen 1595 8., von Is. Casaubonus Genf 1595 4. Paris 1610 fol., J. G. Graevius Utrecht 1672. 1691. 1703 4., S. Pitiscus Utrecht 1690 4. 2 Bde. Leuwarden 1714 4., P. Burman 2 Bde. Amsterdam 1736 4., J. A. Ernesti Leipz. 1748. 1755 8. (danach F. A. Wolf 4 Bde. Leipz. 1802 8.), Fr. Oudendorp Leiden 1751 8., J. H. Bremi Zürich 1800. 1820 8., D. C. W. Baumgarten-Crusius 3 Bde. Leipz. 1816–18 8., C. B. Hase 2 Bde. Paris 1828 8.

C. S. T. quae supersunt omnia recensuit C. L. Roth Leipz. 1858 (1865) 8.

S. de grammaticis et rhetoribus libell. u. s. w. rec. F. Osann Giessen 1854 8.   *C. S. T. praeter Caesarum libros reliquiae ed.* A. Reifferscheid, *inest vita Terentii a F. Ritschelio emendata et enarrata* [*opusc.* 3 S. 204 ff.] Leipz. 1860 8.

c. Kritik und Erklärung.

D. Ruhnkenii *scholia in S. vitas Caesarum ed.* J. Geel Leiden (Leipz.) 1828 8.   F. A. Wolf *notae in S. vitas Caesarum* (1801–1803) vermischte Schriften (Halle 1795 8.) S. 208 ff., kleine Schriften 1 (Halle 1869 8.) S. 111 ff., *praef. ad S.* (1802 ebendas. S. 409 ff., *in S. animadversiones comment. soc. philol. Lips.* (von Chr. D. Beck) 2 (Hof 1802 8.) S. 222 ff.   C. F. Ammon *in locum S. Claud. c.* 25 Göttingen 1804 4.   Chr. G. Müller *ad C. S. T. observationes cum auctario animadversionum Reinesianarum* u. s. w. Leipz. 1804 8.   G. H. Walther *observationes ad S. T. vitas Caesarum quibus varias doctorum emendationes et interpretationes denuo excussit atque examinavit* Torgau 1813 8.   J. Ch. Henrici *de ostento* u. s. w. *ad S. Caes. c.* 32 Wittenberg 1813 4.   J. H. T. Bohr *observationes in aliquot S. locos vitae Caes.* I–III Gera 1822–25 4., ders. *observationes in aliquot S. locos vitae T. Fl. Vespasiani* ebendas.

1826 4. J. F. H. Abegg *de iurisprudentia apud Romanos sub primis imperatoribus* u. s. w. [zu *Suet. Calig. c. 34*, Breslau 1827 8. E. J. Richter *in Q. Horatii Flacci vitam* u. s. w. *notas rariorum collegit* u. s. w. Zwickau 1830 4. J. von Gruber *de novae S. editionis ratione atque consilio* Jahn's Archiv 3, 1534 S. 140, *novae ed. S. spec.* Stralsund 1837 4. W. A. Schmidt Emendation einer Stelle des S. betreffend die Atellanen Zeitschr. für die Alterthumsw. 7, 1840 S. 1241 ff. F. Ritschl zu S.'s *vita Terentii* [vgl. oben S. 20] Rhein. Mus. 1, 1842 S. 148 f., *S. de viris illustribus* ebendas. 2, 1843 S. 615 ff. 640 (Parerga S. 609 ff.). Th. Mommsen Philol. 1, 1846 S. 180. H. Langensiepen *fragmentum Suetonianum de maris ac fluminum partibus* u. s. w. Rhein. Mus. 5, 1847 S. 246 ff. L. Mercklin S. der Pornograph Philol. 2, 1847 S. 303 f., ders. 19, 1863 S. 158. 679. H. E. Dirksen Beitr. zur Auslegung einzelner Stellen in den Kaiserbiographieen des S. (1848) hinterlassene Schriften 1 S. 213 ff. Th. Bergk Rhein. Mus. 7, 1850 S. 156. Philol. 16, 1860 S. 627 ff. O. Jahn Rhein. Mus. 9, 1854 S. 629, Philol. 26, 1867 S. 17; 28, 1869 S. 10. H. Dörgens zu *S. viri illustres* Philol. 11, 1856 S. 785 ff., ders. über S.'s Werk *de viris illustribus* Leipz. 1857 8. K. L. Roth Sueton. Studien I zur *v. Terentii* Rhein. Mus. 12, 1857 S. 174 ff., II zur *v. Horatii* ebendas. 13, 1868 S. 517 ff. K. Keil zu *S. de gramm. et rhetor. c. 3* Rhein. Mus. 16, 1861 S. 290. W. Fröhner Suetoniana Philol. 18, 1862 S. 356 ff. G. Krüger Jahrb. 1862 S. 851. A. Fleckeisen zu *S. v. Terentii* krit. Miscellen (Leipz. 1864 8.) S. 58 ff. R. Unger *Suetoniana* Friedland (Berl.) 1864 4. C. F. W. Müller Rhein. Mus. 20, 1865 S. 160. L. Urlichs Eos 2, 1865 S. 188. E. Miller *mélanges de littérature grecque* (Paris 1868 8.) S. 305. 413 ff. 435. (dazu A. Fresenius *de λέξεων Aristoph. et Sueton. excerptis Byzantinis* Wiesbaden 1875 8.). A. Müller der *latus clavus* bei Sueton Caes. 45 und Quintilian XI 3, 138 Philol. 28, 1869 S. 277. Zur *vita Terentii* H. Sauppe und J. Vahlen oben S. 20 (§ 25, 1), ders. Berl. Lectionskatalog von 1677 4. J. J. Cornelissen *coniectanea Latina* (Deventer 1870 8.) S. 52 ff. W. H. Roscher zu S. Nero 33 Jahrb. 1873 S. 560. J. N. Madvig *advers. crit.* 2

(1873) S. 570 ff.   K. Dziatzko Rhein. Mus. 29, 1874 S. 461.
A. Fleckeisen Jahrb. 1877 S. 394. 576.

d. Quellen.

F. A. L. Schweiger *de fontibus et auctoritate vitarum XII imp. S.* Göttingen 1830 4.   A. Krause *de C. S. T. fontibus et auctoritate* Berl. 1831 8.   H. Lehmann Claudius und Nero u. s. w. (Gotha 1858 8.) S. 39 ff.   A. Schmidt *de quibusdam auctoribus Romanis quos* u. s. w. *Tacitus S. Plutarchus secuti sunt* u. s. w. Jena 1860 4.   H. Reichau *de fontium delectu quem in Tiberii vita moribusque describendis Velleius Tacitus S. Dio habuerunt* Königsberg 1865 8.   O. Clason Tacitus und S. u. s. w. 1870 (s. oben S. 239).   G. Dederding *de S. vita Caesaris p. I* Jena 1871 8.

e. Sprache.

H. R. Thimm *de usu atque elocutione C. S. T.* Königsberg 1868 8.   P. Bagge *de elocutione C. S. T.* Upsala 1875 8.

§ 100. Julius Florus (unter Hadrian).

1. Leben und Zeitalter.

F. N. Titze *de epitomes rerum Romanarum quae sub nomine L. Annii Flori s. Senecae fertur aetate probabilissima* u. s. w. Linz 1804 8.   Gossrau *de F. qua vixerit aetate* Quedlinburg 1837 4.   H. G. Plass *disput. de auctoribus eius quae vulgo fertur L. A. F. epitome rerum Romanarum* Verden 1858 8.   L. Spengel über die Geschichtsbücher des F. Abhandlungen der Münchener Akademie 36, 1861 S. 319 ff.   J. Reber das Geschichtswerk des F. Freising 1865 8.   C. Heyn *de F. historico* Bonn 1866 8.   A. Eussner Philol. 34, 1875 S. 166 ff. 37, 1877 S. 130 ff.   Vgl. oben S. 160.

2. *Iuli Flori epitomae de T. Livio bellorum omnium annorum DCC libri II.*

a. Handschriften der *Bambergensis s. IX*, der (interpolierte) *Nazarianus s. IX* (*L. Annaei Flori epitomae de T. Livio l. IV*) und zahlreiche jüngere.

O. Jahn's *praefatio. Lectiones variae* und Scholien J. C.

Jahns Archiv 16, 1850 S. 94 ff. 270 ff.   C. Halm Jahrb. 1854
S. 172 ff.   H. Sauppe *de arte critica in F. bellis recte facienda*
Göttingen 1870 4.   E. Bährens Rhein. Mus. 30, 1875 S. 628.

    b. Ausgaben die *princeps* Paris um 1470 4., von Ph. Bero-
aldus o. O. [Parma] um 1473 4.,   Joh. Camers (dessen
annotationes zuerst Wien 1511 4.) Wien 1518 4.,   E. Vinetus
(dessen *castigationes* zuerst Paris 1550 4.) mit Solinus Poitiers
1554 4. und sonst, Joh. Stadii *in F. commentarius* zuerst Antwerpen 1567 8.,   J. Gruter Heidelberg 1597 und (mit Salmasius *castigationes*) 1609 8. und öfter,   J. G. Graevius
Utrecht 1680 8. und 2 Bde. Amsterdam 1702 8.,   C. A. Duker
(*cum notis variorum*) Leiden 1722. 1744 8. (von H. G. Hübner
und C. Jacobitz 2 Bde. Leipz. 1832 8.),   J. F. Fischer
Leipz. 1760 8.,   F. N. Titze Prag 1819 8.,   G. Seebode
Leipz. 1821 8.

    Iuli Flori epitomae u. s. w. *rec. et emend.* O. Jahn Leipz.
1852 8. (dazu C. Halm Jahrb. 1854 S. 172 ff.),   *recogn.* C.
Halm Leipz. 1854 (1862) 8.

    c. Kritik und Erklärung.

    J. Perizonius *dissert. historica de duobus maxime insigni-
bus F. locis* Franeker 1684 4.   P. C. Sternberg Beitr. zur
ältesten rheinischen Geschichte und zur richtigen Auslegung
des Florus Tacitus u. s. w. (zuerst 1852) 2. Aufl. Trier 1853 8.
Böhmer zur Kritik des F. Jahns Archiv 19, 1853 S. 636 f.
Th. Mommsen Ber. der sächs. Ges. der Wissenschaften
philol. hist. Cl. 6, 1854 S. 156,   ders. Rhein. Mus. 16, 1861
S. 135 ff.   J. A. Machly zu F. Jahrb. 1857 S. 659.   H.
Jacob *specimen emendationum* Cleve 1860 4.   F. E. Köhler
observationes criticae in I. F. Göttingen 1865 8.   A. Kellerbauer Philol. 21, 1864 S. 72. 163.   J. Freudenberg Rhein.
Mus. 22, 1865 S. 25 ff.   H. Usener Jahrb. 1865 S. 268.   J.
P. Binsfeld *quaestiones Florianae criticae* Düsseldorf 1867 4.,
ders. Rhein. Mus. 22, 1867 S. 310. 645.   L. Vielhaber
Zeitschr. für die österr. Gymn. 1867 S. 244 f.   A. Eussner
specimen criticum (Würzburg 1868 8.) S. 35.   F. van Hout
Jahrb. 1870 S. 79 f.   E. Bährens *lectiones Latinae* (Bonn
1870 8.) S. 5 ff.   E. Wölfflin Philol. 29, 1870 S. 557 f.

H. Müller Rhein. Mus. 26, 1871 S. 350 f., Jahrb. 1871 S. 565 ff.

P. Annius Florus *Vergilius orator an poeta* in Jahns I. Florus S. XLI ff., in Halms Florus S. 106 ff.

F. Ritschl Rhein. Mus. 1, 1841 S. 302 ff. (*opusc.* 3 S. 729 ff.) J. Freudenberg Rhein. Mus. 22, 1865 S. 30 f. E. Hübner Hermes 1, 1866 S. 97 f. 125. M. Haupt Hermes 4, 1869 S. 149. 188. (*opusc.* 3 S. 459. 586). E. Bährens *lectiones Lat.* (1870) S. 19 ff., Jahrb. 1872 S. 632. R. Unger Philol. 33, 1873 S. 448. H. Jordan Hermes 9, 1874 S. 85 f. A. Eussner Philol. 37, 1877 S. 143 ff.

L. Ampelius (unter Antoninus Pius?) *liber memorialis* (Salmasius' Abschrift des verlorenen Cod. Divionensis des Juretus in München).

a. Ausgaben.

Die *princeps* des Cl. Salmasius (hinter dem Florus) Leiden 1638 8. und seitdem in vielen Ausg. des Florus. Ausg. von C. H. Tzschucke Leipz. 1793 8., F. A. Beck Leipz. 1826 8., E. Wölfflin (hinter C. Halm's Florus) Leipz. 1854 8.

b. Kritik und Erklärung.

C. F. Gläser über das Zeitalter des A. Rhein. Mus. 2, 1843 S. 145 ff. E. Wölfflin *de L. A. libro memoriali quaestiones criticae et historicae* Göttingen 1854 8. E. Klussmann Philol. 11, 1856 S. 269. F. Bücheler Rhein. Mus. 13, 1858 S. 179 ff. H. Jacob *quaestiones Ampelianae (specimen emendationum* Cleve 1860 4.) S. 18 ff. L. Urlichs Rhein. Mus. 17, 1862 S. 632 ff. G. F. Unger Othryades eine historisch-kritische Abhandlung Hof 1864 4. M. Zink Eos 2, 1865 S. 317 ff. A. Eussner *specimen criticum* (Würzburg 1868 8.) S. 37 ff. (dazu E. Wölfflin philol. Anz. 1, 1869 S. 24), ders. Philol. 26, 1867 S. 43. 651. F. Rühl Jahrb. 1870 S. 20 ff. M. Haupt Hermes 6, 1872 S. 391 (*opusc.* 3 S. 566). H. von Rohden *de mundi miraculis* (Bonn 1875 8.) S. 3 ff. (dazu E. Wölfflin philol. Anz. 7, 1875 S. 231). E. Rhode Rhein. Mus. 32, 1877 S. 638.

Iulius Obsequens s. S. 198.

§ 101. Granius Licinianus (unter Hadrian?).

Gai Grani Liciniani annalium quae supersunt ex codice ter scripto musei Britannici Londinensis nunc primum edidit K. A. F. Pertz (*accedit tabula*) Berl. 1857 4. *G. L. quae supersunt emendatiora edidit philologorum Bonnensium heptas* Leipz. 1858 8.

P. Boetticher (de Lagarde) Philol. 8, 1854 S. 394, Zeitschrift für das Gymnasialw. 1853 S. 341 ff. 714 ff. J. N. Madvig (1857) kl. philol. Schriften S. 391 ff. K. Pertz Göttinger gel. Anz. 1857 S. 1913 ff. G. H. Pertz Monatsberichte der Berl. Akademie 1858 S. 347 ff. 527, 1859 S. 562. B. ten Brink Philol. 12, 1858 S. 590. H. Heerwagen *de G. L. fragmento ann. l. XXVI* (Gratulationsschrift an F. Thiersch Nürnberg 1858 4.) S. 7 ff. C. G. Schmidt Philol. 13, 1858 S. 223 ff. G. Linker Jahrb. 1858 S. 628 ff. K. Keil ebendas. S. 640 ff. C. Bursian ebendas. S. 650. C. Cavedoni *bulletino Napoletano* 1858 S. 139 ff. D. Comparetti Rhein. Mus. 13, 1858 S. 457 ff. J. A. Wynne Philol. 15, 1860 S. 357 ff. C. M. Francken Jahrb. Supplementbd. 3 (1860) S. 235 ff.

§ 102. Die Grammatiker des zweiten und dritten Jahrhunderts.

Aemilius Asper. Flavius Caper. Caesellius Vindex. Clovatius Verus. Velius Longus. Q. Terentius Scaurus. C. Sulpicius Apollinaris. Arruntius Celsus u. A. C. Iulius Romanus.

Zu Asper Th. Bergk Zeitschr. für die Alterthumsw. 3, 1845 S. 118 ff. A. Gräfenhan Geschichte der class. Philol. im Alterthum 4 (Bonn 1850 8.) S. 75 ff. H. Keil's Probus (oben S. 119 und 214, Halle 1848 8.) S. 109 ff. H. Hagen Philol. 25, 1867 S. 353 ff.

Zu Caper F. Osann *de Fl. Capro et Agroecio grammaticis* Giessen 1849 4. W. Christ Philol. 18, 1862 S. 165 ff. W. Brambach die Neugestaltung der lat. Orthographie im Verhältniss zur Schule (Leipz. 1868 8.) S. 43 f. J. Steup *de Probis grammaticis* (Jena 1871 S.) S. 191 ff.

Zu Caesellius Vindex A. Graefenhan 4 S. 68. 121.
J. Kretzschmer *de Gellii fontibus* (Leipz. 1860 8.) S. 95 ff.
Brambach S. 38 ff.   O. Ribbeck *prolegomena in Vergilium*
(Leipz. 1866 8.) S. 173.

Zu Scaurus Brambach S. 47 f.   H. Usener Rhein.
Mus. 24, 1869 S. 108 f.

Zu Sulpicius Apollinaris A. Gräfenhan Zeitschr.
für die Alterthumsw. 5, 1847 S. 19 ff.   F. Ritschl *proleg. ad*
Plauti Trinummum (Bonn 1848 8.) S. CCCXVI ff.   F. Osann
Zeitschr. für die Alterthumsw. 7, 1849 S. 213 ff.

Zu Arruntius Celsus Ritschl Parerga Plautina (Leipz.
1845 8.) S. 367 ff.   Ribbeck *proleg.* S. 25.

Zu Iulius Romanus F. Osann Beiträge zur griech.
und röm. Litteraturgesch. 2 (Kassel 1839 8.) S. 327 f.   A.
Schottmüller *de C. Plinii Sec. libris gramm. I* (Bonn 1858 8.)
S. 15 ff.

Zu Iuba B. ten Brink *I. Maurusii de re metrica scri-*
ptoris Latini reliquiae Utrecht 1854 8.   H. Wentzel *symbolae*
criticae ad historiam scriptorum rei metricae Latinorum (Breslau
1858 8.) S. 15 ff.   O. Hense *de I. artigrapho adiectis artis*
octo librorum priorum reliquiis (besonders aus Marius Victorinus) *acta soc. phil. Lips.* 4, 1875 S. 1 ff.

Dazu Charisius und Diomedes (Mitte des vierten
Jahrhunderts).

Handschrift des Charisius der Neapolitanus *s. VIII*, des
Diomedes zwei Parisini und ein Monacensis *s. IX* und zahlreiche jüngere; von beiden Excerpte in Wien und Paris *s. VIII*.

Ausgaben des Charisius von J. Pierius Cyminius Neapel 1532 fol. und G. Fabricius Basel 1551 8., des Diomedes
in der Sammlung der lat. Grammatiker von Nic. Jenson Venedig um 1476 fol., von J. Rivius Venedig 1511 8., J. Th.
Bellovacus Paris 1516 8., H. Buschius Cöln 1516. 1523
8., J. Caesarius Hagenau 1526, Cöln 1533. 1536, Leipz.
1541 8.

Beide in den *Corpora grammaticorum*:

Dionysii Gothofredi *auctores Latinae linguae in unum*

redacti corpus Genf 1595 4. und öfter. Heliae Putschii *grammaticae Latinae auctores antiqui* Hanau 1605 4. *Corpus grammaticorum Latinorum veterum collegit auxit recensuit ac potiorem lectionis varietatem adiecit* F. Lindemannus 3 Bde. (und 4, 1) Leipz. 1831-40 4. *Grammatici Latini ex recensione* Henrici Keilii 6 Bde. Leipz. 1857-71 8. (Bd. 7 in Aussicht). *Anecdota Helvetica quae ad grammaticam Latinam spectant ex bibliothecis Turicensi Einsidlensi Bernensi collecta edidit* H. Hagen Leipz. 1870 8.

F. Osann Beiträge 2 S. 319 ff. L. Spengel Münchener gel. Anz. 1840 S. 502 ff. F. W. Schneidewin *Fl. S. Charisii de versu Saturnio commentariolus* u. s. w. Göttingen 1841 4. O. Jahn Rhein. Mus. 9, 1854 S. 629. A. Reifferscheid *Suetonii rell.* (Leipz. 1860 8.) S. 373 ff. W. Christ Jahresbericht Philol. 18, 1862 S. 109 ff. H. Keil *quaestiones grammaticae* Leipz. 1860 4., ders. *quaestionum grammaticarum p. I-V* Halle 1871-75 4. und in den Hallischen Lectionskatalogen von 1872-1877 4. H. Usener Rhein. Mus. 23, 1868 S. 492 f. M. Haupt Hermes 8, 1873 S. 250 (*opusc.* 3 S. 635). R. Peppmüller Philol. 32, 1873 S. 371 ff. C. Thiemann Jahrb. 1873 S. 429 ff. F. Clausen über einen Abschnitt aus der *ars grammatica* des Charisius Berl. 1873 4. H. Hagen Bursians Jahresber. I (1873) 2 S. 1417 ff.

§ 103. M. Cornelius Fronto (um 100 bis um 175).

Die Inschrift Renier *inscr. de l'Algérie* n. 2717.

Ausgaben (aus dem ambrosianischen und vaticanischen Palimpsest *s. VI*) von A. Mai (2 Bde. Mailand 1815 Rom 1823 und 1846 8.) und B. G. Niebuhr (Berl. 1816 8.). *M. Cornelii Frontonis et M. Aurelii imperatoris epistulae, L. Veri et T. Antonini Pii et Appiani epistularum reliquiae .. rec.* S. A. Naber Leipz. 1867 8.

B. G. Niebuhr (1816) kl. Schriften 2 S. 52 ff. H. C. A. Eichstädt Jenaer Programm von 1816 fol. F. A. Wolf litterar. Analekten 1, 1816 S. 108 ff. Append. S. 246 ff. F. Jacobs Zeitschr. für die Alterthumsw. 5, 1838 N. 26. C. F. Heinrich *auctarium emendationum in F. reliquias* u. s. w.

Kiel 1817 8.   F. Roth Bemerkungen über die Schriften des M. C. F. u. s. w. (1817) Sammlung etlicher Vorträge (München 1851 8.) S. 52 ff. C. C. G. Kessler *de locis F. ... probabili coniectura sarciendis* u. s. w. Leipz. 1829 4.   L. Schopen krit. Beiträge zu F. Bonn 1831 4.   Ders. *emendationes Frontonianae partic. II* Bonn 1841 4. A. Schäfer Gratulationsschrift an die Dresdener Philologenversammlung (Dresden 1844 8.) und Philol. 26, 1867 S. 574.   O. Jahn Rhein. Mus. 3, 1845 S. 156, Philol. 28, 1869 S. 7.   A. Philibert Soupé *de F. reliquiis* Amiens 1853 8.   F. W. Schneidewin Philol. 10, 1855 S. 321.   M. Haupt Berl. Lectionskataloge von 1856 4. (S. 9, *opusc.* 2 S. 108 f.) und 1867 4. (*opusc.* 2 S. 346 ff.) Hermes 6, 1871 S. 388. 8, 1873 S. 15 (*opusc.* 3 S. 563. 616).   J. Mützell Zeitschr. für das Gymnasialw. 1859 S. 640. J. Mähly Philol. 17, 1861 S. 176 f. 19, 1863 S. 159 f. C. F. W. Müller krit. Bemerkungen zu lat. Prosaikern (Landsberg a. d. W. 1865 4.) S. 8 f., Jahrb. 1866 S. 487 ff.   A. Riese Jahrb. 1865 S. 146.   M. Hertz Jahrb. 1866 S. 579, Rhein. Mus. 29, 1874 S. 367.   J. Vahlen Zeitschr. für die österr. Gymn. 1868 S. 146. E. Klussmann Philol. 27, 1868 S. 240. Henr. Alanus *observationes criticae in Frontonem* Dublin 1867 8.   R. Ellis *Journal of philology* 1 (London 1868) S. 15 ff. A. Eussner Rhein. Mus. 25, 1870 S. 541 ff., *ad Frontonem* Jahrb. 1875 S. 766.   H. E. Dirksen hinterlassene Schriften 1 (1871) S. 243 ff. R. Klussmann *emendationes Frontonianae, inest epistula critica G. Studemund ad R. K.* (zuerst *partic.* Göttingen 1871 8.) Berl. 1874 8. (dazu K. Schenkl Zeitschr. für die österr. Gymn. 1875 S. 30 ff.), Jahrb. 1874 S. 636.   E. von Leutsch Philol. 30, 1871 S. 176. H. Jordan Hermes 6, 1871 S. 68 ff.   F. Bücheler Jahrb. 1872 S. 565. E. Bährens Jahrb. 1872 S. 622.   Th. Mommsen Hermes 8, 1873 S. 198 ff. J. J. Cornelissen Mnemosyne 1, 1873 S. 91 ff. H. van Herwerden ebendas. S. 293.   C. G. Cobet ebendas. S. 305.   J. N. Madvig *advers. crit.* 2 (1873) S. 613 ff.

§ 104. L. Volusius Maecianus (✝ 175).

L. Volusii Maeciani distributio partium herausgeg. von J. F.

Gronovius *de sestertiis* u.s.w. Leiden 1691 8., Th.Momm-
sen Abhandl. der sächs. Ges. der Wissensch. 3, 1853 S. 281 ff.
E. Huschke *iurispr. anteiust.*[3] S. 388 ff. *Metrologicorum scriptorum reliquiae* ed. F. Hultsch 2 (1866) S. 17 ff. 61 ff.

Andere Juristen: Salvius Iulianus. Aburnius Valens. Pactumeius Clemens. Sex. Pomponius. Vindius Verus. Sex. Caecilius. Terentius Clemens. Iunius Mauricianus. Venuleius Saturninus. Ulpius Marcellus. Q. Cervidius Scaevola. Papirius
Iustus. Tarrutenius Paternus u. A. Vgl. die § 110 zu Anf. angeführten Bücher.

Zu Paternus H. E. Dirksen (1865) hinterlassene Schriften 2 S. 412 ff.

§ 105. Gaius der Jurist (um 110 bis um 180).

*Gaii institutionum commentarii IV e cod. rescr. bibl. capit.
Veron. nunc primum editi* [von J. F. L. Göschen] Berl. 1820
8. (wiederholt von C. Lachmann 1841 und 1842 8.). *G. institutionum comm. quartus rec.* u. s. w. A. W. Heffter Berl.
1827 4., Text von demselben Bonn 1830 8. Text von C.
A. C. Klenze und E. Böcking Berl. 1829 4. *Gai inst.
comm. IV emend.* E. Böcking (4. Ausg.) Leipz. 1855 (5. Ausg.
1866) 8., dazu desselben *apographum* der IIs. R. Gneist
institutionum et regularum iuris R. syntagma Berl. 1858 8.
Huschke *iurispr. anteiust.*[3] S. 149 ff.

*G. institutionum commentarii IV, codicis Veronensis denuo
collati apographum confecit et ... edidit* Guil. Studemund
(*accedit pagina cod. Ver. photographice effecta*) Leipz. 1874 4.
B. I. Poolenaar *syntagma institutionum novum, Gai institutiones* u. s. w. Leiden 1876 8. *G. institutiones ad codicis Veronensis apographum Studemundianum in usum scholarum ediderunt* Paulus Krueger *et* Guilelmus Studemund; *inest
epistula critica* Theod. Mommsen Berl. 1877 (XXII 192 S.)
8. (dazu A. Schmidt Centralbl. 1877 S. 1679).

Ph. E. Huschke G., Beitr. zur Kritik und zum Ver-
ständniss seiner Institutionen Leipz. 1855 8., Zeitschr. für
Rechtsgeschichte 7, 1868 S. 161 ff. K. M. Pöschmann Stu-

dien zu G. I-III Leipz. 1854-1862 8. F. P. Bremer Rhein.
Mus. 15, 1860 S. 484 ff., ders. die Rechtslehrer und Rechts-
schulen im röm. Kaiserreich Berl. 1868 8. Th. Mommsen
G. ein Provinzialjurist Jahrb. des gem. deutschen Rechts 3
(1859) S. 1 ff., ders. Zeitschr. für Rechtsgeschichte 9, 1570
S. 95 ff. A. F. Rudorff philol. histor. Abhandl. der Berl.
Akademie 1866 S. 323 ff. Glasson *étude sur G.* Paris 1567
S. A. von der Hoeven Zeitschr. für Rechtsgesch. 7, 1868 S.
257 ff. W. Studemund Mittheilungen antiquar. Inhalts aus
dem Palimpsesten des G. Verh. der Würzburger Philol. Vers.
(Leipz. 1869 4.) S. 121 ff. II. Dernburg die Institutionen
des G. ein Collegienheft aus dem J. 161 Halle 1869 8. (dazu
II. Degenkolb Pözls Vierteljahrschrift für Gesetzgebung 14,
1872 S. 489 ff.). P. Krüger krit. Versuche im Gebiete des
röm. Rechts (Berl. 1870 8.) S. 113 ff. B. I. Polenaar *ad G.
instit. cod. Veron.* Mnemosyne IV 1876 S. 113. 121 ff.

§ 106. A. Gellius (um 125 bis um 175).

1. Leben.

Th. Vogel *de A. G. vita studiis scriptis narratio et iudicium* Zittau 1860 4. L. Friedländer *de A. G. vitae temporibus* Königsberg 1869 4., ders. Sittengeschichte Rom's 3
(Leipz. 1871 8.) S. 414 ff. 658. J. Steup *de Probis gramm.*
(Jena 1871 8.) S. VIII. 72 ff.

2. *Noctium Atticarum l. XX (l. VIII fehlt).*

a. Handschriften für B. I-VII der vaticanische Palimpsest
s. VII, ein Vaticanus und ein Parisinus *s. XIII,* der Rotten-
dorfianus in Leiden *s. XII,* für B. IX-XX ein Parisinus und
ein Vossianus in Leiden *s. XIII,* und jüngere.

M. Hertz Zeitschr. für die Alterthumsw. 4, 1846 S. 693 ff.,
Monatsber. der Berl. Acad. 1847 S. 403. 408 ff.

b. Ausgaben die *principes* Rom 1469 und 1472 fol., von
Ph. Beroaldus Bologna 1503 fol., J. Connel Paris (Ascensius) 1511 4., C. Aldobrandus Florenz (Junta) 1513 S.,
J. B. Egnatius Venedig (Aldus) 1515 8., Aeg. Mascrius
und P. Mosellanus Paris 1532 fol, L. Carrio (II. Stepha-

nus) Paris 1585 8., J. F. Gronovius Amsterdam 1651 Leiden 1687 8., J. Fr. und Jac. Gronovius Leiden 1706 4.
(von J. L. Conradi 2 Bde. Leipz. 1762 8.), P. D. Longolius Hof 1741 8., A. Lion 2 Bde. Göttingen 1824. 25 8.

A. G. noctium Atticar. l. XX ex rec. Martini Hertz 2 Bde.
Leipz. 1853 8.

    c. Kritik und Erklärung.

    A. W. Cramer *ad G. excursus I-IV* Kiel 1827–32 4.
(kl. Schriften Leipz. 1837 8. S. 61 ff.). L. Mercklin Zeitschrift für die Alterthumswissenschaft 4. 1846 S. 875 ff., ders.
die Citiermethode und Quellenbenutzung des Gellius Jahrb.
Suppl.-Bd. 3, 1860 S. 633 ff., Jahrb. 1861 S. 717 ff., Dorpater Lectionskatalog von 1861 8., Rhein. Mus. 18, 1863 S.
297. M. Hertz Rhein. Mus. 6, 1848 S. 634, *vindiciae Gellianae* Greifswald 1858 4., A. Gellius und Nonius Marcellus
Jahrb. 1862 S. 705 ff., *L. IV capp. I-IV* Breslau 1868 4.,
ramentorum Gellianorum mantissae II Breslau 1868. 69 4., Jahrb.
1868 S. 572, 1870 S. 304, *vindiciae Gellianae alterae* Jahrb.
Supplementbd. 7, 1873 S. 1 ff., Jahrb. 1875 S. 506 ff. (dazu Th.
Vogel Jahrb. 1875 S. 561 ff.), *A. G. praefatio rec. et adn.* Breslau 1877 4. H. E. Dirksen (1851) hinterlassene Schriften 1
S. 21 ff. G. Röper Philol. 7, 1852 S. 591. A. Fleckeisen
zur Kritik der altlatein. Dichterfragmente bei G. Leipz. 1854
8., ders. Jahrb. 1868 S. 415. 574. M. Haupt Berl. Lectionskatalog von 1857 4. (*opusc.* 2 S. 121), Hermes 5, 1870 S.
313 (*opusc.* 3 S. 536). R. Klotz *quaestiones Gellianae* Leipz.
1857 4. J. Kretzschmer *de A. G. fontibus p. I* Posen
(Leipz.) 1860 (Berl. 1866) 8., Jahrb. 1862 S. 361 ff. Th.
Vogel *de A. G. sermone commentarius I* (*de A. G. copia vocabulorum*) Zwickau 1862 4. Th. Bergk Rhein. Mus. 19, 1864
S. 605, Jahrb. 1876 S. 279 ff. H. Usener Rhein. Mus. 19,
1864 S. 150. C. F. W. Müller Rhein. Mus. 20, 1865 S. 155.
M. Crain Zeitschr. für das Gymnasialw. 1866 S. 610 ff. O.
Jahn Philol. 26, 1867 S. 8. 28, 1869 S. 8. C. Heräus Jahrb.
1868 S. 573. Th. Mommsen *ad capita duo Gelliana animadversiones* in den *symbolae Bethmanno Hollwegio oblatae* Berl.
1868 8. J. N. Ott Jahrb. 1871 S. 859. R. Volkmann *obser-*

vationes miscellae (Jauer 1872 4.) S. 5.   J. N. Madvig *advers. crit.* 2 (1873) S. 583 ff.   J. Mähly Zeitschr. für die österr. Gymn. 1873 S. 102.   H. Hagen Jahresbericht über die Litteratur zu Gellius Bursians Jahresber. 1 (1873) S. 1408 ff.

Nonius Marcellus (3. Jahrh.) und Fulgentius (vgl. § 124).

Compendiosa doctrina per litteras.

a. Handschriften der Harleianus in London *s. IX*, der Parisinus *s. X*, das Genfer Fragment *s. X*, der Gudianus in Wolffenbüttel und der Leidensis *s. XI*, zwei Bernenses *s. XI* und zahlreiche andere.

b. Ausgaben die *princeps* des P. Laetus Rom 1470 fol., die Aldina Venedig 1513. 1527 8., von H. Junius Antwerpen 1565 8., von Ios. Mercier Paris 1583 und 1614 (Leipz. 1826) 8. *N. M. peripatetici Tuburticensis de compendiosa doctrina per litteras ad filium et Fabii Planciadis Fulgentii expositio sermonum antiquorum* ed. F. D. Gerlach *et* C. L. Roth Basel 1842 8.   *N. M. de c. d. collatis quinque codd. s. IX et X* ed. L. Quicherat Paris 1872 8.

F. H. Bothe *emendationes Nonianae* Rhein. Mus. 5, 1837 S. 250 ff.   F. Osann Beitr. zur griech. und röm. Litteraturgeschichte 2 (Kassel 1839 8.) S. 381 ff., ders. Hall. allgem. Litteraturzeitung 1843 Ergänzungsbl. S. 673 ff.   F. W. Schneidewin Göttinger gel. Anz. 1843 S. 691 ff.   M. Haupt Philol. 2, 1847 S. 489 (*opusc.* 2 S. 201).   H. Düntzer Zeitschr. für die Alterthumsw. 6, 1848 S. 481 ff.   A. Fleckeisen Jahrb. 1856 S. 682 ff.   J. Vahlen *analectorum Nonianorum l. II* Leipz. 1859 8.   G. Roeper Philol. 15, 1860 S. 286 ff.   M. Hertz Jahrb. 1862 S. 705. 779. 872.   A. Schottmüller über die Bestandtheile des ersten Cap. des *N. M. symbola philol. Bonnens.* (1867) S. 807 ff.   A. Riese ebendas. S. 483 ff.   P. Schmidt *de N. M. auctoribus grammaticis* Leipz. 1868 8.   L. Müller *de re metr.* S. 25 ff., Jahrb. 1866 S. 369 f. 1867 S. 490 ff. 1868 S. 422 ff. 439, Rhein. Mus. 24, 1869 S. 637, 27, 1872 S. 284 ff. L. Quicherat *introduction à la lecture de N. M.* Paris 1872 8. J. N. Madvig *advers. crit.* 2 (1873) S. 651 ff.   G. Loewe *commentat. phil. sem. Lips.* (Leipz. 1874 8.) S. 244 ff.

Zu Fulgentius E. Jungmann *acta soc. philol. Lips.*
1 (1871) S. 43 ff., ders. Festprogramm der Thomasschule (Leipz.
1872 4.) S. 25 ff.

Dositheus (Ende des 4. Jahrhunderts).

D. magistri interpretamentorum l. III u. s. w. *ed.* E. Böcking Bonn 1832 8. *D. ars grammatica ex codice Sangallensi*
[*s. X*] *ed.* H. Keil Halle 1869 4.

K. Lachmann Versuch über D. (1837) kl. Schriften 2
Berlin 1877 8.) S. 196 ff. H. E. Dirksen (1857) hinterlassene
Schriften 2 S. 392 ff. Boucherie *comptes-rendus de l'académie
des inscr.* 1869 S. 270 ff. G. Loewe *prodromus corp. gloss.
Lat.* Leipz. 1876 8.) S. 205 ff. H. Hagen *de Dosithei magistri
quae feruntur glossis quaestiones criticae* Bern 1877 (15 S.) 4.
(dazu W. Schmitz Jenaer L.-Z. 1877 S. 782).

§ 107. L. Appuleius (unter A. Pius und M. Aurelius).

1. Leben.

G. F. Hildebrand *commentationis de vita et scriptis A.
epitome* Halle 1835 8. und vor seiner Ausg. O. Jahn über
röm. Encyklopädieen Ber. der sächs. G. der Wiss. philol. hist.
Cl. 1850 S. 283 ff. C. Cavallin *de L. A. scriptore Latino
adversaria* Lund 1857 8. E. Goumy *de A. fabularum scriptore et rhetore* Paris 1859 8. G. R. Sievers Studien zur Gesch.
der röm. Kaiser (Berl. 1870 S.) S. 210 ff.

2. Werke.

*Apologia s. de magia liber. Florida. Metamorphoseon l. XI.
De deo Socratis. De dogmate Platonis l. III. De mundo.*

a. Handschriften der Laurentianus *s. XI* und der daraus
geflossenen Laurentianus *s. XII* und jüngere interpolierte.

b. Ausgaben die *princeps* Rom 1469 fol., des Phil. Beroaldus *commentarii in asinum aureum* Bologna 1500 fol.,
von Marianus Tuccius Florenz (Junta) 1512 8., F. Asula-
nus Venedig (Aldus) 1521 8., P. Colvius 2 Bde. Leiden 1588 8., Bonav. Vulcanius Leiden 1594 und (durch J.
Scaliger) 1600 8. (*de mundo* von G. Budaeus Leiden 1591

8.), Is. Casaubonus (*cum notis variorum*) 2 Bde. Leiden
1614 8. (desselben Ausg. der Apologia Frankfurt 1594 4.),
G. Elmenhorst Frankfurt 1621 8., J. Floridus (*in usum
Delphini*) 2 Bde. Paris 1688 4., F. Oudendorp (und J.
Bosscha) 3 Bde. Leiden 1786–1823 4. *L. A. Madaurensis
opera omnia rec.* G. F. Hildebrand 2 Bde. Leipz. 1842 (*ed.
min.* 1843) 8. *A. metamorphoscon l. XI* F.Eyssenhardt *rec.
et emend.* Berl. 1869 8.

    A. fabula de Psyche et Cupidine ed. J. C. Orelli Zürich
1833 8. *A. Psyche et Cupido rec. et em.* O.Jahn Leipz. 1856.
1873 8. (deutsch von J. C. Elster mit Illustrationen Leipz.
1854 8., P. Pressel Ulm 1864 8., Jul. Bintz Wesel 1871
4. und Leipz. 1872 8.).

    L. A. M. apologia s. de magia liber ed. G. Krüger Berl.
1864 8., *floridorum quae supersunt* ed. G. Krüger Berl. 1865 4.

    A. M. opuscula quae sunt de philosophia rec. A. Gold-
bacher Wien 1876 8. C. Lütjohann *A. de deo Socratis l.*
Greifswald 1878 4.

    Die Gedichte in L. Müllers Rutilius Namatianus (oben
§ 68) S. 32 ff.

    c. Kritik und Erklärung.

    W. S. Teuffel A.'s Metamorphosen und Lucians Λούκιος
Rhein. Mus. 19, 1864 S. 243 ff. (Studien und Charakteristiken
S. 446 ff.). O. Jahn Novelletten aus A. (1867) 'aus der Alterthumswissenschaft' (Bonn 1868 8.) S. 77 ff. E. Rohde über
Lucian's Schrift Λούκιος ἤ ὄνος und ihr Verhältniss zu Lucius
von Patrac und den Metamorphosen des A. Leipz. 1869 8.,
ders. über griech. Novellendichtung und ihren Zusammenhang
mit dem Orient Verhandl. der Rostocker Philologenversammlung (Leipz. 1876 4.) S. 55 ff. (Zeitschr. für das Gymnasialw.
30, 1876 S. 115 ff.), ders. der griech. Roman und seine Vor-
läufer Leipz. 1876 8. H. Jenning *de metamorphosibus L.
A.* u. s. w. (Rostocker Preisschrift von 1867) Leipz. (Berl.)
1871 4.

    Zu Psyche und Cupido A. Hirt über die Fabel von Amor
und Psyche Berl. 1812 8. H. W. Stoll Erklärung der apu-
lejischen Fabel von A. und P. Jahns Archiv 13, 1847 S. 77 ff.
L. Friedländer Lectionskataloge von Königsberg 1860 4.,

Sittengeschichte I³ S. 431 ff.   H. Stadelmann Jahrb. 1864 S. 202 ff.   H. Heydemann und O. Jahn archäol. Zeitung 1869 S. 19 ff. 51 ff.

Varietas lectionis ad A. libros de mundo u. s. w. Jahns Archiv 8, 1842 S. 621 ff.   L. Spengel die griechischen Stellen im A. Rhein. Mus. 16, 1860 S. 27 ff.   M. Hertz Philol. 17, 1861 S. 178.   W. Fröhner Philol. 20, 1863 S. 586.   U. Köhler Rhein. Mus. 19, 1864 S. 152.   H. Nolte Philol. 21, 1864 S. 674. 22, 1865 S. 535.   G. Becker Zeitschr. für das Gymnasialwesen 1865 S. 474 ff.   M. Zink Eos 2, 1865 S. 80.   H. Sauppe Göttinger gel. Anz. 1866 S. 1545 ff., philol. Anz. 3, 1871 S. 179 ff.   J. Mähly Philol. 23, 1866 S. 561.   M. Haupt Hermes 1, 1866 S. 32 ff. 2, 1867 S. 221. 4, 1870 S. 337. 5, 1871 S. 178. 188. 318. 6, 1872 S. 260 f. 7, 1873 S. 374 (*opusc.* 3 S. 325 ff. 361. 481. 522. 533. 541. 556 ff. 599).   K. Schenkl Philol. 26, 1867 S. 523.   A. Goldbacher *de L. A. M. floridorum quae dicuntur origine et locis quibusdam corruptis* Leipz. 1867 8., ders. Zeitschr. für die österr. Gymn. 1867 S. 35 ff. 1868 S. 803 ff., zur Kritik und Erklärung von L. A. *de dogmate Platonis* Sitzungsber. der Wiener Akademie 66, 1870 S. 159 ff., über Lucius von Patrae u. s. w. Zeitschr. für die österr. Gymn. 1872 S. 323 ff. 403 ff.   H. Müller Rhein. Mus. 22, 1867 S. 463. 645 ff. 23, 1868 S. 445 ff., Zeitschr. für das Gymnasialw. 1871 S. 45 ff.   Th. Jeltsch *de A. floridis* Breslau 1868 8.   H. Koziol zur Kritik und Erklärung der kleineren Schriften des A. I II Wien 1869. 1872 8., ders. Zeitschr. für die österr. Gymn. 1870 S. 151 ff. 1877 S. 746 ff. J. J. Cornelissen *cod. Daventriensis Servii* u. s. w. *descriptio* Deventer (Berl.) 1871 4.   C. Lütjohann kritische Beiträge zu A.'s Metamorphosen *acta soc. philol. Lips.* 3, 1873 S. 443 ff. H. von Kleist *de A. libro qui inscribitur de philosophia morali (de dogmate Platonis l. II)* Flensburg (Kiel) 1874 8.   R. Rohde Rhein. Mus. 30, 1875 S. 269 ff. 31, 1876 S. 148 ff., Jenaer L. Z. 1876 S. 779 ff.   H. A. Koch Rhein. Mus. 31, 1876 S. 637 ff.

d. Sprache.

O. Erdmann *de L. A. M. elocutione* Stendal 1864 4.   H. Kretschmann *de latinitate L. A. M.* Königsberg 1865 8.

H. Koziol der Stil des L. A., ein Beitrag zur Kenntniss des sogen. afrikanischen Lateins Wien 1872 (VII 354 S.) 8. (dazu H. Müller Zeitschr. für das Gymnasialw. 1872 S. 897 ff.). G. Goetz *acta soc. philol. Lips.* 6, 1875 S. 210. 325.

L. Hölscher über das Buch des A. *de mundo* Herford 1846 4. F. Adam *de auctore libri Pseudo-Aristotelii* περὶ κόσμου πρὸς Ἀλέξανδρον Berl. 1861 8. (dazu E. Zeller die Philos. der Gr. III 1² S. 558 ff., A. Goldbacher Zeitschr. für die österr. Gymn. 1873 S. 670 ff.). V. Rose die Physiognomonia des A. u. s. w. *anecdota Graeca I* (Berl. 1864 8.) S. 61 ff.

A. *de remediis salutaribus* (in Sillig's Plinius Bd. 5), *de medicaminibus herbarum l.* in J. Chr. G. Ackermanns *scriptt. parabilium medicamentorum antiqui* Nürnberg 1788 8. und der falsche Grammatiker A. (*A. de orthographia fragmentum* u. s. w. *ed.* F. Osann Darmstadt 1827 4., vgl. J. N. Madvig *opusc.* 1 S. 2 ff. und R. Merkel zu Ovids Ibis S. 354 ff.). O. Jahn in dem oben S. 265 angef. Aufsatz. L. Spengel Philol. 21, 1864 S. 119 ff. L. Müller Rhein. Mus. 23, 1868 S. 189 ff.

J. Bernays der unter A.'s Werken stehende Dialog Asclepius Monatsber. der Berliner Akademie 1871 S. 500 ff.

1. Das Testament des Grunnius Porcellus (aus dem 3. Jahrhundert.)

M. Haupt Berl. Lectionskatalog von 1860 4. (*opusc.* 2 S. 175 ff.). In F. Büchelers Petronius *ed. min.*² (1871) S. 231 ff. H. Hagen Philol. 31, 1872 S. 182 f.

2. *Historia Apollonii regis Tyrii* (aus dem 6. Jahrh.). Ausgabe von A. Riese Leipz. 1871 8.

Wrtátko über zwei böhm. Ms. des .... A. T. Sitzungsber. der böhm. Gesellsch. 1863 S. 15 ff. A. Riese Rhein. Mus. 26, 1871 S. 638. 27, 1872 S. 624 ff., Heidelberger Jahrb. 1871 S. 580 ff. E. Bährens Jahrb. 1871 S. 854 ff. W. Teuffel Rhein. Mus. 27, 1872 S. 103 ff. A. Spengel Philol. 31, 1872 S. 562. W. Hartel österr. Wochenschr. für Kunst und Litteratur 1872 S. 161 ff. Gidel in W. Wagners *medieval greek texts* 1 (London 1871 8.) S. 91 ff. C. H. Hoffmann Sitzungsberichte der Münchener Akad. philos. philol. histor. Kl.

1871 S. 415 ff., W. Meyer ebendas. 1872 S. 3 ff. E. Dümmler
gesta A. regis Tyrii metrica ex cod. Gandensi Halle (Berl.) 1877
(20 S.) 4.

§ 108. Censorinus (schrieb im J. 238).

De die natali liber im Cod. Coloniensis *s. VII* und Vaticanus *s. X* (grammatische Schriften und das Fragment *de naturali institutione* nicht von ihm).

a. Ausgaben die *princeps* Bologna 1497 fol., von E. Vi-
netus Poitiers 1568 4., A. Manutius Venedig 1581 8., L.
Carrio Paris 1583 8., H. Lindenbrogius Hamburg 1614
Leiden 1642 4. Cambridge 1695 8., E. Puteanus Löwen
1628 4., A. Götz Altenburg 1742 und 1744 8., S. Ha-
vercamp (*cum notis variorum*) Leiden 1743. 1767 8., J. S.
Gruber Nürnberg 1805 (1810) 8. *C. de die natali liber rec.
et emend.* O. Jahn Berl. 1845 8. *C. de die natali liber rec.*
F. Hultsch Leipz. 1867 8. H. Keil *grammatici Lat.* 6
(Leipz. 1874) S. 605 ff.

b. Kritik und Erklärung.

O. Jahn Rhein. Mus. 6, 1848 S. 635. L. Urlichs ebend.
11, 1857 S. 159. 22, 1867 S. 465 ff. Eos 2, 1865 S. 458 f. F.
Hultsch Eos 2, 1865 S. 623 ff. M. Schanz *specimen criticum
ad Platonem et C. pertinens* Göttingen 1868 8. A. Eussner
specimen criticum (Würzburg 1868 8.) S. 26 ff. F. Lüdecke
Göttinger gel. Anz. 1868 S. 481 ff. W. Crécelius *spicilegium
ex cod. C. Coloniensi* Elberfeld 1872 4. E. von Leutsch
Philol. 32, 1873 S. 215. Th. Bergk ebendas. S. 567. H.
Usener Rhein. Mus. 28, 1873 S. 392 ff. O. Gruppe Hermes
10, 1875 S. 51 ff.

§ 109. Die Kirchenväter des dritten Jahrhunderts.

Im allgemeinen vgl. C. F. Bähr Supplement zur röm.
Litteraturgeschichte (oben § 5, 3) und A. Ebert Geschichte der
christlich-lateinischen Litteratur (oben § 65, 1). A. Reifferscheid *bibliotheca patrum Latinorum Italica* in den Sitzungs-
berichten der Wiener Acad. 50, 1865 S. 4 ff. (K. Halm die

älteren Hss. lat. Kirchenväter in der Schweiz ebendas. S. 107 ff.)
und in den folgenden Jahrgängen.

1. M. Minucius Felix (um 200).

J. D. van Hoven *de aetate dignitate et patria M. F.*
Campen 1702 4. H. Meier *comm. de M. F.* Zürich 1824 8.

Der Dialog Octavius (im Cod. Parisinus *s. IX*).

a. Ausgaben die *princeps* (mit Arnobius) Rom 1543 8.,
von Balduinus Heidelberg 1560 8., F. Ursinus Rom 1583
8., Des. Heraldus Paris 1605 8. 1613 4., N. Rigaltius
Paris 1643 4. 1665 8., J. Ouzelius (*cum notis variorum*) Leiden 1672 8., J. Davisius Cambridge 1707 8., J. Gronovius
Leiden 1709 und Rotterdam 1743 8., J. G. Lindner Langen-
salza 1760. 1773 8., C. de Muralt Zürich 1836 8., in Migne's
Patrolog. 3 (Paris 1844 8.) S. 231 ff., F. Oehler Leipz. 1845
8., J. B. Kayser Paderborn 1863 8. *M. M. F. Octavius,
Iulii Firmici Materni liber de errore profanarum religionum rec.
et commentario critico instruxit* C. Halm Wien 1867 8. (Bd. II
des *corp. script. eccles. Lat.*). B. Dombart Octavius ein
Dialog des Minucius Felix übersetzt I II Erlangen 1875–76 4.

C. Rören *Minuciana* u. s. w. Bedburg 1859 4. J. B.
Kayser Wiedemanns österr. Quartalschrift für kathol. Theol.
1, 1862 S. 519 ff. M. Haupt Hermes 2, 1867 S. 334 ff. (*opusc.*
3 S. 389 ff.). H. Sauppe Göttinger gel. Anz. 1867 S. 1992 ff.
H. Usener Jahrb. 1869 S. 393 ff. J. Mähly ebendas. S. 422 ff.
B. Dombart ebendas. S. 417, Bl. für das bayr. Gymnasialschulw. 1873 S. 265 ff. E. Behr der Octavius des M. M. F. in
seinem Verhältniss zu Ciceros Büchern *de nat. deor.* Gera 1870 8.
E. Bährens *lectiones Latinae* (Bonn 1870 8.) S. 22 ff. A. Faber *de M. F. comm.* Nordhausen 1872 4. Th. Keim Celsus
wahres Wort u. s. w. (Zürich 1873 8.) S. 151 ff. H. A. Koch
Rhein. Mus. 28, 1873 S. 615 ff. A. Ebert S. 24 ff. R. Klussmann Rhein. Mus. 30, 1875 S. 144. Philol. 34, 1875 S. 206 ff.
J. N. Ott Zeitschr. für die österr. Gymn. 26, 1875 S. 900 ff.

Der Canon des N. T. (das Muratori'sche Fragment;
im Cod. Bobiensis der Brera in Mailand *s. VIII*). L. A. Muratori *antiquitates Italicae* 3 (1740) S. 851 ff. S. Pr. Tregelles

Canon Muratorianus u. s. w. Oxford 1567 8.   K. Wieseler
Studien und Kritiken 1847 S. 818 ff. 1856 S. 75 f.   A. Hilgenfeld der Kanon und die Kritik des N. T. Halle 1863 8.,
ders. Zeitschr. für wissenschaftl. Theologie 1872 S. 560 ff.
1874 S. 214 ff.   F. H. Hesse das Muratorianische Fragment
neu untersucht und erklärt Giessen 1873 8,

   2. Q. Septimius Florens Tertullianus (um 150 bis
      nach 216).

   1. Leben.

   Aeltere Abhandlungen in Oehlers Ausg. Bd. 3.   G. Uhl-
horn *fundamenta chronologiae Tertullianeae* Göttingen 1852 8.
P. Gottwald *de montanismo T.* Breslau 1862 8.   Kellner
zur Chronologie T.'s Tübingen theol. Quartalschrift 52, 1870
S. 547 ff. 53, 1871 S. 585 ff.   A. Neander Antignostikus,
Geist des T. und Einleitung in dessen Schriften Berl. 1825.
1849 8.   F. C. A. Schwegler der Montanismus und die
christl. Kirche des zweiten Jahrhunderts Tübingen 1841 8.
Hesselberg T.'s Lehre aus seinen Schriften entwickelt I
u. s. w. Dorpat 1848 8.   F. Ch. Baur Kirchengeschichte der
drei ersten Jahrhunderte (Tübingen 1863 8.) S. 235 ff.   Grote-
meyer über T.'s Leben und Schriften I II Kempen 1863. 1865
8.   F. P. Bremer die Rechtslehrer und Rechtsschulen u. s. w.
(Berl. 1868 8.) S. 95 ff.   A. Ebert S. 32 ff.   A. Hauck Tertullian's Leben und Schriften Erlangen 1877 (VI 410 S.) 8.

   2. Schriften *apologeticum, ad nationes l. II, de testi-
      monio animae* und zahlreiche andere.

   a. Handschriften der Agobardinus in Paris *s. IX*, der Ambrosianus *s. IX*, ein Parisinus *s. X*, der Montepessulanus *s. XI*
und jüngere.

   b. Ausgaben die *princeps* von B. Rhenanus Basel 1521
fol., J. Pamelius Antwerpen 1579 fol. und öfter, Nic. Rigaltius Paris 1634 (1641) fol., J. S. Semler 6 Bde. Halle
1770 8., F. Oberthür 2 Bde. Würzburg 1780 8., Leopold
Leipz. 1839 S., Fr. Oehler 3 Bde. Leipz. 1852—54 (*ed.
minor* in einem Bd. 1854) 8.   *Q. S. T. F. libellus de spectaculis ad cod. Agobardinum denuo collatum rec. adnotationes*

criticas novas addidit E. Klussmann Leipz. 1877 (47 und 15 S.) 8. (dazu philol. Anz. 9, 1878 S. 58 f.).

c. Kritik und Erklärung.

Th. Bergk Philol. 14, 1859 S. 391. E. Klussmann Zeitschr. für wissenschaftl. Theologie 3, 1860 S. 81 ff. 363 ff. (F. Oehler ebendas. 4, 1861 S. 204 ff.), ders. *adnotationes criticae ad Tertulliani l. de spectaculis* Rudolstadt 1876 8. (dazu philol. Anz. 9, 1878 S. 58 f.). G. Wolff Philol. 16, 1860 S. 529. L. Urlichs ebendas. 17, 1861 S. 350. M. Haupt Hermes 1, 1866 S. 260. 5, 1871 S. 191. 316 (*opusc.* 3 S. 349. 535. 632. 643). A. Ebert T.'s Verhältniss zu Minucius Felix Abhandl. der sächs. Ges. der Wissensch. 5, 1868 S. 321 ff. (dazu W. Hartel Zeitschr. für die österr. Gymn. 1869 S. 348 ff.). O. Jahn Philol. 28, 1869 S. 10. H. Rönsch Zeitschr. für wissenschaftl. Theol. 10, 1867 S. 295 ff., ders. das N. T. Tertullians u. s. w. Leipz. 1871 (VIII 731 S.) 8. P. de Lagarde Göttinger gel. Anz. 1871 S. 970 ff., Göttinger Nachrichten 1875 S. 15 f., Symmicta (Göttingen 1877 8.) S. 99 ff. K. E. G. philol. Anz. 4, 1872 S. 137 ff. J. P. Binsfeld Rhein. Mus. 26, 1871 S. 312 f. L. Müller ebendas. 27, 1872 S. 486. R. A. Lipsius Jahrb. für deutsche Theologie 13, 1868 S. 701 ff. E. Hückstädt über das pseudotertullianische Ged. *adversus Marcionem*, ein Beitr. zur christl. lat. Litteraturgeschichte Leipz. 1875 8.

d. Sprache.

P. Langen *de usu praepositionum Tertullianeo* I-III Münster 1868-70 4. Jos. Schmidt *de latinitate Tertullianea* I II Erlangen 1870. 72 4. G. R. Hauschild die Grundsätze und Mittel der Wortbildung bei Tertullian Leipz. 1876 4. (dazu R. Klussmann Jenaer L. Z. 1878 S. 56). Condamin *de Q. S. F. T. vexatae religionis patrono et praecipuo apud Latinos christianae linguae artifice* Lyon 1877 (187 S.) 8.

3. Thascius Caecilius Cyprianus (um 200 bis 258). Novatianus.

F. W. Rettberg Th. C. C. dargestellt nach seinem Leben und Wirken Göttingen 1831 8. A. Ebert S. 54 ff.

Cypriani opera herausgeg. von Des. E r a s m u s Basel 1520
fol. und öfter wiederholt, von W. M o r e l Paris 1564 8., J. P a -
m e l i u s Antwerpen 1568 fol., N. R i g a l t i u s Paris 1648
(1666) fol., Steph. B a l u z e Paris 1726 Venedig 1728. 1758
fol., Fr. O b e r t h ü r 2 Bde. Würzburg 1782 8. *S. Th. C. C.
opera omnia rec.* W. H a r t e l 3 Bde. Wien 1868-71 8. (Bd. III
pars I-III des corp. script. eccles. Lat.; dazu P. d e Lagar d e
Göttinger gel. Anz. 1871 S. 521 ff., Symmicta S. 65 ff. K.
S c h e n k l Zeitschr. für die österr. Gymn. 1873 S. 29 ff.). M.
H a u p t Monatsberichte der Berl. Akademie 1865 S. 79 ff. (*opusc.*
3 S. 202 ff.), Hermes 5, 1871 S. 315 (*opusc.* 3 S. 538).

Novatians Schriften im 2. Bd. von O b e r t h ü r s Cyprian
und in M i g n e's Patrol. 3, 1844 S. 861 ff. 885 ff.

4. A r n o b i u s (schrieb um 298 bis 303).

Adversus nationes l. VII (im Parisinus *s. IX*).

Ausgaben die *princeps* von F. S a b a e u s Rom 1543 fol., S.
G e l e n i u s Basel 1546. 1560 8., Guil. C a n t e r u s Antwerpen
1582 8., F. U r s i n u s Rom 1583 8., G. E l m e n h o r s t Hanau
1603 Hamburg 1640 fol., G. S t e w e c h i u s Antwerpen 1604
8., Des. H e r a l d u s Paris 1605 8., Cl. S a l m a s i u s Leiden
1651 8., Fr. O b e r t h ü r Würzburg 1783 8., I. C. O r e l l i 2 Bde.
Leipz. 1816 (mit Appendix 1817) 8., in M i g n e's Patrologia 5
(1844) S. 718 ff., von G. F. H i l d e b r a n d Halle 1844 8., Fr.
O e h l e r Leipz. 1846 8. *A. adv. nat. l. VII rec. et commentario critico instruxit* A. R e i f f e r s c h e i d (*corpus scriptorum
ecclesiasticorum Latinorum vol. IV*) Wien 1875 8. (dazu E.
K l u s s m a n n Jenaer L. Z. 1875 S. 636 f., H. R. Centralbl.
1875 S. 1309 f., M. Z i n k Jahrb. 1875 S. 865 ff., F. P a u l y
Zeitschr. für die österr. Gymn. 1876 S. 897 ff., E. L u d w i g
philol. Anz. 8, 1878 S. 302 ff.).

J. M e u r s i u s *criticus Arnobianus* Leiden 1598 8. J. C.
B u l e n g e r u s *eclogae ad A.* Toulouse 1623 8. R. U n g e r
emendationes Arnobianae hinter den *analecta Propertiana* Halle
1851 4. E. K l u s s m a n n *quaestiones Arnobianae criticae* Rudolstadt (Leipz.) 1863 4., d e r s. Arnobius und Lucrez oder ein
Durchgang durch den Epicureismus zum Christenthum Philol.
26, 1867 S. 362 ff., *emendationes Arnobianae* ebendas. S. 623 ff.

Th. Hug Beiträge zur Krit. lateinischer Prosaiker (Basel und Genf 1864 8.) S. 21 ff., ders. Pauly's Realencyklopädie 1[2] S. 1747 ff. M. Haupt Hermes 2, 1867 S. 11. 5, 1871 S. 191. 6, 1872 S. 388 (*opusc.* 3 S. 369. 535. 569). M. Zink Blätter für das bayer. Gymnasialschulw. 1871 S. 295 ff. 1872 S. 292 ff., zur Kritik und Erklärung des A. Bamberg 1873 4., Jahrb. 1875 S. 865 ff. A. Kellerbauer Bl. für das bayer. Gymnasialschulw. 1872 S. 83 ff. 127 ff. G. Kettner Cornelius Labeo, ein Beitrag zur Quellenkritik des Arnobius Pforta (Naumburg) 1877 (40 S.) 4.

§ 110. Die Juristen des dritten Jahrhunderts.

Im allgemeinen A. F. Rudorff röm. Rechtsgeschichte 1 (Leipz. 1857 S.) S. 187 ff. H. H. Fitting über das Alter der Schriften röm. Juristen von Hadrian bis Severus Basel 1860 4. K. Viertel *de vitis ICtorum* Königsberg 1868 8. F. P. Bremer die Rechtslehrer und Rechtsschulen im römischen Kaiserreich Berl. 1868 8. (dazu H. Degenkolb Pözl's Vierteljahrsschrift für Gesetzgebung 14, 1872 S. 517 ff.).

1. Aemilius Papinianus († 212).

Eberh. Otto *Papinianus sive de vita, studiis, scriptis, honoribus et morte A. P.* Leiden 1718 (und Bremen 1743) 8. B. Voorda *P. sice optimi ICti et veri forma* u. s. w. Leiden 1770 4. H. E. Dirksen hinterlassene Schriften 2 (1871) S. 449 ff. Huschke *iurisprud. anteiust.*[3] S. 411.

Messius. Callistratus. Tryphoninus. Arrius Menander.

2. Domitius Ulpianus (*praefectus praetorio* unter Severus Alexander).

Fragmenta (im Vaticanus *s.* X) und *institutiones* (Wiener Palimpsestfragment *s.* V).

D. U. quae vocant fragmenta *s.* excerpta ex U. libro singularium regularum (dazu das *fragmentum de iure fisci, Dositheus* und andere Fragmente) *ed.* Ed. Böcking Bonn (zuerst 1831) *ed. IV* 1855 8. (mit dem *exemplum cod. Vaticani*). *U. fragmenta rec.* Ioh. Vahlen Bonn 1856 8. Huschke *iurisprud. anteiust.*[3] S. 525 ff. (Dositheus ebendas. S. 401 ff., vgl.

§ 113, 3), ders. Jahrb. 1857 S. 365 ff.　K. Lachmann krit.
Beitrag zu U.'s Fragmenten (1838) kl. Schriften 2 S. 216 ff.　K.
D. A. Röder Versuche zur Berichtigung von U.'s Fragmenten
Göttingen 1856 8.　F. P. Bremer *de D. Ulpiani institutioni-*
bus Bonn 1863 8.　P. Krüger krit. Versuche auf dem Gebiete
des röm. Rechts (Berl. 1870 8.) S. 163 ff.

3. Julius Paulus (*praef. praet.* unter Severus Alexander).

L. Arndts (1833) gesammelte civilist. Schriften 3 (Stuttgart 1874 8.) S. 101 ff.

I. P. l. V sententiarum ad filium recogn. L. Arndts Bonn
1833 8. (aus dem *corpus iuris anteiust.*), mit der *varietas scri-*
pturae von G. Hänel Bonn 1834 8.　G. Hänel in der *lex Rom.*
Visigothorum Leipz. 1849 4.　Huschke *iurisprud. anteiust.*[3]
S. 419 ff.　H. Degenkolb paulinische Sentenzen aus dem
Vesontinus *comment. Momms.* (1877) S. 646 ff.

De iuris dictione edictum, edicti perpetui quae reliqua sunt,
constituit adnotavit edidit A. F. Rudorff Leipz. 1869 8.

Ueber das *fragmentum de iure fisci* s. §. 118, 2.

Licinius Rufinus.　Aelius Marcianus.　Aemilius Macer.
Florentinus.　Herennius Modestinus.

§ 111. Die *scriptores historiae Augustae*
(unter Diocletian und Constantin).

1. Zeitalter und Quellen.

H. Dodwell *praelectiones Camdenianae* (Oxford 1692 8.)
S. 32 ff.　W. Musgrave *Geta Britannicus* u. s. w. *Iscae*
Dumnoniorum (Exeter) 1715 8.　G. Mascov *de usu ac prae-*
stantia scr. h. A. in iure civili (1731) *opusc. iuridica et philol.*
(Leipz. 1776 8.) S. 327 ff.　G. de Moulines *mémoires sur les*
écrivains de l'hist. Aug. mémoires de l'acad. de Berlin 1750 S.
554 ff.　C. G. Heyne *censura sex scriptorum h. A.* (1803)
opusc. academ. 6 S. 52 ff.　H. E. Dirksen die *Scr. h. A.*,
Andeutungen zur Textkritik und Auslegung derselben Leipz.
1842 8.　G. Bernhardy *de scr. h. A. prooemia duo* Halle
1847 4.　F. Richter über die *scr. h. A.* Rhein. Mus. 7, 1850
S. 16 ff.　C. C. Hudemann Philol. 5, 1850 S. 572 f. 7, 1852

S. 585 ff. 9, 1851 S. 189 ff.   A. K r a u s e *de fontibus et auctoritate scr. h. A. I II* Neustettin 1857. 1874 4.   II. P e t e r *historia critica scriptorum h. A.* (Leipz. Bonn 1860 S.) S. 7 ff.,
philol. Anz. 6, 1874 S. 297 ff.   B. S c h u l z Zeitschr. für das
Gymnasialw. 1865 S. 932 ff.   J. B r u n n e r Vopiscus Lebens-
beschreibungen kritisch geprüft Büdingers Untersuchungen
zur röm. Kaisergeschichte 2, 1868 S. 1 ff.   J. P l e w *de di-
versitate auctorum h. A.* Königsberg 1869 8.   E. B r o c k s *de
quatuor prioribus h. A. scriptoribus* Königsberg 1869 S., d e r s.
Studien zu den Scr. h. A. Marienwerder 1877 4.   C. C z w a-
l i n a *de epistolarum actorumque quae a scr. h. A. proferuntur
fide atque auctoritate p. I* Bonn 1870 S.   C. R ü b e l *de fontibus
quattuor priorum h. A. scriptorum p. I* Bonn 1872 8.   II. J a e-
n i c k e *de vitae Hadrianeae scriptoribus* Halle 1875 8.   A.
D r e i n h ö f e r *de fontibus et auctoritate vitarum quae feruntur
Spartiani Capitolini Gallicani Lampridii* Halle 1875 S.   O.
L i n s e n b a r t h der röm. Kaiserbiograph Fl. Vopiscus Kreuznach 1876 4.

2. *Vitae Caesarum.*

a. Handschriften der Bambergensis *s. IX* und der Palatinus im Vatican *s. X*, der Vaticanus *s. XIV* und jüngere.

Peters Dissertation S. 18 ff., J o r d a n und E y s s e n-
h a r d t s sowie P e t e r s *praefationes.*

b. Ausgaben die *princeps* von B. A c c u r s i u s Mailand
1475 fol., J. B. E g n a t i u s Venedig (Aldus) 1516. 1519 8.,
D. E r a s m u s Basel 1518 fol., Is. C a s a u b o n u s Paris 1603
4., J. G r u t e r Hanau 1611 fol., Cl. S a l m a s i u s Paris 1620
London 1652 fol., (*cum notis variorum*) 2 Bde. Leiden 1671 S.
Scr. h. A. H. J o r d a n *et* F. E y s s e n h a r d t *rec.* 2 Bde. Berl.
1864 8.   *Scr. h. A. rec.* H. P e t e r 2 Bde. Leipz. 1865 S.
Spartiani v. Hadriani commentario illustr. J. C e n t e r w a l l *I*
Upsala 1869 8.

c. Kritik und Erklärung.

A. B e c k e r *observationum in scr. h. A. criticarum spec. I*
Breslau 1838 8.   II. P e t e r *exercitationes criticae in scr. h. A.*
Posen 1863 4., Hermes 1, 1866 S. 335.   A. D r ä g e r Philol.

20, 1863 S. 521. W. Schmitz Rhein. Mus. 19, 1861 S. 320.
J. Oberdick Zeitschr. für die österr. Gymn. 1865 S. 727 ff. 1868
S. 340 ff., Beitr. zur Kritik und Erklärung des Aeschylus (Glatz
1804 4.) S. 9. A. Kiessling neues Schweizer. Mus. 5, 1866
S. 327 ff. F. Eyssenhardt Hermes 1, 1866 S. 159. M. Haupt
Hermes 1, 1866 S. 45. 3, 1868 S. 217 ff. 4, 1869 S. 152. 332.
7, 1872 S. 182. 8, 1873 S. 214 (*opusc.* 3 S. 339. 421 ff. 463.
176. 580. 629). L. Vielhaber Zeitschr. für die österr. Gymn.
1867 S. 626 ff. E. Rösinger *de scr. h. A. commentatio cri-*
tica Schweidnitz 1868 4. O. Hirschfeld Hermes 3, 1868
S. 230 ff. J. Golisch Beiträge zur Kritik der Scr. h. A.
Schweidnitz 1870 4., Jahrb. 1871 S. 616 ff., fortgesetzte Bei-
träge u. s. w. Schweidnitz 1877 4. J. J. Cornelissen *con-*
iectanea Latina (Deventer 1870 8.) S. 55 ff. E. Bährens
Jahrb. 1871 S. 649 ff. J. N. Madvig *advers. crit.* 2 (1873)
S. 630 ff. (dazu E. Bährens Jenaer L. Z. 1874 S. 48, M.
Hertz Jahrb. 1874 S. 259 ff.). Zeitler zu Spartians *vita*
Hadriani Eichstädt 1875 4. J. N. Ott Jahrb. 1875 S. 714.
A. Gemoll *spicilegium criticum in scr. h. A.* Wohlau 1876 4.
F. Nieländer Jahrb. 1876 S. 800, 1877 S. 817. F. Görres
zu Capitolin *Gordiani tres* 31 Philol. 36, 1877 S. 614 ff. J.
Kellerbauer zu den *scr. h. A.* Jahrb. 1877 S. 623 ff. J.
Oberdick ebendas. 1878 S. 217. Th. Mommsen Hermes
13, 1878 S. 298 ff.

    d. Sprache.

    C. Paucker *de latinitate scr. h. A.* u. s. w. Dorpat 1870 8.
(dazu philol. Anz. 6, 1874 S. 304 ff.). E. Wölfflin Hermes
9, 1875 S. 254.

    3. Die Geschichtschreiber Marius Maximus und Iunius
       Cordus (Anf. des 3. Jahrh.).

    Die Inschriften des *cos. II* 223 C. I. L. VI 1450—1453
(Henzen 5502).

    B. Borghesi (1856) *oeuvres* 5 S. 455 ff. J. J. Müller
in Büdingers Untersuchungen zur röm. Kaisergeschichte 3
(Leipz. 1870 8.) S. 170 ff. K. Dändliker ebendas. S. 306 ff.
M. J. Höfner Untersuchungen zur Geschichte des Septimius
Severus 1 (Giessen 1872) S. 4 ff.

4. Das Verzeichniss der römischen Provinzen von 297.

Herausgeg. von Th. Mommsen Abh. der Berl. Akademie 1862 (mit einem Anhang von K. Müllenhoff) S. 489 ff. (revue archéologique 13, 1866 S. 377 ff. 14, 1866 S.369 ff. 15, 1867 S. 1 ff.). O. Seeck's not. dign. S. 247 ff. Dazu J. Becker Bonner Jahrb. 39. 40, 1866 S. 10 ff. L. Urlichs ebendas. 60, 1877 S. 61 ff. E. Kuhn Jahrb. 1877 S. 697 ff. Th. Nöldeke Hermes 10, 1875 S. 163 ff.

Ueber Solinus s. § 94, 3.

§ 112. Die Panegyriker des dritten und vierten Jahrhunderts.

Claudius Mamertinus (291 und 298). Eumenius (296–311). Die Reden an Maximian (307) und Constantin (313). Nazarius (321). Mamertinus der jüngere (362). Latinus Pacatus Drepanius (391).

a. Handschriften verloren der Moguntinus des Aurispa und der Bertiniensis des Modius und Livineius, erhalten nur jüngere s. XV, wie der Upsaliensis.

H. Rühl de XII panegyricis Latinis propaedeumata Greifswald 1868 8. H. Keil in der Vorrede zu den Briefen des Plinius (1870) S. XXXIX f. und im Hallischen Lectionskatalog von 1870 4. S. VIII. E. Bährens Rhein. Mus. 30, 1875 S. 463 ff. und in der Vorrede seiner Ausg.

b. Ausgaben die princeps des F. Puteolanus Mailand um 1482 4., von J. Cuspinianus Wien 1513 4., B. Rhenanus Basel 1520 4., P. Navius Venedig 1596 8., J. Livineius Antwerpen 1599 8., C. Rittershusius und Jan. Gruter Frankfurt 1607 12. (Paris 1643 12. und öfter), J. de la Baune (in usum Delphini) Paris 1676 Venedig 1728 4., Chr. G. Schwarz Altorf 1739-1748 4., Chr. Cellarius Halle 1703 8., W. Jäger 2 Bde. Nürnberg 1779 8., H. J. Arntzen 2 Bde. Utrecht 1790-1797 4., desselben Ausg. des Drepanius Amsterdam 1753 4. XII panegyrici Lat. rec. E. Baehrens Leipz. 1874 8.

c. Kritik und Erklärung.

J. G. Walch dissertatio de paneg. veterum in den parerga

acad. (Leipz. 1721 8.) S. 849 ff.   C. G. Heyne (1803–5) *opusc.*
acad. 6 S. 80 ff.   J. Burkhardt die Zeit Constantin's des
Grossen (Basel 1853 8.) S. 62 ff.C.   Monnard *de Gallorum
oratorio ingenio, rhetoribus et rhetoricae Romanorum tempore
sc olis* Bonn 1848 8.   Fr. Eyssenhardt *lectiones panegyricae*
Berl. 1867 4.   G. Kaufmann über die Rhetorenschulen in
Gallien F. von Raumers histor. Taschenbuch 4. Ser. Bd. 10,
1869 S. 16 ff.   M. Haupt Hermes 4, 1869 S. 150 ff. 5, 1871
S. 314. 8, 1873 S. 245 f. (*opusc.* 3 S. 459 ff. 537. 629 f.). E.
Bährens Rhein. Mus. 27, 1872 S. 215 ff.

Ueber Ausonius vgl. § 70, über Corippus § 80, über
Ennodius § 120, 13.

§ 113. Grammatiker, Philosophen und Rhetoren des vierten und fünften Jahrhunderts.

1. Atilius Fortunatianus, C. Marius Victorinus
(um 350?), Marius Plotius Sacerdos.

*M. V. ars grammatica de orthographia et de metrica ratione
l. IV* in Thom. Gaisford's *scriptores Latini rei metricae* Oxford
1837 8. S. 1 ff. (darin die übrigen Metriker) und in H. Keils
grammatici Latini Bd. 6 (1871) S. 1 ff. (darin auch Maximus
Victorinus, Caesius Bassus, Atilius Fortunatianus).
Analecta grammatica maximam partem anecdota ed. Ios. ab
Eichenfeld *et* St. Endlicher (Wien 1837 4.) S. 1 ff. 199 ff.
455 ff.   H. Wentzel *symbolae criticae ad hist. script. rei metr.
Lat.* Breslau 1858 8.   F. A. Eckstein ein griech. Elemen-
tarbuch aus dem Mittelalter (Analecten zur Gesch. der Paeda-
gogik Halle 1861 4.) S. 1 ff.   W. Christ Philol. 18, 1862 S.
109 ff.   R. Westphal Metrik der Griechen 1² (1867) S. 126 ff.
Th. Bergk Philol. 16, 1860 S. 636, Hallische Lectionskataloge von 1861 und 1863 4.   M. Haupt Hermes 1, 1866 S. 31
(*opusc.* 3 S. 324).   W. Brambach die Neugestaltung der lat.
Orthographie (Leipz. 1868 8.) S. 51 f.   W. Schady *de Mari
Victorini lib. I cap. IV quod inscribitur de orthographia p.
prior* Bonn 1869 8. (oben § 83, 3).   H. Keil zu Atilius Fortunatianus Hallisches Programm von 1863 4., *quaestion. gram-
maticar. p. I II de Marii Victorini arte grammatica* u. s. w.

Halle 1871 4., *p. III de Marii Plotii Sacerdotis libro de metris*
Halle 1872 4., *Marii Victorini excerpta de orthographia ed.*
H. Keil Halle 1874 4., *gramm. Lat. 6 praef.* und S. 245 ff.
417 ff., ders. *Adamantii s. Martyrii de B muta et V vocali
libellus I II* Halle 1878 4.   L. Müller Rhein. Mus. 27, 1873
S. 284 f.   C. Thiemann Jahrb. 1873 S. 429 ff.

Verschieden von M. Victorinus der Rhetor Q. Fabius
Laurentius Victorinus in Halms *rhetores Latini* (§ 57, 2) S.
153 ff.   Dazu C. L. Kayser Philol. 6, 1851 S. 706 ff.

2. Cominianus. Asmonius. Euanthius. Aelius Donatus
(um 355, vgl. oben § 25, 2 f.) und seine Commentatoren Maurus Servius Honoratus (Sergius vgl. S. 119 und 280),
Dositheus (vgl. oben § 110, 2), Flavius Mallius Theodorus u. A.

Donati ars und die übrigen in Keils *grammat. Lat.* 4
S. 367 ff.   *Fl. Mallius Theodorus de metris* ed. (zuerst) J. Fr.
Heusinger Wolfenbüttel 1755 (Leiden 1766) 8., in Gais-
fords *script. Lat. rei metricae* S. 525 ff.   *Dosithei ars grammatica ex cod. Sangallensi ed.* H. Keil Halle 1869–71 4.

E. Teuber *de Mauri Servii Honorati grammatici vita et
commentariis p. I* Breslau 1843 8.   F. Dübner Zeitschr. für
die Alterthumsw. 1, 1834 S. 1222 ff.   L. Preller ebendas. 6,
1848 S. 321 ff.   F.W.Otto ebendas. 9, 1849 S. 473 ff.   O.Jahn
Philol. 9, 1854 S. 625. 26, 1867 S. 12. 28, 1869 S. 9 Hermes
3, 1869 S. 180.   G. Thilo oben S. 119 f., ders. *observationes criticae in S. in Vergilii Aen. VI commentarium* Neubrandenburg 1871 4.   G. Wolff Philol. 16, 1860 S. 327 f.   L.
Müller Jahrb. 1866 S. 563 f., Rhein. Mus. 25, 1870 S. 340.
Th. Mommsen oben S. 120.   M. Haupt Hermes 1, 1866
S. 37. 256 (*opusc.* 3 S. 331. 345).   R. Westphal Metrik der
Griechen 1² S. 128 ff.   J. J. Cornelissen *codicis Daventriensis vetustissimi Servii commentarios continentis brevis descriptio*
u. s. w.   Deventer (Berl.) 1871 4.

3. Die Grammatiker und Metriker des fünften Jahrhunderts Cledonius, Pompeius, Consentius, Rufinus, Eutyches, Phocas u. A.

H. Keils *grammat. Lat.* Bd. 5 (1868) und in Gais-

fords *script. Lat. rei metricae.* Dazu *anecdota Helvetica quae
ad grammaticam Latinam spectant ex bibliothecis Turicensi Einsidlensi Bernensi collecta edidit* Herm. Hagen Leipz. 1870 8.
'*grammat. Lat. ex rec.* H. Keilii *supplementum*). H. Keil
Hermes 1, 1866 S. 330 ff.

Der Grammatiker Papirius.

W. Brambach die Neugestaltung der lat. Orthographie
(Leipz. 1868 8.) S. 55 f., Rhein. Mus. 25, 1870 S. 171 ff.

Fulgentius s. § 106 121.

4. Fortunatianus, Iulius Victor, Arusianus
Messius (um 395) und andere Rhetoren. Iulius
Valerius der Uebersetzer des Pseudocallisthenes
(vor 340) und das *itinerarium Alexandri* (um 340).

Die Rhetoren in Halms *rhetores Latini* S. 22 ff. H. E.
Dirksen (1847) hinterlassene Schriften 1 S. 254 ff. A. Da-
mien *de C. Iulii Victoris arte rhetorica disput.* Paris 1852 8.
Jac. Simon kritische Beiträge zur Rhetorik des C. Chirius For-
tunatianus Schweinfurt 1872 4. Zu Arusianus Messius M.
Haupt Hermes 3, 1865 S. 223 (*opusc.* 3 S. 427).

Iulius Valerius *ed.* A. Mai zuerst mit dem *itin. Alex.*,
dann in den *class. auct.* Bd. 7 (Rom 1835) S. 61 ff. 102 ff. *Iulii
Valerii epitome* zum ersten Male herausgeg. von J. Zacher
Halle 1867 8. *Pseudo-Callisthenes primum ed.* C. Müller (mit
Iulius Valerius) am Schluss von Dübners Arrian (Paris 1846
8.) S. XXVIII ff. und 153 ff. J. Zacher Pseudocallisthenes;
Forschungen zur Kritik und Geschichte der ältesten Aufzeich-
nung der Alexandersage Halle 1867 8. J. Mähly Höpfner
und Zacher Zeitschr. für deutsche Philologie 1, 1869 S. 119 ff.
3, 1871 S. 416 ff. E. Bährens Jahrb. 1872 S. 636. H. Meusel Jahrb. 1869 S. 282 ff.

Itinerarium Alexandri ad Constantium Aug. primum ed.
Ang. Mai Mailand 1817 4. (und in den *class. auct.* Bd. 7).
It. Alex. ed. D. Volkmann (nach Studemunds Collation)
Naumburg 1871 4.

F. Haase *misc. philol. II* (Breslau 1858 4.) S. 20 ff.
C. Kluge *de itinerario A. M.* Breslau 1861 8. M. Haupt
Hermes 5, 1870 S. 188 (*opusc.* 3 S. 533). E. Bährens Jahrb.

1873 S. 68 f.　D. D. philol. Anz. 5, 1873. S. 156 f.　J. Grion
rivista di filol. 1, 1873 S. 553 ff.　R. Peiper Philol. 33, 1874
S. 742 f.

5. Vibius Sequester, Chalcidius der Interpret des
platonischen Timaeus (Ende des vierten und Anfang
des fünften Jahrhunderts).

Vibius Sequester (in einem Vaticanus *s. X*). Ausgaben
von I. Mazochi Rom um 1510 8., von Aldus Venedig 1514.
1518 8., Fr. Hessel Rotterdam 1711 8., J. J. Oberlin
Strafsburg 1778 8., L. Baudet Paris 1843 8. *V. S. de flumi-
nibus etc. libellus a* Conr. Bursian *recognitus* Zürich 1867 4.
F. Lüdecke Göttinger gel. Anz. 1868 S. 561 ff.

Chalcidius (Handschriften in Cambridge, Wien, Florenz
s. XI). Ausg. von Augustinus Iustinianus Paris 1520 fol.,
J. Meursius Leiden 1617 4., J. A. Fabricius in den *opera
Hippolyti* Bd. 2 (Hamburg 1718 8.) S. 226 ff., in F. W. A.
Mullach's *fragmenta philosophorum Graecorum* Bd. 2 (Paris
1868 8.) S. 147 ff. *Platonis Timaeus interprete Ch. cum eiusdem commentario etc. ed.* J. Wrobel Leipz. 1876 8.　Iw. Müller *quaestionum crit. de Chalcidii in Tim. Plat. comment. spec.
I-III* Erlangen 1876-78 4.

6. *Notae Tironianae.*

J. Gruter am Schluss der *inscriptiones antiquae* Heidel-
berg 1603 fol. und hinter A. Schottus Ausgabe des Seneca.
U. F. Kopp *palaeographia critica* Bd. 2 Mannheim 1817 4.
J. Tardif *mémoires présentés par divers savants à l'acad. des
inscr. et belles lettres* 2. Serie Bd. 3, 1854 (Paris 4.) S. 104 ff.
G. Michaelis Zeitschr. für Stenographie 1859 S. 1 ff.　Th.
Sickel Sitzungsber. der Wiener Akademie 38, 1861 S. 3 ff.,
Urkunden der Karolinger Bd. 1 (Wien 1867 8.) S. 326 ff. W.
Schmitz (1863-76) Beiträge zur lat. Sprach- und Litteratur-
kunde (Leipz. 1877 8.) S. 179 ff., ders. Studien zur lat. Steno-
graphie I in der Zeitschrift Panstenographikon 1, 1869 S. 1 ff.,
II *notae Bernenses* ebendas. [1871] S. 193 ff. 337 ff. mit Tafeln;
Rhein. Mus. 33, 1878 S. 321. J. W. Zeibig Geschichte und Lit-
teratur der Geschwindschreibekunst Dresden 1863, Nachträge
dazu ebendas. 1867 8.　O. Lehmann *quaestiones de notis*

Tironis et Senecae Leipz. 1869 8. Vgl. auch V. Rose Hermes 8, 1873 S. 303 ff. P. Mitzschke *quaestiones Tironianae* (Zeitschr. für Stenographie Bd. 32 S. 1 ff.) Berl. 1875 8. (dazu Centralbl. 1876 S. 19).

7. Glossare.

Bon. Vulcanius *thesaurus utriusque linguae* u. s. w. Leiden 1600 fol. *Cyrilli, Philoxeni aliorum veterum glossaria coll.* Car. Labbaeus Paris 1679 fol. *Placidi glossae ed.* A. Mai *classici auctores* u. s. w. Bd. 3 (Rom 1831 8.) S. 427 ff., Bd. 6 (Rom 1834) S. 553 ff., andere ebendas. S. 501 ff., 7 (1835) S. 549 ff., 8 (1838). Einzelne Glossare herausg. von F. Osann Giessen 1826 4., C. Fickert Naumburg 1843 4., G. F. Hildebrand Dortmund 1845 4. und Göttingen 1854 8., E. Peter Zeitz 1850 4., F. Deycks Münster 1854 4., L. Dieffenbach Frankfurt 1867 8., G. Thomas Sitzungsber. der Münchener Akad. 1868 2 S. 369 ff. (K. Halm und K. Hoffmann ebend. 1869 2 S. 1 ff.), K. Hoffmann ebendas. 1870 2 S. 197 ff. *Luctutii Placidi grammatici glossae rec. et illustr.* A. Deuerling Leipz. 1875 8. (dazu G. Löwe Jenaer L. Z. 1875 S. 694 f. H. Hagen Bursians Jahresber. III 1874. 75 S. 714 ff. IV 1876 2 S. 336 ff.), ders. *glossae quae Placido non adscribuntur nisi in libro glossarum rec. illustr. auxit* München 1876 (36 S.) 8.

F. Dübner Rhein. Mus. 3, 1833 S. 599 ff., Jahns Archiv 2, 1833 S. 439 ff. R. Klotz ebendas. 2, 1833 S. 439 ff. 485 ff. M. Haupt Rhein. Mus. 2, 1843 S. 639, Hermes 1, 1866 S. 257. 3, 1868 S. 149 ff. 5, 1871 S. 177, 1873 S. 187 (*opusc.* 3 S. 346. 401 ff. 521. 585. 642), Berl. Lectionskatalog von 1871 4. (*opusc.* 2 S. 411 ff.). G. Corsi *annali delle università Toscane* (1846) S. 149 ff. F. Oehler Jahns Archiv 13, 1847 S. 230 ff. 325 ff., Rhein. Mus. 18, 1863 S. 253 ff. K. E. Opitz *specimen lexicologiae argenteae Latinitatis* Naumburg 1852 4. G. F. Hildebrand Zeitschr. für das Gymnasialw. 1853 S. 113 ff. Th. Mommsen Rhein. Mus. 16, 1861 S. 135 ff., Hermes 8, 1873 S. 67 ff. Zu den *gl. Cyrilli et Philoxeni* Philol. 17, 1861 S. 159, [J. Bernays] Rhein. Mus. 17, 1862 S. 159 ff. (vgl. Th. Bergk Hallischer Lectionskatalog von Sommer 1861 S. V Anm. 4). H.

Us e n e r Rhein. Mus. 17, 1862 S. 169. 23, 1868 S. 491. 24,
1869 S. 231. 382 ff.   A. F. R u d o r f f über die Glossen des
Philoxenus und Cyrillus philos. histor. Abhandl. der Berl. Aka-
demie 1866 S. 181 ff.   A. W i l m a n n s Rhein. Mus. 24, 1869
S. 362 ff. , M. H e r t z Jahrb. 1869 S. 767.   J. K l e i n Rhein.
Mus. 24, 1869 S. 269 ff.   F. R i t s c h l Rhein. Mus. 25, 1870
S. 456 ff. (*opusc.* 3 S. 55 ff.).   A. M i l l e r Bl. für das bayer.
Gymnasialschulw. 1870 S. 293 ff. 549 ff.   A. D e u e r l i n g eben-
daselbst 1871 S. 150 ff.   J. N. O t t Zeitschr. für die österr.
Gymn. 1876 S. 171 f.   H. A. K o c h Rhein. Mus. 26, 1871 S.
549 f. F. B ü c h e l e r Jahrb. 1872 S. 567 (dazu A. D a r m e s t e t e r
rev. critique 1873 S. 219 ff.).   A. B o u c h e r i e *notices et extraits* u. s. w. 23 (Paris 1872 8.) S. 277 ff.   H. K e t t n e r Hermes 6, 1872 S. 165 ff., zur Kritik der *glossae Placidi* Dramburg (Berl.) 1872 4.   W. M e y e r Rhein. Mus. 29, 1874 S.
179 ff.   G. L o e w e *quaestionum de glossariorum Latinorum
fontibus et usu particula* Leipz. 1874 8., d e r s. *acta soc. philol. Lips.* 2, 1872 S. 464. 477. 4, 1875 S. 365. 5, 1875 S. 306 ff.
340 ff. 6, 1876 S. 359 ff. (dazu O. R i b b e c k Jenaer L. Z. 1875
S. 452), Rhein. Mus. 30, 1875 S. 616 f., d e r s. *prodromus
corporis glossariorum Latinorum, quaestiones de g. L. fontibus
et usu* Leipz. 1876 8. (dazu H. R o e n s c h Centralbl. 1877 S. 694.
E. B a e h r e n s Jenaer L. Z. 1877 S. 154 f.).   H. R ö n s c h Rhein.
Mus. 30, 1875 S. 449 ff.

§ 114. Historische, statistische und geographische Com-
pendien des vierten und fünften Jahrhunderts.

> 1. Der Chronograph vom J. 354 (das *chronicon Cuspiniani*
> in einer Brüsseler und einer Wiener Hs.). *Anonymi
> orbis descriptio* (nach 353).

Th. M o m m s e n über den Chronographen vom J. 354 Abh.
der sächs. Ges. der Wissensch. philol. hist. Cl. 2, 1857 S. 547 ff.
und im C. I. L. 1 S. 332 ff. 483 ff.   G. W a i t z Göttinger Nachrichten 1865 S. 81 ff.   W. W a t t e n b a c h Deutschlands Geschichtsquellen 1[3] (Berl. 1873 8.) S. 48.

Die *Periochae* des Livius und O b s e q u e n s s. § 84 (S. 198).
Vetus orbis descriptio Graeci scriptoris sub Constantio et

Constante impp. nunc primum ed. Jac. Gothofredus Genf
1628 S. und der *liber Iunioris philosophi* in A. Mai's *classici
auctores* Bd. 3 (Rom 1831) S. 357 ff. Danach beide Texte in C.
Müllers *geographi Graeci minores* Bd. 2, 1861 S. 513 ff.

2. S. Aurelius Victor (um 360). Iulius Exuperantius.

Die Inschrift C. I. L. VI 1156 (Grut. 286, 5) vgl. Orelli
3715 und Tillemont *hist. des empereurs Romains* 5 (Paris
1720 4.) S. 302.

Caesares (in der verlornen Hs. des Metellus, woraus die
Brüsseler *s. XV*). *Epitome de Caesaribus* (in zwei Gudiani *s. X.*
und *XI*). *De viris illustribus urbis Romae* und die *origo gentis
Romanae* (in der Brüsseler Hs.).

Ausgaben von Andr. Schott Douay 1577 Antwerpen 1579
S. (Frankfurt 1606 fol.) und öfter mit den *script. hist. Aug., in
usum Delph.* Paris 1681 4., von S. Pitiscus Utrecht 1696 8.,
H. J. Arntzen Amsterdam und Utrecht 1733 4., J. F. Gruner
Coburg 1757 Erlangen 1787 8., Fr. Schröter (*or.* und *c. ill.*) 2 Bde.
Leipz. 1829–31 8.   Ausgg. der Schrift *de viris ill.* von K. F. A.
Brohm (zuerst 1832) 3. Ausg. Leipz. 1860 8., E. Keil (zuerst
1850) 2. Ausg. Breslau 1872 S.

J. Mähly Jahns Archiv 18, 1852 S. 132 ff. vgl. 19, 1853 S.
315 ff., Jahrb. 1855 S. 264 ff.   R. Volkmann *observationes
miscellae* (Jauer 1873 4.) S. 3.   H. Rotter *de auctore libri
de origine gentis Rom.* Cottbus 1858 4.   H. Jordan *Catonis
reliquiae* (1860) S. XXIX, Rhein. Mus. 18, 1863 S. 589, Hermes 3, 1868 S. 389 ff.   C. L. Roth ebendas. S. 314.   M. Hertz
Jahrb. 1868 S. 572.   C. Aldenhoven fil. Hermes 5, 1870
S. 150 ff.   Th. Opitz *de S. A. V. capita tria acta soc. philol.
Lips.* 2, 1872 S. 197 ff., ders. Rhein. Mus. 29, 1874 S. 186 ff.
E. Wölfflin Rhein. Mus. 29, 1874 S. 282 ff., ders. Bursians
Jahresber. III 1874–75 S. 787 ff.   L. Jeep *rivista di filologia*
1, 1873 S. 505 ff.   H. Haupt *de auctoris de viris illustribus
libro quaestiones historicae* Würzburg (Frankfurt a. M.) 1876 8.
J. Freudenberg Hermes 11, 1876 S. 489 ff.   F. Görres zur
Kritik von A. V. *epit. c. 39* Zeitschr. für wissenschaftl. Theol.
21, 1878 S. 58f.

Iul. Exuperantius in einer Sallusthandschrift in Paris *s. XI.*

Ausg. von F. Sylburg *hist. Rom. scriptores 1* (Frankfurt a. M. 1588 fol.) und in den Sallustausgaben von Corte, Havercamp, Gerlach u. A. *I. E. opusculum a* Conr. Bursian *recognitum* Zürich 1868 4.

G. Linker Sitzungsber. der Wiener Akad. philol. hist. Cl. 13, 1854 S. 256 ff. M. Haupt Hermes 3, 1868 S. 342 (*opusc.* 3 S. 441). F. Lüdecke Göttinger gel. Anz. 1869 S. 77 ff. A. Eussner *spec. criticum* (Würzburg 1868 8.) S. 21, Philol. 28, 1869 S. 500. 536. J. Mähly Jahrb. 1872 S. 143 f.

3. Dictys (L. oder Q. Septimius). Dares (fünftes Jahrhundert). Hegesippus.

Dictys im Cod. Sangallensis *s.* X und jüngeren; Dares in einem Pariser *s. IX* und in einem Bamberger Berner Leidener Münchener *s.* X.

Ausgaben meist mit Dares die *princeps* Coeln um 1470 8., Mailand 1475 fol., von Ios. Mercier Paris 1618 Amsterdam 1631 8., Anna Tanaquilis Fabri filia Paris 1680 Amsterdam 1702 4., U. Obrecht Strafsburg 1691 8., L. Smids Amsterdam 1702 4. (darin zuerst J. Perizonius *de hist. belli Troiani* u. s. w.).

Dictys Cretensis ed. A. Dederich Bonn 1833 8., *Dares de excidio Troiae ed.* A. Dederich Bonn 1835 8. (zusammen Bonn 1837 8.) *Dictys Cretensis ephemeridos belli Troiani l. VI recogn.* F. Meister Leipz. 1872 8. *Daretis Phrygii de exc. Tr. hist. rec.* F. Meister Leipz. 1873. 8.

J. G. Eccius *de Darete Phrygio exercitatio* Leipz. 1769 4. Th. Wopkens (1795) *adversaria critica* 2 (Leipz. 1834 8.) S. 162 ff. G. F. Hildebrand Jahrb. 23, 1838 S. 276 ff. J. Schmid Zeitschr. für die österr. Gymn. 1869 S. 819 ff. H. Dunger die Sage vom trojanischen Kriege in den Bearbeitungen des M. A. und ihre antiken Quellen Dresden (Leipz.) 1869 8., ders. Jahrb. 1873 S. 561 ff., ders. Dictys-Septimius, über die ursprüngliche Abfassung u. s. w. Dresden 1878 8. (dazu Centrabl. 1878 S. 648). F. Meister über Dares von Phrygien u.s.w. Breslau 1871 4. A. Joly *Benoît de Sainte-More et le Roman de Troie ou les métamorphoses d'Homère et de l'épopée gréco-latine au moyen âge* 2 Bde. Paris 1870 1871 8.

E. Rohde Philol. 32, 1873 S. 749 f.   G. Körting Dictys
und Dares, ein Beitrag zur Geschichte der Troja-Sage in ihrem
Uebergange aus der romantischen in die antike Form Halle
1874 8. (dazu M. Schmidt Jenaer L. Z. 1874 S. 269).   H.
Pratje *quaestiones Sallustianae ad L. Septimium et Sulp. Seve-
rum C. Sallustii Crispi imitatores spectantes* Göttingen 1874 S.
Th. Mommsen Hermes 10, 1875 S. 383.   R. Jäckel Dares
Phrygius und Benoit de Sainte-More Breslau 1875 8.

Der sogen. Hegesippus (lat. Uebersetzung des Iosephus von
Ambrosius oder Rufinus?) in der ambrosianischen Papyrus-
handschrift *s. VII* in Mailand, der Casseler *s. VIII* und vielen
anderen alten Hss.

Ausgaben die *princeps* Paris 1510 8., von Cornelius Gual-
therus Cöln 1559. 1575 8. und in den Sammlungen der Patres
mit Ambrosius.

*Hegesippus qui dicitur .. de bello Iudaico ope cod. Cassellani
recognitus; opus morte C. F. Weberi interruptum absolvit C.
J. Caesar* Marburg 1864 4.

4. Eutropius († um 370) mit zwei griechischen Meta-
     phrasen (von Paeanios im 4., von Capito Lycius? im
     .6.? Jahrhundert).

Breviarium ab urbe condita.

Handschriften der Fuldensis in Gotha *s. IX*, der Bambergensis *s. IX*, der Monacensis *s. X* nebst vielen jüngeren.

Ausgaben die *princeps* Rom 1471 4., von A. Schonho-
vius Basel 1546. 1552 8., El. Vinetus Poitiers 1554 8.,
Chr. Cellarius Zeitz 1678 Jena 1755 8., Anna Tan. Fabri
f. *in usum Delph.* Paris 1683 4., Thom. Hearne Oxford 1703
8., S. Havercamp Leiden 1729 8., H. Verheyk Leiden
1762 (ed. II 1793) 8., C. H. Tzschucke Leipz. 1796 (1804)
8., F. W. Grosse Halle 1813 8., F. Hermann Lübeck 1818
8., C. Ramshorn Leipz. 1837 8., R. Dietsch Leipz. 1850.
1867 8., O. Eichert (mit Wörterbuch) Hannover 1871 8.,
W. Hartel Berl. 1872 8.

Th. Mommsen Hermes 1, 1866 S. 468.   A. Eussner
spec. criticum (Würzburg 1868 8.) S. 33 f.   W. Hartel Eutropius und Paulus Diaconus Sitzungsber. der Wiener Akademie

philos. hist. Cl. 71, 1872 S. 227 ff.   W. Pirogoff *de E. bre-*
viarii ab u. c. indole ac fontibus p. I Berl. 1873 8.   M. Haupt
Hermes 7, 1873 S. 12 (*opusc.* 3 S. 571).   F. Lüdecke Sylburgs
Codex des E. Jahrb. 1875 S. 874 ff.   C. Schrader ebendas.
S. 218.

Paeanius herausgeg. von J. F. S. Kaltwasser Gotha
1780 8.   E. Schulze *de Paeanio Eutropii interprete* Philol.
29, 1869 S. 285 ff.   Th. Mommsen Hermes 6, 1871 S. 82 ff.

Historia miscella Fr. Eyssenhardt *recensuit* Berl.
1869 8.

G. Waitz Gött. gel. Anz. 1869 S. 754 ff.   G. Bauch
über die *historia Romana* des Paulus Diaconus Göttingen 1873
8.   R. Jacobi die Quellen der Langobardengeschichte des P.
D., ein Beitrag zur Geschichte deutscher Historiographie Halle
1877 (100 S.) 8.   H. Droysen Hermes 12, 1877 S. 387 ff.

> 5. [S.] Rufius Festus (nach 369).   Die Regionenver-
> zeichnisse (*curiosum* und *notitia*).   Vgl. die oben
> § 69 angeführten Inschriften.

Breviarium rerum gestarum populi Romani.

Handschriften der Fuldensis des Eutropius, ein Bamberger *s. XI*, ein Wiener *s. IX*, und jüngere.

Ausgaben die *princeps* Neapel(?) um 1470 4., von J. Sam-
bucus Strafsburg 1552 8., F. Sylburg in den *script. hist.
Rom.* 1 (1588) S. 548 ff., J. Cuspinianus in dessen *de con-
sulibus Romanis commentariis* (Frankfurt 1601 fol.) S. 1 ff., von
P. Pithoeus in dessen *opera* (Paris 1609 4.) S. 309 ff., Ch.
Cellarius Zeitz 1673 (Halle 1698) 8., mit dem Eutrop von
Havercamp und Verheyk, von C. H. Tzschucke Leipz.
1793 8., C. Münnich Hannover 1815 8., R. Mecenate
Rom 1829 8.   *Rufi Festi breviarium rerum gestarum p. R. rec.*
Wend. Förster (*praemittitur dissertatio de R. breviario eiusque
codicibus* zuerst Wien 1872 4.) Wien 1874 8.

F. Jacobs in Jacobs und Ukert Beitr. zur älteren Lit-
teratur 3 (Leipz. 1838 8.) S. 191 ff.   Benecke *varias lectiones
S. R. breviarii ex libro ms. enotavit* u. s. w. Posen 1839 8.   C.
Wagener philol. Anz. 5, 1873 S. 99 ff. 8, 1877 S. 242 ff.
Philol. 33, 1874 S. 371 ff.   R. Iacobi *de Festi breviarii fon-*

libus Bonn 1874 8. (dazu W. Teuffel Jenaer L. Z. 1875 S. 13).
A. Eussner Philol. 37, 1877 S. 154 ff.

Die Regionen der Stadt Rom nach den besten Hss. berichtigt und mit einleitenden Abhandlungen und einem Commentare begleitet von L. Preller Jena 1846 8. *Mirabilia Romae e codd. Vatic. emendata ed.* G. Parthey Berl. 1869 8. H. Jordan Topographie der Stadt Rom im Alterthum 2 (Berl. 1871 8.) S. 537 ff. *Codex urbis Romae topographicus ed.* C. L. Urlichs Würzburg 1871 8. H. Jordan Hermes 2, 1867 S. 414 ff.

6. Die Peutingersche Tafel und die Itinerarien.

Tabula itineraria Peutingerana primum aeri incisa et edita a Fr. Chr. de Scheyb Wien 1753 fol. *T. i. P. denuo collata emendata et nova* C. Mannerti *introductione instructa studio et opera acad. lit. reg. Monacensis* Leipz. 1824 fol. Fortia d'Urban *recueil des itinéraires* (Paris 1845 8.) S. 197 ff. *La table de Peutinger d'après l'original conservé à Vienne* u. s. w. von Ern. Desjardins Paris 1869–78 fol. Die Handschrift in Colmar 1265 gemalt.

A. Pauly über den Straßenzug der P. Tafel von Vindonissa nach Sumlocenis u. s. w. Stuttgart 1836 4. Th. Mommsen Ber. der sächs. Ges. der Wissenschaften philol. hist. Cl. 3, 1851 S. 99 ff. Alfr. Maury *carte de la Gaule de Peutinger rev. archéologique* 1864 I S. 60 ff. E. Paulus Erklärung der Peutinger-Tafel Stuttgart 1866 8. Seefried Beitr. zur Kenntniss der P. Tafel oberbair. Archiv für vaterländ. Geschichte 30, 1869 S. 332 ff. F. Philippi *de tabula Peutingeriana, accedunt fragmenta Agrippae geographica* Bonn 1876 8. (dazu J. Partsch Jenaer L. Z. 1876 S. 686).

Vetera Romanorum itineraria cum notis varior. ed. Petr. Wesseling Amsterdam 1735 4. Fortia d'Urban *recueil des itinéraires anciens* Paris 1845 8. *Itinerarium Antonini Augusti et Hierosolymitanum ex libris mss. ed.* G. Parthey *et* M. Pinder Berl. 1848 8. L. Renier *itinéraires Romains de la Gaule* Paris 1850 8. (aus dem *annuaire de la soc. des antiquaires de France*). Alex. Bertrand *les voies Romaines en Gaule; voies des itinéraires; resumé du travail des commissions de la topographie des Gaules* (aus der *rev. arch.*) Paris 1863 8.   *A. de Barthélémy rev. archéol.* 1864, 2 S. 98 ff.   K. L. Roth Jahrbücher des Vereins von Alterthumsfreunden im Rheinlande 29. 30, 1860 S. 1 ff.

Ueber das *itinerarium Alexandri* s. oben § 113, 4.

7. **Iulius Honorius** (der sog. **Aethicus Ister**).

F. Ritschl und K. Müllenhoff in den oben § 81, 2 citierten Abhandlungen.   D'Avézac *mémoire sur Ethicus* in den *mém. de l' Acad. des inscr. et belles lettres, mém. présentés* (Bd. 19 Ser. I Bd. 2 Paris 1852 4.) S. 230 ff.   C. L. Roth Heidelberger Jahrb. 1854 S. 269 ff. 1855 S. 100 ff.   Kunstmann Münchener gel. Anz. 1854, 1 S. 249.   K. A. F. Pertz *de cosmographia Ethici l. III* Berl. 1853 8.   H. Wuttke die Kosmographie des Istriers Aithikos im lat. Auszug des Hieronymus Leipz. 1853 8., derselbe die Aechtheit des Auszugs aus der Kosmographie des A. geprüft Leipz. 1854 8.   Coremans *revue d'archéol. et d'histoire* 1 (Brüssel 1859 8.) S. 122 fl.   Ebert S. 574.

8. Die *notitia dignitatum* (zwischen 411 und 413).   Die *notitia provinciarum et civitatum Galliae*. Die *notitia provinciarum et civitatum Africae*.

Handschrift der *not. dign.* der verlorene Spirensis *s.* X, Abschriften in Oxford Paris Wien Rom München *s.* XV und XVI.

Ausgaben die *princeps* des S. Gelenius Basel 1552 fol., von G. Pancirolus Venedig 1593 fol. (Lyon 1608, Genf 1623 fol., in Graevius *thesaur.* 7 Utrecht 1696 fol. S. 1309 ff.), Phil. Labbe Paris 1651 12. (Venedig 1729 fol.).

Notitia dignitatum et administrationum omnium tam civilium quam militarium in partibus orientis et occidentis rec.   Ed. Böcking 2 Bde. in 5 Abth. Bonn 1839–1853 8.   *N. d., accedunt notitia urbis Constantinopolitanae et laterculi provinciarum ed.* O. Seeck Berl. 1876 8. (dazu P. Guirand *revue crit.* 1878 S. 43 ff.).

E. Böcking über die *notitia dignitatum utriusque imperii* Bonn 1834 8.   W. Tomaschek Zeitschr. für die österr. Gymn. 1867 S. 712 ff.   W. Brambach *notitia provinciarum et civita-*

tum Galliae Rhein. Mus. 23, 1868 S. 262 ff.   O. Seeck *quaestiones de notitia dignitatum* Berl. 1872 8.   ders. zur Kritik
der *n. d.* Hermes 9 1874 S. 217 ff.   A. Müller Philol. 32,
1873 S. 562.   Longnon *géographie de la Gaule au sixième
siècle* Paris 1878 (651 S. 11 Karten) 8.

Die *notit. Africae* bei Böcking II S. 615 ff.

9. Polemius Silvius (um 450).

Polemii Silvii laterculus herausgeg. von Th. Mommsen
Abh. der sächs. Ges. der Wissensch. philos. hist. Cl. 3, 1860
S. 231 ff. und C. I. L. 1 S. 332 ff.   A. von Gutschmid
Rhein. Mus. 17, 1862 S. 326.   In Seeck's *not. dign.* S. 254 ff.

10. Der Cosmograph (Geograph) von Ravenna (Ende
   des siebenten Jahrhunderts).

Handschriften der Urbinas und der Parisinus *s. XIII*, der
Basiliensis *s. XIV*.

Ausgaben die *princeps* von Cl. Porcheron Paris 1688 8.,
Jac. Gronovius (mit dem Mela) Leiden 1696 8., Abr. Gronovius (auch mit Mela) Leiden 1748 8.   *Ravennatis Anonymi
cosmographia et Guidonis geographica ex libris manu scriptis ed.*
M. Pinder *et* G. Parthey Berl. 1860 8.

Th. Mommsen über die Unteritalien betreffenden Abschnitte der ravennatischen Kosmographie Ber. der sächs.
Ges. der Wissensch. 2, 1851 S. 80 ff.   G. B. de Rossi *sopra il
cosmografo Ravennate* (aus dem *Giornale Arcadico*) Rom 1852 8.
A. von Gutschmid zur Frage über das Original der ravennatischen Kosmographie Rhein. Mus. 12, 1857 S. 438 ff.   A. Jacobs *de Gallia ab Anonymo R. descripta* Paris 1858 8.   G.
Parthey Aegypten beim G. von R. philol. histor. Abhandl.
der Berl. Akad. 1858 S. 115 ff., die Erdansicht des G. von R.
Monatsber. der Berl. Akad. 1859 S. 627 ff.   F. W. Olig-
schläger Jahrb. des Vereins von Alterthumsfreunden im
Rheinlande. 35, 1864 S. 28 ff..   W. Tomaschek Zeitschr.
für die österr. Gymn. 1867 S. 709 ff.   G. Parthey Hermes 4,
1869 S. 134 ff.

Dicuil (vom J. 825).   Guido (vom J. 1118).

Handschriften des Dicuil der Parisinus *s. X*, der Dresdensis *s. XI*, der Venetus *s. XV* und andere jüngere.

Ausgaben von C. A. Walckenaer Paris 1807 8., J. A.
Letronne Paris 1811. *D. liber de mensura orbis terrae a* G.
Parthey *recognitus* Berl. 1870 8. *Guidonis Geographica* zu-
erst in Parthey's Ravennas (aus Handschriften in Brüssel,
Florenz, Mailand. Rom, Wien *s. XIII–XV*). Der Abschnitt
des G. über Italien in *de Roma prisca et nova varii auctores
Romae ex aed.* Jac. Mazochii 1523 4.

§ 115. Palladius Rutilius Taurus Aemilianus
(*praef. urbi* im J. 359?).

De re rustica l. XIV (B. XIV in Distichen) in den Ausgg.
der *script. rei rust.* (§ 38, 3). B. XIV in Wernsdorfs *poetae
Lat. min.* 6 (1794) S. 135 ff.

B. Borghesi *dichiarazione d'una lapide Gruteriana* (1835)
oeuvres 3, 1864 S. 463 ff. O. Jahn Rhein. Mus. 3, 1845 S. 141.
E. Meyer Geschichte der Botanik 2 (1855) S. 328 ff. J. C.
Schmitt *Palladii Rutilii Tauri Aemiliani de insitione liber* (zu
L. Spengels Jubiläum) Münnerstadt 1877 8. H. Nohl P.
und Faventinus in ihrem Verhältniss zu einander und zu Vitruvius *comment. Momms.* (Berl. 1877 8.) S. 64 ff.

Gargilius Martialis (unter Severus Alexander), vgl. oben
S. 218.

Palimpsestfragmente in Neapel, ein Sangallensis *s. IX*,
zwei Vaticani *s. X* und *XII*.

Ausgaben von A. Schottus in dem sogen. Oribasius
Strafsburg 1533 fol., A. Mai *classici auctores* 1 (Rom 1828 8.)
S. 387 ff. und 3 (1830) S. 418 ff., *editio in Germania prima*
Lüneburg 1832 8. *G. M. de cura boum ed.* Chr. Th. Schuch
Donaueschingen 1857 8.

E. Meyer Gesch. der Botanik 2 (1855) S. 228 ff. V. Rose
anecdota Graeca et Graecolatina 2 (Berl 1870 8.) S. 103 ff.,
Hermes 8, 1873 S. 63 ff.

Caelius Apicius! (nach der Mitte des 3. Jahrh.). *De re
coquinaria l. X.*

Handschriften der Parisinus *s. VII* und jüngere.

Ausgaben von M. Humelberger Zürich 1542 4., M.
Lister London 1705 8., Th J. van Almeloveen Amsterdam

1709 S., J. M. Bernhold Bayreuth 1791 Ansbach 1800 S. *Apici Caeli de re coquinaria l. X novem codd. ope adiutus* u.s.w. *em.* Chr. Th. Schuch Heidelberg 1867 (und 1874) S.

Vindicianus. Marcellus (Empiricus oder Burdigalensis). Placitus. Theodorus Priscianus. Der sogen. Oribasius (5 - 6. Jahrh.). Briefe des Vindicianus (4. Jahrh.) in Handschriften in St. Gallen und Wien.

Marcellus (Handschrift in Laon *s. IX*) herausgeg. von Ian. Cornarius Basel 1536 fol. und in den *medici antiqui* von Aldus Venedig 1547 und H. Stephanus Paris 1567 8. J. Grimm über Marcellus Burdig. (1847) kl. Schriften 2 (Berl. 1865 8.) S. 114 ff., ders. und A. Pictet über die marcellischen Formeln (1855) ebendas. S. 152 ff. E. Meyer Geschichte der Botanik 2 (1855) S. 299 ff. V. Rose Hermes 8, 1873 S. 30 f. 42 f. R. Peiper Philol. 33, 1874 S. 562 f.

Placitus herausgeg. von F. Emericus Nürnberg 1538 4., A. Torinus Basel 1538 8., M. Humelberger Zürich 1539 4., in den *medici antiqui* von H. Stephanus Paris 1567 8. und A. Rivinus (Leipz. 1654 8.), in J. Chr. G. Ackermann *parabilium medicamentorum scriptores antiqui* Nürnberg und Altorf 1788 8. Th. Priscianus herausgeg. von S. Gelenius Basel 1532 4., H. von Neuenar Strafsburg 1532 fol., J. M. Bernhold Ansbach 1791 8. E. Meyer Gesch. der Botanik 2 (1855) S. 286 ff. *Oribasii de simplicibus l. V ed.* Joh. Schottus Strafsburg 1533 fol. A. Mai *class. auct.* 7 (Rom 1835 8.) S. 399 ff. H. Hagen *de Oribasii versione Latina Bernensi* Bern 1875 4. (dazu E. Ludwig Jahrb. 1877 S. 571 ff.). V. Rose *anecdota Graeca et Graeco-Latina* 2 (Berl. 1870 8.) S. 110 ff.

Anthimus († um 515), *Martialis de oleribus*, die *medicinales responsiones* des Caelius Aurelianus, Pseudo-Soranus. Die Diaetetik des A. an Theuderich König der Franken in V. Rose's *anecdota Graeca et Graecolatina* 2 (Berl. 1870 8.) S. 43 ff. Martialis, Caelius Aurelianus, Pseudo-Soranus ebendas. S. 105 ff. 163 ff. 243 ff. Ders. Hermes 8, 1873 S. 63 ff. *A. de observatione ciborum epistula ad Theudericum regem Francorum iterum ed.* V. Rose Leipz. 1877 8. (dazu J. Bauquier *rev. crit.* 1878 S. 105).

§ 116. Q. Aurelius Symmachus (*praef. urbi* im J. 384, Consul 391).

Die Inschriften des Vaters C. I. L. VI 1698 (Orelli 1186, Wilmanns 641), des Redners 1699 (Orelli 1187, Wilmanns 1235). H. Usener *anecdota Holdoni* (s. § 126) S. 17 ff.

Reden. *Epistularum l. X. Relationes.*

Chr. G. Heyne *censura ingenii ac morum S.* (1801) *opusc.* 6 S. 1 ff. *Susiana ad Symmachum ed.* J. Gurlitt Hamburg 1816-1818 4. E. Morin *étude sur la vie et les écrits de Symmaque* Paris 1847 8. G. B. de Rossi *annali dell' instituto archeologico* 21, 1849 S. 283 ff. H. Richter *das weströmische Reich* (Berl. 1865 8.) S. 550 ff.

a. Handschriften der Reden der ambrosianische und vaticanische Palimpsest *s. VII.*

Q. A. S. octo orationum ineditarum partes ed. A. Mai Mailand 1815 8., in Niebuhrs Fronto (§ 103), und vermehrt in Mai's *scriptorum veterum nova collectio I* Rom 1825 (1831) 8. H. C. A. Eichstädt *de S. or. particulis ab A. Maio nunc in lucem protractis* Jena 1816 4. J. Mähly Jahrb. 1862 S. 869 f. M. Haupt Hermes 2, 1867 S. 8. 4, 1870 S. 33. 6, 1872 S. 389. 7, 1873 S. 164 (*opusc.* 3 S. 366. 451. 565. 617). O. Seeck die Reden des S. und ihre kritische Grundlage *comment. Momms.* (Berl. 1877) S. 595 ff.

b. Handschriften der Briefe der Parisinus *s. X*, der Relationes der Monacensis *s. XI.*

Ausgaben die *princeps* des Barth. Cynischus Rom? um 1503 4.; bei J. Schottus Strafsburg 1510 4., von S. Gelenius Basel 1549 4., Fr. Iuretus Paris 1580 (1604) 4., Jac. Lectius Lyon 1587 (1598) 8. Genf 1601 12., G. Scioppius Mainz 1608 4., J. Ph. Pareus *Neapoli Nemetum* (Neustadt a. d. Hardt) 1617. 1628 Frankfurt 1642. 1651 8. Leiden 1653 12.

A. Bethmann-Hollweg Handbuch des Civilprozesses I (Bonn 1834 8.) *Symmachi l. X ep.* 39. 48 Anh. S. 403 ff. *Q. A. S. relationes rec.* Guil. Meyer Leipz. 1872 8.

C. F. W. Müller Jahns Jahrb. 1856 S. 324 ff. O. Clason

de S. epistularum codice Parisino Bonn 1867 8. K. Schenkl
Zeitschr. für die österr. Gymnas. 1860 S. 412 ff. M. Haupt
Hermes 3, 1869 S. 149. 220 (*opusc.* 3 S. 424. 633). O. Koren
quaestiones Symmachianae Wien 1874 8. (dazu Centralbl. 1875
S. 941). R. Förster eine verschollene Hs. der Br. des S.
Rhein. Mus. 30, 1875 S. 466.

§ 117. Ammianus Marcellinus (schrieb 369 bis nach 391).

J. J. Chifflet *de vita A. et statu reipublicae sub Constan-
tino* Löwen 1627 8. (in Valesius' und Wagners Ausg.) C.
G. Heyne *censura ingenii et historiarum A. M.* (1802) *opusc.
acad.* 6 S. 35 ff. (und in Wagners Ausg.). C. A. Müller
de A. M. Posen 1852 4. Reuscher *quaestiones Ammianeae
I de A. vita* Frankfurt a. d. O. 1859 4. E. A. W. Möller *de
A. M.* Königsberg 1863 8. G. R. Sievers das Leben des
Libanius (Berl. 1868 8.) S. 271 ff.

Rerum gestarum l. XIV–XXXI.

a. Handschriften der Fuldensis in Rom *s. IX*, der Here-
feldensis des Gelenius *s. X* (Fragmente in Marburg), der Petri-
nus in Rom *s. XIV* und jüngere.

L. Urlichs Eos 2, 1865 S. 229. 352, Rhein. Mus. 26,
1871 S. 638. M. Haupt in den Berl. Lectionskatalogen von
1868 und 1874 4. (*opusc.* 2 S. 371 ff. 490 ff.). W. Cart *rev.
critique* 1870 S. 118, 1876 S. 170 ff. Th. Mommsen Hermes
6, 1872 S. 231 ff. 7, 1873 S. 91 ff. 171 ff. V. Gardthausen
Jahrb. 1871 S. 829 ff. 1875 S. 653 ff., Hermes 6, 1872 S. 243 ff.
7, 1873 S. 168 ff. 453 ff. F. Rühl Rhein. Mus. 28, 1873 S.
337 ff. *A. M. fragmenta Marburgensia ed.* H. Nissen Berl.
1876 4. (dazu V. G. Centralbl. 1876 S. 1493 f.).

b. Ausgaben die *princeps* (B. 14–26) des A. Sabinus
Rom 1474 fol., von P. Castellus Bologna 1517 fol., D.
Erasmus (in den *script. hist. Rom.*) Basel 1518 fol. und S.
Gelenius Basel 1533 fol., M. Accursius Augsburg 1533 fol.,
Fr. Lindenbrogius Hamburg 1609 4., J. Gruter (in den
script. hist. Aug.) Hanau 1611 fol., M. Zuerius Boxhor-
nius Leiden 1632 12., Henr. Valesius Paris 1636 4., Hadr.

Valesius Paris 1681 fol., Jac. Gronovius Leiden 1693
fol. (und 4.), A. W. Ernesti Leipz. 1773 8., *cum notis Lin-
denbrogii Valesiorum cet.* von J. A. Wagner (und C. G. A. Er-
furdt) 3 Bde. Leipz. 1808 8., F. Eyssenhardt Berl. 1871,
ed. min. 1872 8.   *A. M. rerum gestarum l. qui supersunt rec.
notisque selectis instruxit* V. Gardthausen 2 Bde. Leipz.
1873–75 8.

c. Kritik und Erklärung.

L. Tross im Athenaeum 3 (Halle 1818 8.) S. 29 ff., *observationum criticarum libellus* Hamm 1828 4.   A. A. Ditki *de
A. M.* Rössel (Königsberg) 1841 4.   M. Haupt Rhein. Mus.
1, 1842 S. 175 (*opusc.* 1 S. 150), *opusc.* 3 S. 644 und in den
oben unter *a* angeführten Abhandlungen.   R. Klotz Jahns
Archiv 10, 1844 S. 320 ff.   J. Horkel *animadversiones criticae
in A. M.* Reden und Abhandlungen (Berl. 1862 8.) S. 229 ff.
E. E. Hudemann *quaestiones Ammianae* Landsberg a. W.
1864 4.   J. P. Binsfeld Rhein. Mus. 21, 1864 S. 159. 22,
1867 S. 310 f.   J. Hermann *observationes criticae Ammianeue*
Bonn 1865 8.   C. F. W. Müller Jahrb. 1873 S. 341 ff.   P.
Langen *quaestiones Ammianae* Düren 1867 4., ders. Philol.
29, 1869 S. 335 ff. 469 ff.   A. Eussner *spec. criticum* (Würzburg 1868 4.) S. 36.   W. A. Cart *quaestiones Ammianeae* Berl.
1868 8.   R. Unger *de A. M. locis controversis* Neustrelitz
1868 8.   V. Gardthausen *coniectanea Ammianca cod. adhi-
bito Vaticano* Kiel 1869 8., ders. Göttinger gel. Anz. 1871
S. 1301 ff.   W. Tomaschek Zeitschr. für die österr. Gymn.
1872 S. 281 ff.   A. Kellerbauer Bl. für das bayer. Gymnasialschulw. 1871 S. 11 ff. 1873 S. 81 ff. 127 ff.   F. Rühl
Jahrb. 1871 S. 480.   A. Kiessling Jahrb. 1871 S. 481 ff.,
ders. *coniectanea Ammianea* Greifswald 1874 4.   F. Eyssenhardt Jahrb. 1875 S. 509 ff.   E. Wölfflin Bursians Jahresbericht III 1874–75 S. 792 ff.

d. Quellen.

H. Sudhaus *de ratione quae intercedat inter Zosimi et
Ammiani de bello a Iuliano imperatore cum Persis gesto relatione*
Bonn 1870 8. (dazu A. Schäfer Philol. 31, 1871 S. 184).
E. A. W. Möller zur Charakteristik des Constantius, eine

Untersuchung auf der Grundlage des A. M. u. s. w. Danzig 1871
4.   V. Gardthausen die geographischen Quellen des A.
Jahrb. Supplementbd. 6, 1873 S. 509 ff. (dazu A. von Gutschmid Centralbl. 1873 S. 737 f.).   M. Schuffner *A. M.
in rerum gestarum libris quae de sedibus ac moribus complurium
gentium scripserit quibus differant ab aliis scriptoribus, quibus
cum iis congruant exponitur* Meiningen 1877 (19 S.) 4.

   e. Sprache.

   H. Kallenberg *quaestiones grammaticae Ammianeae* Halle
1868 8.   E. Wölfflin und A. Gerber Philol. 29, 1870 S.
559.   E. Wölfflin Centralbl. 1870 S. 630, 1871 S. 1085.
M. Hertz Aulus Gellius und A. M. Hermes 8, 1874 S. 257 ff.,
ders. *de A. M. studiis Sallustianis dissertatio* Breslau 1874 4.
H. Michael *de A. M. studiis Ciceronianis* Breslau 1874 8.
H. Wirz Ammianus' Beziehungen zu seinen Vorbildern Cicero
Sallustius Livius Tacitus Philol. 36, 1877 S. 627 ff.

§ 118. Die voriustinianischen Rechtsbücher.

   1. Die *lex dei* s. *Mosaicarum et Romanarum legum collatio*
     nach 390).

   Handschriften der Pithoeanus in Berlin *s. IX*, der Ver-
cellensis und der Vindobonensis *s. XI*.

   Ausgaben von P. Pithoeus Paris 1573 4. u. A., Fr.
Blume Bonn 1833 8., im *corpus iuris anteiust.* 1 S. 308 ff.
Huschke *iurisprud. anteiust.*[3] S. 607 ff.

   Ph. E. Huschke Zeitschr. für geschichtl. Rechtswissenschaft 13, 1846 S. 1 ff.   H. E. Dirksen hinterlassene Schriften 2 (1871) S. 100 ff.   A. Rudorff über den Ursprung der
lex dei philol. hist. Abh. der Berl. Akad. von 1868 S. 265 ff.
(vgl. Ambrosius § 120, 4).

   2. Die *fragmenta Vaticana* und andere kleinere Stücke.

   Handschrift der Fragmente der Palimpsest aus Bobbio
s. VI in Rom und Turin.

   Ausgaben die *princeps* von A. Mai *iuris civilis anteiustiniani reliquiae ineditae* u. s. w. Rom 1823 8. (Paris 1823, Berl.
1824 8.), von A. A. Buchholtz Königsberg 1828 8., A.

Bethmann-Hollweg Bonn 1833 8. (*corpus iur. civ. ante-iust.* 1 S. 229 ff.). *Codicis Vatic. n. 5766 in quo insunt iuris anteiustiniani fragmenta quae dicuntur Vaticana exemplum addita transcriptione notisque criticis* ed. Th. Mommsen philol. hist. Abh. der Berl. Akad. von 1859 S. 265 ff., *iuris anteiustiniani fragmenta quae dicuntur Vaticana post Ang. Maium et Aug. Bethmann-Hollweg recognovit* Th. Mommsen Bonn 1861 8. Huschke *iurisprud. anteiust.*[3] S. 666 ff.

B. Borghesi (1824) *oeuvres* 3 S. 99 ff.   G. Bruns *quid conferant Vaticana fragmenta ad melius cognoscendum ius Romanum* Tübingen 1812 8.   M. Haupt Hermes 1, 1866 S. 42 (*opusc.* 3 S. 336).

Das *fragmentum de iure fisci* (Palimpsestblätter in Verona *s. VII?*).

Ausgaben in J. F. L. Göschen's Gaius (§ 105) und E. Böckings Ulpian (§ 110, 2).   Huschke *iurisprud. anteiust.*[3] S. 593 ff., *ed.* P. Krüger Leipz. 1868 8.

Andere kleinere Stücke bei Huschke *iurisprud. anteiust.*[3] S. 701 ff.

3. Der *codex Gregorianus* und *Hermogenianus*.

G. Hänel im Bonner *corpus iuris anteiustiniani* Bd. 2 (1837) S. 1 ff.

Ph. E. Huschke Zeitschr. für Rechtsgesch. 6, 1867 S. 279 ff.   H. E. Dirksen hinterlassene Schr. 2 (1871) S. 482 ff.

4. Der *codex Theodosianus* (438) mit den *novellae*.

Ausgaben des Breviarium (B. 1-8) von J. Sichard Basel 1528 fol., Joh. Tilius (mit B. 9-16) Paris 1550 fol., J. Cuiacius Leiden 1566, Paris 1586 fol.   *Codicis Theodosiani genuini fragmenta ex membranis bibl. Ambros. u. s. w. ill.* A. Peyron Turin 1823 4., von F. W. Clossius Tübingen 1824, E. Puggé Bonn 1825 8.   *Corpus iur. Rom., cod. Theodosianus* u. s. w. (14 neue Palimpsestblätter) *ed.* C. Baudia Vesme Turin 1839-1842 fol.   *Codex Theodosianus cum notis Jac. Gothofredi* (1655) *cet. ed.* J. D. Ritter 6 Bde. Leipz. 1736-1745 fol., von G. Hänel Bonn 1837-1842 4., mit *supplementum* Bonn 1844 4. (im Bonner *corp. iur. anteiust.* 2 S. 81 ff.).

Die Consultatio in Huschke's *iurisprud. anteiust.*[3] S.

725 ff. A. Rudorff Zeitschr. für gesch. Rechtswissenschaft 13, 146 S. 50 ff., röm. Rechtsgeschichte 1 S. 277 ff. G. Hänel Richters Jahrb. 1847 S. 955 ff., *notarum ad l. I–IV cod. Theod. editionem quam C. Baudi a Vesme Aug. Taur. divulgavit spec. I II* Leipz. 1855 4.

P. Krüger über die Zeitrechnung der Constitutionen aus den J. 364–373, ein Beitr. zur Kritik des Codex Theodosianus *comment. Momms.* (Berl. 1877 8.) S. 75 ff.

Die Novellae in J. Sichards Breviarium, von P. Pithoeus Paris 1571 4., A. Zirardinus Faenza 1766 8., Chr. Amadutius Rom 1767 fol., in Hänels Ausg. des *cod. Theodosianus.*

§ 119. Flavius Vegetius Renatus (um 425 bis 435).

Epitoma rei militaris.

a. Handschriften (über 140) drei Pariser, der Laudanensis Bernensis Monacensis *s. X* und der Gudianus *s. XI*, der Palatinus *s. X* und der Perizonianus *s. XI*, und jüngere.

b. Ausgaben die *princeps* Utrecht um 1473 fol., mit den *scr. rei militaris* Rom 1487 4., desgl. von Phil. Beroaldus Bologna 1496 fol., Guil. Budaeus Paris 1532 fol., Fr.°Modius Cöln 1580 8., G. Stewechius Antwerpen 1585 8., P. Scriverius *cum notis variorum* 2 Bde. Antwerpen 1607 4. (2 Bde. Wesel 1670 8.), besonders von Nic. Schwebelius Nürnberg 1767 4., *cum. not. varior.* Strafsburg 1808 8. *F. V. R. epitoma rei militaris rec.* C. Lang Leipz. 1869 8.

Th. Mommsen Hermes 1, 1866 S. 130 ff. A. Gemoll *exercitationes Vegetianae* Hermes 6, 1871 S. 113 ff. A. Eussner *analecta Latina* Jahrb. 1872 S. 524. H. Bruncke *quaestiones Vegetianae* Leipz. 1874 8. O. Seeck über das Zeitalter des V. Hermes 11, 1876 S. 61 ff.

Excerpte in einem vaticanischen Palimpsest *s. VII* (Langs *praef.* S. XVI). Auszug von Rabanus Maurus (in einer Trierer Handschrift *s. XII*). Der sogen. Modestus (Pomponius Laetus?).

F. Dümmler Zeitschr. für deutsches Alterthum N. F. 3, 1872 S. 443 ff. *Modesti libellus de vocabulis rei militaris ad*

Tacitum Augustum in dem Vegetius von Stewechius (Wesel 1670 Bd. 1 S. 359 ff.). Dazu A. Peyron *notitia libror. bibl. Taurin.* (1820) S. 85 ff.

Vegetii Renati artis veterinariae s. mulomedicinae l. IV (Basel 1528 4., von J. Sambucus Basel 1574 4.), in den Ausgaben der *script. rei rusticae* (§ 38, 3).

§ 120. Die Kirchenväter des vierten bis sechsten Jahrhunderts.

1. L. Caecilius (Caelius?) Lactantius Firmianus († um 330).

a. Handschriften der Bononiensis *s. VII*, die *fragmenta Floriacensia* in Orleans und der Puteaneus in Paris *s. IX*, die Schrift *de mortibus persecutorum* nur im Colbertinus in Paris *s. XI*.

b. Ausgaben die *princeps* Rom 1465 fol., von X. Betuleius Basel 1563 fol., M. Thomasius Antwerpen 1570 8., von Chr. Cellarius Leipz. 1698 8., J. G. Walch Leipz. 1715 8., Chr. A. Heumann Göttingen 1736 8., J. L. Bünemann Leipz. 1739 8., Fr. Oberthür 2 Bde. Würzburg 1783 8., O. Fridol. Fritzsche 2 Bde. Leipz. 1842 1844 8., in Migne's Patrologia Bd. 6 und 7 (Paris 1844 8.). Die Schrift *de mortibus persecutorum* zuerst herausgeg. von St. Baluze *miscellanea* 1 (Paris 1679 4.) S. 1 ff., von Fr. Dübner Paris 1863 8.

P. Bertold Prolegomena zu L. Metten 1861 4. Ebert S. 70 ff. J. G. Th. Müller *quaestiones Lactantianae* Göttingen 1875 8. T. E. Mecchi *Lattanzio e la sua patria* Fermo 1875 8. F. Görres zur Kritik des Eusebius und Lactantius Philol. 36, 1877 S. 547 ff.

(Coelius Symposius) Aenigmata (vgl. oben § 68).

L. C. F. L. symposium s. C. epigrammata quae vero suo auctori reddidit suisque et aliorum notis illustr. Chr. A. Heumann Hannover 1722 8., in J. C. Wernsdorfs *poetae Lat. min.* 6 (1794) S. 473 ff. Riese's Anthologie 1 (1868) S. 187 ff. vgl. 296 ff.

Paul *de Symposii aenigmatis* Berl. 1854 8. L. Müller

Jahrb. 1866 S. 266 ff.   H. Hagen antike und mittelalterliche Räthselpoësie Biel 1869 8.

Das Gedicht *de Phoenice* (in einem Parisinus *s. VIII*, dem Veronensis ⵜ *IX* und Vossianus *s. X*, und jüngeren Hss.).

J. C. Wernsdorfs *poetae Lat. min.* 3 (1785) S. 281 ff.   *L. carmen de Phoenice rec.* A. Martini Lüneburg 1825 8.   *L. C. L. F. Phoenix ed.* H. Leyser Quedlinburg 1839 8.   Riese's Anthologie 2 (1870) S. 188 f.

E. Bährens Jahrb. 1872 S. 361 ff., Rhein. Mus. 30, 1875 S. 308, Bursians Jahresber. I 1873 S. 220 III 1874—75 S. 227. F. Ritschl Rhein. Mus. 28, 1873 S. 189 ff.   G. Götz *acta soc. philol. Lips.* 5, 1875 S. 322.   A. Riese Rhein. Mus. 1876 S. 446.

2. Iulius Firmicus Maternus (schrieb um 346).

Handschrift der Vaticanus *s. X*.

Ausgaben die *princeps* von Matth. Flacius Illyricus Strafsburg 1562 8., Io. a Wower Hamburg 1603 8., Fr. Münter Kopenhagen 1826 8., F. Oehler Leipz. 1847 8.

I. F. M. de errore profanarum religionum libellus ex rec. Conr. Bursian Leipz. 1856 8., von C. Halm in s. Ausg. des Minucius Felix (§ 109, 1).

J. M. Hertz *de I. F. M. ciusque imprimis de err. prof. rel. libello* Kopenhagen 1817 4., J. Burckhardt die Zeit Constantins (Basel 1853 8.) S. 222. 263.   Ebert S. 124 ff. M. Haupt Hermes 2, 1867 8 8. 8, 1873 S. 249 (*opusc.* 3 S. 366. 634).

Iulius Firmicus Maternus iunior, der Vf. der zwei 334 und 354 geschriebenen *matheseos l. VIII ad Mavortium Lollianum.*

Handschriften der Montepessulanus *s. X*, der Monacensis *s. XI*, und jüngere.

Ausgaben die *princeps* Venedig 1497 fol., in den *astronomici veteres* Venedig (Aldus) 1499 fol. und Basel 1533. 1551 fol.

G. E. Lessing Ergänzungen des Iulius Firmicus (1774) Werke von Lachmann-Maltzahn 9 S. 409 ff.   M. Haupt Hermes 1, 1866 S. 31. 7, 1872 S. 182. 8, 1872 S. 181 (*opusc.* 3

S. 324. 580. 623).   M. Bechert *de M. Manilii emendandi ratione* (Leipz. 1878 8.) S. 18 ff.

3. Hilarius von Poitiers (✝ um 367) und andere (bei Migne und Pitra).

Handschrift des Hilarius in Rom (Basil. S. Petri) *s. VI.*

Ausgaben die *princeps* Paris 1510 fol., von Des. Erasmus Basel 1523–1526. 1535 fol., von den Benedictinern Paris 1693 fol. (und 2 Bde. Verona 1730 fol.), von Fr. Oberthür 3 Bde. Würzburg 1785 ff. 8., in Migne's Patrologia Bd. 9. 10. Paris 1844 4.   J. B. Pitra *spicilegium Solesmense* 1 (Paris 1851 8.) S. 49 ff.

J. H. Reinkens H. von P. eine Monographie Schaffhausen 1864 8.   J. Wagenmann Göttinger gel. Anz. 1865 S. 1641 ff.   L. Hölscher *de Damasi et Hilarii qui feruntur hymnis sacris* Münster 1859 8.

4. Ambrosius (um 340 bis 397). Vgl. oben § 109, 1.

F. Böhringer die Kirche Christi und ihre Zeugen I 3 (Zürich 1844 8.) S. 1 ff.   H. Richter das weström. Reich (Berl. 1865 8.) S. 592 ff.   Pruner die Theologie   h. A. Eichstädt 1862 4.   Ebert S. 135 ff.

Ausgaben der Werke von Des. Erasmus 2 Bde. Basel 1527. 1534 fol., Felix cardinalis de Monte Alto 6 Bde. Rom 1579–1587 fol., den Benedictinern 2 Bde. Paris 1686 fol. (8 Bde. Venedig 1781 f. 4.), in Migne's Patrologia Bd. 14–18, 4 Bde. Paris 1845 4., das Buch *de officiis* (*cum Paulini libello de vita S. Ambrosii*) von J. G. Krabinger Tübingen 1857 8.

F. Bittner *de Ciceronianis et Ambrosianis officiorum libris commentatio* Braunsberg (Breslau) 1849 4.   F. Hasler über das Verhältniss der heidnischen und christlichen Ethik auf Grund einer Vergleichung des ciceronianischen Buches *de officiis* mit dem gleichnamigen des h. A. München 1866 8.

5. Hieronymus (331 bis 420).

Die Bibelübersetzung (Handschriften der Cod. Amiatinus *s. VII?*), Ausgaben des N. T. von C. Tischendorf Leipz.

1850, des A. T. von Th. Heyse und C. Tischendorf Leipz. 1873 8., der Psalmen von C. Tischendorf S. Baer F. Delitzsch Leipz. 1874 8., *Psalterium iuxta Hebraeos Hieronymi rec.* P. de Lagarde Leipz. 1874 8.

Ausgaben der Werke von Des. Erasmus (9 Bde. Basel 1516, zuletzt 1565 fol.), von Marianus Victorius von Rieti 9 Bde. Rom 1566 fol. Antwerpen 1578 ff., den Benedictinern 5 Bde. Paris 1693–1706 fol., von Domin. Vallarsi 11 Bde. Verona 1734–1742 (und Venedig 1766–72) fol., in Migne's Patrol. Bd. 22–30. 9 Bde. Paris 1845 4.

F. Collombet *histoire de St. J.* 2 Bde. Paris 1844 8. Schaubach über die Briefe des h. H. Coblenz 1855 4. H. Richter das weströmische Reich (1865) S. 602 ff. O. Zöckler H., sein Leben und Wirken aus seinen Schriften dargestellt Gotha 1865 8. A. Thierry *récits de l'histoire romaine au Ve siècle, St. Jérome, la société chrétienne en occident* u. s. w. (zuerst 1867) 2 Bde. 3. Ausg. Paris 1876 8. E. Lübeck *H. quos noverit scriptores et ex quibus hauserit* Leipz. 1872 8. (dazu L. Reinhardt Jahrb. 1873 S. 281 ff.). Ebert S. 176 ff.

Die Uebersetzung der Chronik des Eusebius (380) oben § 4, 4 und ihre Fortsetzer. Die Schrift (399) *de viris illustribus* oder *de scriptoribus ecclesiasticis* (Handschrift in Rom s. *VII*), vgl. A. Reifferscheid Sitzungsber. der Wiener Akad. philos. histor. Cl. 59, 1873 S. 94.

Aeltere Ausgaben des Arnald. Pontacus Bordeaux 1604 fol. und in Jos. Scaligers *thesaurus temporum* Leiden 1606 (Amsterdam 1658) fol., in Roncalli's *vetustorum Latinorum scriptorum chronica* 2 Bde. Padua 1787 4.

Th. Mommsen Abh. der sächs. Ges. der Wiss. 2, 1850 S. 669 ff. A. Schöne *quaestionum Hieronymianarum capita selecta* Leipz. 1864 8., Göttinger gel. Anz. 1867 S. 986 ff.

Prosper Aquitanus (379–455) herausgeg. in C. Labbaei *nova bibl. ms.* Paris 1657 fol., bei Roncalli Bd. 1 S. 522 ff. Prospers Werke herausgeg. von den Benedictinern Paris 1711 fol. (Rom 1732 8.), in Migne's *Patrol.* Bd. 51.

F. Papencordt Geschichte der vandalischen Herrschaft in Africa (Berl. 1837 8.) S. 355 ff. Ebert S. 305 ff. 420 ff.

H. Fernow romanische Elemente im Chronikon des P. Aquit. Jahrb. für roman. Litteratur 11, 1870 S. 257 ff.

Idatius (379–469). Ausgaben von Jac. Sirmond Paris 1619 S. (und in dessen *opera* Bd. 2 Paris 1696 S. 291 ff. Venedig 1728 S. 228 ff.), in Henr. Florez *España sagrada* Madrid 1770 4 S. 345 ff., bei Roncalli 2 S. 55 ff., und von de Ram Brüssel 1845 und 1857 8., in Migne's Patrol. Bd. 51 S. 873 ff.

Papencordt S. 352 ff. Ebert S. 423 f. G. Kaufmann Philol. 34, 1875 S. 244 ff.

Marcellinus Comes (379–566). Ausgaben von Jac. Sirmond Paris 1619 8. (und in den *opera* Bd. 2 Paris 1696 S. 309 ff. Venedig 1728 S. 269 ff.), bei Roncalli 2 S. 266 ff., in Migne's Patrol. Bd. 51 S. 917 ff.

Victor Vitensis (um 484) *historia persecutionis Vandalicae.* Ausgaben von R. Lorichius Cöln 1517. 1538 8., F. Balduinus Paris 1569 8., Fr. Chifflet Dijon 1664 4., von Th. Ruinart Paris 1694 8. Venedig 1732 4., in Migne's Patrol. Bd. 58 S. 180 ff.

Papencordt S. 366 ff. Ebert S. 433 ff.

Victor Tunnunensis (444–566) bei Roncalli 2 S. 337 ff., in Migne's Patrol. Bd. 68 S. 937 ff.

Papencordt S. 364. Ebert S. 553.

Iohannes Biclariensis (bis 590) in Henr. Florez *España sagrada* 6 (Madrid 1773 4.) S. 382 ff. 430 ff., in Migne's Patrol. Bd. 72 S. 863 ff.

Marius von Avenches (455–581) bei Roncalli 2 S. 399 ff., in Migne's Patrol. Bd. 72 S. 793 ff. *Marii episcopi Aventicensis chronicon ed.* W. Arndt Leipz. 1877 8.

C. Binding das burgundische Königreich 1 (Leipz. 1865 8.) S. 274 ff. G. Monod *études critiques sur les sources de l'histoire mérovingienne (bibl. des hautes études)* 1 (Paris 1872 8.) S. 21 ff. H. Brosien krit. Untersuchung der Quellen zur Geschichte Dagoberts I Göttingen 1868 8. (dazu G. Monod *rev. crit.* 1873 S. 255). Wattenbach Deutschlands Geschichtsquellen 1[3] S. 68, 2 S. 367. Ebert S. 552. W. Arndt der Bischof Marius von Avenches Leipz. 1874 8. (nicht im Buchhandel).

Prosperi Aquit. chronici continuator Havniensis (bis 641)
nunc primum ed. G. Hille Berl. 1866 8.

G. Kaufmann die Appendix des Marius Avent. und der
Continuator Prosperi, namentlich ihre Benutzung der Chronik
des Isidor Forschungen zur deutschen Geschichte 13, 1873 S.
418 ff., ders. Philol. 34, 1874 S. 235 ff. Wattenbach
Deutschlands Geschichtsquellen 1³ S. 65 ff.

Das griechische *chronicon Paschale* (bis 626) herausgeg.
von Ducange Paris 1688 (Venedig 1729) fol. und im Bonner
corpus script. hist. Byzantinae von L. Dindorf Bonn 1832 8.

Die Zeitzer Ostertafel vom J. 447 herausgeg. von Th.
Mommsen philol. hist. Abhandl. der Berl. Akademie von
1862 S. 539 ff. Wattenbach Deutschlands Geschichtsquellen 1³ S. 50.

Victorius Aquitanus Ostertafel (bis 532).

Th. Mommsen die Chronik des Cassiodorius Senator
Abhandl. der sächs. Ges. der Wissensch. philol. hist. Cl. 8, 1861
S. 565 ff. 660 ff. G. Oppert Jahrb. 1865 S. 817. W. Christ
Sitzungsberichte der Münchener Akademie 1863 I S. 100 ff.

Ueber die Consularfasten Th. Mommsen im C. I. L. 1
S. 483 ff. und 552, ders. über ein Veroneser Consulnverzeich-
niss (bis 494) Hermes 7, 1872 S. 474 ff.

Gennadius *catalogus virorum illustrium* (um 495).

Ausgaben von Hieronymus und Gennadius Schrift zusammen (nebst der verwandten des Isidorus § 129) von Suffridus
Petrus Cöln 1580 8. und Aubert. Miraeus Antwerpen 1639
fol.; in Migne's Patrol. Bd. 58 S. 1053 ff. Wattenbach
1³ S. 70. Ebert S. 426.

Die vorhieronymianische Bibelübersetzung (*Itala*).
Bibliorum sacrorum latinae versiones antiquae cet. ed. P.
Sabatier Paris 1751 3 Bde. fol. *Latinae V. T. versionis antehieronymianae fragmenta e cod. Fuldensi eruta ed.* E. Ranke
Marburg 1856 8. *Librorum Levitici et Numerorum versio antiqua Itala* u. s. w. London 1868 fol. *Fragmenta versionis sacra-
rum scripturarum Latinae antehieronymianae* u. s. w. *ed.* E.
Ranke Wien 1868 4., *ders. par palimpsestorum Wirceburgen-
sium, antiquissimae veteris testamenti versionis Latinae fragmenta*
u. s. w. Wien 1871 4., ders. *fragmenta antiquissimae evang. Lu-
cae versionis e membranis Curiensibus* Wien 1874 8. L. Ziegler

Italafragmente der paulin. Briefe u. s. w. aus Pergamentblättern
der ehemal. Freisinger Stiftsbibliothek ... mit Vorwort von E.
Ranke Marburg 1875 4. (dazu O. F. Fritzsche Jenaer L.-
Z. 1875 S. 257, H. R. Centralbl. 1876 S. 68, J. N. Ott Jahrb.
1877 S. 185 ff., P. de Lagarde philol. Anz. 9, 1878 S. 56 ff.'.
L. Ziegler Bruchstücke einer vorhieronym. Uebersetzung der
Petrusbriefe Sitzungsber. der Münchener Akad. philos. philol.
histor. Cl. 1876 S. 607 ff.   R. L. Bensly *the missing fragment
of the latin translation of the fourth book of Ezra discovered
and edited with an introduction and notes* Cambridge 1875 S.
Jos. Haupt *veteris antehieronymianae versionis l. II regum sive
Samuelis fragmenta Vindobonensia* Wien 1877 (22 S. 2 photogr.
Tafeln) fol. (dazu A. Horawitz Jenaer L. Z. 1878 S. 2). W.
Schum das Quedlinburger Fragment einer illustrirten Itala
Gotha 1876 8.

F. Kaulen Geschichte der Vulgata Mainz 1868 8., ders.
Handbuch zur Vulgata u. s. w. Mainz 1870 8.   H. Rönsch
Itala und Vulgata, das Sprachidiom der urchristlichen Itala
u. s. w. Marburg und Leipz. 1869, 2. Ausg. (mit Anhang) Mar-
burg 1874 8. (dazu J. N. Ott Jahrb. 1874 S. 757 ff. 833 ff.).
Ders. das neue Testament Tertullians u. s. w. Leipz. 1871 8.
Vgl. Philol. Anz. 5, 1873 S. 478.

6. Tyrannius Rufinus (um 345 bis um 410).

Kimmel *de Rufino Eusebii interprete* Gera 1838 8.   J. H.
Marzuttini *de Turanii Rufini presb. Aquil. fide et religione*
Padua 1855 8.   Ebert S. 308 ff.

Ausgaben der Werke von D. Vallarsi Verona 1745 fol.
(unvollendet), in Migne's Patrol. Bd. 21 (1849); die übrigen
z. Th. mit Origenes und Hieronymus z. Th. besonders gedruckt.

7. Aurelius Augustinus (354 bis 430).

Ausgaben der Werke von Des. Erasmus 10 Bde. Basel
1528 fol., von den Benedictinern 11 Bde. Paris 1679 ff.
fol. (und wiederholt 1830 ff.), von Migne 11 Bde. Paris 1835-
1839 8. und (Patrol. Bd. 33–47) 16 Bde. Paris 1845–1849 8.
Zahlreiche Ausgaben der Confessiones, wie von K. von
Raumer Stuttgart 1855 2. Aufl. Gütersloh 1876 8. *De musica l. VI* (vgl. Westphal griech. Metrik 1² S. 129 f., H. Weil

Jahrb. 1862 S. 335 ff. 1867 S. 132). Ein Auszug A. Mai *script. veteres* 3 (Rom 1828 8.) S. 116 ff., dazu J. N. du Rieu *schedae Vaticanae* (Leiden 1860 8.) S. 216 ff. *De rhetorica* in Halm's *rhetores Lat. min.* (Leipz. 1863 8.) S. 137 ff. *Principia dialecticae, A. de dialectica l. recogn. et ed.* W. Crecelius Elberfeld 1857 8., dazu H. Hagen Jahrb. 1872 S. 757 ff. *De grammatica* (Auszug) in A. Mai's *nova patrum bibliotheca* I 2 (Rom 1852 8.) S. 167 ff. *Aur. Aug. ars grammatica breviata ed.* C. F. Weber Marburg 1861 4. *De civitate dei rec.* B. Dombart (zuerst 1863) 2 Bde. 2. Aufl. Leipz. 1877 8.

Fr. Böhringer die Kirche Christi I 3 Zürich 1845 8. P. und F. Böhringer Aurelius Augustinus u. s. w. Stuttgart 1877 8. Poujoulat *histoire de S. A.* Paris 1846 8. C. Bindemann der h. Augustin 3 Bde. Greifswald (Leipz.) 1844–1869 8. Flottes *études sur S. A.* u. s. w. Montpellier 1861 8. F. Ueberweg Grundriss der Geschichte der Philosophie II 1 die patristische Periode (Berl. 1864 8.) S. 74 ff. E. Feuerlein über die Stellung A.'s in der Kirchen- und Culturgeschichte Sybels histor. Zeitschrift 11, 1869 S. 270 ff. J. A. Ginzel der Geist des h. A. in seinen Briefen kirchenhistor. Schriften I Wien 1872 8. Ebert S. 203 ff. A. Dorner A.'s theologisches System und religionsphilosophische Anschauung Berl. 1873 8. H. J. Bestmann *qua ratione A. notiones philosophiae Graecae ad dogmata anthropologiae describenda adhibuerit* Erlangen 1878 8.

8. Sulpicius Severus (um 363 bis um 410).

Handschriften der Werke der Veronensis vom J. 517, die Quedlinburger *s. X u. A.*, der Chronik der Palatinus in Rom *s. XI.*

Ausgaben der Chronik die *princeps* von Mathias Flacius Basel 1556 8., von V. Giselinus Antwerpen 1574 8., C. Sigonius Bologna 1581 8., Joh. Drusius Arnheim 1607 8.

Ausgaben der Werke von Joh. Vorstius Berl. 1668 12. Leipz. 1703 1709 8; von Hieron. de Prato 2 Bde. Verona 1741-1754 4., in Migne's Patrol. Bd. 20. Zuletzt *S. S. libri qui supersunt rec. et comm. critico instruxit* C. Halm Wien 1866 8. (Bd. I des *corp. script. eccles. Lat.*).

Jac. Bernays die Chronik des S. S. Berl. 1861 4. (dazu A.

von Gutschmid Jahrb. 1863 S. 710 ff.). K. Halm Sitzungsberichte der Münchener Akad. 1865 II S. 37 ff. J.H. Reinkens
Martin von Tours (Breslau 1866 8.) S. 258 ff. M. Haupt Hermes 2, 1867 S. 336 *opusc.* 3 S. 391). Ebert S. 313 ff. H. Pratje
*quaestiones Sallustianae ad L. Septimium et S. S. Sallustii Crispi
imitatores spectantes* Göttingen 1874 8. O. Holder-Egger
über die Weltchronik des sog. S. S. und südgallische Annalen
des 5. Jahrh., eine Quellenuntersuchung Göttingen 1875 8. K.
Zangemeister zur Weltchronik des sog. S. S. Rhein. Mus.
33, 1878 S. 322 ff.

9. Pelagius (✝ um 421), Caelestius, Iulianus und ihre
Gegner.

Die Schriften des Pelagius in den Ausg. des Hieronymus.

10. Maximus Bischof von Turin (um 465). Iohannes
Cassianus (✝ um 435) u. A.

S. Maximi opera ed. Bruno Bruni Rom 1784 fol., Migne's
Patrol. Bd. 57 Paris 1847 4.

Handschrift der Werke des Cassianus in Autun *s. VII.
Cassiani opera* von H. Cuykius Antwerpen 1578 8., Alacedus
Gazaeus 3 Bde. Douai 1618 Arras 1628 fol. und öfter, Mi-
gne's Patrol. Bd. 49. 50 Paris 1846 4.

G. F. Wiggers *de Io. Cassiano Massiliensi qui semipelagianismi auctor vulgo perhibetur* Rostock 1824 ff. 4. J. Geff-
cken *historia semipelagianismi antiquissima* Göttingen 1826 4.
G. Kaufmann Raumers histor. Taschenbuch IV. Serie 10, 1869
S. 64 ff. Ebert S. 331 ff.

11. Petrus Chrysologus (✝ um 450). Eucherius (✝ um
450). Hilarius von Arelate (um 450). Vincentius
Lerinensis (✝ um 450). Valerianus (✝ nach 455).
Claudianus Ecdicius Mamertus (✝ um 470). Salvianus (✝ um 495).

Werke des Petrus Chr. herausgeg. von D. Mita Bologna
1643 4. Venedig 1742 fol., S. Pauli Venedig 1750 fol., in
Migne's Patrol. Bd. 52.

Handschrift der Werke des Eucherius *s. VII* in Paris.

Ausgaben von B. Rhenanus Basel 1516 4., D. Erasmus Basel 1530 4.

Ausgaben des Victor Lerin. von G. Calixtus Helmstädt 1629. 1655 8., St. Baluze (mit dem Salvian', E. Klüpfel Wien 1809 8., in Migne's Patrol. Bd. 50. Ebert S. 445 f. Eucherius Hilarius und Vincentius in Migne's Patrol. Bd. 50.

Salvianus Ausg. von P. Pithoeus Paris 1580. 1594, C. Rittershusius Nürnberg 1623, Bremen 1655 4., St. Baluze Paris 1663 (1669 1684) 8., in Migne's Patrol. Bd. 53. Salviani *presbyteri Massiliensis libri qui supersunt rec.* C. Halm *monumenta Germaniae historica, auctorum antiquissim. II* Berl. 1877 4.

C. G. Heyne *censura ingenii et doctrinae S.* u. s. w. (1802) *opusc. acad.* 6 S. 119 ff. G. Kaufmann Raumers histor. Taschenbuch IV 10, 1869 S. 47 ff. W. Zschimmer Salvianus der Presbyter von Massilia und seine Schriften, ein Beitrag zur Geschichte der christl. lat. Litteratur des 5. Jahrhunderts Jena (Halle) 1875 8. C. Halm über die hs. Ueberlieferung des Salvianus Sitzungsber. der Münch. Akad. 1876 I S. 390 ff.

12. Leo der Grofse (um 390 bis 461).

Ausgaben der Werke von Pasch. Quesnellus Paris 1675 2 Bde. 4. (Lyon 1700 2 Bde. fol.), von Petr. und Hieron. Ballerini 3 Bde. Venedig 1735 ff. fol., in Migne's Patrol. Bd. 54-56 3 Bde. Paris 1840 4.

W. A. Arendt L. der Gr. und s. Zeit Mainz 1835 8. E. Perthel Papst Leo's I Leben und Lehren Jena 1843 8. F. C. Baur die christl. Kirche im 4.-6. Jahrh. (Tübingen 1863 8.) S. 114 ff.

13. Magnus Felix Ennodius (473–521).

Der *panegyricus regi Ostrogothorum Theodorico dictus* (507) in den Ausg. der Panegyriker (§ 112), bes. herausgeg. von J. C. F. Manso Geschichte des ostgothischen Reichs (Breslau 1824 8.) S. 437 ff.; Geschichte, Briefe und theologische Schriften herausg. von Jac. Sirmond Paris 1611 8. (*opera* 1 Paris 1696 S. 1353 ff. und Venedig 1728 S. 371 ff.), in Migne's Patrol. Bd. 63 Paris 1846 8.

M. Fertig Ennodius und seine Zeit 3 Thle. Passau 1855 und Landshut 1858 4. R. Köpke deutsche Forschungen (Berl. 1859 8.) S. 165 ff. Wattenbach 1[3] S. 61. Ebert S. 413. M. Haupt Hermes 3, 1868 S. 216. 4, 1869 S. 32 (*opusc.* 3 S. 420. 450).

14. Eugippius (um 511). Leander von Hispalis (576
—596). Martinus Dumiensis († um 580). Fulgentius Ferrandus (um 540) und andere Geistliche.

Vita S. Severini abbatis et Noricorum apostoli († 482) zuerst
herausgeg. von M. Welser Augsburg 1595 4., von Ant.
Kerschbaumer Schaffhausen 1862 16. (dazu H. Sauppe
Göttinger gel. Anz. 1862 S. 1544 ff.), in J. Friedrich's Kirchengeschichte Deutschlands 1 (München 1867 8.) S. 355 ff.
431 ff. *Eugippii vita S. Severini rec. et adnot.* H. Sauppe *mo-*
numenta Germaniae historica, auct. antiquiss. I 2 Berl. 1877 4.
Eugippius Werke in Migne's Patrol. Bd. 62 (1847). Wattenbach 1[3] S. 39 ff.

Die *passio sanctorum quatuor coronatorum* herausgeg. von
W. Wattenbach Sitzungsber. der Wiener Akad. philos. hist.
Cl. 10, 1853 S. 115 ff., in Büdingers Untersuchungen zur
röm. Kaisergeschichte 3, 1870 S. 321 ff.

G. B. de Rossi *bullettino di archeologia cristiana* 7, 1869 S.
69 f. H. Jordan Topographie der Stadt Rom im Alterthum 2
(Berl. 1871 8.) S. 524. Wattenbach 1[3] S. 37. A. Duncker
zur Chronologie der *p. s. IV cor.* Rhein. Mus. 13, 1876 S. 440 ff.

Leander und Martinus Dumiensis in Migne's Patrol. Bd.
72. Ferrandus (nach F. Chifflet Dijon 1649 4.) Bd. 67, in
Gams Kirchengeschichte Spaniens II 1 (Mainz 1864 8.) S. 471 ff.
A. Reifferscheid *anecdota Casinensia* Breslau 1871 4. A.
Weidner *Martini Dumiensis formula rec.* Magdeburg 1872 4.

15. Gregorius der Grofse (um 540 bis 604).

Ausgaben der Werke Lyon 1516. 1539 fol., Paris 1518.
1523 fol., von H. Coccius Basel 1551. 1564 fol., J. Gil-
lotius Paris 1571. 1586 8., P. Tussianensis 6 Bde. Rom
1588-1593 fol., P. Gussanvillaeus 3 Bde. Paris 1675 fol., von
den Benedictinern 4 Bde. Paris 1705 fol. und 17 Bde. Venedig 1768-1776 4., in Migne's Patrol. Bd. 75-79 Paris 1847 4.

E. W. Marggraff *de G. M. vita* Berl. 1844 8. G. J.
Th. Lau Gregor I der Gr. nach seinem Leben und seiner Lehre
geschildert Leipz. 1845 8. G. Pfahler G. der Gr. und seine
Zeit Frankfurt a. M. 1852 8. L. Pingauld *la politique de St.*
G. le grand Paris 1872 8. Ebert S. 516 ff.

§ 121. Martianus Minneius Felix Capella
(zwischen 410 und 439).

De nuptiis philologiae et Mercurii l. IX.

a. Handschriften die Bamberger *s. X*, die Reichenauer in Carlsruhe und die Darmstädter *s. XI*, und jüngere.

b. Ausgaben die *princeps* von Fr. Vitalis Bodianus Vicenza 1499 fol., Bonav. Vulcanius (mit Isidorus) Basel 1577 fol., von H. Grotius Leiden 1599 (1658) S., J. A. Götz Nürnberg 1794 8., U. F. Kopp (und C. F. Hermann) *cum notis variorum* Frankfurt a. M. 1836 4., von Fr. Eyssenhardt Leipz. 1866 8. Buch IX in Meibom's *auctores veteres music.* 2 (Amsterdam 1652 4.) S. 165 ff., V in Halm's *rhetores Lat. min.* (Leipz. 1863 8.) S. 449 ff.

C. Böttger über M. C. und seine Satira Jahn's Archiv 13, 1847 S. 590 ff. R. Unger Philol. 4, 1849 S. 732. F. Eyssenhardt *commentat. criticae de M. C. particula* Berl. 1861 4., Rhein. Mus. 17, 1862 S. 638 f. 18, 1863 S. 323 ff. 637 ff. 19, 1864 S. 152 ff. 479 f. F. Lüdecke *de M. C. libro sexto* Göttingen 1862 S., Gött. gel. Anz. 1867 S. 82 ff. L. Müller Jahrb. 1866 S. 705 ff. F. J. Petersen *de M. C. emendando* Helsingfors 1870 S. W. Stokes *the old welsh glosses on M. C. with some notes on the Juvencus-glosses* in der *Archaeologia Cambrensis ser. IV vol. 4* (London 1873) S. 1 ff. und in Kuhn's Beiträgen zur vergl. Sprachforschung 7, 1873 S. 355 ff. (aus der v. Eyssenhardt nicht benutzten Hs. v. Corpus Christi College, Cambridge N. 17 jetzt ms. 153 *s. VIII*). J. Jürgensen *de III M. C. libro comment. philol. sem. Lips.* (Leipz. 1874 8.) S. 57 ff.

Im allgemeinen A. F. Ozanam *la civilisation au cinquième siècle* 2 Bde. Paris 1855 8.

§ 122. Paulus Orosius (schrieb 417).

Adversus paganos historiarum l. VII nebst einigen theologischen Schriften.

a. Handschriften (fast 200) der Laurentianus *s. VII*, der Palatinus in Rom, Bobiensis in Mailand. Donaueschingensis *s. VIII*, der Rhedigeranus *s. IX*, die interpolierten Monacensis und Laudunensis *s. VIII*, Sangallensis und Parisinus *s. IX*,

zwei Laurentiani ein Vaticanus Bernensis Monacensis Vindobonensis *s. X*, und zahlreiche jüngere.

b. Ausgaben die *princeps* Augsburg 1471 fol., von Aen.
Vulpes Vicenza um 1475 fol., G. Bolsvinge Cöln 1526
fol., J. Caesarius Cöln 1536 8., Fr. Fabricius Cöln 1561
8. und öfter, S. Havercamp Leiden 1738 (1767) 4., in
Migne's Patrol. Bd. 31 (mit Dexter) Paris 1846 4. Textabdruck Thorn 1857 8. K. Zangemeister die Chorographie
des O. *comment. Momms.* (Berl. 1877 8.) S. 715 ff.

c. Kritik und Erklärung.

G. F. H. Beck *de O. historici fontibus et auctoritate* u. s. w.
Gotha 1834 8. E. Grubitz *emendationes Orosianae* Naumburg 1835 4. U. Köhler Philol. 17, 1861 S. 552 ff. Th.
von Mörner *de O. vita eiusque historiarum l. VII adv. pag.*
Berl. 1844 8. E. Mejean *Paul O. et son apologétique contre
les païens* Strafsburg 1862 8. Gams Kirchengeschichte Spaniens II 1 (1867) S. 398 ff. G. B. de Rossi *bullett. di archeol.
cristiana* 5, 1867 S. 17 ff. Wattenbach 1³ S. 67. Ebert S.
323 ff.

§ 123. Aurelius Ambrosius Theodosius Macrobius
(um 420).

*Saturnaliorum conviciorum l. VII. Commentarii in som-
nium Scipionis l. II. De differentiis et societatibus Graeci La-
tinique verbi.*

a. Handschriften der Parisinus und Bambergensis *s. XI*,
der (unvollständige) Bamberg. *s. IX*, und zahlreiche jüngere.

b. Ausgaben die *princeps* Venedig 1472 fol,, von J. Rivius Venedig 1513 fol., Arnold. Vesaliensis Cöln 1521
fol. und öfter, Joach. Camerarius Basel 1535 fol., L. Carrio
Paris 1585 8., J. I. Pontanus (mit J. Meursius *notae*) Leiden 1597. 1628 8., Jac. Gronovius Leiden 1670 8. und öfter,
J. C. Zeune Leipz. 1774 8., Ludov. Ianus (von Jan) 2 Bde.
Quedlinburg und Leipz. 1848. 1852 8., Text von Fr. Eyssenhardt Leipz. 1868 8.

A. J. Mahul *dissertation histor. littér. et bibliograph. sur
la vie et les ouvrages de M.* Paris 1817 8. (aus *Millins magasin
encyclop.*, auch im *Classical Journal* 20 S. 105 ff.). L. von

Jan *symbolae ad M. libros sat. emendandos* Schweinfurt 1843
4., Philol. 5, 1850 S. 361. F. W. Schneidewin Rhein. Mus.
3, 1843 S. 70 ff. 141 ff., Zeitschr. für die Alterthumsw. 1, 1843
S. 467 ff. H. Sauppe Rhein. Mus. 4, 1846 S. 152 ff. R.
Klotz Jahns Archiv 12, 1846 S. 159. Rührmund Jahrb.
1857 S. 349 ff. G. Uhlig Rhein. Mus. 19, 1564 S. 39 f. F.
Liebrecht Philol. 22, 1865 S. 709 f. L. Petit *de Macrobio
Ciceronis interprete philosopho* Paris 1866 4. O. Jahn Hermes 2, 1867 S. 247. M. Hertz Jahrb. 1867 S. 317. L. Müller Rhein. Mus. 23, 1868 S. 215. G. F. C. Schömann *commentatio Macrobiana* Greifswald (Leipz.) 1871 8. Th. Bergk
Philol. 32, 1873 S. 567.

§ 124. Priscianus (bis um 518) und andere Grammatiker des fünften Jahrhunderts.

Institutionum grammaticarum l. XVIII.

a. Handschriften (gegen 1000) nach der Recension des Fl.
Theodorus (526), der Parisinus und Bambergensis, Leidensis,
Augiensis (in Carlsruhe), Sangallensis *s. IX*, und jüngere.

W. A. B. Hertzberg Jahns Archiv 7, 1841 S. 232 ff.
W. Fr. Wensch *de P. Petri Mosellani* Wittenberg 1847 4.
M. Hertz Monatsber. der Berliner Akademie 1847 S. 417 ff.
und in der Vorrede seiner Ausg. W. Christ Philol. 18, 1862
S. 142 ff. H. Hagen *anecdota Helvetica* (Leipz. 1870 8.)
S. CLXX ff.

b. Ausgaben die *princeps* Venedig 1470 fol., von Arnold.
Vesaliensis Cöln 1528 fol., in Hel. Putschius *grammatici vet.* (Hanau 1605 4.) S. 529 ff., von A. Krehl 2 Bde. Leipz.
1819-20 8., der kleineren Schriften von F. Lindemann Leiden 1818 8. *P. grammatici Caesariensis institutionum l. XVIII
ex rec.* M. Hertzii Bd. 2 und 3 von H. Keil's *grammatici
Latini* Leipz. 1855 1859 8., Bd. 2 S. 403 ff. die *scripta minora*
(*de figuris numerorum, de metris Terentii, de praeexercitamentis
rhetoricis ad Symmachum* u. a.) von H. Keil

c. Kritik und Erklärung.

F. Osann über die Lebenszeit des P. Beitr. zur griech.
und röm. Litteraturgesch. 2 (Cassel 1839 8.) S. 147 ff. L.
Lange Philol. 7, 1852 S. 566. H. E. Bonnell ebendas. 8,

1853 S. 440 ff. M. Hertz ebendas. 11, 1856 S. 593 ff. A.
Fleckeisen Jahrb. 1856 S. 682. H. Keil *gramm. Lat.* 1
(1857) S. LI ff. G. F. Schömann ebendas. 1869 S. 467. C.
Angermann ebendas. 1872 S. 791.

Gedichte des Priscianus.

Prisciani grammatici de laude imp. Anastasii ($\dagger$ 518) *et de
ponderibus et mensuris carmina, alterum nunc primum, alterum
plenius ed. et illustr.* St. A. Endlicher Wien 1828 8. Das
Gedicht *de laudibus Anastasii* im *corp. script. hist. Byz.* 1 (Bonn
1829 8.) S. 517 ff., das *carmen de pond.* (nicht von Priscian) in
F. Hultsch's *metrologicorum scriptorum reliquiae* Bd. 2. (1866)
S. 88 ff. Riese's Anthologie 2 (1870) S. 139. 206.

K. Schenkl Sitzungsber. der Wiener Akad. hist. phil. Cl.
43, 1863 S. 35 ff. W. Christ Rhein. Mus. 20, 1865 S. 64 ff.
L. Müller Jahrb. 1866 S. 559, 1867 S. 504. 506.

P. periegesis e Dionysio in J. C. Wernsdorf's *poetae
Lat. min.* 5 (1788) S. 211 ff., in G. Bernhardy's *geographi
Graeci minores* 1 (Leipz. 1828 8.) S. 461 ff., in C. Müller's
geographi Graeci minores 2 (Paris 1861 8.) S. 190 ff.

Eutyches (Eutychius). Asper. Audax. Vergilius. Vgl.
§ 113 (oben S. 280 f.).

Handschriften *s. VII-IX.* Ausgaben von J. Camerarius Tübingen 1537 8., in den Sammlungen von Putsche
S. 2143 ff. und Lindemann 1 S. 153 ff., in Keils *grammat.
Lat.* 5 S. 417 ff. A. Mai *auct. class.* 5 S. 1 ff., *appendix ad
opera ed. ab A. M.* (Rom 1871 4.) S. 113 ff. 151 ff. H. Hagen
anecdota Helvet. S. CVI f. 39 ff. 188 ff.

F. Osann Beitr. 2 S. 162 ff. H. Keil Hermes 1, 1866
S. 332 ff., *quaestiones grammaticae* 2 (Halle 1871 4.) S. VIII,
Audacis ars gramm. I II Halle 1872-77 4.

Fabius Planciades Fulgentius (um 460.).

*Mythologicon l. III. De abstrusis sermonibus (ad Chalci-
dium grammaticum). De expositione Vergilianae continentiae.*

a. Handschriften der Palatinus in Rom *s. IX*, der Montepessulanus und Bernensis *s. X*, zwei Reginenses und zwei Gudiani *s. XI-XII* und jüngere, der Bruxellensis *s. XII.*

b. Die *mythol.* in den *mythographi Lat.* von Th. Muncker
2 S. 1 ff. und von Staveren S. 595 ff. (oben S. 153).

De abstrusis sermon. herausgeg. von J. H o m m e y Poitiers 1694 Paris 1696 8., L. L e r s c h Bonn 1844 8., im Nonius von G e r l a c h und R o t h (§ 106). Die übrigen Schriften in den Sammlungen der *mythographi* (§ 83, 2).

R. K l o t z Jahrb. 1645 S. 71 ff. Mich. Z i n k der Mytholog Fulgentius, ein Beitrag zur römischen Litteraturgeschichte und zur Grammatik des afrikanischen Lateins Würzburg 1867 4. L. M ü l l e r Jahrb. 1867 S. 790 f. A. R e i f f e rs c h e i d Rhein. Mus. 23, 1868 S. 133 ff. 142. E. J u n g m a n n *quaestionum Fulgentianarum capp. I et II* in den *acta soc. philol. Lips.* 1, 1871 S. 43 ff. (dazu K. S. philol. Anz. 5, 1873 S. 610 ff.), d e r s. *coniectanea Fulgentiana* (Begrüfsungsschrift an die Leipziger Philologenversammlung Leipz. 1872 4.) S. 27 ff., die Zeit des F. Rhein. Mus. 32, 1877 S. 564 ff. E b e r t S. 454.

§ 125. Anicius Manlius Torquatus Severinus B o ë t h i u s
(um 470 bis 525).

De consolatione philosophiae l. V. Uebersetzungen und Commentare zu Aristoteles und Cicero. Mathematische Schriften.

a. Handschriften der Bücher *de cons. ph.* zwei Vaticani *s. X* und *XI*, und jüngere. A. R e i f f e r s c h e i d *bibl. patr. Lat. It.* 1 S. 463 ff. 2 S. 18 ff. 149 ff. G. F r i e d l e i n und R. P e i p e r in ihren Ausgaben.

b. Ausgaben der Werke die *princeps* Venedig 1491. 1492 fol., von S. G l a r e a n u s Basel 1546. 1570 fol., in M i g n e ' s Patrol. Bd. 63. 64 Paris 1847 4.

Die Schrift *de consol. philos.* zuerst Nürnberg 1473 4., von P. C a l l y (*in usum Delph.*) Paris 1680 4., P. B e r t i u s Leiden 1671 8., J. A. V u l p i Padua 1721. 1744 8., *de cons. phil. l. V ed.* Th. O b b a r i u s Jena 1843 8. *A. M. T. S. B. philosophiae consolationis l. V, accedunt eiusdem atque incertorum opuscula sacra ed.* R. P e i p e r Leipz. 1871 8.

B. *fragmentum de arithmetica* u. s. w. *ed.* F. W e b e r Cassel 1847 4. B. *de institutione arithmetica l. II, de institutione musica l. V cet. ed.* G. F r i e d l e i n Leipz. 1867 8. B. *commentarii in l. Aristotelis* περὶ ἑρμηνείας; *rec.* C. M e i s e r Leipz. 1877 8.

C. G. H e y n e *censura ingenii et morum B.* u. s. w. (1806) *opusc.* 6 S. 144 ff. H. L i n d e m a n n *de tribus codd. B. de consol. philos.* Zwickau 1827 4. S. G r a b b e *circa libros V B.*

de consol. phil. observationes Upsala 1836 4.   C. F. Bergstedt
de vita et scriptis B. Upsala 1842 8.   H. E. Dirksen (1851)
hinterlassene Schriften 1 S. 163 ff.   J. G. Suttner B. der
letzte Römer u. s. w. Eichstädt 1852 4.   K. Schenkl Verhandl. der Wiener Philologenversammlung (Wien 1859 4.) S.
79 ff.   Fr. Nitzsch das System des Boëthius Berl. 1860 8.
G. Friedlein Gerbert die Geometrie des B. und die indischen
Ziffern Erlangen 1861 8. (dazu F. Hultsch Jahrb. 1863 S.
422 ff. und G. Friedlein ebendas. S. 425).   M. Cantor
mathemat. Beiträge zum Culturleben der Völker (Halle 1863 8.)
S. 181 ff.   K. Halm zwei rhetor. Abhandlungen des B. Rhein.
Mus. 18, 1863 S. 463 f.   L. Biraghi *Boezio filosofo teologo
martire a Calvenzano Milanese* Mailand 1865 8. (Fälschung.)
V. Rose Hermes 1, 1866 S. 381 f.   R. Volkmann *in B. de
consol. philos. libros commentariolum* Jauer 1866 4.   P. Langen
quaestiones Boetianae symbol. philol. Bonn. (1867) S. 261 ff.   J.
Klein zu B. *de musica* Rhein. Mus. 23, 1868 S. 703 ff.   M.
Haupt Hermes 3, 1869 S. 146. 5, 1871 S. 315. 6, 1872 S. 389
(*opusc.* 3 S. 398. 538. 561. 641).   H. Usener *anecdoton Holderi* (s. § 126) S. 37 ff.   O. Paul B. und die griech. Harmonik,
des A. M. S. B. fünf Bücher über die Musik übertragen und erklärt. Leipz. 1872 8.   Ebert S. 464 ff.

§ 126. Magnus Aurelius Cassiodorius Senator
(um 468 bis um 575).

*Variarum l. XII. Institutiones divinarum et saecularium
litterarum. Historia tripartita, chronicon, computus paschalis.*
Rhetorische, grammatische und theologische Schriften.

J. C. F. Manso Geschichte des ostgoth. Reichs (1824) S.
84 ff. 332 ff.   A. Olleris *C. conservateur des livres de l'antiquité
latine* Paris 1841 8.   L. Tross *in C. variorum libros VI priores symbolae criticae* Hamm 1853 8.   F. Haase Breslauer Lectionskatalog (über Gregor von Tours) 1853 4.   P. P. M. Alber-
dingk Thijm *jets over ... C. en zijne eeuw* 2. Aufl. Amsterdam 1858 8.   C. Schirren (1858) unten § 128, 2.   R. Köpke
deutsche Forschungen (1859) S. 78 ff.   Wattenbach 1³ S. 54 ff.
A. Thorbecke Cassiodorus Senator, ein Beitrag zur Geschichte
der Völkerwanderung Heidelberg 1867 8.

A. Reifferscheid Breslauer Lectionskatalog von 1872 4.

A. Franz M. A. C. S., ein Beitrag zur Geschichte der
theologischen Litteratur Breslau 1672 8.   Ebert S. 477 ff.
J. Ciampi *i Cassiodori nel V e VI secolo* Imola 1876 (260 S.)
8.   H. Usener *anecdoton Holderi*, ein Beitrag zur Gesch.
Roms in ostgothischer Zeit (Festschrift für die 32. Philologenversammlung) Bonn (Leipz.) 1877 (70 S.) 8. (dazu F. Nitzsch
Jenaer L. Z. 1877 S. 714), ders. der römische Senat in ostgothischer Zeit *commentat. Momms.* (Berl. 1877 8.) S. 759 ff.

a. Handschriften der Bambergensis und Wirceburgensis
s. VIII, ein Bernensis *s. X*, und zahlreiche andere.

b. Ausgaben von M. Accursius Augsburg 1533 fol., P.
Pithoeus Paris 1579 fol., G. Fornerius Paris 1583 4.
Lyon 1595 8. Genf 1656. 1663 4., Joh. Garetius 2 Bde.
Rothomagi 1679 (Venedig 1729) fol., in Migne's Patrol. Bd.
69, 70 Paris 1847 1848 4. Die Rhetorik in Halm's *rhetores
Lat. min.* (1873) S. 495 ff.

C. Baudi di Vesme *frammenti di orazioni panegiriche di
M. A. C. memorie dell' accad. di Torino* 8, 1841 S. 33 ff. (dazu
A. Reifferscheid *bibl. patr. Lat. Ital.* 2 S. 117). Bruchstück
einer Lobrede auf den König Theodahad (von C.?) H. d'Ar-
bois de Jubainville *bibliothèque de l'école des chartes V.
série 3*, 1862 S. 139 ff., M. Haupt Hermes 7, 1873 S. 377 ff.
(*opusc.* 3 S. 303 ff.).

Chronik des Cassiodorus Senator vom J. 519 herausgeg.
von Th. Mommsen Abhandl. der sächs. Ges. der Wissensch.
phil. hist. Cl. 8, 1861 S. 547 ff.

§ 127. Die Rechtsbücher des sechsten Jahrhunderts.

1. Das *edictum Theodorici regis* (500).

Herausgeg. von P. Pithoeus hinter dem Cassiodor Paris
1579 f. G. F. Rhon *commentatio ad edictum Theodorici regis
Ostrogothorum* Halle 1516 4. A. Rudorff röm. Rechtsgeschichte (1857) 1 S. 293.

2. Die *lex Romana Visigothorum* (das *breviarium Alari-
cianum*, 506).

Ausgabe von P. Pithoeus Paris 1579 fol. *L. R. V. ad
LXXVII libr. mss. fidem recognovit cet.* G. Hänel Leipz.
1849 4. E. de Rozière *formules Visigothiques inédites publiées d'après un ms. de la bibl. de Madrid* Paris 1854 4.

J. G. O. Biedenweg *commentatio ad formulas Visigothicas novissime repertas* Berl. 1856 8. G. Hänel Ber. der. sächs. Ges. der Wissensch. philol. hist. Cl. 1865 S. 1 ff. H. Fitting Zeitschr. für Rechtsgeschichte 11, 1873 S. 222 ff. F. Dahn westgoth. Studien u. s. w. Würzburg 1874 4.

3. Die *lex Romana Burgundionum* (*Papianus* 517 bis 534).

Ausgaben von J. Cuiacius Paris 1566. 1568 fol., A. Schulting Leipz. 1717. 1737 4. 1744 8., J. C. Amaduzzi Rom 1767 fol., F. A. Biener im *ius civile anteiust.* (Berl. 1815 8.) S. 1501 ff., F. A. Barkow Greifswald 1826 8.

G. Hänel *corpus legum ab imperatoribus Romanis ante Iustinianum latarum quae extra constitutionum codices supersunt* Leipz. 1857 4. *L. B.* ed F. Bluhme in Pertz *monum. Germ., leges* Bd. 3, 1863 S. 497 ff. •

F. Bluhme über den burgundischen Papianus Becker und Muthers Jahrb. des gem. deutschen Rechts 2, 1858 S. 197 ff., v. Sybel's histor. Zeitschrift 1869 S. 234 ff.

4. (Tribonianus). Der *codex Iustinianeus l. XII* (529), *institutionum l. IV* und *digestorum Iustiniani Augusti l. L* (533), die *novellae* und *edicta* (das *corpus iuris civilis*). Glossen und Auszüge.

a. Handschriften der Florentinus (danach gedruckt von L. Taurellus 3 Bde. Florenz 1553 fol.) und Fragmente in Neapel und Pommersfelden *s. VI-VII*, der Berolinensis *s. IX*, ein Parisinus und ein Vaticanus *s. XI*, und zahlreiche jüngere. Mommsens *praefatio*.

b. Ausgaben des Corpus (nach den glossierten) von Cl. Chevallon Paris 1525-27 4., G. Haloander 3 Bde. Nürnberg 1583 4., D. Gothofredus Genf 1583 4. Lyon 1590 und (durch J. Gothofredus) 1624 fol. (Amsterdam 1663 fol.), G. Chr. Gebauer und G. A. Spangenberg 2 Bde. Göttingen 1776-97 4., J. L. W. Beck 5 Bde. Leipz. 1825-36 8. *Corp. iur. civ. recognoverunt* A. et M. fratres Kriegelii, Aem. Herrmann (Bd. 2), Ed. Osenbrüggen (Bd. 3). 4. Abdr. 3 Bde. Leipz. 1848 1849 fol. *Digesta Iustiniani Aug. recogn. adsumpto in operis societatem* P. Krügero Th. Mommsen 2 Bde. Berl. 1866-1870 4. *Iustiniani institutiones rec.* P. Krüger Berl. 1867 8. *Corpus iuris civilis, ed. stereotypa altera* (zuerst 2 Bde. Berl. 1869–77 4.) *vol. I institutiones re-cogn.* P. Krüger, *digesta recogn.* Th. Mommsen (58. XXXII 882 S.), *vol. II codex Iustinianus recogn.* P. Krüger (XIV 513 S.) Berl. 1877 4. *Cod. Iustinianus rec.* P. Krüger Berl. 1873 8. *Cod. Iustiniani fragmenta Veronensia ed.* P. Krüger Berl. 1874 fol. Text der Institutionen von Ph. E. Huschke Leipz. 1868 8.

C. F. Hommel *palingenesia librorum iuris veterum* 3 Bde. Leipz. 1767 f. 8. H. E. Dirksen *manuale Latinitatis fontium iuris civilis Romanorum* u. s. w. Berl. 1837 4. F. Bluhme Zeitschr. für Rechtsgesch. 4, 1620 S. 257 ff. A. Rudorff röm. Rechtsgeschichte 1 (1857) S. 303 ff. H. Fitting über die sogen. Turiner Institutionenglosse Halle 1870 8. P. Krüger Zeitschr. für Rechtsgeschichte 11, 1873 S. 166 ff. F. Hofmann ebendas. S. 340 ff. P. Krüger Jahrb. des gem. deutschen Recht 5, 1861 S. 407 ff., Zeitschr. für Rechtsgesch. 7, 1868 S. 44 ff. 480 ff., ders. Kritik des iustinianischen Codex Berl. 1867 8.

Ausgaben der Institutionen von G. Haloander Nürnberg 1529 fol., F. Hotomanus Basel 1560 1569 fol., J. Cuiacius Paris 1585 fol. und öfter, F. A. Biener Berl. 1812 S., (mit Gaius) von E. Böcking und C. A. Klenze Berl. 1829 4., E. Schrader Berl. 1832 4.

Die *novellae* (*epitome Iuliani* und *authenticum*).

Authenticum, novellarum const. Iust. versio vulg. u. s. w. *rec.* G. E. Heimbach Leipz. 1846–51 4. *Iuliani epitome Latina novellarum Iust.* u. s. w. *recogn.* G. Hänel Leipz. 1873 4.

F. A. Biener Geschichte der Novellen Iustinians Berl. 1824 8.

§ 128. Die Geschichtschreiber des sechsten Jahrhunderts.

1. *De Constantio Chloro, Constantino Magno et aliis imperatoribus excerpta auctoris ignoti* [der *Anonymus Valesii*] (nach 526).

Herausgeg. zuerst von Henr. Valesius mit dem *Ammianus Marcellinus* Paris 1636 4. und danach in den meisten Ausgg. des Ammianus und in L. A. Muratori's *script. rer. Italic.* 24 (1738) S. 635 ff. wiederholt.

J. Burkhardt die Zeit Constantins des Gr. (Basel 1853

8.) S. 367 ff.　G. Waitz Göttinger gel. Anz. 1865 S. 81 ff.
Wattenbach 1³ S. 49.　F. Rühl über den Cod. Meermannia-
nus des Anon. Vales. *acta soc. phil. Lips.* 4, 1875 S. 368 ff.
K. Zangemeister zum An. Vales. Rhein. Mus. 30, 1875 S. 309.

　　2. Jordanis (schrieb 551 und 552).

　De rebus Geticis sive de Gothorum sive Getarum origine
(Auszug aus einer verlorenen Schrift des Cassiodor) und *de origine mundi et actibus Romanorum ceterarumque gentium* (Auszug
aus Florus).

　　a. Handschriften die Heidelberger *s. IX*, die Münchener
und Wiener *s. XII* u. a.

　　b. Ausgaben die *princeps* von C. Peutinger Augsburg
1515 4., in B. Rhenanus Procopius Basel 1531 fol., von G.
Fornerius Paris 1583 fol., Bon. Vulcanius (mit Isidorus)
Leiden 1597 8., in Garet's Cassiodor, in F. Lindenbrogs
diversarum gentium hist. ant. scriptores III Hamburg 1611 4.,
in Gruter's *historiae Augustae scriptores Latini minores* Hanau
1611 fol.　*I. de Getarum origine* u. s. w. *ed.* C. A. Closs
Stuttgart 1861 (1866) 8. (dazu A. von Gutschmid Centralbl.
1861 S. 12), Cap. 1–3 *ed.* C. Stahlberg Hagen 1859 4.

　　Die Schrift *de or. mundi* herausgeg. von Fr. Lindenbrog
Hamburg 1611 4. und in L. Muratori's *scriptores rerum
Italicarum* 1 Mailand 1723 fol.

　　S. Freudensprung *de Iornande sive I. eiusque libellorum
natalibus* Münster 1837 4.　II. von Sybel *de fontibus libri I.
de o. m. et a. g.* Berl. 1838 8.　G. Waitz Göttinger gel. Anz.
1839 S. 769 ff.　J. Jordan J. Leben und Schriften Ansbach
1843 4.　Jac. Grimm über Jornandes und die Geten (1846)
kleinere Schriften Bd. 3 S. 171 ff.　J. Stahlberg Beitr. zur
Geschichte der deutschen Historiographie im M. A. I Jornandes
Mühlheim a. R. 1854 4.　W. Bessell *de rebus Geticis* Göttingen 1854 8., ders. 'Gothen' Ersch und Grubers Encyklopädie I 75 (1862) S. 464 ff.　K. Müllenhoff 'Geten' ebendas.
I 64 (1857) S. 448 ff.　C. Schirren *de ratione quae inter Ior-
danem et Cassiodorum intercedat commentatio* Dorpat 1858 8.
R. Köpke deutsche Forschungen (1859) S. 44 ff.　A. von
Gutschmid Jahrb. 1862 S. 124 ff.　G. Kaufmann For-

schungen zur deutschen Geschichte 6, 1866 S. 463 ff. 8, 1868
S. 120 ff.   Wattenbach I³ S. 61 ff.   Ebert S. 531 ff.

3. **Gildas Sapiens** (um 493 bis 577).

*Liber querolus de calamitate excidio et conquestu Britan-
niae* in Thom. Gale's *historiae Britannicae cet. scriptores XV*
Oxford 1691 fol., in C. Bertram's *Britannicarum gentium
historiae antiquae scriptores tres* (zusammen mit dem falschen
Ricardus Coriniensis, vgl. C. Wex im Rhein. Mus. 4,
1846 S. 346 ff.) Kopenhagen 1759 8., in Migne's Patrol. Bd.
69 S. 328 ff., *rec.* J. Stevenson London 1838 8., in den
monumenta historica Britannica Bd. 1 London 1848 fol. S. 1 ff.
und *preface* S. 59 ff.   A. W. Haddan und W. Stubbs *coun-
cils and ecclesiastical documents relative to Great-Britain and
Ireland* I (Oxford 1869 8.) S. 44 ff.

C. W. Schöll *de ecclesiast. Britonum ... historiae fontibus* Berl. 1851 8.   Ebert S. 536 ff. 571 ff.

4. **Gregorius** (ursprünglich **Georgius Florentius**)
von Tours (538 bis 594), **Fredegarius** Scholasticus (um 663)
und seine Fortsetzer.

Historiae Francorum l. X und eine Reihe theologischer
Schriften.

Ausgaben der Werke Gregors von Theodoric. Ruinart
Paris 1699 fol. und in Migne's Patrol. Bd. 71 (1846). *Liber
de cursu stellarum ed.* Fr. Haase Breslau 1853 4. *Les livres
des miracles et autres opuscules revus et ... traduits par* H. L.
Bordier 4 Bde. Paris 1857-65 8.   Fredegar's Chronik
B. I-IV in H. Canisii *lectiones antiquae* 2 (Ingolstadt 1601
4.) S. 569 ff. (und in der Ausg. derselben von J. Basnage 2
Antwerpen 1725 4. S. 154 ff.), B. V. VI in Ruinarts Gregorius Turon.

C. G. Kries *de G. T. episcopi vita et scriptis* Breslau 1838
8.   J. W. Löbell G. von Tours und seine Zeit Breslau 1839
(2. Ausgabe von Th. Bernhardt Leipz. 1869 8.).   G. Waitz
Göttinger gel. Anz. 1839 S. 781 ff. 1872 S. 903 ff.   R. Köpke
(1852) kleine Schriften (Berl. 1872 8.) S. 289 ff.   H. Brosien
kritische Untersuchung der Quellen zur Geschichte Dagoberts
I Göttingen 1868 8.   W. Junghans die Geschichte der fränkischen Könige Childerich und Chlodovech kritisch untersucht

Göttingen 1857 8. F. Zarncke über die Trojanersage der
Franken Ber. der sächs. Ges. der Wiss. philol. hist. Cl. 1866
S. 257 ff.   G. Monod *études critiques sur les sources de l'hi-*
stoire mérovingienne, *bibliothèque de l'école des hautes études* 8
(Paris 1872 8.) S. 21 ff., ders. *revue critique* 1872 S. 84 ff.
W. Arndt v Sybels histor. Zeitschrift 28, 1872 S. 415 ff.   A.
Jacobs *géographie de G. de T. et de Frédegaire* u. s. w. Paris
1858 und 1859 8.   A. Lecoy de la Marche *de l'autorité de G.*
de T., *étude critique sur le texte de l'histoire des Francs* Paris
1861 8.   Wattenbach 1³ S. 76 ff. 83 ff.   Ebert S. 541 ff.

5. *Vitae sanctorum.*

L. Surius *de probatorum sanctorum historiis* 6 Bde. Cöln
1570–75 *ed.* *II* 1 Bd. 1576–81, *ed.* *III* 12 Bde. 1618 f. 8.   Die
acta sanctorum der Bollandisten (Herib. Rosweyde, Joh.
Bolland, Dan. Papebroch, Gottfr. Henschen) 60 Bde.
(bis zum 29. Oct.) Antwerpen 1643 f. fol.   Luc d'Achery
und J. Mabillon *acta sanctorum ordinis S. Benedicti* 9 Bde.
Paris 1668–1701 fol.   Th. Ruinart *acta primorum martyrum*
sincera Paris 1689 4.

F. Potthast *bibliotheca historica medii aevi* (Berl. 1862 mit
Supplement 1868 8.) S. 575 ff.   Wattenbach 1³ S. 8 f.   Ebert
S. 576 ff. und sonst.

§ 129. Isidorus von Hispalis (um 570 bis 640).

Originum sive etymologiarum l. XX und zahlreiche andere
(historische, antiquarische und theologische) Schriften.

a. Handschriften der *orig.* im Escorial *s.* *VII–VIII*, ein
Guelferbytanus *s.* *VIII*, ein Toletanus (in Madrid) vom J. 712,
verschiedene in der Schweiz *s.* *VIII* ff., zwei Vaticani und ein
Ambrosianus *s VIII–IX*, zahlreiche andere *s.* *IX–X*, und
jüngere.   A. Reifferscheid *bibl. patr. Lat. Ital.* 1 S. 545,
Jahrb. 1872 S. 280 ff.   C. Halm *bibl. patr. Helv.* S. 43.

b. Ausgaben der Werke von Marg. de la Bigne Paris 1580
fol., J. B. Perez und J. Grial Madrid 1599 fol. und 2 Bde.
1778 fol., Jac. du Breul Paris 1601 fol. Cöln 1617 fol., von
Faustin. Arevalo 7 Bde. Rom 1797–1803 4., in Migne's
Patrol. Bd. 81–84 (1850).   Die *princeps* der *origines* Cöln?
um 1470, Augsburg 1472 fol., von Bon. Vulcanius Basel

1577 fol. *Etymologiarum l. XX ed.* F. W. Otto in Lindemann's *corpus grammaticorum Latinorum* Bd. 3 Leipz. 1833 4. Das *chronicon Gothorum* in P. Pithoeus *leges Wisigothorum* Paris 1579 fol., in A. Schottus *Hispania illustrata* 3 (Frankfurt a. M. 1603 fol.) S. 847 ff., in H. Florez *España sagrada* 6 (Madrid 1747 4.) S. 469 ff. und sonst. *De natura rerum liber rec.* G. Becker Berl. 1857 8. Die metrol. Abschnitte in Hultsch *metrologici script.* Bd. 2, die gromatischen in Lachmann's *gromatici*, die rhetorischen in Halm's *rhetores Lat. min.* S. 505 ff.

H. E. Dirksen über die durch I. von S. benutzten Quellen des römischen Rechtes hinterlassene Schriften 1 (1871) S. 185 ff. G. Becker Philol. 14, 1859 S. 410. F. A. Eckstein Analekten zur Gesch. der Pädagogik (Halle 1861 4.) S. 12 ff. G. Friedlein Jahrb. 1863 S. 661 ff. H. Kettner varron. Studien (Halle 1865 8.) S. 1 ff. G. Thilo *quaestiones Servianae* (Halle 1867 4.) S. 5 ff. M. Haupt Hermes 1, 1866 S. 37 (*opusc.* 3 S. 330). K. Zangemeister Rhein. Mus. 23, 1868 S. 383. W. Schmitz ebendas. 28, 1873 S. 485 f. H. Dressel *de Isidori originum fontibus* (Göttinger Dissertation) Turin 1874 8., *rivista di filol.* 3, 1875 S. 207 ff. H. Hertzberg die Historien und die Chroniken des I. von Sevilla I Göttingen 1874 8. H. Nohl *comment. Momms.* (Berl. 1877) S. 64 ff. Wattenbach 1³ S. 69 ff. Ebert S. 555 ff.

K. Hofmann über neuentdeckte Fragmente des althochdeutschen *I. de nativitate domini* Sitzungsber. der Münchener Akademie 1869 I S. 557 ff. K. Weinhold die altdeutschen Bruchstücke des Tractats des B. I. von S. *de fide catholica contra Iudaeos* Paderborn 1874 8.

Braulio von Caesaraugusta. Ildefonsus von Toledo († 667). Iulianus von Toledo (680-690).

In Migne's Patrolog. Bd. 80 und 96. Iulianus *ars grammatica* in Keils *grammat. Lat.* 5 S. 317 ff. und H. Hagens *anecdota Helvet.* S. CCIV ff., die eines gleichzeitigen *Anonymus de dubiis nominibus* bei Keil a. a. O. S. 567 ff.

§ 130. Die lateinischen Studien bei den Angelsachsen.

Aldhelmus († 709). Tatuinus († 734). Beda (672-735). Bonifatius (683-755).

1. *Aldhelmi opera ed.* J. A. Giles Oxford 1844 8., in Migne's Patrol. Bd. 89. Ebert S. 585 ff.

2. Tatuinus Schrift *de octo partibus orationis.* Thom. Wright *biographia Britannica litteraria, anglo-saxon period* (London 1842 8.) S. 244 ff. L. Müller Jahrb. 1866 S. 566. H. Keil *de gramm. quibusdam Lat. infimae aetatis* Erlangen 1868 4. A. Wilmanns Rhein. Mus. 23, 1868 S. 398 ff.

3. Beda's Werke 8 Thle. Cöln 1688 fol., von J. A. Giles 12 Bde. London 1843 ff., in Migne's Patrol. Bd. 90–95 (1850), die *opera historica rec.* J. Stevenson 2 Bde. London 1838–1841 8., in den *monumenta hist. Brit.* 1 (London 1848 fol.) S. 83 ff.

H. Gehle *de B. Venerabilis . . vita et scriptis* Leiden 1838 8. G. Oppert Jahrb. 1865 S. 822 ff. H. Usener Rhein. Mus. 24, 1869 S. 110 ff. J. A. Ginzel kirchenhistor. Schriften 2 (Wien 1872 8.) S. 1 ff. Ebert S. 595 ff. K. Werner Beda der Ehrwürdige und seine Zeit Wien 1875 8.

4. Bonifatius' Werke von J. A. Giles 2 Bde. London 1844 8., in Migne's Patrol. Bd. 89 S. 598 ff. Ausgaben der Briefe von N. Serarius Mainz 1605. 1629 4., St. Al. Würdtwein Mainz 1789 8., P. Jaffé *vitae S. Bonifatii* (*bibl. rerum German.* Bd. 3) Berlin 1866 8.

A. Wilmanns Rhein. Mus. 23, 1868 S. 403 ff. Dünzelmann Forschungen zur deutschen Geschichte 10, 1870 S. 397 ff. 13, 1873 S. 1 ff. J. P. Müller B. *eene kerkhistorische studie* 2 Bde. Amsterdam 1869–1870 8. L. Oelsner Jahrbücher des fränkischen Reichs unter K. Pippin (Leipz. 1871 8.) S. 28 ff. C. Bursian Sitzungsber. der Münchener Akad. 1873 I S. 457 ff. Wattenbach 1³ S. 105. Ebert S. 611 ff. A. Werner B. der Apostel der Deutschen und die Romanisirung von Mitteleuropa, eine kirchengeschichtliche Studie Leipz. 1875 8. H. Keil *quaest. gramm. IV* Halle 1875 4.

Nachträge und Berichtigungen.

Es war ursprünglich nicht beabsichtigt, in dieser neuen Bearbeitung auch die bibliographischen Angaben über die ältere Litteratur erheblich zu vermehren. Auf den mir inzwischen von verschiedenen Seiten geäusserten Wunsch, auch nach dieser Seite hin die immerhin nicht leicht zugänglichen bibliographischen Hülfsmittel einiger Mafsen zu ersetzen, habe ich von der augustischen Zeit an überall eine Auswahl auch der älteren Ausgaben angeführt. Für die Schriftsteller der Zeit vor Augustus bringt um der Gleichmäfsigkeit willen dieser Nachtrag das Gleiche. Dass in demselben auch sonst nicht blofs die während des Druckes seit Herbst 1877 erschienenen Arbeiten, sondern auch manche ältere, übersehene oder nicht zugängliche, sich verzeichnet finden, wird begreiflich finden, wer selbst je ähnliche Arbeiten unternommen und sie in einer gemessenen Zeit zu Ende zu führen gehabt hat. Dass noch lange nicht alle Versehen des Textes berichtigt werden konnten, ist dem Vf. bekannt; nur nach und nach ist bei der Masse solcher Angaben relative Genauigkeit erreichbar.

S. 4, 8 W. Kopp Geschichte der römischen Litteratur für höhere Lehranstalten u. s. w. 3. Aufl. Berl. 1875 8. (dazu M. Hertz Zeitschr. für das Gymnasialsw. 1875 S. 403 ff.). H. Bender Grundriss der röm. Litteraturgesch. für Gymnasien Leipz. 1876 8. (dazu und zu Munk-Seyffert M. Hertz Zeitschr. für das Gymnasialw. 1877 S. 570 ff.).

S. 5 Nach 'Erster Theil' ist einzuschieben 'Erste Abtheilung'.

S. 6 § 7 am Ende F. Buecheler *inscriptiones Saturniis numeris conceptae et trochaicae* Bonn 1876 4.

S. 8 § 12 A. Kirchhoff Studien 3. Aufl. Berl. 1877 8.
§ 13, 3 M. Wende über die zwischen Rom und Karthago vor Ausbruch des ersten punischen Krieges abgeschlossenen Verträge Bonn 1876 4. A. Vollmer die römisch-karthagischen Verträge Rhein. Mus. 32, 1877 S. 614 ff.

S. 9 § 14, 3 F. Lübbert *de gentis Quinctiae, Furiae, Claudiae commentariis domesticis* Kiel 1876—1878 4.

S. 9 § 15, 1 P. Preibisch *fragmenta librorum pontificiorum* Tilsit 1678 (22 S.) 4. P. Regell *de augurum publicorum libris part.* I Breslau 1878 (44 S.) 8.

S. 10 § 15, 3 M. Voigt über die *leges regiae* II Quellen und Authentie der *l. r.* Abhandl. u. s. w. 1877 S. 642 ff. Statt 'Zweiter Theil' ist zu schreiben 'Zweite Abtheilung'.

S. 10 § 16 Aeltere Sprichwörtersammlungen von M. Neander 1590 P. Manutius 1603 J. G. Seybold 1677. A. Faselius Latium oder das alte Rom in seinen Sprichwörtern Weimar 1859 8. Zu Binders *novus thesaurus* Th. Vogel Zeitschr. für das Gymnasialw. 1867 S. 455 ff. H. Genthe *de proverbiis a Cicerone adhibitis comment.* Momms. (Berl. 1877 8.) S. 268 ff. Joh. Schneider unten s. S. 327.

Zwölf Tafeln § 17 Die älteren Sammlungen bei H. E. Dirksen Uebersicht der bisherigen Versuche zur Kritik und Herstellung des Textes der Zwölftafelfragmente Leipz. 1824 8. Der Text auch in G. Bruns *fontes* [3] (s. § 15, 3) S. 13 ff.

S. 12 § 19, 4 Th. Fritzsche war der saturnische Vers von der lat. Komödie ganz ausgeschlossen? Philol. 34, 1875 S. 186 ff. W. Christ die Parakataloge im griech. und röm. Drama Abhandl. der Münchener Akad. philos. philol. hist. Cl. 13, 1875 S. 155 ff.

§ 20 D. de Moor *Cn. Nevius, essai sur les commencements de la poésie Romaine* Tournai 1877 8.

Plautus S. 14 § 21 b Zu den älteren Ausgaben die *principes* (8 Stücke) *s. l. et a.,* (20 Stücke) von G. Merula Venedig 1472 fol., E. Scutarius Mailand 1490 fol. Venedig 1495 4., B. Saracenus Venedig 1499 fol., J. B. Pius Mailand 1500 fol., P. Buccardus Brescia 1506 fol., G. Longolius Cöln 1530 8., J. Camerarius Basel 1552 8. u. A. F. Ritschl's 2. Ausg. *Tom. I fasc. II Epidicus* von G. Goetz Leipz. 1878 8. Ausgewählte Komödien des T. M. Plautus von J. Brix 4. 1877 (*Miles gloriosus*; dazu C. Dziatzko Jenaer L. Z. 1877 S. 654 f.). Desgl. von A. Lorenz 4 (*Pseudolus*; dazu W. W. Centralbl. 1877 S. 216 ff., O. Seyffert philol. Anz. 8, 1877 S. 338 ff., C. Dziatzko Jenaer L. Z. 1878 S. 158 f.). Desgl. von L. Ussing Bd. II 1878. *T. M. P. Trinummus* von W. Wagner (dazu A. Lorenz philol. Anz. 28, 1877 S. 294 f.). *T. M. P. Aulularia* mit holländischen Anmerkungen von C. M. Francken Gröningen 1877 8. (dazu W. Wagner Centralbl. 1877 S. 1511 f.). A. Lorenz Bursians Jahresber. IV 1876, 2 S. 33 ff. 81 ff. 96 a–q.

§ 20 c G. Langrehr *de P. Epidico* in den *miscellanea philologa* (Göttingen 1876 8.) S. 9 ff. F. Schmidt Bemerkungen zum Pseudolus des P. ebendas. S. 20 ff. J. Brix Zu Plautus

Pseudolus und Miles gloriosus Jahrb. 1877 S. 327 ff.   Zum
Pseudolus von A. Lorenz J. Hilberg Zeitschr. für die Österr.
Gymnasien 28, 1877 S. 34 ff.   A Kiessling *analecta Plau-*
tina Greifswald 1878 4.   F. Schöll G. Götz G. Löwe
analecta Plautina Leipz. 1877 8.   Zu M. Niemeyer C.
Dziatzko Jenaer L. Z. 1877 S. 474.   A. Spengel Bei-
träge zu den *Captivi* des P.   Philol. 37, 1873 S. 415 ff.
F. V. Fritzsche *analecta Plautina p. II* Rostock 1878 4.

Füge hinzu E. I. Bekker *de emtione venditione quae P. fa-*
bulis fuisse probetur Berl. 1853 8., ders. *loci Plautini de re-*
bus creditis Greifswald 1861 4.   G. Demelius plautinische
Studien Zeitschr. für Rechtsgeschichte 1, 1862 S. 351 ff. 2,
1863 S. 177 ff.

S. 16 § 21 d W. Claus über die Menaechmen des P. und ihre Nach-
bildungen besonders durch Shakespeare Stettin 1861 8., ders.
de Aulularia P. fabula iisque scriptoribus qui eam imitati sunt
Stettin 1862 8.   F. Schmidt Untersuchungen über den Miles
gloriosus des Plautus Jahrb. Supplementbd. 9, 1877 S. 321 ff.
(dazu C. Dziatzko Jenaer L. Z. 1878 S. 212, W. W. Centralbl. 1878 S. 582).   A. Spengel die lateinische Komoedie
(Festrede) München 1878 4.

S. 16 § 21 e F. Ritschl weitere Plautina (1869-1876) *opusc.* 3 S.
1 ff., Anapästen bei Plautus Rhein. Mus. 31, 1876 S. 530 ff.
Zu O. Sachse A. Buchholtz Bursians Jahresber. V 1877,
3 S. 29.

S. 18 § 21 f (so statt e zu setzen) Zu C. Rothe C. Dziatzko Jenaer L. Z. 1877 S. 473.   Zu R. Klotz A. Lorenz philol.
Anz. 8, 1877 S. 293 f.   E. König *de nominibus propriis quae*
sunt apud P. et Terentium Patschkau 1876 4.   Thurau *de*
pronominum demonstrativorum apud Plautum usu Rössel 1876 4.
M. Penningsdorf *de quisque et quisquis pronominum apud*
comicos Latinos usu commentatio Halle 1878 8.   Joh. Schneider *de proverbiis Plautinis Terentianisque* Berl. 1878 8.
§ 21 g (so statt f).   C. Dziatzko über den Mercatorprolog des
P. Rhein. Mus 26, 1871 S. 421 ff. 29, 1874 S. 63 f., über
den Truculentusprolog ebendas 1874 S 51 ff.

S. 19 § 22, 2 Th. Birt *ad historiam hexametri Latini symbola* Bonn Ennius
1876 8.   M. W. Humphreys *quaestiones metricae de accentus*
momento in versu heroico Leipz 1874 8., ders. *on certain in-*
fluences of accent in latin iambic trimeters, transactions of the
American philological association 1876 S. 1 ff. (dazu H Buchholtz Bursians Jahresber. V 1877, 3 S. 30).   L. Havet
rec. de philol. 2, 1878 S. 93 ff.   J. Vahlen *Enniana* Berl.
1878 8.

S. 21 § 25, 2 c Aeltere Ausgaben die *princeps* Strassburg 1471 fol., Terentius
von M. A. Muretus Venedig 1535 8., G Faernus Florenz

1565 8., F. Lindenbruchius Paris 1602 Fraukfurt a. M.
1623 4., Phil. Pareus Neustadt a. d. Hardt 1619 4., D.
Heinsius Amsterdam 1626 12. und öfter, Th. Farnabius
und M. Casaubonus London 1651 Amsterdam 1660 12.
und öfter, *cum notis variorum* Leiden 1686 8., mit französ.
Uebersetzung von M. Dacier 3 Bde. Paris 1688 12. und
öfter. Nach Bentley von A. H. Westerhovius 2 Bde.
Haag 1726 4. ,Leipz. 1830 8.,, J. H. Boecler (mit F.
Guyetus Noten) Strafsburg 1657 8.

S. 22 § 25 d F. W. Reiz *Burmannum de Bentleyii doctrina metrorum
Terentianorum iudicare non potuisse* Leipz. 1787 4. (auch in Voll-
behrs Ausg.). A. Spengel Bursians Jahresbericht IV 1876
2 S. 356 ff. W. Fielitz Rhein. Mus. 32, 1876 S. 304 f.
A. Fleckeisen Jahrb. 1876 S. 533 ff. C. Conradt die
metrische Composition der Comödien des T. Berl. 1876 (VI
212 S.) 8. ,dazu philol. Anz. 8, 1877 S. 400 ff.. C. Dziatzko
Jenaer L. Z. 1877 S. 59 ff.). P. Thomas u. s. w. S. 365 ff.
(statt S. 76); dazu ders. ebendas. 21, 1878 S. 17 ff. Zu
Chr. Hoffer C. Dziatzko Jenaer L. Z. 1877 S. 474.
O. Francke Terenz und die lat. Schulkomödie in Deutschland Weimar 1877 8. K. Braun *quaestiones Terentianae* Jena
1877 8. C. Sydow *de fide librorum Terentianorum ex Calliopii
recensione ductorum* Berl. 1878 8. O. Schubert *symbolae
ad T. emendandum* Weimar 1878 4. (dazu C. Dziatzko Jenaer L. Z. 1878 S. 305).

Syrus S. 25 § 29, 2 Zu W. Meyer's Sammlungen des Syrus E. Wölfflin philol. Anz. 9, 1878 S. 51 ff. C. Hartung Philol.
37, 1878 S. 569 f.

Lucilius S. 26 § 31, 1 H. Nettleship *the Roman Satura, its original form
in connection with its litterary development* Oxford 1878 (20 S) S.
H. Munro *journ. of philol.* 7, 1877 S. 293 ff.

S. 27 § 31, 2 L. Quicherat Fortsetzung *rev. archéol.* 34, 1877
S. 1 ff. C. Dziatzko zur Kritik des Lucilius Rhein. Mus.
33, 1878 S. 94 ff.

Lucretius S. 29 § 32, 2 b Aeltere Ausgaben die *princeps* Brescia 1473(?) fol.,
von H. Avancius Venedig (Aldus) 1500 4., J. B. Pius
Bologna 1511 fol., P. Candidus Florenz (Junta) 1512 8.,
D. Lambinus Paris 1561 4. (1570 Frankfurt 1583 8.) und
öfter, O. Gifanius Antwerpen 1566 8., Th. Creech Oxford 1695 8. und öfter, S. Havercamp (*cum notis variorum*)
2 Bde. Leiden 1725 4., G. Wakefield 3 Bde. London 1796
4., H. C. A. Eichstädt (I) Leipz. 1801 8. F. Jacobs
Blumenlese der römischen Dichter 2 (Jena 1826 8.) S. 281 ff.

S. 30 R. Wöhler über den Einfluss des L. auf die Dichter der
augusteischen Zeit I Greifswald 1876 4. W. von Hörschelmann *observationes Lucretianae alterae* Leipz. 1877 4. F.

Bockemüller lose Blätter 1–12 (zu seiner Ausgabe), Studien zu L. und Epikur Stade 1877 4. H. Purmann zu L. Jahrb. 1877 S. 373 ff. C. Wolff *de L. vocabulis singularibus* Halle 1878 8.

§ 32, 2d F. A. Lange Geschichte des Materialismus und Kritik seiner Bedeutung in der Gegenwart (zuerst 1866) 3. Aufl. Bd. 2 (Iserlohn 1873 8.) S. 97 ff. J. Woltjer *L. philosophia cum fontibus comparata* u. s. w. Gröningen 1877 8. J. Vahlen über das Prooemium des L. Monatsber. der Berl. Akademie 1877 S. 479 ff. G. Teichmüller der Begriff des Raumes bei L. Rhein. Mus. 33, 1878 S. 310 ff. Th. Tohte zu L. Jahrb. 1878 S. 123 ff.

S. 31 § 32 am Ende A. Brieger Bursians Jahresber. IV 1876, 2 S. 160 ff.

S. 32 § 33 b Aeltere Ausgaben die *princeps* (mit Tibullus und Pro- Catullus pertius) Venedig 1472 4., von F. Puteolanus (mit *Statius silvae*) Parma 1473 4., Joh. Calphurnius Reggio 1481 fol., H. Avancius Venedig 1500 fol., A. Guarinus Venedig 1521 4., M. A. Muretus Venedig 1554 8., Ach. Statius Venedig 1566 8., Jos. Scaliger Paris 1577 Antwerpen 1582 Heidelberg 1600 8., Is. Vossius London 1684 4., J. A. Vulpi Padua 1710. 1737 4., F. W. Döring 2 Bde. Leipz. 1788–92 Altenburg 1834 8., J. Sillig Göttingen 1823 8., F. Jacobs Blumenlese der röm. Dichter 2 (Jena 1826 8.) S. 1 ff. Zu Ellis' Commentar K. P. Schulze Zeitschr. für das Gymnasialw. 1877 S. 690 ff., L. Schwabe Jahrbücher 1878 S. 300 ff.

Zu Bährens' Ausgabe ferner R. Ellis *Academy* 10, 1876 S. 194 f., K. Rossberg Jahrb. 1877 S. 167 ff. 841 ff., B. Schmidt Jenaer L. Z. 1878 S. 207 ff., H. Magnus Jahresbericht Zeitschr. für das Gymnasialw. 1878 S. 107 ff.

S. 33 F. Hand *C. carmen LV in antiquam formam restituere conatus est* Jena 1848 8. F. Ritschl jetzt *opusc.* 3 S. 593 ff. T. T. Kroon *quaestiones Catullianae* Leiden 1864 8. E. Eichner *de poetarum Latinorum usque ad Augusti aetatem distichis* Breslau 1866 8., ders. Bemerkungen über den metr. und rythm. Bau sowie über den Gebrauch der Homoeoteleuta in den Distichen des C. Tibull Properz und Ovid Gnesen 1875 4. K. P. Schulze Zeitschr. für das Gymnasialw. 1875 S. 590 ff. 1876 S. 466 ff. A. Danysz *de scriptorum inprimis poetarum Romanorum studiis Catullianis* Breslau (Posen) 1876 8. K. Rossberg Jahrb. 1876 S. 551 ff. R. Richter Bursians Jahresber. IV 1876 2 S. 309 ff. E. Bährens die Laodamiasage und Catulls 68. Ged. Jahrb. 1877 S. 409 ff. H. Magnus zu C. und Propertius ebendas. S. 415 ff. J. Süss Catulliana vervollständigt in *acta sem. philol. Erlang.* Bd. 1 (Er-

langen 1678 8) S. 1 ff., dazu philol Anz. 8, 1877 S. 582 ff.
F. Koldewey die Figura ἀπὸ κοινοῦ bei C. Tibull Properz
und Horaz Zeitschrift für das Gymnasialw. 1877 S. 357 ff.
H. A. J. Munro *criticisms and elucidations on C.* Cambridge
1878 8. (dazu R. Ellis *Academy* 1878 I S. 397).

Cinna S. 35 § 34, 1 c A. Kiessling *de C. Helvio Cinna poeta commentat.*
Momms. (Berl. 1577 8.) S. 351 ff.
§ 34, 2 a Zu Valerius Aedituus vgl. § 30, 2. Zu Porcius A.
Fleckeisen Jahrb. 1877 S. 394 f.

S. 37 § 36 L. Havet *Appius Claudius et Sp. Carvilius rev. de philol.*
2, 1878 S. 15 ff

Fabius Pictor S. 38 § 37, 2 Th. Mommsen Fabius und Diodor Hermes 13, 1875
S. 303 ff. B Niese die Chronologie der gallischen Kriege
bei Polybios ebendas. S. 401 ff.

Cato S. 40 § 38, 4 Zu den *disticha Catonis* H. J. Müller *symbolae ad*
emendandos scriptores Latinos Berl. 1876 4. C. Hartung
Philol. 37, 1877 S. 523, 38, 1878 S. 177. 544.

Lutatius Catulus S. 44 § 41, 7 H. Peter Q. Lutatius Catulus und Lutatius Daphnis
Jahrb. 1877 S. 749 ff.

Caesar S. 45 § 42, 1 A. W. Zumpt *de dictatoris Caesaris die et anno natali*
Berl. 1874 4.
§ 42, 2 Aeltere Ausgaben die *princeps* Rom 1469 fol., Venedig
1471 fol., von Joh. Andreas Rom 1472 fol., Phil. Beroaldus Bologna 1504 fol., L. Robia Florenz (Junta) 1508
8., Joh. Jucundus Venedig (Aldus) 1513. 1519 8., H.
Glareanus Freiburg 1538 8., und öfter; J. M. Brutus
Lyon 1560 8. und öfter, F. Ursinus Antwerpen 1570
Venedig 1571 8., J. Lipsius Antwerpen 1585 8., J. Scaliger 1606 8., G. Jungermann (*cum notis variorum*) Frankfurt a. M. 1606 4., Joh. Davis Cambridge 1706. 1724 4.,
S. Clarke London 1712 fol. Caesar B. G von F. Kraner
10. Aufl. von W. Dittenberger Berl. 1877 8.

S. 46 f Kritik, Erklärung, Sprache. M. Miller kritische und
exegetische Beiträge zu C. Aschaffenburg 1874 4. (dazu R.
Müller Jahresber. Zeitschr. für das Gymnasialw. 1878 S.
13 ff.). Kitt *observationes grammaticae quaedam in C.* Braunsberg 1875 4. K. Lorenz über Anaphora und Chiasmus in
C.'s *bell. gall.* Creuzburg 1875 4. H. Hartz fünf Conferenz-
vorlagen und ein Beitrag über den Sprachgebrauch des C.
Frankfurt a. O. 1875 4. F. Fröhlich historische Beiträge
zur Caesarlitteratur u. s. w. Zürich 1876 4. (dazu H. Wirz
philol. Anz. 8, 1877 S. 239 f., F. Rauchenstein ebendas.
S. 522). B. Müller zur Erklärung von C. gallischem Kriege
Kaiserslautern 1877 8. W. Paul krit. Bemerkungen zu C.'s
commentarii de bello Gallico Zeitschr. für das Gymnasialw. 1878
S. 161 ff. C. von Kampen die Helvetierschlacht bei Bibracte

Gotha 1878 4. W. H. Roscher und K. Schnelle zu C.
de bello civ. Jahrb. 1877 S. 559 ff. 562 ff. J. Degenhardt
de auctoris belli Hispaniensis elocutione et fide historica Würzburg
1877 8. (zum *bell. Hisp.* auch E. Hübner Jahrb. 1867 S.
314 ff.). A. Köhler *de auctorum belli Africani et belli Hispaniensis elocutione acta sem. philol. Erlangensis* Bd. 1 (Erlangen
1878 8.) S. 367 ff. R. Müller Jahresber. über Caesar Zeitschrift für das Gymnasialw. 1878 S. 1 ff. 33 ff.

S. 49 § 43, 2b Aeltere Ausgaben die *princeps* Venedig 1470 4. und _{Sallustius}
zahlreiche aus den folgenden Jahren, von Pomponius Laetus
Rom 1490 4., H. Glareanus Basel 1538 8., A. Manutius Venedig 1563 8. und öfter, L. Carrio Antwerpen
1573. 1574. 1579 8. und öfter, J. Gruter Frankfurt 1607
8., J. Wasse *(cum notis variorum)* Cambridge 1700 4. *C. S. C.
de bello Iugurthino l. Texte revu et annoté par* P. Thomas Brüssel 1877 12.

S. 50 § 43 d F. Baur Correspondenzbl. für die gel. Schulen Würtembergs 1868 8. 189 ff. 1870 S. 24. 193. 252 ff. Ders.
Progr. Buchsweiler (Strafsburg) 1875 4. Zu C. John vgl.
H. Wirz philol. Anz. 8, 1877 S. 523 ff. F. Vogel ὁμοιό-
τητες *Sallustianae acta sem. philol. Erlang.* Bd. 1 (Erlangen
1878 8.) S. 313 ff.

S. 52 § 44 Aeltere Ausgaben die *princeps* Venedig 1471 4., von D. _{Nepos}
Lambinus Paris 1569 4., A. Schottus Frankfurt 1609
fol., J. H. Boecler Strafsburg 1640 8. Zu P. Natorp
C. Bünger Jahrb. 1877 S. 315 ff. Eidenschink der Infinitiv bei C. N. u. s. w. Passau 1877 8.

S. 53 § 45, 4 Handschriften der Puteaneus *s. IX*, der Parisinus Her- _{Rhetor ad}
bipolitanus Bambergensis *s. X*, der Frisingensis *s. XI* und _{Herennium}
zahlreiche *s. XII–XV*. Aeltere Ausgabe (mit Cicero *de inv.*)
von P. Burman *(cum notis variorum)* Leiden 1761 8. (wiederholt von F. Lindemann Leipz. 1828 8.).

H. E. Bochmann *de Cornificii auctoris ad H. qui vocatur
rerum Romanarum scientia* Zwickau (Leipz.) 1875 8. Iw.
Müller Bursians Jahresber. III 1874–75 S. 673 ff. P.
Langen *commentationes Cornificianae* (über eine Münsterer
Hs. der *rhetor. ad H. s. XIII*) Philol. 36, 1877 S. 444 ff.
37, 1878 S. 385 ff. 577 ff. R. Ostmann *de additamentis
quae in rhetoricis ad H. inveniuntur antiquioribus* Breslau 1876
8. R. Kröhnert die Anfänge der Rhetorik bei den Römern
Memel 1877 4.

S. 54 § 45, 6 statt 'ders. kl.' schr. H. E. Dirksen (1858). _{Cascellius}
S. 56 § 46, 4 O. Gruppe die Ueberlieferung der Bruchstücke von _{Varro}
Varro's *antiquitates rerum humanarum comment.* Momms. (Berl.
1877 8.) S. 540 ff. D. Detlefsen Varro Agrippa und Au-

gustus als Quellenschriftsteller des Plinius für die Geographie
Spaniens ebendas. S. 23 ff.

S. 57 § 46, 6 Die Handschrift der Laurentianus *s. XI*. Aeltere
Ausg. von Varro's Büchern *de lingua Latina* die *princeps* des
P. Laetus Rom um 1471 4. und öfter, A. Tifernas Rom
1474 fol., M. Bentinus Paris 1529 8., A. Augustinus
Rom 1554 und 1557 4., D. Gothofredus in den *auct.
Lat. ling.* Genf 1585 4. und öfter, J. Scaliger's *coniectanea
in M. T. V. de l. L.* Paris 1565 8., mit *M. T. V. opera quae
supersunt* Paris 1573. 1581 8. G. Scioppius Ingolstadt 1602
12. 1605 8.

H. Nettleship *grandis laetus aura* (zu Varro Cicero und
Vergil) *journ. of philol.* 7, 1877 S. 169 ff.

Cicero S. 58 § 47 I G. D'Hugues *une province Romaine sous la république,
étude sur le proconsulat de Cicéron* (1859) Paris 1576 8.

Aeltere Gesammtausgaben von A. Minutianus Mailand
4 Bde. fol., M. Bentinus 3 Bde. Basel 1528 fol., P. Victorius 4 Bde. Venedig (Junta) 1534-37 (wiederholt Basel
1540) fol., P. Manutius 9 Bde. Venedig (Aldus) 1540-46
8., D. Lambinus 4 Bde. Paris 1565. 66 fol. und 9 Bde.
Paris 1572-73 8., J. Gulielmus und J. Gruter 4 Bde.
Hamburg 1618 fol., J. Gronovius 4 Bde. Leiden 1692 4.,
Is. Verburg (*cum notis variorum*) 2 Bde. Amsterdam 1724 fol.

Neue Gesammtausgabe *M. T. C. scripta quae manserunt omnia recogn.* C. F. W. Müller *part. IV vol. I acad. de fin.
Tuscul.* Leipz. 1878 8.

S. 59 Iwan Müller Litteratur zu C.'s Werken Bursians Jahresber.
III 1874-75 S. 672 ff. (vgl. S. 79).

Reden S. 61 Ausgew. Reden von Halm 5. Aufl. Berl. 1877 8.

S. 62 *Verrin. l. IV. V* von F. Richter 2. Aufl. von A. Eberhard
Leipz. 1876 8.

Stortenbeker *de conditione Siciliae C. Verre praetore* Haug
1861 8. C. John s. oben S. 51. W. Goehling *de C.
artis aestimatore* Halle 1877 8.

S. 63, 12 Pro A. Caecina (Licinio zu tilgen).

S. 64, 15 C. Bardt zu C.'s Cluentiana Neuwied 1878 4.

S. 66, 23 Zu C. Hachtmann vgl. A. Weidner philol. Anz. 8,
1877 S. 410 f. E. S. Beesley *Catiline Clodius and Tiberius*
London 1878 8. (dazu *Academy* 1878 I S. 316).

S. 67, 26 *Pro Archia* von F. Richter 2. Aufl. von A. Eberhard
Leipz. 1878 8. C. Fr. Müller (auch zu *de imp. Cn. Pompei*)
Philol. 37, 1878 S. 578 ff.

S. 68, 31 M. Lange *de C. altera post reditum oratione commentatio*
Dresden (Leipz.) 1875 8. (dazu Iw. Müller Bursians Jahresbericht III 1874-75 2 S. 688 f.).

S. 68, 32 *Pro P. Sestio* von H. A. Koch 2. Aufl. von A. Eberhard Leipz. 1877 8.

S. 69, 36 J. J. Cornelissen *coniectanea Latina* (Deventer 1870 8.)
S. 71 ff.   Paul *studia Ciceroniana* (zur R. für den Balbus)
Berl. 1875 4.

S. 73 H. Lantoine *de C. contra oratores Atticos disputante* Paris Rhetor. Schriften
1874 8. (dazu Iw. Müller Bursians Jahresber. III 1874—75
S. 677).   H. Düntzer über die Namen der Stilarten bei den
Römern Zeitschr. für das Gymnasialw. 1877 S. 401 ff.   A.
Weidner Philol. 38, 1878 S. 63 ff.

S. 76, 4 C.'s Orator von Piderit 2. Aufl. Leipz. 1876 8. (dazu
H. Rubner philol. Anz. 8, 1877 S. 302 f.).

S. 79 A. Brieger Beitr. zur Kritik einiger philos. Schriften des C. Philosoph. Schriften
Posen 1873 4.   J. Walter *M. T. C. philosophia moralis* Prag
1877 8.   A. du Mesnil zu C.'s philosophischen Schriften
Jahrb. 1877 S. 753 ff.

S. 82, 7 Zum *Hortensius* J. Bywater *journ. of philol.* 7, 1877 S.
64 ff.

S. 82, 8 Zu H. Holsteins Ausgabe und zu *M. T. C. de finibus l.*
I et II . . . par E. Charles Paris 1874 8. Iw. Müller S.
692 ff. Ders. *observationes in C. de finibus libris I II* Erlangen
1869—70 4., *acta sem. philol. Erlang.* Bd. 1 (Erlangen 1878
8.) S. 366.

S. 83, 9 Zu J. J. Reid's Ausg. Iw. Müller S. 691.

S. 84, 11 M. T. C.'s Tusculanen von G. Tischer Bd. I 7. Aufl.
von G. Sorof Berl. 1878 8.

S. 86 Zu Hirzel's Untersuchungen u. s. w. H. Nettleship *Academy* 1878 I S 13 f.   J. Lachelier *rev. de philol.* 2, 1878
S. 264 ff.   Unten schr. Schiche statt Schicke.

S. 89, 19 *Cic. de off.* von O. Heine 5. Aufl. Berl. 1878 8.   J.
Dräseke *M. T. C. et Ambrosii episc. Mediol. de officiis l. III
inter se comparantur rivista di filol.* 4, 1876 S. 122 ff.

S. 92 A. Golisch drei Handschriftenfragmente von lat. Classikern Briefe
(*Cic. ep. ad fam. s. XII*) Philol. 26, 1867 S. 701 ff.   R. F.
Leighton *historia critica M. T. C. epistolarum ad familiares*
Leipz. 1877 8. (dazu F. Rühl Centralbl. 1877 S. 1477).
C. select letters u. s. w. *by* A. Watson Oxford 1870, *ed. II*
1874 8.   R. Y. Tyrrell *the letters of Q. Cicero Hermathena*
5 (Dublin 1877 8.) S. 40 ff.

S. 93 O. E. Schmidt *de epistolis et a Cassio et ad Cassium post Caesarem occisum datis quaestiones chronologicae* Leipz. 1877 8.
(dazu Centralbl. 1878 S. 744).

S. 93 R. Heine *quaestionum de M. T. C. et M. Bruti epistolis mutuis capita II* Leipz. (Ostervici) 1876 8.

S. 96 A. Hoppe zu den Fragmenten und der Sprache C.'s Gum- Sprache
binnen 1875 4.   F. Heerdegen *de fide Tulliana h. e. de vo-*

cabuli fidei apud C. notione et usu quaestionem semasiologam instituit Erlangen 1876 8.   H. Hellmuth *de sermonis proprietatibus quae in prioribus C. orationibus inveniuntur acta sem. philol.* Erlang. Bd. 1 (Erlangen 1878 8.) S. 101 ff.   M. Wetzel *de consecutione temporum Ciceroniana cap. II* Göttingen (Leipz.) 1877 S. (dazu E. Schweikert Zeitschr. für das Gymnasialw. 1878 S. 327 ff.).

Kritik im allgemeinen

A. Fr. Tittler Brieg 1873 4. (siehe S. 192).   R. Kluszmann *Tulliana* Gera 1877 8. (dazu philol. Anz. 8, 1877 S. 321 f.).   L. Urlichs zur Kritik C.'s Rhein. Mus. 33, 1878 S. 150 ff.   Th. Maguire *some legal and constitutional points in C. Horace and others Hermathena* 5 (Dublin 1877 8.) S. 125 ff.

Horatius S. 98 § 49, 2 n O. Keller über die Handschriftenklassen in den Carmina des H. Rhein. Mus. 33, 1878 S. 122 ff.

S. 100 Zu Sat. 15 E. Desjardins *rev. de philol.* 2, 1878 S. 144 ff. Sat. I 6, 18 X. Prinz *revue de l'instruction publ. en Belgique* 9, 1866 S. 113 ff.

S. 101 K. Schenkl über die Composition von H. Od. I 7 Zeitschr. für die österr. Gymn. 1878 S. 1 ff.   Zu H. Od. II 6 J. C. F. Campe Jahrb. 1877 S. 136 ff., Th. Plüss Jahrb. 1878 S. 137 ff.

S. 102, 6 W. S. Teuffel die horazische Lyrik und deren Kritik (Festschrift) Tübingen 1876 4.   R. Unger H. und Alkaios (zu Carm. I 14, 7) Jahrb. 1877 S. 763 ff.

S. 104 Zu *ars poet.* 40 A. Wagener *revue de l'instruction publ. en Belgique* 6, 1863 S. 45 ff.   A. Michaelis die Horazischen Pisonen *commentat. Momms.* (Berl. 1877 8.) S. 420 ff.
Th. Fritzsche Studien über H. Philol. 35, 1876 S. 477 ff., ders. Beitr. zur Kritik des H. Güstrow 1877 4.

S. 106 Zu *epist. II 1 H. epist. ad Augustum comment. illustr.* H. Riedel Gröningen 1831 8.   A. Łowiński *scholae criticae in H. ep. II l. II* Deutsch-Krone 1875 4.

S. 107 R. Unger *analecta Horatiana* (Gratulationsschrift für Schleusingen) Halle 1877 4.   A. du Mesnil krit. Beiträge zu H. und Vergil Gnesen 1877 4.   W. Mewes Horatius Jahresbericht Zeitschr. für das Gymnasialw. 1877 S. 300 ff. 325 ff. H. Fritzsche Bursians Jahresber. V 1877 2 S. 1 ff.   H. Eggers *de ordine et figuris verborum quibus H. in carminibus usus est* Löwen 1878 8.

S. 107 (5) Zu J. Zechmeister A. E. Centralbl. 1878 S. 153.

S. 108 M. Hertz *analecta ad carm. Hor. historiam II* Breslau 1878 4. Zu den Scholiasten H. E. Dirksen hinterl. Schriften 1 (1871) S. 335 ff.   F. Pauly neue Beiträge zur Kritik des Horazscholiasten Porphyrion Prag 1878 4.   R. Unger zur Würdigung der Scholien des H. Jahrb. 1877 S. 490 ff.

S. 110 § 50, 1 b K. Kappes Ausg. der Aeneis I–III 2. Aufl. Leipz. Vergilius
1878 8. Zu Ladewig-Schaper's Ausg. von Aen. I–VI
philol. Anz. 9, 1878 S. 48 f. W. Gebhardi Zeitschr. für
das Gymnasialw. 1878 S. 200 ff. Zu Glasers Ausg. der
Bucolica Zeitschr. für die österr. Gymn. 1877 S. 510 f., philol.
Anz. 9, 1878 S. 151 ff. J. Kvíčala Vergil-Studien nebst
einer Collation der Prager Hs. Prag 1578 8.

S. 112 § 50, 2 G. Kettner die 6. Idylle V.'s Zeitschr. für das
Gymnasialw. 1878 S. 385 ff. H. Knoche *V. quae Graeca
exempla secutus sit in Georgicis* Leipz. 1877 8. II. Morsch
de Graecis auctoribus in Georgicis a V. expressis Halle 1878 8.

S. 117 Joh. Richter zu V. Aen. III 681–686 Jahrb. 1877 S. 695 f.
II. Georgii über Aen. III Festschrift der Gymnasien u. s. w.
Würtembergs (Stuttgart 1877 4.) S. 65 ff. J. H. B. Mayor
journ. of philol. 7, 1877 S. 1 ff. 260 ff.

S. 118 I E. Baehrens *de epigrammate quodam Vergiliano* Jahrb.
1878 S. 119 ff. H. Helbig *de synaloephae apud epicos Latinos primi p. Ch. saec. ratione* Bautzen 1878 4.

S. 123 *T. elegiarum l. II, accedunt Pseudotibulliana rec.* Aem. Baeh- Tibullus
rens Leipz. 1878 8. F. Eichner s. oben Nachtrag zu S. 33.

S. 124 Lierse über die Unechtheit des 3. tibullischen Buchs nebst
einer Untersuchung über die Conjunctionen des T. und Lygdamus Bromberg 1875 4. O. Diskowsky *T. eleg. I 4 enarr.*
Kattowitz 1876 4. O. Ribbeck über den Deliaelegieen bei
T. Rhein. Mus. 32, 1877 S. 445 ff. G. Goetz zu den Deliaelegieen des T. ebendas. 33, 1878 S. 145 ff. E. Wölfflin *de Sulpiciae elegidiis acta sem. philol. Erlang.* Bd. 1 Erlangen 1878 8.) S. 100. C. M. Francken *ad Tibullum*
Mnemosyne 6, 1878 S. 174 ff. F. Riemann *de compositione
strophica carminum Tibulli* Coburg 1878 (16 S.) 4. H Magnus Jahresbericht Zeitschr. für das Gymnasialw. 1878 S.
110 ff.

S. 126 A. Palmer *Hermathena* 5 (Dublin 1877 8.) S. 258 ff. K. Propertius
Rossberg *lucubrationes Propertianae* Stade 1877 8. R.
Ehwald philol. Anz. 8, 1877 S. 405 ff. Th. Birt oben zu S.
19. E. Hübner zu Propertius (V 11) *commentat. Momms.*
(Berl. 1877 8.) S. 105 ff. H. Knauth *quaestiones Proper-
tianae* Halle 1878 8. B. Kuttner *de P. elocutione quaestiones*
Halle 1878 8.

S. 130 O. von Merkel 2. Ausg. dazu G. Nick philol. Anz. 8, Ovidius
1878 S. 486 ff.
Z. 7 von unten tilge A. Palmer Lond. 1874 8.

S. 133, 4 P. Schönfeld O.'s Metamorphosen in ihrem Verhältniss
zur antiken Kunst Leipz. 1877 8. Zu H. Peter vgl. G. Nick
philol. Anz. 6, 1874 S. 488 ff. 9, 1878 S. 156 ff., ders.
Philol. 36, 1877 S. 428 ff. P. Goldscheider *de retracta-*

tione fastorum O. Halle 1877 b.　R. Ellis *on the Ibis of O. journ. of philol.* 7, 1877 S. 244 ff.

S. 135, d　A. Zingerle zur Behandlung des Mythos von der Berge-aufthürmung bei röm. Dichtern Zeitschr. für die österr. Gymn. 1878 S. 5 ff.　E. Trillhaas der Infinitivus bei O. Erlangen 1877 8.　A. Riese Bursians Jahresber. V 1877 2 S. 20 ff.　H. Magnus Jahresber. Zeitschr. für das Gymnasialw. 1878 S. 95 ff.

Manilius S. 136 § 55, 2　M. Bechert *de M. Manilii emendandi ratione* Leipz. 1878 8.

Germanicus S. 137 § 55, 3　R. Ellis *on the Aratea of G. journ. of philol.* 7, 1877 S. 206 ff.

S. 138 § 55, 4　E. Hübner das Epicedion Drusi Hermes 13, 1878 S. 145 ff.

Petronius S. 140 § 57, 1　F. Jacobs (1793) *journ of philol.* 7, 1877 S. 206 ff. Th. Mommsen Trimalchio's Heimath und Grabschrift Hermes 13, 1878 S. 106 ff.　E. Hübner ebendas. S. 414 ff.

S. 142 § 57, 2　J. J. Cornelissen *coniectanea Latina* (Deventer 1870 8.) S. 28 ff.

Persius S. 144 § 58, c　S. E. Yonge A. P. Fl. *journ. of philol.* 5, 1871 S. 142 ff.　C. Th. Burmeister *observationes Persianae* Schwerin 1878 4.

Lucanus S. 145 § 59, 1 b　H. Köstlin lateinische Epiker (Lucan V. Flaccus Silvus Statius) Philol. 38, 1878 S. 40 ff.

Valerius Flaccus S. 149 § 60, b　R. Löhbach Jahrb. 1877 S. 859.

Statius S. 151 § 62 a　W. Crecelius ein Düsseldorfer Statiusfragment Rhein. Mus. 32, 1877 S. 632 ff.　Zu Kohlmann H. Köstlin philol. Anz. 9, 1898 S. 160 ff.

Martialis S. 154 § 63　Zu R. Pauckstadt vgl. W. Jungclaussen philol. Anz. 8, 1877 S. 585 ff.　A. Zingerle Martial's Ovidstudien Innsbruck 1877 8. (dazu H. Köstlin philol. Anz. 9, 1878 S. 162, A. R. Centralbl. 1878 S. 743)　L. Friedländer *observationum de M. epigrammatis p. II* Königsberg 1878 4.

Juvenalis S. 159 § 64, 2 c　J. Bernays die Gottesfürchtigen bei Juvenal *comment. Momms.* (Berl. 1877 8.) S. 563 ff.　L. Geuther über den Gebrauch der Metaphern bei J. Wittenberg 1878 (13 S.) 4.

Commo-dianus S. 161 § 65, 2　Zum Commodian von Ludwig vgl. L. K. philol. Anz. 8, 1877 S. 237, E. Bösser Jahrb. 1877 S. 789 ff. L. Kälberlah *curarum in C. instructiones specimen* Halle (Schwetz) 1877 8. (dazu E. Ludwig Jenaer L. Z. 1878 S. 291). J. Huemer Zeitschr. für die österr. Gymn. 1878 S. 29 ff.

Optatianus S. 162 § 68　L. Müller Nord und Süd 1877 S. 84 ff.　L. Havet (Handschriften des Optatianus) *rev. de philol.* 2, 1878 S. 282 ff.

Ausonius S. 165 § 70 2 b　W. Brandes zu Ausonius Jahrb. 1877 S. 861 f.

S. 173 § 77 H. E. Dirksen (zu S. Symmachus und Cassiodor) Sidonius
hinterl. Schr. 1 (1871) S. 149 ff.

S. 174 § 78, 3 A. Riese zu Dracontius Rhein. Mus. 32. 1877 Dracontius
S. 319. E. Bährens neue Verse des D. ebendas. 33, 1878
S. 313 ff.

S. 177 § 79 A. Riese Bursians Jahresbericht V 1877 2 S. 30 ff. Anthologie
W. Meyer Rhein. Mus. 33, 1878 S. 238 ff.

S. 179 § 82, 1 D. Detlefsen Varro Agrippa und Augustus Augustus
als Quellenschriftsteller des Plinius u. s. w. comment. Momms.
(Berl. 1877 8.) S. 23 ff.

S. 182 A. Wilmanns über Vitruv V 4 commentat. Momms. (Berl. Vitruvius
1877 8.) S. 254 ff. H. Nohl Palladius und Faventinus in
ihrem Verhältniss zu einander und zu V. ebendas. S. 64 ff.

S. 183 Rossi groma e squadro ovvero storia dell' agrimensura italiana Gromatiker
dai tempi antichi al secolo XVII Turin 1877 8.

S. 184 § 83, 2 E. Heydenreich die Hyginhandschrift der Frei-
berger Gymnasialbibliothek Freiberg 1878 (28 S.) 4.

S. 186 § 83, 4 L. Borchert num Antistius Labeo stoicae philosophiae Antistius
fuerit addictus Breslau 1869 8.   Labeo

S. 190 § 84, b Livius B. XXIV erkl. von H. J. Müller Leipz. Livius
1878 8.

S. 193 § 84 c L. Adrian über das Lat. Part. Praes. Pass. (bei L.)
Grofsglogau 1875 4.   E. Hiller zu L. comment. Momms.
(Berl. 1877 8.) S. 746 f.   J. Völkel zu L. Jahrb. 1877
S. 851 ff.   H. J. Müller Jahresbericht Zeitschr. für das
Gymnasialw. 1878 S. 54 ff.

S. 197 M. Zoeller das staatsrechtl. Verhältniss Roms zu Capua
Jahrb. 1874 S. 720 f.   E. Müller noch einmal die Schlacht
an der Trebia Conitz 1876 4.   W. J. Law the Alps of Han-
nibal, an examination of the old controversy with the details of
a new theory 2 Bde. Cambridge 1866 8.

S. 198 Zu Obsequens J. Bernays Rhein. Mus. 12, 1857 S. 436 f. Obsequens

S. 199 A. Harant variantes tirées d'un ms. de Justin du XIImᵉ siècle Justinus
rev. de philol. 2. 1878 S. 78 ff.

S. 202 § 86 e Zu H. Georges H. Wirz philol. Anz. 9, 1878
S. 163 f.

S. 205 § 88 c H. Droysen Nachträge zu der Epitome des Nepo- Valerius
tianus Hermes 13, 1878 S. 122 ff.   E. Schulze Zu V. M. Maximus
Philol. 31, 1878 S. 570 ff.

S. 211 § 92, 2 c H. Siedler de L. A. S. philosophia morali Jena Seneca
1878 8.   F. Glöckner Rhein. Mus. 33, 1878 S. 316 f. philos.
F. Schultess ad S. libros de clementia Rhein. Mus. 33, 1878
S. 221 ff.

Zu 3 vgl auch G. B. de Rossi bullett. di archeologia cristiana 5, 1867 S. 6 ff. H. Klammer observationes Annaeanae
grammaticae Bonn 1878 8.

S. 212 § 92, 4 b *L. A. S. tragoediae rec. et emend.* Fr. Leo *col. prius observationes criticas continens* Berl. 1878 8.

Plinius d.ä. S. 217 § 98 2 c D. Detlefsen Varro Agrippa und Augustus als Quellenschriftsteller des Plinius u. s. w. *comment. Momms.* (Berl. 1877 8.) S. 23 ff.   L. Urlichs über P. den älteren Bursians Jahresbericht V 1877 2 S. 35 ff., der s. die Quellenregister zu P. letzten Büchern (11. Wagnerprogramm) Würzburg 1878 8.

Quintilianus S. 220 § 95 c F. Meister Philol. 38, 1878 S. 160 ff.

S. 221 Zu F. Böttner J. Claussen philol. Anz. 9, 1878 S. 166 f.

Tacitus S. 228 § 97 I c A. Wagener *les travaux de M. G. Andresen sur le dialogus de oratoribus* Gent 1877 8.   C. H. Steuding Beiträge zur Textkritik im Dialog des T. Wurzen 1878 4.   A. Wagner zu Gantrelle's Ausg. der Germania Jahrb. 1877 ' S. 857 f.   Ortmann zu T. Germania Zeitschr. für das Gymnasialw. 1878 S. 305 ff.   Zu Ann. II 33 W. Clemm Rhein. Mus. 33, 1878 S. 318 f.   Ph. G. Sandford *notes on the history of T. Hermathena* 5 (Dublin 1877 8.) S. 264 ff.

S. 236 Z. 7 v. u. statt S. 200 ff. schr. S. 49 ff.

S. 246 § 97, 4 Zu Gerber und Greef's *lex. Tac.* E. W. philol. Anz. 8, 1877 S. 301. 9, 1878 S. 165 f.

Suetonius S. 254 § 99 e Zu P. Bagge K. E. Georges Bursians Jahresber. IV 1876 3 S. 490.

Grammatiker S. 259 § 102 H. Hagen Bursians Jahresbericht III 1874–75 S. 714 ff. IV 1876 2 S. 336 ff.

Fronto S. 260 § 103 H. Crossley *the correspondence of F. and M. Aurelius Hermathena* (Dublin 1877 8.) S. 67 ff.

Appuleius S. 265 § 107, 2 b Chr. Lütjohann *Apulei de deo Socratis liber* Greifswald 1878 (40 S.) 8.   M. Collignon *essai sur les monuments grecs et romains relatifs au mythe de Psyché* Paris 1878 8.

S. 270 § 109, 1 Zum Canon Muratorianus Jac. Schuurmans Stekhoven *het fragment van Muratori* u. s. w. Utrecht 1877 8. (dazu A. Hilgenfeld Zeitschr. für wissenschaftl. Theologie 21, 1878 S. 25 ff. 151).

S. 281 W. Wattenbach Deutschlands Geschichtsquellen 1⁴ (Berl. 1877 8.) Die Citate sind danach im Folgenden leicht zu verändern.

Dares S. 287 § 114, 3 C. Wagner Beitrag zu Dares Phrygius Philol. 38, 1878 S. 91 ff.

Palladius S. 292 § 115 A. Eussner zu P. Philol. 38, 1878 S. 39.

Itala S. 306 § 120, 5 J. S. Wood *the missing fragment of the 4th B. of Esdras journ. of philol.* 7, 1877 S. 264 ff. Zu J. Haupt vgl. E. R. Centralbl. 1878 S. 759 ff.

(Abgeschlossen 14. Juni 1878).

Namenregister.

(Die Zahlen bedeuten Seitenzahlen.)

Celsus s. Arruntius, Cornelius, Iu-
ventius
Cenotaphia Pisana 186
Centones Vergiliani 167
Censorinus 269
Q. Cervidius Scaevola 261
Cestius Pius 186
Cethegus s. Cornelius
M. Cetius Faventinus 182
Chalcidius 292
Charisius s. Flavius Sosipater
Chor der Tragoedie 11
Chronograph (von 354) 264
Chrysologus s. Petrus
Cicero s. Tullius
C. Cilnius Maecenas 179
   C. (Cilnius) Melissus 121
L. Cincius Alimentus 38
Cinna s. Helvius
Ciris 118
Claudianus s. Claudius, Ecdicius
Claudius der Kaiser 206
   Ap. Claudius Caecus 37 330
   Claudius Claudianus 168
   Claudius Mamertinus 278
   M. Claudius Marcellus Aeserninus
   186
   Claudius Marius Victor (Victori-
   nus) 172
   Claudius Pollio 251
   Ap. Claudius Pulcher 54
   Q. Claudius Quadrigarius 43
   Claudius Rutilius Namatianus 171
Cledonius 280
Clemens s. Aurelius, Pactumeius,
Terentius
Ser. Clodius 1 53
   C. Clodius Licinus 184
Clovatius Verus 257
M. Cluvius Rufus 218
Codex Gregorianus 298
   C. Hermogenianus 298
   C. Iustinianeus 318
   C. Theodosianus 298
L. Coelius Antipater 43
   Coelius Sedulius 173
   Coelius Symposius 300
Collatio Mosaicarum et Romanarum
legum s. Lex dei
Columella s. Iunius
Cominianus 280
Commentarii magistratuum 9
Commentatoren, alte des Cicero 95
   des Horatius 107
   des Ovidius 135
   des Plautus 18

des Terentius 23
des Vergilius 119
Commodianus 161 336
Consentius 280
Consultatio 298
Copa 119
Cordus s. Cremutius, Iunius
Corippus s. Flavius
Cornelia Gracchorum 42
A. Cornelius Celsus 187
   M. Cornelius Cethegus 42
   Cornelius Epicadus 53
   M. Cornelius Fronto 259 338
   Cornelius Gallus 121
   Cornelius Nepos 51 331
   P. Cornelius Scipio Aemilianus 42
   P. Cornelius Scipio Africanus 42
   P. Cornelius Scipio Sohn des Afri-
   canus 42
   P. Cornelius Scipio Nasica 41
   Cornelius Severus 121
   L. Cornelius Sisenna 1 44
   L. Cornelius Sulla 44
   [C.] Cornelius Tacitus 223 338
Cornificius Lyriker 36
   Q. Cornificius (Rhetor) 53 331
Cornutus s. Annaeus
Corvinus s. Valerius
Ti. Coruncanius 37
Q. Cosconius 53
Cosmograph von Ravenna 291
Cotta s. Aurelius
Crassicius 186
Crassus s. Licinius, Ninnius
A. Cremutius Cordus 202
Cresconius s. Flavius
Crispinus s. Plotius
Culex 118
Curiatius Maternus 150
Curio s. Scribonius
Curiosum 288
Curtius Nicia 53
   Curtius Rufus 206
Cyprianus s. Thascius
Cyrillus 283

Damasus 166
Dares 286 338
Q. Dellius 184
Diana Aventinensis s. Lex
Dichter der Anthologie 175
   christliche 165 178
Dictys 286
Dicuil 291
Digesta Iustiniani 318
Diomedes 258

Druck von Breitkopf und Härtel in Leipzig.